지낭

지낭

풍몽룡 지음 · 이원길 옮김

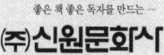

7부 **언어의 지혜**
8부 **군사적인 지혜**
9부 **여인들의 지혜**
10부 **부정의 지혜**

초판1쇄 발행	2004년 8월 20일
초판4쇄 발행	2012년 6월 30일
지 은 이	풍 몽 룡
옮 긴 이	이 원 길
펴 낸 이	신 원 영
펴 낸 곳	(주)신원문화사
주 소	서울시 영등포구 당산동 1동 121-245 신원빌딩 3층
전 화	3664-2131~4
팩 스	3664-2130
출판등록	1976년 9월 16일 제5-68호
디 자 인	조 영 호

*유통 중에 파손된 책은 바꾸어 드립니다.

ISBN 89-359-1161-5 03820

풍몽룡과 그의 저서 『지낭智囊』에 대하여

이원길

풍몽룡(1574-1646)은 명나라 소주 장주(長洲, 지금의 강소성 소주) 사람으로, 자는 유룡猶龍, 이유耳猶이고 호는 묵감재주인墨憨齋主人이며 별호는 용자유龍子猶이다. 그와 그의 형인 풍몽계, 아우 풍몽웅, 이 세 사람은 모두 명망 있는 선비들인데, 당시 사람들은 그들을 오하삼풍吳下三馮이라고 불렀다.

풍몽룡은 명나라 숭정崇禎 3년(1631)에 공생貢生이 되어 벼슬길에 올라 단도현 훈도訓導를 지냈으며, 숭정 7년부터 11년(1634-1638)까지 복건성 수녕현 현령으로 있었다. 명나라가 이자성의 농민군에게 멸망될 무렵, 그는 『갑신기사甲申紀事』라는 책과 『중흥위략中興偉略』이라는 책을 썼는데, 이 책에서 그는 이자성 농민군과 청나라 군대의 침입을 모두 비난했다. 풍몽룡은 청나라 순치 2년(1646)에 갑자기 사망했는데, 그 자세한 원인은 알려지지 않았다.

풍몽룡은 중국 문학사에서 백화白話 단편 소설의 번영에 큰 기여를 한 문학가로 이름이 높다. 풍몽룡은 역대로 민간에 전해지고 있는 통속 문학을 수집, 정리하는 데 평생의 모든 정력을 기울였는데, 그가 수집 정리하고 수정하여 간행한 소설, 희곡 그리고 민요는 실로 방대하다. 뿐만 아니라 그가 직접 창작한 우수한 작품들 또한 적지 않다.

그가 수집하고 수개하여 내놓은 문학 작품집 중에서 제일 유명한 것은 『고금소설古今小說』이다. 『고금소설』에 수록된 작품들 중에는 명나라 시기의 통속 작품들뿐만 아니라, 그 이전의 소설이나 설화들을 대대적으로 가공하여 새로운 소설로 만든 것들도 적지 않다. 『고금소설』에 수록된 단편 소설들은 여러 계층 인물들의 다양한 생활상들을 보여 주고 있는데, 봉건 관습을 타파하고 자유 결혼을 주장하는 젊은 남녀들의 변함없는 애정 이야기도 있고, 돈만 알고 의리를 모르는 시정배들의 모습을 묘사한 것도 있고, 관리들의 포악 무도함과 서민들의 불쌍한 삶의 모습이 나타난 것 등 다양한 우리의 삶의 모습과 닮은 내용을 포함하고 있다.

풍몽룡이 창작한 문학 작품으로는 장편 신화 소설 『봉선연의封禪演義』가 가장 유명하다. 『봉선연의』는 중국 고대 역사상, 은殷나라의 폭군인 주紂를 패배시키고 주周나라를 세운 주무왕의 이야기를 신화적으로 꾸민 장편 역사 소설이라고 할 수 있다.

풍몽룡은 또 춘추 시대로부터 전국 시대에 이르는 역사 시기의 사실史實들을 설화식으로 기술한 유명한 『동주열국지東周列國誌』를 엮어 낸 작가이기도 하다.

사마천의 『사기史記』가 중국 상고 시대인 황제黃帝 때부터 서한 한무제에 이르기까지의 역사 사실을 기록한 것이라고 한다면, 풍몽룡의 『봉선연의』와 『동주열국지』는 중국의 은상殷商 시대부터 전국 시대까지의 역사 사실을, 서민들이 알기 쉽고 재미있게 읽을 수 있는 설화나 소설의 형식으로 옮겨 놓은 문예 작품들이다.

풍몽룡은 비록 높은 벼슬은 하지 못했지만 대단히 박식하고 학문에 조예가 깊었으며, 그 중에서도 특히 중국 역사의 발전 실황에 대하여 당시 누구보다도 아는 것이 많았다.

풍몽룡의 『지낭智囊』은 그의 나이 54세 때인 명나라 회종 천계天啓 6년(1626)에 모든 심혈을 기울여 편찬한 책인데, 중국 고대인들의 총명과 지혜를 이야기 식으로 반영한 기서奇書이다. 이 책은 당시 간행되자마자 독자들이 다투어 사 가는 바람에 낙양지귀洛陽紙貴로, 지금으로 말하면 그야말로 베스트셀러가 되었다고 한다. 그 뒤 300여 년간 풍몽룡의 『지낭』은 그의 다른 저작인 『고금소설』, 『봉선연의』, 『동주열국지』와 더불어 계속 전해 내려오면서 독자들에게 애독되고 있다.

『지낭』은 진나라 이전의 상고 시대로부터 명나라 말기에 이르기까지 3,000여 년 동안의 제자백가의 경전 저작과 역사학자들의 역사 기록에 있는 사실들뿐만 아니라 패관야사稗官野史와 민간에서 전해 내려오는 전설들에서, 지혜로 상대방을 전승하거나 지혜로 어려운 일들을 풀어가는 슬기로운 사례 2,000여 이야기를 정선하여 엮은 책이다. 풍몽룡은 이런 사례들을 선정하는 데, "무릇 특출한 지혜가 빛나는 일이라면 그 일을 한 사람의 귀천이나 선악에 대해서는 그리 고려하지 않는 원칙不惟其人惟其事, 不惟其事惟其智"을 내세웠다. 그러기에 『지낭』에 수록된 인물들은 왕과 장상將相들에서부터 각지의 수령방백守令方伯에 이르기까지, 부호상고富豪商賈부터 향민초부鄕民樵夫에 이르기까지, 선비와 협객으로부터 화상和尙이나 도사道士에 이르기까지 각 계층의 인물들이 모두 나오고 있으며, 심지어는 간신들의 지혜나 협잡꾼들의 기만술 같은 것들도 선정하여 수록했다.

『지낭』에 서술된 지혜의 이야기들에는 나라를 지혜롭게 다스리는 경국대략經國大略, 군대를 지휘하여 전쟁의 승리를 도모하는 용병지책 같은 큰 지혜에 관한 이야기도 있지만, 복잡한 안건들을 밝히고 옳게 심판하는 예지, 실속 있게 살림살이를 잘하는 지혜, 복잡다단한 세상에서 입신양명하는 처세술, 심지어는 환관들의 간악한 음모 궤계와 시정배들의 교활한 잔꾀에 관련되는 일까지도 수록되어 있다.

풍몽룡이 쓴 『지낭』은 모두 10부 28권으로 되어 있는데, 매 부 앞에는 서언이 있고 수록된 사례들 뒤에는 그 일에 대한 작가 풍몽룡이나 다른 사람들의 평어가 첨부된 데가 많다. 이런 평어들은 그 사례에 대한 독자들의 이해와 판단에 많은 도움을 주고 있다.

오늘날과 같이 생존 경쟁이 극심한 시대에, 『지낭』에 수록된 지혜는 상업의 지혜인 상술商術을 비롯하여 여러 분야에서 배우고 활용하게 되는 지혜들이다. 그러기에 중국에서는 풍몽룡의 『지낭』에서 해당 분야의 지혜들을 선정하고 그것을 토대로 하여 새로운 내용들을 추가한, 지혜를 분야별로, 유형별로 나눈 책들이 많이 나왔다. 예를 들면 『상술商術』, 『변론술(辯術)』, 『용병술用兵術』, 『아첨의 지혜(馬屁術)』, 『후안무치의 지혜(黑厚學)』 등이 그러하다. 그리고 풍몽룡의 『지낭』 원전에 실린 사례들을 발행자의 견해와 관점에 따라 취사 선정하여 다시 묶은 결본潔本 같은 것도 『지혜의 전서(典書)』 혹은 『지모대전智謀大典』 등의 서명으로 간행되고 있다. 이는 풍몽룡의 『지낭』이 13억이 넘는 중국인들에게 얼마나 귀중한 저서로서 애독되고 있는가를 잘 보여 주는 방증이라고 하겠다.

이 책은 풍몽룡의 원작 『지낭』을 역자가 임의로 훼손함이 없이 그대로 번역한 것이다. 풍몽룡의 원작 『지낭』은 봉건 사회의 제왕들과 역대의 통치자들이 『사기』와 『자치통감』 등을 학습하는 참고서로 사용하였을 뿐만 아니라, 가깝게는 중화민국 시기의 쑨원과 장제스도 『지낭』을 애독하였다. 그리고 중국의 대륙을 통일하고 새 중국을 세운 위인인 마오쩌둥은 풍몽룡의 『지낭』에 특별한 애착을 가지고 항상 옆에 두고 여러 번 읽고 또 읽었으며, 책에다 무수한 평어들을 써 놓았다. 몇 십 년에 걸치는 마오쩌둥의 성공적인 정치 생애에서 풍몽룡의 『지낭』은 늘 새로운 지혜의 섬광을 비춰 주는 광원 역할을 하였다.
　풍몽룡의 『지낭』은 위인들에게만 필요한 지혜의 책이 아니다. 그보다 많이는 일반 서민들에게 절실하게 필요한, 지혜의 전서이다. 지혜에는 민족과 국가의 경계선이 없다. 어느 민족의 지혜이든 그것은 인류 공동의 지혜이며, 어느 민족이든 배워서 활용할 수 있는 것이다.
　풍몽룡의 『지낭』은 지혜를 배우는 데도 필요한 책이지만, 중국의 역사와 풍토 그리고 문화를 이해하는 데도 크게 도움이 되는 책이다.
　역자는 이런 지혜의 보물인 풍몽룡의 『지낭』을 한국 독자들에게 소개할 수 있는 기회를 준 신원문화사 신원영 사장님과 윤병한 편집부장께 감사를 드리며, 한국 독자들이 『지낭』을 애독하고, 경쟁 심하고 파란 많은 현 시대를 성공적으로 살아가는 지혜를 많이 찾아내기를 기대한다.

2003. 세밑에

중난하이中南海에서 재미 물리학자 리정따오李政道와 회견 중인 마오쩌둥 (1974. 5.)

일과 중 독서에 몰입한 마오쩌둥 (1961)

중난하이中南海에 있는 마오쩌둥의 서재를 겸한 침실

열차로 이동 중 독서하는 마오쩌둥 (1962)

他事召見視其面果有瘢博辟左右問禁是何等創也禁自知情得叩頭服狀博笑曰大丈夫固時有是馮翊欲灑卿恥能自效不禁且喜且懼對曰必死博因敕禁毋得泄語有便宜輒記言因親信之以為耳且禁晨夜發起部中盜賊及他伏奸有功效博擢禁連守縣令久之召見功曹閉閤數責以禁等事與筆札使自記積受取一錢以上無得有匿欺謾半言斷頭矣功曹惶怖且自疏姦贓大小不敢隱博知其實乃令就席受敕自改而已援刀使削所記遣出就職

마오쩌둥이『지낭』권3 '상등의 지혜'를 읽고 적어 놓은 심득

自言者事畢乃發欲以觀試博博心知之告外趣駕
既白駕辦博出就車見自言者使從事明敕告吏民
欲言縣丞尉者刺史不察黃綬各自詣郡欲言二千
石墨綬長吏者使者行部還詣治所其民為吏所冤
及言盜賊辭訟事各使屬其部從事博駐車決遣四
五百人皆罷去如神吏民大驚不意博應事變乃至
于此後博徐問果老從事教民聚會博殺此吏
博為左馮翊有長陵大姓尚方禁少時嘗盜人妻見
斫創著其煩府功曹受賕白除禁調守尉博聞知以

마오쩌둥이『지낭』권3 '상등의 지혜'를 읽고 적어 놓은 심득

若不從可殺我後有官軍來問罪汝當之矣泉錯愕曰誠如公言公誠能相恤請終公任不復擾犯鏞曰我一語已定何必多疑衆復拜鏞曰我餓矣可具食泉殺牛馬爲麥飯以進鏞飽啖之賊皆驚服曰暮鏞曰吾不及入城可即此宿賊戒牀褥鏞徐寢明日復進食鏞曰吾今歸矣爾等能從往取粟帛乎賊曰然控馬送出林間賊數十騎從鏞顧曰此秀才好人汝既効順可釋之與我同還賊即解縛還其巾裾諸生競奔去鏞薄暮及城城中吏登城見之驚曰必太守

氣騰上入者輒死、唯天兩則氣隨以下、稍能施工、晴則亟止、佐官陵州教工人用水盤貯水穴隙瀝之、如雨滴然謂之水盤、如是累月井幹一新利復其舊、

○○尹見心

尹見心爲如縣、縣近河、河中有一樹從水中生、有年矣、屢屢壞人舟、見心命去之、民曰根在水中甚固、不得去、見心遣能入水者一人、往量其長短若干、爲一杉木大桶、較木稍長、空其兩頭、從樹杪穿下扞入水中、因以巨瓢盡湄其水、使人入而鋸之、木遂斷。

마오쩌둥이 『지낭』 권15 '예민한 지혜'를 읽고 적어 놓은 심득

險狹譬之兩鼠鬬于穴中將勇者勝乃遣奢將而往
去邯鄲三十里而令軍中曰有以軍事諫者死秦軍
軍武安西鼓譟勒兵屋瓦皆振軍中候有一人言急
救武安奢立斬之堅壁留二十八日不行復益增壘
秦間來入奢善食而遣之間以報秦將秦將大喜曰
夫去國三十里而軍不行乃增壘閼與非趙地也奢
既遣秦間乃卷甲而趣之二日一夜至令善射者去
閼與五十里而軍軍壘成秦人聞之悉甲而至軍士
許歷請以軍事諫奢曰内之許歷曰秦人不意趙師

主意已定不徼恐亂軍心也

堅秦人之心

老陣地堅之下又以心震趙軍此善之善
敗也

차례

7부 언어의 지혜

제19절 말로써 화를 극복하는 지혜

변재辯才 29 | 자공子貢 29 | 노중련魯仲連 37 | 우경虞卿 41 | 소대蘇代 47 | 진진陳軫 51 | 촉룡觸龍 53 | 용예庸芮 55 | 적인걸狄仁傑 56 | 육가陸賈, 제 땅의 왕선생 57 | 화부火夫 62 | 양선楊善 63 | 부필富弼 70 | 왕수인王守仁 75 | 장가언張嘉言 77 | 진복陳宓 80

제20절 뜻 깊은 말을 하는 지혜

공자孔子 83 | 진왕을 설복시킨 이야기 83 | 안자晏子 84 | 안자晏子, 경신마敬新磨 87 | 정섭鄭涉 88 | 이충신李忠臣 89 | 동방삭東方朔 90 | 간옹簡雍 91 | 위정魏征 91 | 오근吳瑾 92 | 양성楊晟 93 | 가후 94 | 해진解縉 94 | 사단史丹 95 | 곡나율谷那律 96 | 배도裴度 96 | 이강李綱 97 | 소철蘇轍 98 | 시인망施仁望 99 | 이성李晟 101 | 양적梁適, 공면孔沔 102 | 한억韓億 103 | 풍경馮京 104 | 소옹邵雍 105 | 사장謝莊 106 | 배해, 왕빈, 왕경문, 최광 106 | 양정화楊正和, 고정신顧鼎臣 109 | 종택宗澤 109 | 반경潘京 110 | 어느 어린 아역 111 | 주희朱熹 111 | 오산吳山 113

8부 군사적인 지혜

제21절 싸우기 전에 이기는 지혜

순앵荀罃, 오자서伍子胥 117 | 고소현高昭玄 119 | 주덕위周德威 120 | 제갈각諸葛恪 122 | 양간楊侃 124 | 고인후高仁厚 126 | 충무공 악비岳飛 131 | 이소 135 | 조충국趙充國 143 | 석공析公 149 | 왕덕용王德用 150 | 한세충韓世忠 150 | 정욱程昱 151 | 육손陸遜 152 | 고인후高仁厚 153 | 이광필李廣弼 160

제22절 승전의 지혜

손빈 163 | 조사趙奢 165 | 이목李牧 168 | 주아부周亞夫 170 | 주방周訪 172 | 육손陸遜, 육항陸抗 174 | 등애鄧艾 177 | 당태종 177 | 이정李靖 182 | 주준朱儁 185 | 경엄 186 | 위예韋睿 187 | 마수馬燧 190 | 정자원鄭子元, 이성李晟 191 | 유기劉錡 194 | 한세충韓世忠 199 | 조위趙瑋 201 | 적청狄靑 202 | 왕월王越 208 | 이주영爾朱榮 209 | 유강劉江 211 | 마륭馬隆 213 | 도로陶魯 215 | 한옹 217 | 이계륭李繼隆 218 | 오성기吳成器 219 | 왕수인王守仁 221 | 양예楊銳 227 | 심희의沈希儀 229 | 조신趙臣 231 | 왕식王式 236

제23절 기만의 지혜

정공자 돌돌 239 | 부개왕夫槪王 240 | 두백비斗伯比, 계량季梁 240 | 위가蔿賈, 사숙師叔 243 | 전단田單 244 | 강무재康茂才 249 | 장량張良 252 | 이광李廣, 왕월王越 253 | 여몽呂蒙, 마륭馬隆 255 | 손빈, 우후 258 | 조적, 단도제, 악비 261 | 장궁臧宮, 주방周訪, 독고영업獨孤永業

264 | 하약필何若弼 265 | 위효관違孝寬, 악비岳飛, 종세형種世衡 267 | 이광필李光弼, 이희렬李希烈 275 | 유심 276 | 유심, 필재우 278 | 후연侯淵 278 | 한신韓信 279 | 장홍범張弘範 286 | 구천勾踐, 시소柴紹 288 | 주준侏寯, 주아부周亞父 290 | 우문태宇文泰 290 | 한세충韓世忠 292 | 풍이馮異, 왕준 293 | 달계무達溪武 294 | 주인복, 하무기, 왕세충, 왕수인 295 | 적청狄靑 298 | 주경朱景, 부영傅永 298 | 장제현張齊賢 299 | 장순張巡, 필재우畢再遇, 어떤 독군 300 | 장순張巡, 종세형種世衡 301 | 배행검裴行儉 303 | 하약돈何若敦 303 | 이광필李光弼 304 | 우번 305 | 정욱程昱 306

제24절 군막 안에서 획책

항량項梁, 사마사司馬師 309 | 이강李綱 310 | 이강李綱 311 | 오개, 오린 314 | 곽고郭固 315 | 장위張威 317 | 척계광戚繼光 317 | 곽등郭登 318 | 조휼 319 | 안만전安萬全 321 | 태자 황晃 323 | 사마초지司馬楚之 324 | 장준張浚 325 | 환숭조桓崇祖 325 | 맹공孟珙 326 | 종택宗澤 327 | 이존진李存進, 번약수樊若水 328 | 위효관違孝寬 328 | 양간羊侃, 양지적楊智積 330 | 장순張巡 332 | 왕품王稟 333 | 맹종정孟宗政 334 | 유복劉馥 335 | 성창盛昶 336 | 허규許逵 337 | 왕준王濬, 왕언장王彦章 338 | 한세충韓世忠 339 | 양소楊素 340 | 마륭馬隆 340 | 여몽呂蒙 340 | 하약필何若弼, 최건우崔乾佑 341 | 이적李勣 342 | 악비岳飛, 유기劉錡 342 | 전전관錢傳瓘 343 | 양선楊璇 344 | 유기劉錡 344 | 관중, 습붕 345 | 장귀 346 | 철릉각鐵菱角, 화로아火老鴉 346 | 구천, 원교 347 | 조착晁錯 349 | 범저範雎 352 | 왕박王朴 353 | 임괴, 당태종 354

9부 여인들의 지혜

제25절 현철한 여인들

마황후 馬皇后 363 | 조위후 趙威后 363 | 유아 劉娥 365 | 이방언의 어머니 366 | 당숙종의 공주 366 | 방경백 房景伯의 어머니 367 | 유중영의 시녀 368 | 최경 崔敬의 딸, 낙수 絡秀 369 | 낙양자 樂羊子의 처 371 | 손태학의 처 372 | 오생의 기생 373 | 도간 陶侃의 어머니 374 | 이여의 어머니 375 | 왕손가의 어머니 376 | 조괄 趙括의 어머니, 시극굉 柴克宏의 어머니 376 | 진영의 어머니, 왕릉의 어머니 378 | 숙향 叔向의 어머니 379 | 엄연년 嚴延年의 어머니 381 | 백종 伯宗의 처 381 | 이신성 李新聲 382 | 누비 婁妃 383 | 후민 侯敏의 처 384 | 왕장 王章의 처 385 | 진자중의 처, 황패의 처 386 | 굴원 屈原의 누이 388 | 희부기 僖負羈의 처 388 | 표모 漂母 389 | 하무기 何無忌의 어머니 391 | 왕규 王珪의 어머니 391 | 반염의 처 392 | 신헌영 辛憲英 393 | 허윤 許允의 처 395 | 이형의 처 398 | 유우 庾友의 처 398 | 이문희 李文姬 399 | 왕좌의 첩 401 | 왕기공 王冀公의 손녀 402 | 원외의 처 403 | 이부인 405 | 장설 張說의 딸 406 | 호주의 기생 406

제26절 사내들에게 지지 않는 여인들

제양왕후 齊襄王后 409 | 제나라 강씨 姜氏, 장후 張后 409 | 송태조의 누이 411 | 태비 太妃 유씨 412 | 부견 符堅의 처 413 | 유지원 劉智遠의 처 414 | 이경양의 어머니 415 | 양창 楊敞의 처 417 | 거성의 한 여인 417 | 맹창 孟昶의 처 418 | 등만 鄧曼 420 | 세씨 洗氏 421 | 백근 白瑾의 처 423 | 주서 朱序의 어머니 424 | 당나라 평양소공주 平陽昭公主 425 | 이간 李侃의 처 425 | 안공인 晏恭人 427 | 두량 竇良의 딸 428 | 왕취교 王翠翹 429 | 손익 孫翊의 처 431 | 신도희광 申屠希光 432 | 추씨네 노복의 처 434 | 사소아 謝小娥 435 | 여모 呂母 437 | 이기 李寄 439 | 홍불녀 紅拂女 440 | 심양 沈襄의

첩 445 | 읍재邑宰의 첩 447 | 최간崔簡의 처 450 | 남자 451 | 신부 452 | 요양의 여인들 453 | 이성량李成梁의 부인 454

10부 부정의 지혜

제27절 간교한 지혜

여불위呂不韋 459 | 진걸陳乞 461 | 서온徐溫 464 | 순백옥荀伯玉 465 | 고환 465 | 반숭潘崇 467 | 조조曹操 467 | 전영, 유근 469 | 조고趙高, 이임보李林甫 471 | 석현石顯 474 | 남도행籃道行 475 | 엄숭嚴嵩 475 | 길온吉溫 476 | 양호陽虎 477 | 곽순郭純, 왕수王燧 477 | 정위, 조한曹翰 478 | 진회秦檜 480 | 이도고李道古 481 | 추노인 481 | 꾀 많은 대리 소송쟁이 483 | 토호 장씨 484 | 교생광 486 | 영가의 사공 487 | 손삼孫三 489 | 철우도인鐵牛道人 490 | 경성의 가짜 환관 492 | 경성의 사기꾼 494 | 사기치는 노파 495 | 나귀를 훔친 여인들 498 | 주화범朱化凡 499 | 황철각黃鐵脚 501 | 쇠경을 훔치는 도적 502 | 절름발이 서생 503 | 외다리 도적 504 | 경성의 어느 도인 505 | 단객丹客 506 | 사기치는 중 510 | 백철여白鐵餘 512 | 유룡자劉龍子 513 | 마태수 514 | 가짜 황제 515 | 남경의 도사 516 | 강남의 어느 선비 520 | 교활한 관리 524

제28절 반딧불 지혜

주주周主 527 | 상나라 태재太宰 527 | 한소후韓昭侯, 자지子之 528 | 기무회 528 | 소대蘇代 529 | 설공薛公 530 | 강서의 어느 술사 530 | 강표江彪 530 | 손홍공 532 | 장유어張幼於 532 | 유흠장兪欽章 533 | 맹타孟陀 533 | 두공竇公 534 | 두의竇義 535 | 석달자 538 | 교활한 동자 539 | 꾀 많은 아이 540 | 유공부劉貢父 541 | 어떤 수재 541 | 정원현의 명궁수

542 | 종씨種氏 543 | 왕수인王守仁 544 | 경성의 어느 선비 545 | 오도손敖陶孫 546 | 유청로 547 | 왕씨 성을 가진 관리 548 | 어느 무뢰한 549 | 진오陳五 550 | 환술幻術 551 | 주고민朱古民 552

부록 · 인명 사전 553

춘추전국시대 전도

서한시대 전도

삼국시대 전도

당시대 전도

북송시대 전도

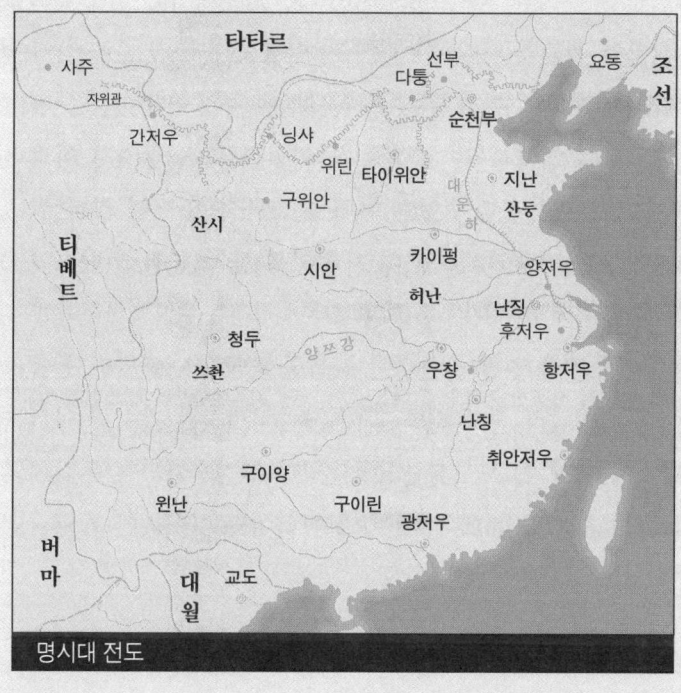

명시대 전도

서언

지혜와 언어는 다른 것이다. 총명하고 기발한 말을 한다고 해서 꼭 지혜가 있다고 말할 수 없다. 어떤 사람은 말은 잘하지만 성공하지 못하고, 어떤 사람은 말은 잘 못하지만 일에는 성공한다. 그렇다면 지혜 있는 사람은 말재간이 필요 없다는 말인가?

그렇지 않다. 같은 수준의 언변으로 서로 쟁론할 때에는 보통 도리 있는 편이 이기는 법이지만, 부동한 수준의 언변으로 쟁론할 때에는 그 도리를 충분히 설득시키는 편이 이기는 경우가 많다.

역사상 장량은 언변으로 왕의 스승이 되었고, 노중련도 언변으로 초한 전쟁 시기 이름을 날렸다. 그러므로 때에 따라 언변의 힘이란 막강하여 십만 군사의 힘을 능가할 때도 있다. 정확한 언변은 혼잡한 곤경을 풀어 줄 수도 있다. 그리고 그 언론을 시행하는 과정에서 지혜가 널리 전해지기도 한다. 그러기에 언어를 중시하지 말아야 할 이유는 없다.

그런데 언어의 진정한 기초는 그래도 지혜이다. 내심에 지혜가 충만해 있어야 지혜로운 말이 있을 수 있다. 『시경』에는 '유기유지, 시이사지唯其有之 是以似之'라는 말이 있다. 이는 그런 본질이 있어야 그와 비슷한 표현이 있게 된다는 말이다. 지혜와 언어의 관계도 이러한가 한다.

7부
언어의 지혜

제19절 말로써 화를 극복하는 지혜

언변의 힘은 십만 군사의 힘을 능가할 경우도 있으며, 곤경을 풀어 줄 수도 있다.
그 과정에서 지혜가 널리 전해지기도 하는 법이다.

변재辯才

자산子産은 말로써 진쯥나라와 초나라를 설복하여 정나라로 하여금 수십 년 동안 외국의 침략을 받지 않도록 했으며, 노중련은 화살에 매어 쏜 편지로 연나라 군대를 물리쳤다. 닥쳐오는 재난들이 지혜로운 사람들의 말 한 마디에 의해 해소된 일이 역사상에 어디 한두 가지인가?

자공子貢

오왕이 제후들을 청했는데 위후衛侯가 가장 늦게 왔다. 그래서 태재 백비는 위후의 행관을 포위했다.

자공이 그 일을 알고 백비를 찾아가 말했다.

"위후는 여기로 오기 전에 반드시 여러 대신과 상론이 있었을 겁니다. 물론 대신들 중에 어떤 대신들은 여기로 오는 것을 찬성했겠지만 어떤 대신은 반대해서 서로간 쟁론이 대단했겠지요. 그래서 위후가 늦어졌을 겁니다. 그렇다면 위후가 여기로 오는 것을 찬성한 대신들은 당신의 벗이요, 반대한 사람들은 당신의 적이 아니겠습니까? 그런데 오늘 위후의 행관을 이렇게 포위한다면 실은 벗을 포위하는 것과 무엇이 다릅니까? 그러면 누구의 기세가 더 올라가겠습니까? 당신 적들의 기세가 더 올라가지 않고 뭡니까? '보라, 가지 말라고 했더니 어떠냐, 우리 말이 맞지' 하고 말입니다."

백비는 그 말을 듣고 위후 행관에 대한 포위를 풀어 주었다.

전상田常은 제나라 왕위를 찬탈하려는 야심을 가지고 있었다. 그러나 고국이나 포안 같은 제나라 대신들이 있기 때문에 당분간은 손을 쓰지 못하고 노나라부터 치려고 했다.

그때 마침 노나라에 있던 공자는 전상이 군대를 거느리고 노나라를 치려 한다는 말을 듣고는 제자들에게 이렇게 말했다.

"노나라는 나의 모국인데 지금 노나라가 위급해졌다. 하여 방법을 대어 노나라를 구할 사람이 없느냐?"

이에 자장과 자석이 유세를 나서겠다고 자청했다. 그러나 공자는 자공을 보냈다.

공자와 작별한 자공은 곧장 제나라로 가서 전상부터 만났다.

자공은 전상한테 이렇게 말했다.

"노나라를 치는 것은 큰 잘못입니다. 노나라는 정복하기 어려운 나라입니다. 노나라는 성곽이 낮고, 성벽이 얇으며, 국토가 협소하고, 임금이 유약하며, 대신이 우매하고, 백성들은 싸우기를 싫어하기에 정복하기가 어렵습니다. 그러니 오나라를 치기보다 못하단 말입니다. 오나라는 성곽이 높고, 성벽이 두터우며, 국토가 넓고, 군사가 튼튼하며, 무기들이 좋고, 장수들이 많기에 정복하기가 한결 수월하단 말입니다."

그러자 전상은 발칵 성을 냈다.

"무슨 말을 어떻게 하고 있는 거요? 거기서 어렵다고 하는 것은 정상적인 사람이 보면 모두 수월한 것이고, 거기서 수월하다고 하는 것은 정상적인 사람이 보면 모두 어려운 것이 아니고 무엇이오? 왜 그런 말도 되지 않는 소리를 하고 있는지 모르겠소."

"그런 게 아닙니다. 제 말을 자세히 들어보십시오. '나라 안에 문제가 있어서 다른 나라를 진공한다면 강한 나라를 골라서 진공해야 하고 나라 밖에 문제가 있어서 다른 나라를 진공한다면 약한 나라를 골라서 진공해야 한다' 는 말을 들었습니다. 노나라 같은 약한 나라를 정복한다면 제나라 강역은 넓힐 수 있지만 그 대신 제나라 임금은 그 승리로 오만해지고 제나라 대신들도 교만해질 것이며 따라서 저마다 그 공로를 다투며 상국은 안중에도 두지 않을 겁니다. 그러면 제나라 왕의 마음속에서 상국의 자리는 약화될 대로 약화되는데다가, 상국은 위로는 임금과 사이가 벌어지고 아래로는 다른 대신들과 권력 다툼을 하게 되기에 잘못하면 상국의 자리도 보존하기 어렵게 될 수 있습니다. 그렇게 되면 다른 큰일을 하려고 해도 불가능해집니다. 그러기에 약한 노나라를 치는 것은 상국께 매우 불리합니다. 그러나 오나라를 치면 그렇지 않습니다. 오나라를 정복하지 못할 수도 있지만, 그 대신 제나라 병력이 싸움에서 소모되고 상국께 위험이 되는 대신들이나 장수들이 싸움에서 거진 죽을 게 아닙니까? 그렇게 되면 제나라를 손아귀에 넣을 수 있는 사람은 제나라에 상국 한 사람만 남게 됩니다."

그제야 전상의 기색이 온화해졌다. 전상은 고개를 끄덕였다.

"선생의 분석이 도리는 있소. 그러나 우리 군대가 이미 노나라 변경까지 진군했는데, 이제 군대를 되돌리는 명을 내리면 대신들의 의심을 사지 않을지 모르겠소. 선생 생각에는 어떻게 하면 좋겠소?"

"상국께서 먼저 방법을 대어 진군을 지연시키십시오. 그러면 제가 오나라로 가서 오나라 임금을 설복하여 노나라를 구원한다는 이름으로 제나라를 치게 하겠습니다. 그런 다음 상국께서 제나라 군대로 오나라 군대와 싸우면 아무리 총명한 대신일지라도 상국을 의심하지 못할 겁니다."

그러자 전상은 어서 그렇게 하라고 자공을 재촉했다.

전상과 작별한 자공은 즉시 오나라로 가서 오나라 임금인 부차에게 이렇게 말했다.

"신이 듣건대, 진정한 임금은 다른 사람들의 세족을 멸족시키지는 않으며 진정한 패주는 두려운 적이 없다고 합니다. 천균千鈞이 비록 무겁다고는 하지만 한 수銖만 잘못 올려놓으면 기울어지기 쉽습니다. 지금 강한 제나라가 약한 노나라를 치려고 군대를 변경까지 몰고 왔는데 이건 오나라와 패권을 다투는 게 분명합니다. 이는 임금께 큰 위협이 됩니다. 그런데 대왕께서는 왜 제나라를 치는 것으로 노나라를 구원하려고 하지 않습니까? 노나라를 구하면 망하는 나라를 구했다는 인의지명仁義之名을 얻을 것이요, 제나라를 쳐서 승리하면 사수 일대의 작은 나라들이 모두 오나라의 손에 들어오게 될 것이며, 재패의 실력을 가지고 있는 제나라를 격파했기에 강대한 진나라도 겁을 먹고 오나라한테 굴복하고 신하가 될 것인데, 이보다 더 좋은 일이 오나라한테 어디 있겠습니까? 대왕께서 노나라를 구원하기 위하여 출병한다고 하지만 실속은 제나라를 격패시키기 위해서이지요. 그런 명의와 기회가 있기에 아무리 총명한 제후들이라도 대왕의 출병의 정당성을 의심할 사람은 없을 겁니다."

그러자 오왕은 무릎을 탁 쳤다.

"그거 좋은 계책일세. 그런데 과인이 월나라를 격파한 후로 구천은 와신상담하며 보복의 기회를 언제나 노리고 있단 말일세. 그러니 내가 월나라를 쳐서 우선 이 후환을 없애고 노나라를 구해야 순서가 될 것 같네."

"그렇지 않습니다. 신의 말을 들으십시오. 월나라는 노나라와 마찬가지로 약소한 나라이지만, 오나라와 제나라는 실력이 비슷한 강대국들입니다. 대왕께서 월나라를 격파시키고 나면 제나라도 그 사이에 노나라를 점령할 겁니다. 대왕께서는 망해 가는 노나라를 구하여 대를 잇게 한다는 명의로 제나라를 치는 것이 아닙니까? 그런데 작디작은 월나라부터 먼저 친다면 그런 명의 대신 강대한 제나라에 겁을 먹고 꼼짝하지 못하는 것으로 보이게 됩니다. 진정으로 용감한 사람은 곤난을 두려워하지 않는 법이고, 진정으로 인자한 사람도 일시의 곤난을 두려워하지 않는 법이며, 진정으로 지혜로운 사람은 기회를 놓치지 않는 법입니다. 월나라를 멸하지 않으면 제후들에 대한 대왕의 인덕을 보이게 되는 것이고, 노나라를 구하고 제나라를 치는 것은 진나라와 같은 강대한 나라들한테 오나라의 강한 국력을 보이는 것이 되기에, 다른 제후국들 모두가 오나라의 강대한 국력 앞에 무릎을 꿇게 될 겁니다. 그러면 대왕의 패업이 이룩되지 않을 수 있겠습니까? 이렇게 말씀 올려도 대왕께서 마음이 놓이지 않는다면 신이 월나라를 한번 갔다 오겠습니다. 그래서 월나라로 하여금 대왕님을 따라 출병하여 제나라를 치게 하겠습니다. 그러면 월나라 국내에는 군대가 없게 될 것인데, 구천이 오나라를 치려고 해도 무엇으로 오나라를 치겠습니까? 그렇게 되면 대왕은 근심 없이 제나라를 칠 수가 있지 않습니까?"

　자공의 말을 듣고 오왕은 아주 기뻐했다.

　오나라를 떠난 자공은 즉시 월나라로 갔다. 자공이 온다는 말을 들은 월나라 임금 구천은 즉시 길을 깨끗이 쓸고 30리 밖에 나와 자공을 상빈으로 맞이했다.

　"선생님께서 어떻게 이 협착한 월나라를 다 오십니까?"

　구천이 허리를 굽실거렸다.

　"소생이 여기로 오기 전에 오왕을 만나 제나라를 치라고 설복했습니다만, 오왕은 그 기회에 월나라가 오나라를 칠까 봐 근심이 되어 먼저 월나라를 치고 제나라를 치겠다고 하더군요. 그러면 월나라는 하루아침에 멸망하는 게 아닙니까. 내가 듣건대 복수심이 없으면서도 남에게 의심스럽게 보인다면 그는 우둔한 사람이고, 복수심을 남에게 드러내는 사람은 꼭 실패하며, 그 복수 행동을 남이 예측할 수 있게 한다면 그것은 위험하다는 말을 들었습니다. 이 세 가지는 모두 병가兵家에서는 금물이지요."

구천은 급히 무릎을 꿇으면서 자공에게 말했다.

"과인은 제 힘을 모르고 우둔하게 회계에서 싸우다가 오나라에 참패를 당해 지금 이 지경이 되었습니다. 그러나 그 참패를 언제나 잊지 않고 이를 갈고 있습니다. 하다못해 오왕과 싸우다가 같이 죽더라도 저는 한이 없겠습니다."

"오왕은 공을 세우기 좋아하는 사람이어서 신하들이 내심 좋아하지 않은 지 벌써 오래입니다. 그런데다가 오나라는 해마다 전쟁이 그칠 새 없기에 군사들이 지치고 백성들의 원성이 대단합니다. 그런데 태재 백비는 오왕한테 아부하면서 자기 사리사욕만을 도모하는 데 여념이 없습니다. 이건 나라가 망할 징조입니다. 지금 대왕께서는 오왕을 따라 출병하여 제나라를 치겠다고 하면서 오나라 왕한테 보물을 많이 보내고 아첨하는 말들을 많이 하셔야 합니다. 그러면 오나라 왕은 월나라를 치지 않고 제나라를 칠 겁니다. 오나라 왕이 제나라를 치다가 실패하면 대왕에겐 설치雪恥의 날이 오는 것이요, 만약 오나라 왕이 승리한다고 해도 오나라 왕은 월나라를 치지 않고 그 승세를 타서 진晉나라를 칠 겁니다. 그러면 소생이 진나라로 가서 진나라 왕더러 오나라 군대를 치게 하겠습니다. 오나라 군대는 제나라를 치고 진나라와 싸우기에 그 원기가 형편없을 겁니다. 이 절호의 기회를 이용하여 대왕께서 오나라로 쳐들어가면 회계의 치욕을 설치하고 그 원수를 갚을 수 있을 겁니다."

월왕 구천은 다시 한 번 감사를 표하고 자공에게 황금 100일, 보검 한 자루, 그리고 양모良矛 하나를 선사했으나 자공은 굳이 받지 않았다.

월나라를 떠난 자공은 다시 오나라로 와서 오나라 왕에게 말했다.

"신은 임금님의 말씀을 구천에게 알렸는데, 구천은 황공하여 말하기를, '나 구천은 어려서부터 부모들의 가르침을 받지 못해 주제넘게 오나라를 치다가 그만 회계에서 패망했습니다. 나는 포로가 되고 나라는 망하게 된 것을 오왕님이 은덕을 베풀어 조상의 종묘와 사직이 남아 있게 했습니다. 그 은덕을 백골이 된들 잊겠습니까. 그런데 보복이라니요? 그런 불칙한 마음을 제가 꿈인들 어찌 가질 수 있겠습니까' 했습니다."

그런 뒤 닷새 후에 월왕은 대부 문종을 오나라에 보냈다. 문종은 오왕한테 무릎을 꿇고 말했다.

"동해의 천신賤臣인 구천의 사자 문종이 대왕님을 배알하러 왔습니다. 대왕께서 정의를 신장하여 제나라를 치고 노나라를 구하려 하심을 구천은 알고 신 문종을 시켜 대왕님의 위무를 높이라고 갑옷 20벌에 굴로의 창과 보광의 검을 대왕님께 보내고 또 국내의 정병 3천을 뽑아 대령하고 있사옵니다. 대왕님께서 허락만 하신다면 구천이 직접 군대를 거느리고 대왕님을 따라 출정하여 선두에서 적을 무찌르겠다고 합니다."

이에 오왕은 기뻐서 그 일을 자공한테 얘기했더니 자공은 이렇게 말했다.

"구천은 따라오지 않는 것이 좋습니다. 대왕께서 월나라 군대를 전부 거느리고 출정하시면 그만이지 구천이 따라와서 무엇을 합니까? 오히려 번거롭기만 하고 남이 보면 너무 과분하다는 말이나 들을 뿐 다른 좋은 점이 없습니다. 그러니 월왕은 따라오지 않게 하는 것이 더 낫습니다."

오왕은 자공의 말을 들었다.

오왕이 군대를 총출동하여 제나라를 치자 자공은 또 진나라로 가서 진나라 임금에게 말했다.

"신이 듣건대 사람이 먼 걱정이 없으면 가까운 근심이 있다는 말을 들었습니다. 지금 오나라가 제나라를 치고 있는데, 만약 제나라가 이긴다면 구천이 그 기회를 빌어 회계의 참패를 보복할 것이고 오나라가 이기면 오나라는 그 승세를 타서 진나라를 칠 것입니다."

그 말을 듣고 진나라 임금은 펄쩍 놀라면서 자공에게 물었다.

"그렇다면 이 일을 어떻게 하면 좋단 말이오?"

"즉시 군대를 소집하여 오나라의 침략을 막을 준비를 해야지요."

그런 뒤 자공은 노나라로 돌아왔다.

오왕과 제왕은 애릉에서 결전했는데, 제나라 군대는 대패하여 장수가 일곱이나 오나라에 붙잡혔다. 그런데 승리한 오나라 임금은 돌아갈 생각을 아니하고 자공의 예상대로 진나라를 쳤다. 그들은 진나라 군대와 황지에서 크게 싸웠는데 오나라 군대는 크게 패했다.

그 소식을 들은 월나라 왕 구천은 즉시 군대를 거느리고 오나라를 기습하여 오나라 수도에서 7리 떨어진 곳에 영채를 세웠다.

그제야 급히 군대를 몰고 오나라로 돌아온 오나라 왕은 오호에서 월나라 군대와 대결했는데, 세 번 싸움에 세 번 다 패하고 말았다.

구천은 오나라 왕궁을 포위하고 오나라 왕 부차와 태재 백비를 죽이고 회계의 치욕을 설치했다. 그리고 구천은 오나라를 멸망시킨 지 3년 후에 소원대로 패주가 되었다.

자공은 이렇게 입 하나로 노나라를 구하고 제나라를 혼란하게 만들었으며, 오나라를 멸망시키고 진나라를 강성하게 했으며, 월나라로 하여금 패주가 되게 했다.

10년 사이에 다섯 나라에서는 모두 예상하지 못한 극변이 일어났다.

노중련 魯仲連

진나라 군대가 조나라 도읍지인 한단을 공격할 때, 다른 제후들은 모두 조나라를 구원하려고 하지 않았다. 그런가 하면 위나라 임금은 신원연을 한단으로 보내어 조나라 임금더러 자기와 같이 진나라 임금을 천자로 모시자고 했다.

그때 마침 조나라에 있던 노중련은 그 말을 듣고 평원군을 찾아가니 평원군은 그를 신원연과 만나게 했다.

신원연을 만난 노중련은 한 마디도 하지 않고 있는데, 신원연이 먼저 입을 열었다.

"내가 알기에는, 무릇 한단에 오는 사람들은 모두 평원군에게 청탁할 일이 있어서 찾아오는 줄로 아는데 선생의 거동을 보니 선생은 그런 것 같지를 않구려. 그런데 선생은 왜 여기 그냥 계시오?"

"진나라는 예의를 저버린 나라입니다. 사람 머리를 자르는 전공만을 숭상하고 권술로써 사대부들을 조종하고 백성들을 노예처럼 부려먹는 나라입니다. 진나라 왕이 천자가 된다면 나는 동해에 빠져 죽을지언정 그의 순민順民은 되지 않을 겁니다. 내가 장군을 오늘 만나러 온 것은 조나라에 도움이 될까 해서입니다."

"그렇다면 선생은 조나라를 어떻게 돕겠다는 거요?"

신원연이 물었다.

"제나라와 초나라는 조나라를 돕겠다고 이미 대답했으니 나는 위나라와 연나라에 가서 조나라를 돕도록 설복할 생각입니다."

"연나라의 동향을 나는 잘 모르나, 내가 위나라 사람이니 물어보는건데, 선생은 어떻게 위나라를 설복하여 조나라를 돕게 하려고 합니까?"

"위나라는 진나라 임금이 천자가 되는 것이 해로움이 있음을 아직 잘 모르고 있는 것 같은데, 제가 가서 그 해로움을 잘 말하면 위나라 임금은 반드시 조나라를 구원할 겁니다."

"진나라 왕이 천자가 되면 어떤 해로움이 있기에 그러십니까?"

"내 말을 들어 보십시오. 전에 제위왕齊威王은 인정을 베풀면서 천하의 제후들을 데리고 주나라 천자를 배알했습니다. 그 당시 주나라는 가난하고도 연약했지요. 천하 제후들이 모두 주나라 천자한테 조공朝貢하기를 싫어했지만 오로지 제나라만 신하의 예의를 다하며 조공했지요. 그런데 1년이 지나 주나라 위렬왕이 붕어하여 제후들이 모두 조상을 갔는데, 제나라는 맨 마지막에 갔단 말입니다. 그러자 주나라에서는 사신을 제나라에 보내어 제나라 왕을 나무랐습니다. '천자가 붕어하여 새 천자가 상복을 입었는데 신하인 제나라 왕이 가장 늦게 온단 말이냐? 법대로 당장에 목을 쳐야 한다' 이렇게 말입니다. 그러자 제나라 왕은 대노하여, '그런 소리 말아라. 주나라 왕이 천자냐? 비천한 하인의 자식보다도 못하다!' 하고 맞대고 욕을 했지요. 그래서 큰 웃음거리가 되었지요. 제나라 왕은 주나라 왕이 살아 있을 적에는 천자로 모셨지만 죽으니 하인의 자식보다도 못하다고 욕했습니다. 그러니 생각해 보십시오. 하물며 진짜 천자한테도 이렇거늘, 지금 진나라 왕을 천자로 모신다면 그런 웃음거리가 또 생기지 않을 수 있겠습니까?"

그러자 신원연은 이렇게 말했다.

"선생도 하인들이 왜 주인을 섬기는지 알 겁니다. 하인 열 명이 주인 하나를 섬기는데, 그 열의 힘이나 지혜가 주인보다 못해서 그러는가요? 아니지요. 오로지 주인이 두려워서 그러는 거지요."

"그렇다면 진나라와 위나라의 관계가 주인과 하인의 관계란 말입니까?"

"말하자면 그렇다는 것이지요."

"그렇다면 나는 진나라 왕을 시켜 위나라 왕을 죽여 육장肉醬을 만들게 하겠습니다."

그러자 신원연은 낯빛이 좋지 않아서 말했다.

"무슨 말을 그렇게 하시오. 어떻게 진나라 왕을 시켜 우리 위나라 임금을 죽이겠다는 거요? 그럴 수가 있소?"

"왜 그럴 수가 없단 말입니까? 내 말을 들어 보십시오. 옛날 구후龜侯, 악후鄂侯, 문왕은 은나라 주紂왕의 세 대신들인 삼공三公이었는데, 구후가 예쁜 딸 하나를 주왕한테 바치니 주왕은 오히려 그 여인을 싫어했을 뿐만 아니라 결국에는 구후마저 죽여 육장을 만들었습니다. 악후가 그걸 보고 그러면 안 된다고 간하자 주왕은 악후도 죽여 그 고기를 말려 육포를 만들었습니다. 그 말을 듣고 문왕은 장탄식을 했는데, 결국은 문왕도 주왕한테 잡혀 옥에 갇혔지요. 100일이 지나서는 죽일 차비를 했습니다. 보십시오, 이게 뭔가요? 이게 바로 제왕을 모시다가 도리어 자기가 죽어 육장이 되거나 육포가 되는 사례가 아니고 뭡니까? 제민왕이 노나라로 갈 적에 이유자夷維子가 수레를 몰았는데, 그가 노나라 사람들에게, '우리 임금을 어떻게 모시려고 하는가?' 하고 물으니 노나라 사람들은, '우리는 소 열 마리를 잡아서 대접하려고 한다'고 대답했지요. 그러자 이유자는 '우리 임금은 천자이다. 천자가 각지를 순행하면 제후들이 자기 궁전을 내주어야 하고, 자기 국고의 열쇠를 내맡겨야 하며, 소매를 걷고 식

탁 곁에 서서 천자의 식사를 시중하다가 천자가 식사를 다 한 다음에야 물러갈 수 있다'고 말했는데, 그 말을 듣고 노나라 사람들은 제나라 임금이 자기 나라로 들어서는 것을 결사코 막아 버렸지요. 그래서 제나라 임금은 하는 수 없이 추나라로 해서 설나라로 갔습니다. 그런데 공교롭게도 추나라 임금이 죽는 바람에 제민왕은 조상을 하게 되었습니다. 그러자 이유자는 추나라 대신들에게, '천자가 조상을 왔으니 상사 난 집에서는 그 영구를 남쪽을 향하게 북쪽에 갖다 놓아야 한다, 그래야 천자가 남쪽에 서서 조상을 할 수 있다'고 호령했지요. 그러자 추나라 신하들은 이구동성, '그렇게 꼭 해야 한다면 우리는 모두 스스로 칼을 박고 이 자리에서 죽겠습니다' 하고 눈을 부릅뜨는 바람에 제민왕은 추나라에도 감히 들어가지 못했습니다. 보십시오. 추나라와 노나라의 신하들은 비록 제나라의 위엄에 꼼짝하지 못하면서도 일단 천자를 모시는 예의로 제나라 임금을 모시라고 강요할 때에는 제나라 임금을 자기 나라에 들여놓지 않았습니다. 지금 진나라도 병차 만 대를 가지고 있는 대국이지만 위나라도 병차 만 대를 가지고 있는 대국입니다. 그래서 서로 천자가 되려고 다투다가 진나라가 한 번 승전하니 위나라는 진나라를 천자로 모시려고 하고 있지 않습니까. 그렇다고 보면 위나라 문무 대신들은 자그마한 노나라 추나라 백성들보다도 기개가 없습니다. 그리고 한 가지는, 진나라 왕이 천자가 되면 제후들과 대신들을 반드시 바꿀 것이 아닙니까? 자기들이 불초하다고 생각하는 신하들을 파면시키고, 자기 마음에 드는 사람에게 그 작위를 줄 것이며, 자기들이 미워하는 사람들의 관직을 떼고 자기들이 좋아하는 사람들을 등용할 것이 아닙니까? 그리고 이와 동시에 자기 딸들을 제후의 희비로 위나라 궁전에 보내면 위왕이 누구 말을 듣게 될 것이며, 장군도 지금 같은 영화를 누릴 수 없는 것이 뻔한 일이 아닙니까? 왜 그걸 모르십니까?"

그 말을 듣던 신원연은 벌떡 일어났다.

"고맙소이다. 저는 노 선생님이 비범한 분임은 알고 있었으나 이렇듯 천하의 기인임은 오늘에야 비로소 알았습니다. 저는 이제 위나라로 돌아가겠습니다. 진왕을 천자로 섬기자는 말은 다시는 하지 않겠습니다."

이 일을 들은 진나라 장군은 즉시 군대에 명하여 50리나 퇴각했다고 한다.

소식蘇軾은 노중련을 이렇게 평가했다.

웅변은 장의와 소진을 초과하고 기개는 순자나 공손연을 능가한다. 나라의 위급함을 풀어 주면서도 공로와 상을 바라지 않았으니 전국 시기 모사들 중에서 그 지조는 누구도 비할 수가 없다.

그런가 하면 목문희는, 노중련은 진나라 왕을 천자로 섬겨서는 안 된다는 이유를 매우 충분하게 말했는데, 그 말로 인하여 진나라 군대는 50여 리나 뒤로 물러났으며, 이런 것을 가리켜 『회남자淮南子』에서는 묘전廟戰이라고 했다.

우경虞卿

진나라는 장평에서 조나라 군대를 대패시킨 다음 조나라가 성 여섯 개를 떼어 주어야 화의하겠다고 했다.

조나라 임금은 어떻게 해야 할지 알 수 없어서 망설였는데, 원래 조나라 신하였으나 후에 진나라 재상이 된 누완樓緩이 조나라로 왔다. 조나라 임금은 그를 불러 물었다.

"진나라에 성을 떼어 주는 게 좋겠소, 아니면 떼어 주지 않는 게 좋겠소?"

"그건 신이 알 일이 아니지 않습니까?"

누완은 말하기를 저어했다.

"상관없소. 그대의 생각을 마음놓고 이야기하시오."

"대왕께서도 공보문백 어머니의 일을 알고 계실 줄 압니다. 노나라에서 벼슬을 하던 공보문백이 죽자 열여섯 여성이 따라 자살했습니다. 그런데 아들이 죽었다는 부고를 받고도 그 어머니는 눈물 한 방울 흘리지 않았다고 합니다. '세상에, 아들이 죽었는데도 울지 않는 법이 있습니까?' 하고 한 늙은 노복이 이렇게 말하니 그 어머니는, '성인 공자가 노나라에서 쫓겨날 적에 우리 아들은 성인 공자를 따라 노나라를 떠나지 않았는데, 지금 그 애가 죽으니 계집이 열여섯이나 따라 자살했다. 그렇다면 그 애는 계집들만 가까이하고 성인들은 멀리했음을 말해 주지 않느냐. 그처럼 사람 노릇을 제대로 하지 못한 애의 죽음을 내가 왜 슬퍼하겠느냐' 하고 말했답니다. 문제는 이 말이 어머니 입에서 나왔기에 그 어머니를 현철한 어머니라고 칭찬하는 것이지, 만약 이 말이 그 아내의 입에서 나왔다면 오히려 그 말을 아내의 질투로 잘못 알기 쉽습니다. 그러기에 같은 말이라도 어떤 사람이 한 말인가에 따라서 듣는 사람의 반응이 다르게 되는 법입니다. 신은 지금 진나라에서 금방 돌아온 몸입니다. 신이 진나라의 요구를 들어주면 안 된다고 말하면 그건 임금님께 계책을 제대로 말씀 올리지 않는 것이고, 진나라한테 성 여섯 개를 주어야 한다고 하면 임금께서는 신을 진나라 왕이 보낸 유세꾼으로 볼 수가 있습니다. 그래서 신은 감히 생각대로 여쭙지 못하는 것입니다. 임금께서 기어코 신의 말을 들어보시겠다면, 신의 생각에는 성 여섯 개를 진나라에 주는 것이 상책입니다."

"알았소. 고맙소."

그런데 그 말을 듣고 조나라 상경上卿인 우경이 조나라 임금을 찾아왔다. 임금이 누완이 하던 말을 우경한테 하자 우경은,

"그건 교변巧辯입니다."

하고 잘라 말했다.

"아니, 교변이라니? 그건 무슨 말인가?"

"진나라가 조나라를 공격하다가 왜 철퇴하려고 합니까? 계속 진공할 힘이 없어서 그럽니까? 아니면 그럴 역량은 아직 있는데 조나라의 인정을 보아주느라고 철퇴하려는 겁니까?"

"그거야 이번 싸움에 온 나라 병력을 전부 기울였으니 군사들이 지칠 대로 지쳐서 철퇴하겠다는 거지."

"그렇다면 생각해 보십시오. 진나라는 최대의 힘을 다 냈어도 조나라 성은 하나도 빼앗지 못했지 않습니까. 그러고서도 결국에는 군사들이 지칠 대로 지쳐서 철퇴하려고 하는데 임금께서는 왜 진나라 군대가 점령할 수 없었던 성 여섯 개를 스스로 진나라한테 주려고 하십니까? 이건 진나라를 도와 조나라를 치는 것과 무엇이 다릅니까? 그러다가는 명년에 진나라가 다시 쳐들어오면 우리 조나라는 구할 길이 없게 됩니다."

조나라 임금이 우경이 하던 말을 누완에게 하자 누완은 이렇게 말했다.

"우경이 진나라 국력을 정말 완전하게 알고 있답니까? 만약 조나라에서 그 여섯 개 성을 할양하지 않다가 진나라가 명년에 재차 진

공해 온다면 그때는 아마 성 여섯 개의 문제가 아닌 줄 아는데요."

"과인은 그대의 말대로 성 여섯 개를 떼 줄 생각이 없는 것은 아니지만, 성을 떼 준 다음 진나라가 다시는 우리 조나라를 치지 않는다는 걸 보증할 수 있나 말이오."

"그걸 신이 어떻게 보증하겠습니까? 이전에 한나라, 조나라 그리고 위나라 이렇게 세 나라가 진나라와 수교했는데, 조나라와 위나라는 진나라와 사이가 좋았으나 조나라는 그렇지 못했지요. 진나라가 조나라를 치는 것만 보아도 임금께서 진나라를 대함이 한나라 위나라처럼 친근하지 못했다는 것을 말하지 않습니까? 지금 신이 와서 임금님을 도와 화해를 시킨다고 하더라도 만약 후에 조나라가 신의를 저버리고 진나라를 멀리하고 다른 나라들과 좋아한다면 진나라가 가만히 있겠습니까? 앞으로 진나라가 조나라를 재차 진공한다면 그것은 아마도 진나라에 대한 임금님의 충성이 한나라 위나라보다 못하다는 증명이 되겠지요. 그러기에 신은 그것은 달리 보증할 수가 없습니다."

조나라 임금이 누완의 말을 또 우경에게 알리니 우경은 이렇게 말했다.

"누완의 말은, 성을 떼 주지 않으면 명년에 진나라가 또 조나라를 진공할 것이며, 그때 가서는 성 여섯 개가 아니라 더 많은 성을 떼어 주어야 한다는 말인데, 그렇다면 지금 성을 떼어 주면 진나라가 앞으로 조나라를 다시는 치지 않는다고 보증할 수 있단 말입니까? 보십시오. 누완도 보증할 수 없다지 않습니까. 그렇다면 이번에 성을 떼어 주어 얻는 이득이 무엇입니까? 이번에 성을 여섯 개나 떼어 주고 명년에 진나라가 쳐들어오면 또 성을 떼어 주고 하면 조나라는 망하고 맙니다. 이렇게 화의할 바에는 아예 화의를 하지 않는 것이 더 낫습니다. 진나라의 무력이 강하다고는 하나 우리 조나라 성 여섯 개를 점령할 수 있을 정도로 강하지는 못하며, 우리 조나라 힘이 약하다고는 하나 싸움 한 번에 성 여섯 개를 잃을 정도로 약하지는 않습니다. 지금 진나라는 기력이 진하여 퇴군하고 있습니다. 진나라 군대는 두말 할 것 없이 몹시 지쳐 있을 겁니다. 그렇다면 가령 우리가 성 여섯 개를 진나라에 주지 않고 다른 제후국들에게 주면서 그들과 결맹하여 진나라를 쳐서 진나라의 땅을 빼앗아 가진다면 우리가 다른 제후국들에게 할양한 땅을 진나라에서 되찾게 되는 셈이 아닙니까. 생각해 보십시오. 이렇게 하는 것이 더 유리한가, 아니면 진나라에 성을 떼어 주어 진나라 힘을 키워 주고 그 대신 우리 조나라가 약해지는 것이 더 유리한가 따져 보십시오. 지금 누완은, 진나라가 조나라를 치는 것은 임금님이 한나라나 위나라처럼 진나라를 섬기지 않았기 때문이라고 말하는데, 이것은 임금님께 성 여섯 개를 진나라에 바치라는 말과 같습니다. 그런데 명년에 진나라가 또 성을 바치라고 강요한다면 어쩔 셈입니까? 또 주시겠습니까? 주지 않는다면 이번에 성 여섯 개를 주고 화의한 것이 깨지게 될 것이고 새로운 전쟁이 또 일어날 것이 아닙니까? 그렇지 않고 또 성을 진나라에 주어야 한다면 우리 조나라에 도대체 성이 얼마나 많기에 그렇게 달라는 대로 준단 말입니까? 그렇게 내줄 성이 있습니까? 고언에 강한 자는 진공에 능하나 약한 자는 방어를 못 한다는 말이 있습니다. 지금 진나라가 강요하는 대로 성 여섯 개를 싸움 한 번 없이 내준다면 이건 진나라를 강하게 만들고 자신을 쇠약하게 하는 작법입니다. 진나라는 늑대 같은 나라입니다. 신의를 전혀 모르고 탐욕이 끝없는 나라인데, 임금님의 땅은 제한되어 있습니다. 제한되어 있는 땅으로 끝이 없는 진나라의 탐욕을 채우려면 조나라는 금방 모두 없어지고 말 것입니다. 그러기에 누완의 말을 듣지 말아야 합니다. 절대로 성을 떼어 주어서는 안 됩니다."

그러자 조나라 왕은,

"경의 말에 도리가 있소."

하고 말했다.

그런데 그 소식을 듣고 누완이 조나라 왕을 찾아왔다.

"우경의 말은 하나는 알지만 둘은 모르는 말입니다. 진나라와 조나라가 싸우면 천하의 제후들이 모두 기뻐할 것입니다. 그건 강자에 의존하여 약자를 능멸하려는 것이 인간의 보편적인 심리이기 때문입니다. 보십시오. 지금 진나라가 조나라를 이기니 천하 제후들이 다투어 사신들을 진나라에 보내어 축하하고 있지 않습니까. 만약 조나라가 속한 기일 안으로 성을 떼어 주고 화의하여 진나라와의 관계를 개선하고, 그래서 곁에서 호시탐탐 기회를 노리는 다른 나라들로 하여금 진나라와 조나라가 결맹했다고 믿게 하지 않으면 천하의 제후들은 조나라에 대한 진나라의 격분과 조나라의 피로를 이용하여 조나라 땅을 갈라 가지려고 할 것입니다. 그러면 조나라는 멸망하는 수밖에 없는데, 그런 형편에 다른 제후국들과의 결맹을 논한단 말씀이십니까? 임금님께서는 다른 생각을 더 이상 하지 않으시기를 바랍니다."

그런데 누완이 그런 말을 했다는 소식을 듣고 우경이 또 조나라 왕을 찾아왔다.

"누완의 말을 듣지 마십시오. 누완의 말은 전적으로 진나라를 위하여 하는 말입니다. 조나라가 진나라에 져서 땅을 떼어 주고 화의했다고 하면 천하 제후들이 진나라와 조나라 사이를 더욱 의심하면 의심했지, 어떻게 진나라에 붙어서 진나라 위세로 높이려고 하겠습니까? 조나라가 진나라에 땅을 떼어 주고 화의한다고 하면 이것은 또 천하 제후들에게 조나라가 약해도 형편없이 약하다는 걸 보여 주는 것이 아니고 무엇입니까? 그리고 신이 땅을 떼어 주는 것을 반대한다고 해서 조금의 융통성도 없이 하는 말이 아닙니다. 땅도 떼어 줄 때는 떼어 주어야 하지만 지금 진나라한테는 절대로 떼어 줄 수가 없다는 얘기입니다. 오히려 그 여섯 개의 성을 제나라에게 선사하시면 제나라와 진나라 간의 원한이 더 커지게 될 것이며, 그러면 제나라는 우리와 힘을 합쳐 진나라를 공격할 것입니다. 그때는 제나라가 임금님의 말씀을 들을 겁니다. 그래서 진나라를 이기면 우리는 제나라에 주었던 땅을 진나라에서 찾는 셈이 되며, 일거에 세 나라와 결맹을 맺게 될 것입니다. 그러면 조나라와 진나라 사이의 힘이 완전히 바뀔 겁니다."

"경의 분석이 전적으로 옳네. 대단히 고명한 견해일세."

조나라 왕은 드디어 결심을 굳혔다.

그래서 우경을 동쪽 제나라에 보내어 결맹을 맺고 합력하여 진나라를 치기로 했다. 그리고 우경이 아직 조나라로 돌아오지 않았는데, 진나라 사신은 조나라에 다시 와서 새롭게 담판을 시작했으며, 누완은 우경의 소식을 듣고 겁이 나서 도망쳐 버렸다.

소대 蘇代

위나라 재상 전수가 죽자 초나라 재상인 소어昭魚는 소대에게 이렇게 말했다.

"전수가 죽었소. 장의나 설공 아니면 공손연 중에 어느 누가 위나라 재상이 될 것 같다고 생각하오?"

그러자 소대가 물었다.

"재상님 생각에는 누가 위나라 재상이 되는 것이 재상님께 더 유리하다고 생각하십니까?"

"내 생각에는 태자 자신이 재상이 되는 것이 더 좋을 것 같소."

"그렇다면 제가 위나라로 가보겠습니다. 제가 가면 태자가 재상을 겸하게 할 수 있습니다."

"선생이 가서 어떻게 말할 셈이오?"

"그럼 잠시 재상을 위왕으로 삼고 위왕 앞에서 할 말을 여기서 한 번 해볼까요?"

"어디 말해 보시오."

"그럼 제가 위왕 앞에서 말하듯이 말해 보겠습니다. 신이 초나라에서 올 적에 초나라 재상인 소어가 큰 근심에 사로잡혀 있었습니다. 그래서 신이, 무슨 근심이 그리 많은가 하고 물었지요. 그러자 소어가 하는 말이, 위나라 재상 전수가 죽었는데, 장의나 설공이 아니면 공손연 셋 중에 어느 누가 재상이 될 것 같아서 그런다고 말했습니다. 그래서 신은, '그건 근심 마십시오. 위나라 임금은 현명한 임금이기에 장의와 설공 그리고 공손연 이 세 사람은 재상으로 쓰지 않을 겁니다. 장의가 재상이 되면 진나라와 가까이 굴고 위나라 일은 마음에 두지 않을 것이며, 설공이 재상이 되면 제나라와 가까이 굴고 위나라 일은 역시 관심을 갖지 않을 것이고, 공손연을 재상으로 해도 역시 한나라와 가까이 굴면서 위나라 일은 등한시할 것인데, 현명하신 위나라 임금님이 그걸 모를 리 있겠습니까. 그들 셋 중 누구도 재상으로 쓰지 않을 것입니다' 하고 말했습니다. 그리고 또 신은 이렇게 말했습니다. '가장 좋기는 태자가 재상이 되는 게 제일이지요. 왜냐하면 태자가 재상으로 있는 것은 잠시의 일이고, 태자는 장차 즉위하여 임금이 된다는 것을 그들 셋이 모두 알기 때문에 장차 재상 자리를 얻기 위해서라도 그들 셋은 각기 자기들이 친한 나라들을 끌여들여 위나라와 사이를 좋게 할 것입니다. 그러면 지금 위나라같이 강한 실력에 만승지국 셋까지 맹국으로 삼는다면 위나라 안전이야 말할 것 있겠습니까. 그러기에 태자를 재상으로 삼는 것이 상책입니다.' 이렇게 말한단 말입니다. 어떻습니까? 이렇게 말하면 설복이 안 되겠습니까?"

소어는 그 말을 듣고 고개를 끄덕였다.

소대가 위나라에 가서 위왕에게 그렇게 말했더니 위왕은 과연 태자를 재상으로 임명했다.

초나라가 한나라 옹씨(雍氏. 지명)를 치자 한나라는 서주에 군대와 군량을 요구했다. 주나라 천자는 이에 근심이 몹시 많아 소대를 불러 상론했다.

그러자 소대는 이렇게 말했다.

"그런 일로 근심하실 필요가 있습니까? 신이 임금님을 도와서 그 일을 해결해 드리겠습니다. 한나라가 서주한테 그런 요구를 하지 못하게 할 뿐만 아니라 한나라의 고도高都를 임금님이 도리어 가지실 수도 있습니다."

주왕은 그 말을 듣고 아주 기뻐서,

"경이 능히 이번 난국을 풀 수 있다면 앞으로 나라 정사는 경의 의견만을 듣겠네."

하고 말했다.

그래서 한나라로 간 소대는 우선 한나라 상국인 공손치를 만나 이렇게 말했다.

"상국께서는 초나라 계획을 아직도 모르십니까? 초나라 장수 소응이 초나라 왕에게 뭐라고 말했는지 아십니까? '한나라는 매년 싸움만 하다 보니 군대가 지칠 대로 지치고 국고가 아무것도 없이 텅텅 비고 그래서 성을 지킬 힘이 없습니다. 이럴 때 우리가 한나라 옹씨를 치면 한 달이 못 걸려 옹씨를 점령할 수 있습니다.' 이렇게 말했단 말입니다. 그런데 지금 보십시오. 옹씨를 포위한 지 다섯 달이 되어도 아직 점령하지 못하고 있지 않습니까? 이것은 무엇을 말합니까? 초나라 군대가 이미 지칠 대로 지쳤다는 걸 말하지 않습니까? 그래서 초나라 임금은 지금 소응이 한 말을 의심하고 있습니다. 그런데 이런 때에 상국이 서주한테 군대와 군량을 요구하니 이건 초나라한테 한나라가 이미 기력이 진했다는 걸 알려주는 것이나 다름없지 않습니까? 소응이 이걸 알면 신심이 백배하여 초나라 왕한테 증원병을 달라고 하여 옹씨를 맹공격할 겁니다. 그러면 옹씨는 적에게 지게 됩니다."

"선생님의 견해는 고명한 견해이나 우리 사자가 이미 떠난 걸 어떻게 하겠소?"

공손치의 말에 소대는,

"상국은 왜 고도를 서주에 바치지 못합니까?"

하고 말했다. 그러자 공손치는 성을 냈다.

"서주한테 군대와 군량을 달라고 하지 않는 것만 해도 대단한데 고도를 내주란 말이오? 우리가 왜 고도를 내주어야 한단 말이오?"

"가령 상국께서 고도를 서주에게 내준다면 서주와 한나라 사이는 더없이 친해질 것입니다. 그러면 진나라가 알고 진노하여 서주의 부절符節을 불사르고 거래를 단절할 겁니다. 그러면 상국은 가난한 고도 하나로 옹군 서주를 얻을 수 있는데, 왜 이런 좋은 일을 아니하려고 하십니까?"
 그러자 공손치는 무릎을 쳤다.
 "선생은 확실히 고명한 분이오."
 그래서 공손치는 서주한테 군대와 군량을 요구하지 않았을 뿐만 아니라 오히려 고도를 서주에게 내주었다. 그러자 초나라도 군대를 물려 돌아갔다.

진진陳軫

 진진이 초나라를 떠나 진나라로 갈 때 장의는 진혜왕에게 이렇게 말했다.
 "진진은 진나라의 신하로서, 진나라의 국정을 언제나 초나라에 알려주고 있습니다. 저는 이런 사람과 같이 한 조정에서 일하기가 싫습니다. 그 사람을 조정에서 내모십시오. 만약 그자가 초나라로 돌아가려고 한다면 그자를 죽여 버리십시오."
 "진진이 어떻게 감히 초나라로 돌아가겠다고 하겠는가?"
 진혜왕은 이렇게 말하면서 진진을 불렀다.
 "과인은 경의 의견을 들어보려고 하네. 지금이라도 경이 어느 다른 나라로 가겠다고 하면 과인이 즉시 수레를 마련하도록 하겠네."
 "신은 초나라로 가려고 합니다."
 "장의의 말이 옳구먼. 자네가 가면 초나라로 갈 것이라고 장의도 말하고 나도 그렇게 생각하고 있었지. 사실도 그렇지. 자네가 초나라로 가지 않으면 어느 나라로 가겠는가? 초나라밖에 다른 데 갈 곳이 있는가?"
 그러자 진진이 말했다.

"신이 진나라를 떠나 초나라로 가야 하는 데는 그럴 사유가 있기 때문입니다. 한편으로는 대왕님과 장의의 책략을 좇고, 다른 한편으로는 신이 초나라와 사통한 일이 있었는가 없었는가를 대왕님에게 보여 드리기 위한 것입니다. 신의 말을 들어보십시오. 전에 초나라 사람 하나가 처를 둘 얻었습지요. 그런데 어떤 사람이 그중 나이 많은 여인을 희롱하다가 욕을 먹었습니다. 그런데 이 호색한이 다시 또 다른 젊은 여인을 희롱하니 젊은 여인은 오히려 기쁘게 받아들였습니다. 그러다가 얼마 지나지 않아서 그 남편이 죽었지요. 그래서 다른 사람이 그 호색한에게, 그 과부 둘 중에 나이 많은 과부를 가지겠는가 아니면 나이 젊은 과부를 가지겠는가 하고 물었습니다. 그러자 호색한은 나이 많은 과부를 가지겠다고 했습니다. 그래서 다른 사람이 나이 많은 여인은 자네를 욕하며 쫓았으나 그래서 다른 사람이 나이 젊은 여인은 자네에게 순종했는데 왜 나이 많은 과부를 얻겠다고 하는가 물으니, 호색한은, 다른 사람의 처로 있을 적에는 내가 희롱하는 걸 받아들이면 좋지만 일단 내 처가 된 다음에는 남의 희롱을 막아내야 좋지 않는가. 그러기에 나는 내 희롱을 거절한 그 여인을 내 처로 삼겠단 말일세 하고 대답했다고 합니다. 지금 초나라 임금도 현명한 임금이지만 재상 소양도 현명한 신하이지요. 대왕님의 신하인 이 진진이 만약 진나라의 일을 늘 초나라한테 알려주었다고 한다면 초나라 왕은 저를 받아들이지 않을 겁니다. 그리고 소양도 저와 같이 있지 않을 겁니다. 그러면 신이 전에 초나라와 사통한 일이 있는가 없는가를 알 수 있지 않습니까."

진진이 궁을 떠난 다음 장의가 진혜왕한테 물었다.

"진진이 어느 나라로 가겠다고 하옵니까?"

"진진은 천하 일류 웅변가네. 그는 나를 잠깐 지켜보더니, 신은 초나라로 가겠습니다 하지 않겠나. 그래 과인은, 네가 초나라로 가겠다는 걸 보니 장의가 하던 말이 틀림없구나 하고 말했더니 진진은, '장의만이 아니라 다른 사람들도 모두 제가 초나라로 돌아갈 것이라고 짐작할 것입니다. 이전에 오자서가 임금한테 지극히 충성했기에 천하의 군왕들은 모두 오자서를 자기 신하로 삼았으면 했으며, 효기는 자기 부모께 효도를 극진히 했기에 천하의 부모 된 사람들은 모두 효기가 자기 자식이었으면 했습니다. 노복을 팔 때도 다른 사람이 다투어 사겠다고 하는 노복은 좋은 노복이고 이혼한 여자가 본지방에서 개가할 수 있다면 그 여자는 좋은 여자입니다. 신이 임금께 충성하지 않는 사람이라면 초나라 왕도 신을 받아 뭘 하겠습니까? 신이 이렇듯 임금께 충성하고 나라를 사랑하는데도 임금의 신임을 받지 못하고 있으니 그렇다면 신이 초나라로 돌아가지 않고 어디로 가겠습니까?' 이렇게 말하더란 말일세."

그러고는 진혜왕은 진진을 남겨 잘 대해 주었다.

촉룡 觸龍

조나라 효성왕이 금방 즉위했으나 나이가 너무 어려 조태후가 섭정을 했다. 그런데 진나라가 조나라를 쳐들어와 조나라는 상당히 위급한 지경에 처했다. 그래서 조나라는 제나라에 구원을 청했는데, 제나라 왕은 조나라에서 장안군을 인질로 보내야 구원병을 파하겠다고 했다. 그러나 조태후는 이를 동의하지 않았다.

조나라 대신들은 그러면 안 된다고 극력 간했는데 조태후는 성을 내면서 이제 누가 또 장안군을 인질로 보내야 한다고 간하는 사람이 있으면 그 얼굴에다가 침을 뱉겠다고 했다.

그런데 좌사左師 촉룡이 조태후를 배알하고 말했다.

"신에게 숙기라고 하는 아들이 하나 있는데, 나이는 어리지만 신이 매우 총애하고 있습니다. 그런데 신이 이미 늙어 한 가지 청구가 있사옵니다. 아들애를 위사衛士로 넣어 주어 왕궁을 주시면 고맙겠습니다. 신은 죽을 각오를 하고 태후께 이런 말씀을 올립니다."

"아니, 남정네들도 그렇게 자식을 사랑한단 말이오?"

"어머니들보다 더 자식을 사랑하지요."

그러자 조태후는 웃으면서 말했다.

"아무렴 그럴 수야 있나. 그래도 에미가 자식을 더 사랑하는 게 당연하겠지."

"그런 것 같지 않습니다. 신이 알건대 태후께서는 장안군보다 연후를 더 사랑하는 것 같사옵니다."

"아닐세. 장안군을 더 사랑하지. 나는 연후보다 장안군을 더욱 사랑하네."

"연후가 출가할 때 태후는 연후가 먼 곳으로 떠난다고 연후의 손목을 잡고 슬피 우셨습니다. 태후께서 연후를 너무나 사랑하신다는 걸 저희는 잘 알고 있지요. 연후가 출가한 다음에도 태후는 언제나 그를 그리셨습니다. 그러나 신명에 제를 지낼 때는 태후께서는 제발 연후를 돌아오지 말게 해 달라고 비셨습니다. 이는 무엇을 위해서입니까? 연후의 장래를 위해서이지요. 연후의 자손이 왕위를 계승하게 하려는 것이 아니십니까?"

"그건 그렇소."

"그렇다면 신이 한 가지 묻겠습니다만, 삼대를 거슬러올라가 헤아려 보십시오. 조나라 개국 시에 후작을 책봉받은 집들 중 자손들이 지금까지 그대로 그 작위를 보존하고 있는 데가 몇 있습니까?"

"한 사람도 없소."

"왜 그렇습니까? 이건 그분들의 신분과 그분들이 이룩한 공적이 맞지 않기 때문입니다. 그래서 재앙이 빨리 닥쳐온 사람은 첫 세대에 망해 버리고 재앙이 늦게 닥친 사람들일지라도 그 후대에 와서는 망하게 된 것입니다. 그분들의 자손들이라고 모두 나쁜가요? 그렇지 않지요. 다만 작위는 높으나 공로가 없고 봉록은 많이 받으나 일을 하지 않고, 또 가지고 있는 보물들만 많기 때문입니다. 지금 태후께서 장안군의 작위를 그냥 높여 주고 비옥한 땅들을 떼어 주고 수많은 국보를 장안군한테 주고 계시는데, 만약 지금 장안군으로 하여금 나라를 위하여 공을 세우지 못하게 한다면 앞으로 일이 어떻게 된다고 생각하십니까? 지금 아무런 공로가 없으면 태후께서 승하하신 다음 장안군이 어떻게 조나라에서 자기의 입지를 세울 수 있겠습니까? 그런데 태후께서는 지금 장안군의 장래를 생각하지 않고 있는 듯합니다. 그러기에 태후께서는 장안군보다 연후를 더 사랑하신다고 말하는 것입니다."

"경의 말을 알 만하네. 그럼 경이 하자는 대로 장안군을 제나라에 인질로 보내겠네."

조태후는 드디어 장안군으로 하여금 병차 100대를 가지고 제나라에 인질로 가게 했다. 그러자 제나라에서도 구원병을 조나라에 보내어 진나라 군대를 치도록 하자 진나라 군대는 결국 물러갈 수밖에 없었다.

용예 庸芮

진나라 선태후는 위추부를 특별히 총애했다. 태후는 병이 위중하

여 임종이 다가오자,

"내가 죽으면 위추부를 꼭 순장하여야 한다."

하는 영을 내렸다.

그 말을 들은 위추부는 겁이 나서 대신 용예를 찾아가 이 일을 어떻게 했으면 좋겠는가 하고 상의했다.

용예는 선태후를 찾아가 이렇게 물었다.

"사람이 죽은 다음에도 지각이 있다고 생각하십니까?"

"죽은 다음에야 무슨 지각이 있겠나."

"그렇다면, 사람이 죽으면 지각이 없다는 걸 아시는 태후님께서 왜 자기가 그토록 총애하던 사람을 순장하라고 하십니까? 왜 지각이라고는 조금도 없는 시체 곁에 놔두도록 하려는 것입니까? 가령 사람이 죽은 다음에도 지각이 있다면, 이 몇 년 동안 태후님이 하신 일에 대하여 선왕께서 가만히 계셨겠습니까? 울분이 쌓여 크게 노한 지 벌써 오래일 것입니다. 그러면 위추부를 총애할 겨를이 어디 있었겠습니까?"

"듣고 보니 경의 말이 도리가 있네."

선태후는 위추부를 순장시키지 않기로 했다.

적인걸 狄仁傑

무측천이 자기 조카인 무승사나 무삼사 둘 중에 하나를 태자로 봉하려고 하자 적인걸이 무측천에게 이런 말을 했다.

"모자간과 고질姑侄간 중 어느 사이가 더 가깝습니까? 폐하께서 아드님을 태자로 책봉하신다면 폐하께서 승하하신 다음에도 자기 종묘를 가지시고 자손만대로 태뢰太牢의 공양을 받으실 수 있지만,

폐하께서 만약 무삼사를 태자로 세운다면 그런 공양을 받지 못합니다. 무삼사는 폐하의 조카입니다. 조카가 천자가 된 다음 고모를 태묘에 모신다는 말은 종래로 들은 적이 없습니다."

무측천은 그 말을 듣고 무삼사를 태자로 봉하려던 생각을 그만두었다.

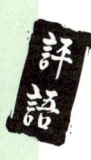

적인걸이 무후 무측천에게 한 말은 무후의 정곡을 찌른 말이다. 무후는 그 엄연한 사실을 외면할 수 없었다. 후에 무후는, 앵무의 날개를 자르는 꿈을 꾸었기에 아들 노릉왕을 태자로 세웠다고 말하지만, 실제로는 적인걸의 한 마디 말이 무측천의 마음을 돌려세운 것이다. 대개 살아생전 영화를 탐내던 사람은 죽어서도 존경을 받을 것을 바라는 법이다.

왕방경이 재상으로 있을 때이다. 무측천이 왕방경을 보고, 왜 아들을 그 먼 미주의 참군으로 보냈는가 하고 물은 적이 있다. 이에 왕방경은, 폐하께서는 사랑하는 아드님도 머나먼 이주에 보내 놓고 있는데 신이 어떻게 자식을 곁에 두겠습니까 하고 대답했다. 이것도 무후에 대한 간언이 아닌지 모른다.

그러나 아무 임금이나 다 그런 간언을 받아들이는 것은 아니다. 현명한 임금이어야만 신하들의 간언을 받아들이는 법이다. 적인걸이 무후의 총신인 장창종을 모욕한 적이 있었는데 그때도 무후는 격노하지 않았고, 적인걸이 장동지를 추천했어도 무후는 적인걸의 충성을 의심하지 않았다. 이렇듯 무후가 현명하기에 적인걸도 그런 간언을 할 수가 있었던 것이다.

육가陸賈, 제 땅의 왕선생

한나라 평원군 주건朱建은 원래 회남왕 영포의 승상이었는데, 사람이 강직하고 지모가 있었다. 영포가 죽은 다음 조정은 그에게 평원군이라는 호를 주었다.

여태후의 특별한 총애를 받고 있는 벽양후 심이기는 평원군과 교우하려고 했으나 평원군은 만나 주지 않았다.

그런데 평원군의 어머니가 세상을 떴다. 평원군은 가정 형편이 어려워서 친구들에게 돈을 꾸어 장사를 치르려고 했다.

그러자 평원군의 친구인 육가는 평원군더러 장사에 쓰는 비용은 자기가 주선하겠으니 걱정하지 말고 장사나 잘 치르라고 했다. 그러고는 육가는 벽양후 심이기를 찾아갔다.

"축하합니다. 평원군의 어머니가 세상을 떴습니다."

"평원군의 자당이 세상을 떴는데 나한테 축하할 일이 뭐요?"

심이기는 그 말이 귀에 거슬렸다.

"벽양후께서 전에 평원군과 친구를 맺자고 그렇게 애를 써도 평원군이 만나 주지 않지 않았습니까? 그것은 모두 평원군의 어머니 때문이었습니다. 그런데 지금 그 어머니가 세상을 떴단 말입니다. 진정한 친구는 어려울 때 도와주는 것이 진정한 친구입니다. 지금 평원군은 가정 형편이 어려워서 모친 장례를 치르지 못하고 있습니다. 이럴 때 평원군을 도와주십시오. 그러면 평원군이 벽양후를 잊겠습니까? 앞으로 벽양후를 위하여 자기의 모든 것을 바칠 것입니다."

그 말을 듣고 벽양후 심이기는 금 100냥을 평원군에게 보냈다. 벽양후가 이렇게 많은 돈을 보내는 것을 보고 다른 왕후王侯들도 다투어 돈을 보내어 평원군한테 들어온 금이 500냥이 넘었다. 그래서 평원군은 어머니의 장례를 원만하게 치를 수가 있었다.

그런데 얼마 지나서, 어떤 사람이 벽양후 심이기와 여후가 사통한다는 것을 혜제에게 고발했다. 혜제는 벽양후 심이기를 옥에 잡아넣고 죽이려고 했다. 여태후도 자기와 관련된 일이라 벽양후를 살리라는 말을 할 수가 없었고, 조정의 다른 대신들도 벽양후가 여태후의 총애를 받는 것을 평소 아니꼽게 보던 참이라 벽양후를 죽이지 말라고 황제에게 간하는 사람이 없었다. 생명이 조석에 달린 벽양후는 사람을 평원군한테 보내어 어떻게 해서라도 자기를 구해 달라고 하면서 한번 만나자고 했다.

그런데 평원군은, 지금 사세가 벽양후한테 몹시 불리하니 서로 만나지 않는 것이 좋겠다고 하면서 벽양후의 청에 응하지 않았다.

그러나 평원군은 말은 그렇게 했지만 뒤에서는 남모르게 혜제의 총신인 굉유를 찾아가 이렇게 말했다.

"자네가 황제의 총애를 받는 까닭은 천하 사람들이 다 알고 있는 상황이네. 그러기에 지금 벽양후가 죽게 된 것은 모두 자네가 황제한테 참언했기 때문이라고 세상 사람들이 말하고 있네. 그렇다면 임자한테 화가 닥쳐온 거란 말일세. 생각해 보게나. 벽양후가 죽으면 태후가 가만히 있겠나. 임자한테 원심을 먹고 기회를 타서 임자를 죽이기 쉽단 말일세. 그런 화를 면하려면 지금 손을 써서 벽양후를 살려야 하네. 왜 황제한테 말해 벽양후를 놓아주게 하지 못하는가? 황제가 자네 말을 듣고 벽양후를 죽이지 않고 살려만 준다면 태후는 반드시 기뻐할 것이고, 그러면 자네는 황상과 태후 두 분의 총애를 독차지하게 될 걸세. 그러면 그 부귀영화가 지금에 비기겠는가? 몇 배가 될지 모를 거란 말일세."

그 말을 듣자 굉유는 태후가 겁이 나 등골에 식은땀이 흘렀다.

그는 즉시 평원군의 말대로 혜제를 설복하여 벽양후 심이기를 놓아주게 했다.

벽양후는 옥에 있을 적에 평원군이 자기를 만나 주지 않자 매우 패씸하게 생각했으나 옥에서 나와 평원군이 자기를 어떻게 도와주 었는가를 알고는 평원군을 대단히 고맙게 생각했다.

 후에 여태후가 죽자 대신들은 여씨 성을 가진 왕공 후작들을 모두 죽였다. 그런데 벽양후 심이기는 여씨와 그렇게도 밀접한 사이임에도 불구하고 죽지 않고 살아남았다. 여기에도 육가와 평원군의 계략과 도움이 있었던 것이다.

 기실 육가와 평원군만 총명한 것이 아니다. 벽양후 심이기도 앞을 내다 보는 안광이 있었다.

 한나라 때 양효왕은 원앙을 죽인 일이 탄로나자 그 죄로 죽을까 봐 겁이 나서 추양을 시켜 황금 천 냥을 가지고 모사를 찾아다니면서 방법을 알아 오게 했다.

 제 땅에 성이 왕씨인, 나이 여든의 늙은 선생이 지혜가 많아 모사를 잘한다는 말을 들은 추양은 그 늙은 선생을 찾아갔다.

 늙은 선생은 추양의 말을 듣고는 손을 내흔들었다.

 "거 참, 어려운 일이구먼. 임금과 신하 사이에 원혐이 생기면 신하가 죽기 마련인데 그 일을 어떻게 하지, 참 어려운 일이네. 그래, 자네는 어떻게 할 셈인가?"

 "추 땅이나 노 땅에는 학자들이 많고, 제 땅이나 초 땅에는 변사들이 많고, 한 땅과 위 땅에는 이인들이 많다는데, 저는 그곳을 모두 다녀가 보겠습니다. 그러면 방법이 나오겠지요."

 "그러면 가보게. 그런데 돌아올 때 잊지 말고 여기를 한번 찾아오게, 알겠나?"

추양은 한 달을 그렇게 돌아다녔으나 아무런 성과가 없었다. 그래서 다시 왕선생을 찾아갔다.

"양효왕을 구할 계책을 아무도 내지 못하고 있습니다. 하여 저는 할 수 없이 도로 돌아가야겠습니다."

"그러면 돌아가는 길에 반드시 왕장군을 만나 보도록 하게. 알겠나?"

왕선생의 그 한 마디 말에 추양은 갑자기 크게 깨닫는 바가 있어 양나라로 돌아가지 않고 곧바로 장안으로 가서 왕장군을 만났다.

왕장군은 왕미인의 오빠이다. 추양은 왕장군에게 이렇게 말했다.

"소인은 오래 전부터 나으리의 존안을 뵈려 했습니다. 나으리께서 아주 소탈하신 분이란 말을 들은 지 오래입니다. 그런데 지금 원앙을 죽인 일로 황상이 진노하셨는데, 잘못하면 양효왕이 이 일로 죽게 될지 모르겠습니다. 그러면 태후가 가만히 있지 않을 겁니다. 태후가 그 보복을 황상의 총신들한테 하기 쉬운데, 그러면 나으리의 처경이 위험해지지요. 나으리는 황상이 총신하는 왕미인의 오라버니가 아니십니까?"

그 말에 왕장군은 겁이 나서 눈이 커졌다.

"그러면 이 일을 어떻게 해야 하오?"

"즉시 황상을 설복하여 양효왕이 원앙을 죽인 일을 더 추궁하지 못하게 하십시오. 그러면 태후께서는 나으리를 아주 감사하게 생각할 것이 아닙니까. 그렇게 되면 조정에서 나으리의 지위가 튼튼해질 겁니다."

왕장군은 추양의 말대로 했다. 그래서 양효왕은 죽지 않게 되었다.

화부 火夫

조나라 임금이 한광을 연나라에 보냈더니 뜻밖에도 연나라에서는 한광을 연나라 임금으로 올려 세웠다. 이에 격분한 조나라 임금은 장이, 진여와 상론한 다음 연나라를 진공했다.

그런데 어느 날, 사사로이 영채 밖을 나갔던 조나라 임금이 그만 연나라 군대에 포로로 잡혔다. 연나라는 조나라에서 절반 땅을 떼어 주어야 조나라 임금을 돌려보내겠다고 했다. 조나라에서는 선후하여 사신을 열 명도 더 보냈는데, 연나라는 말을 듣지 않았을 뿐만 아니라 사신들마저 모조리 죽여 버렸다. 장이와 진여는 이 일을 어떻게 하면 좋을지 몰라 골머리를 앓았다.

그런데 밥 짓는 화부 하나가 영채에 와서, 자기가 가면 연나라 사람들을 설복하여 조나라 임금을 돌려보내게 할 수 있다고 했다.

그러자 사람들은 모두 화부를 비웃었다.

그러거나 말거나 화부는 연나라 장수의 영채로 찾아가서 말했다.

"소인이 왜 여기로 온지 아십니까?"

"보나마나 너희 나라 임금을 데려갈까 해서 왔겠지."

연나라 장수가 말했다.

"장군은 장이와 진여가 어떤 사람인지 아십니까?"

"둘 다 조나라 현인들이 아니냐."

"그렇기는 합니다만, 그 둘이 지금 무슨 생각을 하고 있는지 아십니까?"

"그거야 물론 어떻게 해야 조나라 임금을 무사히 돌아오게 하겠는가, 이런 걸 생각하고 있겠지."

그러자 화부는 큰 소리로 웃었다.

"그런 게 아닙니다. 장군은 그 두 사람의 속마음을 정말 모르고 있습니다. 장이와 진여는 무장입니다. 호령 한 마디면 조나라 수십 개 성을 단번에 가질 수 있습니다. 그들은 그 잘난 재상 따위에 만족할 사람들이 아닙니다. 스스로 임금이 되려는 생각을 가지고 있은 지 하루 이틀이 아니지요. 임금과 재상의 차이가 하늘과 땅 차이라는 걸 세상 누구도 다 아는데 그 둘이라고 모르겠습니까. 그러나 지금 사세가 사세이기에 그 둘은 감히 그런 일을 하지 못하고 있을 뿐입니다. 일단 조나라 국세에 큰 변화만 있어 보십시오. 그들은 둘이서 조나라를 나누어 가지고 각기 왕이 될 겁니다. 지금 연나라에서 조나라 임금을 가두어 놓고 있는데, 그들 둘은 겉으로는 조나라 임금이 돌아오는 걸 고대하는 양 하고 있지만 실속은 연나라에서 조나라 임금을 죽였으면 하고 있습니다. 그래야 조나라를 둘이서 나누어 가지고 각기 왕이 될 게 아닙니까. 조나라 임금 혼자서도 연나라를 칠 수 있는데 지모가 대단한 그 둘이 합작하여 연나라가 조나라 임금을 죽였다는 걸 구실로 쳐들어온다면 연나라가 견딜 수 있을 것 같습니까? 연나라는 망하고 말 겁니다. 그러기에 이제라도 빨리 조나라 임금을 놓아 보내야 합니다. 그래서 장이와 진여의 야심이 실현되지 못하게 해야 합니다."

연나라 장수는 화부의 말이 도리가 있다고 생각하여 조나라 임금을 놓아주었다. 화부는 임금을 모시고 조나라로 돌아왔다.

양선 楊善

명나라 영종 14년, 영종이 친히 군사를 거느리고 몽골의 한 부족인 와랄을 치다가 토목보라는 데에서 기습을 당해 포로가 되었다. 와랄의 승상은 야선인데, 영종은 야선한테 1년이 넘도록 붙잡혀 있었다. 영종을 돌려보내라고 명나라에서 여러 번 사신을 보냈으나 야선은 이랬다저랬다 하면서 그 태도가 반복무상이었다. 도무지 그 속내를 알 수 없어서 명나라에서는 대신 한 사람을 야선한테 보내어 그 내막을 탐지해 오려고 했는데, 그 일을 감당해 낼 사람을 찾기가 어려웠다. 그런데 좌도어사左都御使 양선이 자청해 나섰다.

야선은 양선이 온다는 말을 듣고 약삭빠른 호인 하나를 보내어 양선을 마중하게 하면서 명나라 군대 상황을 미리 탐지하게 했다.

양선을 마중나온 호인이 먼저 말했다.

"나도 원래는 중국 사람인데 와랄한테 포로로 잡혀 지금까지 여기 남아 있습니다."

그러고는 토목보 싸움에서 명나라 군대는 왜 싸움이 시작되지도 않았는데 벌써 흩어지기 시작했는가 하고 물었다.

그러자 양선은 이렇게 대답했다.

"태평한 세월을 너무 오래 보내어 그렇지요. 장수나 병사들이나 모두 편안한 생활에 젖어 버렸으니까요. 그런데다가 그 군대는 명나라 정규군이 아니라 영종의 수위들이나 수종들이었는데, 아무런 준비도 없이 와랄군의 기습을 갑자기 받았으니 그렇게 될 수밖에 없지요. 그러나 그때 와랄군이 승리는 했지만 그것이 와랄 사람들한테 복은 가져다주지 못할 겁니다. 지금 오르신 황상은 아주 현명하십니다. 황상은 즉위하자마자 각 방의 충언들을 널리 듣고 있지요. 어떤 사람은 이런 계책을 바쳤습니다. 와랄 사람들이 중국을 쳐들어오는 데는 말을 타고 산을 넘어오지 않으면 안 되는데, 그들이 넘어오는 길이나 관액에 끝이 뾰족한 쇠꼬챙이들을 보이지 않게 가득 꽂아 놓으면 와랄의 기마병들이 거기에 걸려 숱한 사망자를 낼 수 있습니다 하고 말입니다. 우리 황상은 그 계책을 채납하시고 그렇게 했습니다. 그리고 어떤 사람들은 또 이런 계책을 바쳤습니다. 지금 명나라 군대의 화포는 한 번에 탄알 하나씩 발사하는데, 만약 화포에 닭 알 정도의 포알을 한 되씩 재워 쏠 수 있다면 그 포알이 나가 흩어지면서 적군의 병마를 수없이 죽일 수 있습니다 하고 말입니다. 황상은 그것도 채납하여 그런 화포를 만들게 했습니다. 그런가 하면 어떤 사람은, 광서나 사천 일대에는 호랑이를 잡을 때 쓰는 독약이 있는데, 그걸 살촉에 발라서 쏘면 맞기만 하면 당장에 죽습니다 하고 헌책하였습니다. 황상은 그것도 받아들여 그런 독약을 이미 광서나 사천에서 가져오고 활 잘 쏘는 사람들을 삼십만이나 뽑아서, 사형수들을 산 과녁으로 하여 전문 활쏘기 훈련을 시키고 있는데, 그 효과가 대단히 좋습니다. 그리고 또 어떤 사람은, 화총대火銃隊가 서너 줄로 서서 총을 쏘지만 장탄 시간이 늦어서 적들의 기마병은 그 장탄 시간을 타서 돌격해 오곤 하며, 그러기에 쌍 가닥 화총을 크게 만들어 독약을 바른 철알들을 많이 재워 화총대 뒤에 두었다가 적들의 기마병이 돌격해 올 때 일시에 내쏘게 하면 적들을 수없이 죽일 수 있습니다 하고 아뢰었습니다. 황상이 그것도 채납하여 그렇게 했더니 300보 앞에 있는 적들도 무리로 쓰러뜨릴 수가 있었습니다. 무릇 이런 계책들을 내어 바치는 사람들한테는 모두 관직과 상을 주기에 지모 있는 사람들은 다투어 헌책하고 있지요. 그런데다가 군사들은 모두 사기가 왕성하여 조련을 다그치고 있습니다만, 지금 와서야 무슨 소용이 있습니까?"

"소용이 없다니요? 그건 무슨 말씀입니까?"

"우리 명나라와 와랄이 화의를 한다면 그게 다 소용이 없는 일이 아니고 뭡니까?"

"그건 그렇습니다."

호인은 돌아가 양선의 말을 야선한테 전했다.

그 이튿날, 야선이 양선을 만나 양선의 관직부터 물었다.

"도어사입니다."

양선이 대답하자 야선이 말했다.

"명나라와 우리 와랄은 친선적으로 지낸 지가 벌써 여러 해인데, 이번에는 왜 우리가 보낸 사신들을 자유롭게 나다니지 못하게 행관에 가두고 상도 전보다는 적게 주었소? 상으로 주는 비단도 필마다 절반씩 끊어 주었으니 도대체 어쩌자고 이러는 거요?"

"승상의 부친님이 계실 때는 중국에 말들을 조공하러 보내는 사신들이 모두 합쳐야 30명을 넘지 못했습니다. 그리고 상을 받아 가는 사람도 열에 두서넛이 되나마나 했지만 다른 말이 없었지요. 그 당시 두 나라 사이는 아주 좋았습니다. 그런데 지금은 사신이라고 중국에 오는 와랄 사람들이 무려 3천이 넘는데다가 무릇 황상을 배알하면 열 몇 살 나는 아이까지 모두 금의 한 벌씩을 상으로 받습니다. 그리고 그들을 대접하는 황상의 연회가 풍성한 것은 더 말할 것이 없지요. 황상은 승상의 면목을 봐서 와랄의 사신들이 돌아갈 적에도 연회를 베풀고 또 특사를 파하여 전문 호송까지 하게 합니다. 그런데 사신을 잡아 두다니요? 그런 일은 있을 수가 없습니다. 아마 사신들을 따라온 하인들 중에 어떤 자들이 중국에 와서 도적질 같은 악행을 하다 들켜, 사신들한테 벌을 받을까 봐 겁이 나서 소로길로 도망치다 중도에서 머물러 있든지 아니면 호환虎患 같은 봉변을 당했는지는 모르지만, 중국 사람들이 그들을 남겨 놓아서 무슨 소용이 있겠습니까? 그리고 말을 가지고 온 사람들에게 주는 상이 전보다 적어진 데는 또 그럴 만한 사유가 있기 때문입니다. 전에 승상께서 왕희를 시켜서 중국의 어느 친구한테 주라고 써 보낸 편지가 있지요? 그런데 공교롭게도 왕희가 그때 외출했기에 오량이 그 편지를 받고는 조정에 보내는 편지인가 잘못 알고는 조정에다 바쳤습니다. 그 바람에 승상의 친구는 조정의 오해를 받을까 봐 대신들에게, 이번 말들을 바치러 온 와랄 사신은 승상이 보낸 사신이 아니니까 전처럼 상을 후하게 주지 않아도 된다고 했습니다. 그래서 상이 전보다 적어진 겁니다. 그런데 승상의 친구는 사신이 돌아갈 때는 또 승상의 손을 빌어 오량을 죽이려고 그 일을 오량의 꾀라고 모함했지요. 승상은 그 말을 믿고 오량을 죽였습니다. 그렇지 않습니까?"

"그건 그렇소."

"그리고 솥을 사는 일도 그렇습니다. 그런 솥은 광동에서만 나는데, 경성에서 광동까지는 만 리가 넘습니다. 그러기에 솥 하나 값이 명주 두 필입니다. 그런데 귀국의 사신은 한 필밖에 내지 않겠다고 했지요. 그래 옥신각신 흥정하던 끝에 솥 파는 쪽에서는 그러면 아예 팔지 않겠다고 문을 닫아 버렸습니다. 이런 작은 일까지 황상이 어떻게 다 아시겠습니까? 그러니 이건 황상의 의사가 절대 아니지요. 가령 중국 사람들이 귀국의 사신한테서 말을 사는데 귀국의 사신이 값이 너무 싸다고 팔지 않았다면 그걸 승상님이 시킨 거라고 할 수 있습니까? 그러면 언어도단이 아닙니까? 이것과 마찬가지지요. 그렇지 않습니까?"

"도어사 말을 들어 보니 그런 것 같구먼."

"그리고 비단을 끊은 일은 모두 사신들의 노복인 회회 사람들이 한 짓입니다. 그들이 비단 필을 절반씩 끊어 놓았습니다. 제 말을 믿지 못하겠으면 그자들의 짐을 들추어 보십시오. 그들 짐 속에 있는 비단들은 모두 한 필씩 제대로 있을 것입니다."

"도어사 말이 모두 맞는 것 같소. 비록 지나간 일이지만 모두 소인들의 참언을 들은 것 같소."

그러자 양선의 말씨도 부드러워졌다.

"승상은 와랄의 대장군이십니다. 그런데 소인들의 참언을 들으시고 대명 황제의 은덕을 잊어 늘 명나라 변경을 침입하여 백성들을 살해하고 있으니 하늘이 무섭지 않으십니까? 하늘은 인간들에게 덕을 베풀어 주라고 하는데 승상은 오히려 살육을 즐기면서 포로가 된 명나라 병사들이 집이 그리워 달아나면 잡아다가 배를 가르고 간을 꺼내니 그들의 처참한 아우성 소리를 하늘이 듣지 못하는 줄 아십니까?"

"내가 그렇게 죽이라고 시킨 것이 아니오. 모두 그들이 자기 죄가 무서워서 자살한 것이지."

야선은 변명도 되지 않는 변명을 했다. 양선은 계속 말했다.

"지금은 두 나라가 오해를 풀고 처음처럼 화의를 할 때입니다. 그렇다면 승상께서 군대를 철수시킬 수 있는지 모르겠습니다. 그래야 하늘이 재화를 내리지 않을 줄 압니다."

그러자 야선은 웃는 얼굴로 말했다.

"그러지요, 그렇게 하지요. 그런데 영종이 돌아가면 계속 황제로 있을까요?"

"경제께서 이미 즉위하셨는데 어떻게 고치겠습니까?"

"요·순 시대는 임금의 자리를 어떻게 계승했습니까?"

"요임금은 순임금한테 자리를 내주었는데, 말하자면 지금 형님이 아우한테 자리를 내주는 것과 마찬가지지요."

그러자 평장앙극이라는 사람이 곁에 있다가 한 마디했다.

"이제 귀국에서 황제를 모시러 올 적에, 무슨 선물을 우리한테 가져오겠습니까?"

"선물을 가져올 수는 있지만 선물을 받으시면 후세 사람들이 뭐라고 하겠습니까? 승상께서 탐욕스럽다고 조소할 것입니다. 빈손으로 와 황제를 모셔 가게 해야 승상의 인의지심이 나타나고 따라서 천도에 순응하는 것이 되지 않습니까? 그러면 사람들은 역사상 이런 호걸이 없다고 승상을 칭찬할 겁니다. 저는 사관史官을 감독해 그 일을 상세하게 사책에 적게 하여 후손들이 승상을 길이길이 칭송하게 할 것입니다."

"좋소. 그러면 그 일은 도어사한테 맡기오. 도어사가 감독해서 내 일을 사책에 잘 써넣게 해주시오."

야선은 그 이튿날 영종을 만나 보고 하루가 지나서는 주연을 차려 양선을 대접하고 영종을 환송했다.

그래서 영종은 양선과 같이 명나라로 돌아오게 되었다.

원래 양선을 와랄한테 보낼 적에는 단지 와랄의 의도를 탐지하러 보낸 것이지 영종을 데려오려고 보낸 것은 아니었는데, 야선이 양선의 말을 듣고 마음이 돌아서서 영종을 돌려보낸 것이다. 이것은 미리 예상하지 못했던 일이다.

진晉나라의 회제와 민제가 적에게 포로가 되었는데, 적들이 쉽게 말을 들어 줄 것 같지 않아서 그 두 황제를 돌려 달라는 말을 감히 하지 못했다. 그런가 하면 송나라에서는 휘종과 흠종이 금나라에 붙잡혀 간 다음 여러 번 돌려 달라고 했으나 금나라한테 거절당했다. 그들한테 위에서 말한 조나라 화부 같은 사람이 있었으면 얼마나 좋았겠는가.

일반적으로 말해서 상대방의 임금을 포로로 잡으면 다음과 같은 세 가지 유리한 점이 있게 된다. 첫째는 상대방의 대신들이 모두 황제가 하루 속히 돌아오기를 고대하게 되는 것이요, 두 번째는 화의하려고 사신들이 찾아옴과 동시에 상대방의 대신들 속에 분기가 생기는 것이요, 세 번째는 그 기회를 이용하여 이로운 요구를 상대방에게 강요할 수 있는 것이다. 야선도 영종을 사로잡았기에 진나라나 송나라 때의 일을 본받아 명나라를 협박하며 여러 가지 요구를 강요할 수 있다고 생각했다. 그런데 명나라 대신들은 야선의 그런 협박이 두렵기도 했거니와 경제의 의도를 거슬리기도 싫었다. 그래서 서로 미루면서 사신으로 가려고 하지 않았다. 그런데 양선만은 떳떳이 자기가 가겠노라고 자진하여 나섰으며, 와랄로 가서는 돈 한푼 들이지 않고 영종을 데리고 돌아왔으니 그 지모는 위에서 말한 조나라 화부보다 더 뛰어난지 모른다.

그런데 명나라 시기, 토목보 싸움의 실패는 한때의 경솔로 야선의 기습을 당한 것이지 진나라나 송나라 일처럼 국세가 약해서 그렇게 된 것은 아니다. 그리고 야선과 금나라도 다르다. 야선은 명의를 중히 여기는 사람이지만 금나라 사람들은 잔인무도하기 그지없는 사람들이다. 그리고 야선의 국력도 금나라처럼 강성하지 못했다. 그러기에 양선의 말에 야선의 마음이 그렇게 수월하게 돌아섰던 것이다. 그렇지 않고 송나라 때와 같은 경우라면 양선 같은 사람이 백이 있어도 불가능한 일이다.

그런데 당시 고관대작들 중에 와랄에 사신으로 가겠다고 자진해 나선 사람은 오로지 양선밖에 없다. 그렇다면 다른 대신들은 양선 같은 말재간이 없다고 하더라도 양선 같은 의로운 마음조차 없었단 말인가?

부필 富弼

서하西夏가 송나라 변경을 침범하는 기회를 이용하여 거란은 사신을 송나라에 보내어 남관 땅을 돌려 달라고 강요했다. 이 남관 땅은 오대 시기, 석경당이 거란 기마병들의 원조를 받으려고 거란에 할양

한 땅 중의 일부분인데, 그 후 후주後周의 세종이 도로 앗아왔던 것이다.

그래서 부필이 조정의 칙명을 받고 거란으로 출사했다. 그는 거란 왕을 만나 이렇게 물었다.

"두 나라가 화의하여 말도 없이 지낸 지가 벌써 40여 년이 되는데 왜 오늘 갑자기 땅을 떼어 달라는 겁니까?"

그러자 거란 왕이 말했다.

"남송이 맹약을 어기고 안문관을 지키고, 저수지들을 만들며, 성벽들을 더 올려 쌓고, 민병을 징발하고 있는데, 이런 거동은 무엇을 말하는 것이오? 우리 신하들은 그걸 보고 분개해서 어서 군대를 거느리고 남으로 쳐 내려가자고 야단이오. 그런 걸 그래도 과인이, 우선 사신을 보내어 땅을 할양하라고 해보고 대답하지 않으면 그때 쳐 내려가도 늦지 않다고 하면서 눌러 두고 있는 거요. 뭐 알기나 하고 하는 말씀이오?"

"그렇다면 거란은 우리 진종 황제의 은덕을 잊었다 이 말씀입니까? 당년 담연의 싸움에서 진종 황제께서 장군들의 의견을 채납했더라면 거란의 병사들이 살아 돌아가지 못했을 겁니다. 그리고 중국과 거란이 화의를 해서 누가 이득을 보았습니까? 그러나 일단 쌍방이 싸워 승리하면 신하들이 공로를 가지게 됩니다. 그러나 지면 그 전쟁의 책임은 임금이 지게 됩니다. 그러기에 신하들이 싸우자고 하는 것은 전적으로 자기들 이익을 위해서 그러는 것입니다. 중국은 강역이 광활하고 군사도 100만이 넘습니다. 그러니 거란국이 꼭 이긴다고 담보할 수 있습니까? 가령 요행으로 이겼다고 합시다. 죽은 사병들과 군마들은 누가 책임집니까? 신하들이 책임집니까? 아무래도 임금님이 책임지게 되지 않습니까? 그러나 쌍방이 화의하면 중국에서 해마다 가져오는 그 많은 금은과 비단은 누가 가집니까? 임금님이 가지지 않습니까? 쌍방이 화목하면 우선 이득을 보는 사람은 임금님입니다."

거란 왕은 그 말에 자기도 모르게 머리를 끄덕였다.

부필은 말을 이었다.

"임금님께서 안문관을 얘기하셨는데, 안문관은 서하西夏의 원호를 막기 위하여 지키는 것입니다. 그리고 저수지는 하승규 때부터 만드는 것인데, 이런 일들은 두 나라간 맹약 시 이미 다 허락이 된 것이 아닙니까? 성벽을 쌓는 일도 그렇습니다. 세월이 너무 오래되어 성벽들이 낡아 허물어지기에 보수를 하는 것이고, 민병들은 군대에 결원들이 생겨서 보충하느라고 징발하는 것인데, 이것을 가리켜 맹약을 어긴다고 할 수 없지 않습니까."

"그럼 송나라가 맹약을 어기지 않았다고 쳐도, 남관 땅은 우리 조상의 땅이니 마땅히 돌려주어야 할 것이 아닌가?"

"그 땅은 후진 때 거란한테 준 것이지만 후주 세종 때는 거란한테서 도로 찾아온 땅이 아닙니까? 이건 모두 이전 왕조의 일인데, 만약 이렇게 각기 옛적 땅들을 찾는 내기를 한다면, 거란이 찾을 땅이 더 많겠습니까, 우리 송나라가 찾아갈 땅이 더 많겠습니까."

그러고는 자리에서 일어나는데 유육부가 부필을 붙잡았다.

"우리 임금님께서는 송나라 금폐金幣를 해마다 받는 걸 수치로 생각하고 계시단 말이오. 우리 임금께서는 송나라가 그 대신 땅을 떼어 주기를 바라고 있는데, 어떻게 하면 좋을 것 같으시오?"

"저희 황제님은 이렇게 말씀하셨소이다. 선조가 개척한 국토는 마음대로 남에게 떼어 줄 수 없다. 거란이 바라는 것은 금은이나 비단 필이다. 전쟁으로 양국의 무고한 백성들이 죽는 것을 차마 볼 수가 없기에 전쟁을 피하기 위해서라면 금나라에 주는 세폐歲幣를 늘릴 수 있다. 그러나 땅을 떼어 주는 일만은 절대 안 된다. 이렇게 분명하게 말씀하셨소이다. 그래도 거란이 땅을 강요한다면 이건 맹약을 저버리기 위한 구실이라고 여기고 있습니다."

그 이튿날, 거란 왕은 부필과 사냥을 같이 나가서 부필에게 또 이렇게 말했다.

"송나라에서 땅만 할양하면 두 나라는 더욱 친해질 수 있단 말이오."

"그러나 가령 거란에서 땅을 얻어서 기뻐한다면 그 대신 송나라는 땅을 잃은 치욕을 견디지 못할 겁니다. 송나라와 거란은 형제간인데 어떻게 하나는 기뻐서 야단이고 하나는 견디지 못하는 굴욕감을 느끼게 해야 합니까?"

사냥이 끝나자 유육부가 부필에게 또 말했다.

"우리 임금님과 선생이 영욕榮辱에 관하여 하는 말을 저도 들었는데 지금 두 나라는 연친을 하여 사돈이 되어야 양국간의 친선이 더 공고해질 것 같습니다."

"그렇지 않습니다. 혼인은 오히려 마찰이 더 생기게 할 뿐입니다. 더구나 우리 송나라는 장공주가 시집을 간다고 해도 예장은 10만 전을 초과하지 않습니다. 그러니 해마다 송나라한테서 받는 세폐에 비하면 아무것도 안 되지요."

거란을 떠나 송나라로 돌아온 부필은 인종에게 거란에 갔다 온 경과를 상세하게 보고했다. 인종은 거란에 주는 세폐를 더 늘리기로 했다.

그런데 거란 왕이,

"송나라에서 세폐를 더 증가하기로 했다면 맹약에 있는 세폐를 준다는 말을 고쳐서, 세폐를 바친다는 헌獻 자를 쓰는 것이 어떻소?"
하자 부필은 그것을 거절했다.

"그건 무슨 말씀입니까? 거란과 송나라는 형제간이고 송나라가 형님인데 어디 형님이 아우에게 물건을 바치는 법이 있습니까?"

"그럼 납納이라는 말을 쓰는 것이 좋지 않겠소?"

그러나 부필은 그것도 거절했다.

그러자 거란 왕은,

"남송이 과인한테 해마다 그 숱한 금은 폐백을 바치는 것은 과인이 남침할까 봐 두려워서 그러는 것이 아니오? 그런데 그 잘난 글자 한 자를 못 고치겠다는 거요? 정말 그렇다면 과인이 군대를 거느리고 남으로 쳐 내려갈 때 후회하지 마시오."
하고 위협했다.

"우리 송나라가 거란을 두려워해서 그러는 줄 아십니까? 그건 잘못된 생각입니다. 우리 송나라는 두 나라 국민들을 위하여 평화를 바라는 것이지 거란이 두려워서 그러는 것이 절대 아닙니다. 정 그렇다면 좋습니다. 부득이한 경우 전쟁을 하게 되면 강대한 쪽이 이기기 마련인데, 그 결과가 어떻게 될지는 저로서는 예측하기 어렵다고 생각하는데요."

"너무 고집 부리지 마시오. 맹약의 글을 한두 자 고치는 일은 역사상 일찍부터 있었단 말이오."

"제가 알건대, 당나라 고종 때 돌궐인에게 군사를 빌리고 그 보답으로 '헌납'이란 말을 쓴 줄 아는데, 후에 돌궐 왕 힐리頡利를 생포한 다음에는 그 두 글자를 없애 버렸지요. 이런 식으로 글자 고치는 걸 바라는 것은 아니겠지요?"

거란 왕은 부필을 설복할 수가 없다고 생각하여 암암리에 사람을 송나라에 보내어 담판을 했다. 그런데 인종은 안수晏殊의 말을 듣고 납納 자를 쓰는 것을 윤허하고 말았으니 한심한 일이 아닐 수 없다.

부필은 거란 왕과 선후하여 네 번이나 담판했는데 번마다 이겼다. 그러면서도 말씨는 온화하고 태도는 부드러웠다. 그러기에 상대방이 부필의 말을 들을 수가 있었다. 부필의 언변은 이업후의 언변에 못지않았다. 적국에 사신으로 가서 담판하는 사신들의 언변 중에서는 가히 최고의 경지에 달하는 언변이라고 말할 수 있다. 부필이 처음 거란으로 출사할 때 그의 딸이 죽었고 두 번째로 출사할 때는 마침 부인이 아들을 출산했다. 그러나 부필은 집에 가 보지도 못하고 출사했다. 그는 집에서 온 편지를 뜯어보지도 않고 그대로 불살라 버리면서, "아예 보지 말아야지. 보면 속만 상하지 쓸 데가 있느냐" 하고 말했다고 한다. 이런 일편단심이 있기에 조정의 사명을 그렇게 충실하게 완성할 수가 있었다.

왕수인 王守仁

원나라 이후부터 남만南蠻이 사는 중국 남방에 세습적인 토족 관리를 두었는데, 그를 토관土官이라고 했다.

그런데 당시 토관 안귀영은, 향로산 싸움에서 세운 공로를 믿고서 오만하기 그지없었다. 그는 조정에서 그에게 귀주 포정사 참정이라는 벼슬을 더 가해 주었는데도 만족하지 않고 용장 역승龍場驛丞의 인원을 자기한테 나누어 달라고 조정에 요구했다.

조정에서는 그 일을 독부督府에 맡겨 심의하게 했다.

그때 용장 역승은 죄를 입어 내려간 원 병부 주사 왕수인이었다.

안귀영은 왕수인을 존경해 왔다. 왕수인은 안귀영이 그런 상주서를 조정에 올렸다는 걸 알고는 안귀영에게 이런 내용의 편지를 썼다.

"대저 조정의 법제는 조상 때부터 내려오는 법이고, 후세의 그 자손들은 그것을 엄수할 뿐 마음대로 고쳐서는 안 되는 법이네. 황상이 마음대로 고쳐도 변란이 났다고 하는 터에 대신들 경우에야 더 말할 것이 있겠나. 황상이 그 죄를 다스리지 않는다고 하더라도 유관 관청에서 그 죄를 법으로 다스리게 되어 있네. 설령 요행으로 임시는 추궁을 당하지 않는다고 하더라도 5, 6년이나 8, 9년 후에, 혹은 20년 내지 30년 후에라도 그 죄를 다스릴 수가 있는데, 그러면 자네한테 무슨 좋은 점이 있겠나? 그리고 자네 선조들은 한나라 당나라 때부터 여기 땅과 백성들을 차지하고 계속 부귀를 누려 오고 있지 않나? 그것은 모두 그대들이 세세대대로 내려오면서 천자의 예법을 조금도 어김없이 지키면서 조정에 충성을 다해 왔기 때문이 아닌가. 그러기에 역대의 천자들도 자네의 고장에 조정 신하들을 함부로 위임해 내려보내지 않고 있네. 자네 고장같이 땅이 비옥하고 인구가 많은 고장을 황제께서 차지하기 싫어서 그러겠나? 내지와 같이 군과 현을 세우는 식으로 직접 통치하려면 얼마든지 할 수 있는 일이 아닌가. 그런다고 누가 감히 반대하겠나? 역승의 인원은 줄일 수도 있고 보탤 수도 있는 일이지만, 문제는 선위사宣慰使도 따라서 그렇게 변동해야 하네. 그렇다면 선위사의 변동도 초래하게 되어 그 후환이 막심할 터인데, 자네가 이런 후과들을 면밀히 다 생각하고 그러는지 나는 모르겠네. 자네가 상주한 글에는 군공을 크게 세웠기에 관직을 올려 달라고 했는데, 도적을 토멸하고 백성을 안무하는 것은 토관이 마땅히 해야 할 직책이 아닌가? 그것을 공로라고 자꾸 조정에 상서를 하니, 그래 평소 조정에서 내주는 봉록은 무엇 때문에 받는 건가? 그런데다가 이미 참정이 되었으면 그것이 과분하다는 걸 알아야지, 그것도 만족이 안 되어 계속 높은 관직을 요구하다니, 그러면 다른 대신들한테 미움을 받게 되네. 그리고 조정에서는 토관의 관직은 대대로 세습하고 그 땅과 백성도 자손만대 영원히 차지하기로 법으로 정해 놓았지만 참정이란 벼슬은 그렇지 않단 말이네. 참정관은 토관과 같지 않아 조정에서 마음대로 전근시키거나 철직을 시킬 수도 있는 관직이란 말일세. 황상의 말 한 마디, 조정의 공문 한 장에 전근이 되어 내일이라도 복건이나 사천으로 떠나가야 하는데 거기에 복종하지 않다간 목이 달아나네. 그러나 복종하여 떠나간다면 어떻게 되는가? 천백 년 세습으로 내려오던 땅과 백성들을 잃어버리게 되지 않는가? 내가 자네 같으면 참정 같은 벼슬은 돈을 주면서 가지라고 해도 아니 가지겠네. 그런데 자네는 참정이 된 것으로도 만족되지 않아 다른 벼슬을 요구하고 있다니, 왜 그러는지 나로서는 도무지 알 수가 없네."

그 편지를 보고 안귀영은 다시는 역승의 일을 제기하지 않았다.

장가언 張嘉言

명나라 사람 장가언이 광주를 다스릴 때의 일이다.

나라에서는 해안선에 총병과 참유參游 등 관직을 두고 각기 수천 명 해안병들을 거느리게 했는데, 매 병사들에게 주는 화식비와 생활비용은 하루에 3전이었다. 그런데 참유 소속의 군대는 매년 외지에 나가 군무를 보아야 하지만 총병 수하의 군대는 해안선을 지킨다는 구실로 외지에 나가지 않았다. 그리고 매 3년이나 5년에 한 번씩 배를 수리하는데, 그 기간에 참유의 군대는 돈을 절반밖에 받지 못했다. 더욱이 그중에서도 배 수리에 참가하지 않고 외지 요역에도 나가지 않는 병사는 그 돈의 3분의 1도 받지 못했다. 거기서 떼 낸 돈은 관가에서 배 수리하는 데 썼다. 그러나 총병 소속의 군대는 언제나 1전도 에누리 없이 제대로 받았을 뿐만 아니라 매번 배를 수리할 때마다 민간에서 돈을 걷어 가졌다. 이미 오랫동안 그런 식으로 내려오다 보니 참유나 총병이나 모두 그렇게 하는 데 습관이 들어 버렸고, 그것이 규정 없는 규정이 되어 버렸다.

그런데 어느 날, 성의 안찰사가 군문(軍門. 명나라 군대의 총병관)한테 총병 소속 군사들의 돈도 참유 소속의 군사들처럼 떼어서 배를 수리하는 경비로 돌려야 한다고 고했다. 군문은 총병과 알력이 있었기에 자세하게 생각해 보지도 않고 안찰사의 의견에 동의했다.

총병 소속의 군사들은 그 말을 듣고 격분하여 조정 명관인 장가언의 관아를 포위했다.

장가언은 침착하게 병사들의 대표 대여섯을 불러들여 사건의 경과를 물어 보는데, 다른 병사들이 우르르 들어왔다.

"어서 물러가지 못할까! 너희들이 이렇게 들어와서 떠들어 대면 어떻게 너희들 말을 듣는단 말이냐!"

장가언은 다른 병사들을 질책하여 내몰았다.

그날따라 큰비가 내렸다. 사병들의 옷은 모두 비에 젖었다. 장가언은 사병들이 밖에 서서 비를 맞는 것을 볼 수가 없어서 사병 대표들더러 말을 간단하게 하라고 했다. 사병 대표들은 전의 법대로 돈을 주어야 한다고 말했다.

그러자 장가언은 이렇게 말했다.

"그 일은 나도 이미 들었는데, 문제는 너희들이 외지 요역을 나가지 않으니 위에서 그런 결정을 지은 것 같다. 너희들은 너희들만 그 돈을 가지려고 하는데 내가 보기에는 어려운 것 같다. 지금부터 너희들도 참유 소속의 군대처럼 매년 윤번으로 외지 요역을 나가야 한다는 위의 영이 내렸는데, 그래 너희들이 그 영을 감히 어길 수 있단 말이냐. 상부의 영대로 너희들도 참유 소속의 군대처럼 외지 요역을 나가게 된다면 모든 대우가 참유 소속의 군대와 같이 되어 그들한테 얼마만큼 돈을 떼면 너희들한테도 돈을 얼마 떼게 된다. 그럴 바에는 지금 돈을 떼는 대로 가만히 있고 그 대신 외지 요역을 나가지 않는 것이 훨씬 낫지 않느냐. 어디 그렇지 않는가 다들 잘 생각해 보아라."

그러자 그 여섯 사람은 한동안 아무 말도 하지 않고 있다가 마침내,

"그렇다면 장공께서 위에 계시는 장관에게 우리 처지를 잘 살펴 달라고 전해 주십시오."

하고 말했다.

"그래, 너희들 이름이 뭐지?"

장가언이 물었다.

여섯은 자기들의 이름을 대려고 하지 않았다.

"너희들이 이름을 남기지 않으면, 위에 계시는 장관이 누가 그러는가 물으면 내가 무어라고 대답하겠느냐. 근심하지 말고 이름을 대어라, 나를 믿고 말이다."

그제야 여섯은 이름을 댔다.

"너희들은 돌아가 동료들한테 알려라. 이 일은 내가 맡아서 처리하겠으니 다시 소란을 피워서는 안 된다고 말이다. 만약 소란을 피웠다간 너희들 여섯의 이름이 여기에 적혀 있는데 위에 있는 장관이

가만히 있을 줄 아느냐."
 여섯은 예, 예 하며 머리를 조아리고 밖으로 나갔다.
 후에, 총병 소속의 군사들에게서 매달 돈 1전씩을 뗀다는 규정을 만들었는데, 병사들은 누구도 다른 말을 하지 않았다.

진복陳宓

 삼국 시기 오나라에서는 장온이 사신이 되어 촉나라를 방문하게 되었다. 촉나라 모든 관리들이 줄을 서서 장온을 환영하는데 유독 진복만은 장온이 온 다음에야 도착했다.
 그래서 장온이 제갈량에게 물었다.
 "저 사람은 누구입니까?"
 "촉나라 학사 진복이오."
 제갈량이 대답했다.
 그러자 장온이 진복에게 물었다.
 "그래 공부를 했소?"
 "우리 촉나라에서는 오척 동자들도 다 공부를 하는데 나라고 왜 공부를 아니했겠소."
 "그러면 한 가지 묻겠소. 하늘에도 끝이 있소?"
 "있지요."
 "하늘 끝이 어느 방향에 있소?"
 "서쪽에 있지요. 『시경』에 '하늘이 서쪽을 돌아본다(天朝西方眷顧)'는 말이 있지 않소."
 "하늘에도 귀가 있소?"
 "있지요. 하늘이 아무리 높다고 하더라도 깊은 땅속에서 울려 나오는 소리를 다 들을 수 있단 말입니다. 그래서 『시경』에 '늪 깊은 곳에서 울려 나오는 학의 울음소리를 하늘이 듣는다(鶴鳴九皐聞聲於天)'는 말이 있지 않습니까."

"그러면 하늘에 다리도 있소?"

"있고말고요. 『시경』에 '천보간난天步艱難'이란 말이 있는데, 하늘에 다리가 없으면 천보天步란 말이 어떻게 있겠습니까."

"그럼 하늘도 성씨가 있소?"

"있지요. 있고말고요."

"그래 하늘의 성이 뭐요?"

"유劉씨이지요."

"유씨? 하늘 성이 유씨인 줄은 어떻게 아시오?"

"하늘의 아들 천자님의 성이 유씨이니 하늘의 성도 유씨인 줄로 압니다."

"태양은 동쪽에서 뜨잖소?"

"태양은 동쪽에서 뜨지만 서쪽으로 기울지요."

진복의 대답은 청산유수였다. 거기에 있던 문무백관들은 탄복하지 않는 사람이 없었다.

제20절 뜻 깊은 말을 하는 지혜

예사로운 말이지만 거기에 심원한 뜻이 있게 하는 것도 하나의 지혜이다. 그런 지혜를 잘 활용하면 담소하는 가운데서도 위기를 풀 수 있다.

공자孔子

춘추 시기, 진혜공陳惠公은 죄인들을 징발하여 능양대를 건축했는데, 채 완공하지 못하고 많은 사람들을 죽였다. 그리고 하루는 죄인들을 관할하는 감리 셋을 잡아 옥에 넣으라고 호령했는데, 대신들은 누구 하나 감히 왕에게 간하지 못했다.

그런데 마침 공자가 진陳나라로 왔다. 공자는 진혜공과 같이 능양대에 올라 사방을 돌아보면서 진혜공한테 축하를 했다.

"이 능양대가 아주 장엄하고 웅위롭습니다. 대왕은 정말로 현명하신 군주입니다. 자고로 성인들이 누각을 세울 적에도 사람 하나 죽이지 않고 세운 법은 없었으니 말입니다."

그 말을 듣고 진혜공은 얼굴이 뜨거워 아무 말도 하지 못했다. 그러고는 즉시 그 감리 셋을 놓아주게 했다.

진왕을 설복시킨 이야기

진왕은 변사辯士 중기와 쟁론을 했는데, 중기를 이길 수가 없어서 불그락푸르락 야단이었다. 그러자 중기는 오기에 차 그 자리를 떠났다.

중기가 이제 진왕한테 죽기 쉽다고 생각한 어떤 사람이 중기를 살리기 위하여 진왕한테 이렇게 말했다.

"중기는 도리가 없이 제 코만 제 코라고 우기는 자입니다. 천만다행으로 현명하신 대왕님을 만났으니 살아 있지, 그렇지 않고 걸주 시대라면 벌써 목이 달아난 지 오랠 것입니다."

그 말을 들은 진왕은 중기를 혼내려던 생각을 포기해 버렸다고 한다.

안자晏子

어떤 사람이 제경공을 노엽게 하자 제공경은 그를 대전에 잡아 매어 놓고 능지처참을 시키려고 했다. 제경공은 누가 감히 간하는 자가 있으면 그도 같이 죽인다고 고래고래 소리를 질렀다.

그런데 안자는 한 손으로는 그 사람의 머리를 누르고 한 손에는 칼을 들고서 경공에게 물었다.

"옛날 현명한 군주들이 죄인을 능지처참할 때 어디서부터 칼을 대든가요?"

그 바람에 제경공은 그만 일어나며 손을 내저었다.

"그자를 놔 주게. 과인이 잘못 생각한 것 같네."

경공 통치 시에는 형벌이 너무 많았다.

한번은 경공이 밖으로 행차했다가 용(踊. 한 다리를 잘린 죄인이 신는 신)을 파는 것을 목격하고는 안자에게 물었다.

"경이 사는 곳이 저잣거리와 가까이 있으니 잘 알겠군. 용이 더 비싼가 아니면 여느 신이 더 비싼가?"

"물론 용이 더 비싸지요."

그 말에 경공은 크게 깨닫는 바가 있어서 죄인의 한쪽 다리를 자르는 월형刖刑을 폐지시켰다.

안자는 직언 대신 풍유諷諭하는 방법으로 임금을 간했다. 그 후에도 안자는 초나라나 오나라에 출사한 적이 있는데, 거기 가서도 익살스러운 말을 하면서 언제나 우세를 차지했다. 세상일이란 정식으로 말할 때가 오히려 익살로 말하기보다 더 못할 때가 많다.

한번은 안자가 초나라로 출사했는데, 초나라 임금과 대신들은 모두 그 기회에 안자를 모욕하려고 했다. 그래서 하루는 초나라 임금과 안자가 서서 한담을 하는데, 관리 하나가 죄인 하나를 끌고 그 앞으로 지나갔다. 초나라 임금은 수하에게 물었다.

"저 죄인은 누구냐?"

"제나라 사람입니다."

수하가 대답했다.

"무슨 죄를 지었느냐?"

"도적질을 했습니다."

그러자 초나라 임금은 안자를 돌아보면서 물었다.

"제나라 사람은 모두 저렇게 도적질을 잘하오?"

그러자 안자는 대답했다.

"전에 어떤 사람이 강남에서 귤나무 한 그루를 심었는데, 그걸 강북에 옮겨 심었더니 탱자로 변했다고 합니다. 귤이 탱자가 된 건 모두 주위 환경이 달라졌기 때문이지요. 제나라 사람들이 제나라에서는 도적질을 모르는데 초나라에 와서는 도적놈이 되었으니 이건 초나라가 도적굴이 되어서 그런지 모르겠습니다. 아니면 그럴 수가 없는데 말입니다."

그러자 초나라 임금은,

"성인을 희롱하려다가 외려 자기가 욕을 먹는구먼."

하고 머리를 흔들었다고 한다.

안자가 오나라에 출사했을 적의 일이다. 오나라 임금은 미리 수하들에게 이렇게 시켰다.

"안자가 언변이 좋고 예의범절에 밝다는 말을 들었는데, 안자가 과인을 찾아오면 너희들은 나를 천자라고 불러라."

그 이튿날, 안자가 오나라 궁문 앞에 와서 오나라 임금을 만나려고 한다고 하자 수문장이 궁에 들어갔다가 나와서는,

"천자께서 안자님을 어서 모셔 들이라고 했습니다."

하고 전갈을 했다.

그 말에 안자는 장탄식을 세 번 하고 나서는,

"참으로 괴이하도다. 내가 제나라 임금의 칙명을 받고 오나라로 출사했는데 어떻게 주나라 천자의 궁전으로 왔단 말인가? 도대체 이 세상에 오나라 임금이 있기나 한 건가?"

하고 말했다.

그 말을 듣고 오나라 임금은 이어,

"부차가 안자님을 기다렸습니다."

하고 말을 고치고 제후의 신분에 맞는 예의로써 안자를 접대했다고 한다.

안자가 초나라에 출사했을 적에 또 이런 일이 있었다.

초나라 사람들은 안자의 키가 작다고 놀리기 위해, 안자가 초왕을 만나러 오자 궁전 정문을 열어 주지 않고 곁에 있는 작은 문으로 들어오게 했다.

그러자 안자는 문 앞에 서서 이렇게 말했다.

"개나라에 왔다면 하는 수 없이 개구멍으로 드나들어야겠지만 내가 초나라에 사신으로 왔는데 개구멍으로 드나들어서야 말이 되는가."

초나라에서는 하는 수 없이 정문을 열어 주었다.

안자가 입궁하여 초나라 왕을 배알하자 초나라 왕이 물었다.

"제나라에는 인재가 없단 말이오?"

"무슨 말씀을 그렇게 하십니까? 제나라는 도성에 있는 인가만 해도 300여(閭. 한 여는 25집)가 되어 그 소매들만 연결해도 큰 군영의 장막들을 만들 수 있고 그 사람들이 흘리는 땀만 모아도 장마비가 오는 것 같은데 인재가 없다니요. 무슨 말씀을 하고 계시는지 알고도 모르겠습니다."

"그렇다면 왜 자네 같은 사람을 사신으로 보냈는가."

"저희 제나라 임금은 사신을 보내는 데 원칙이 하나 있습니다. 현명한 군주가 있는 나라에는 재능 있는 사신을 보내고 유약하고 암둔한 국왕이 있는 나라에는 우매하고 무능한 신하를 사신으로 보냅니다. 나 안영은 제나라 대신들 중에 제일 무능한 무용지물이지요. 그래서 초나라로 오게 된 겁니다."

안자晏子, 경신마敬新磨

말 먹이는 관리 하나가 경공景公이 사랑하는 말을 죽였다. 진노한 경공은 극을 손에 쥐고 그 관리를 찔러 죽이려고 했다.

그러자 안자가 말했다.

"그러지 마소서. 그렇게 당장 죽이면 죽는 자가 그 이유를 모르지 않습니까. 신이 저자의 죄를 일일이 열거할 테니, 그런 다음에 죽이십시오. 그래야 저자도 죽어서 눈을 감을 겁니다."

경공이 윤허하자, 안자는 극을 손에 받아 들고 말했다.

"네 이놈, 네 죄를 아느냐? 군왕의 관리가 말을 정성 들여 기르는 대신 죽여 버렸으니 그 죄가 죽을죄가 아니고 무엇이냐? 그리고 말 한 필 때문에 한 나라의 임금이 사람을 죽이는 일을 네가 만들었으니 이 또한 죽을죄가 아니고 무엇이냐? 그뿐만이냐? 말 한 필 때문에 임금님이 사람을 죽였다는 소문이 다른 제후들 귀에 들어가면 우리 군왕을 모두 비웃을 것인데 일을 이렇게 만든 장본인이 누구냐? 네가 아니냐? 그러니 이 죄 역시 죽을죄가 아니고 무엇이냐?"

"되었네, 그만하게. 어서 그자를 놓아 보내도록 하게. 과인도 그런 인의仁義 없다는 말은 듣기 싫네."

경공은 시끄럽다고 손을 내저었다.

후당의 장종庄宗은 중모라는 곳에서 사냥을 하면서 부근 백성들의

제20절 뜻 깊은 말을 하는 지혜

밭을 형편없이 짓밟아 놓았다. 그래서 중모현 현령이 장종의 말 앞에 꿇어 엎디어 간하자 장종은 도리어 노해 현령을 당장 끌고 가서 참하라고 좌우에 명했다.

그래서 현령이 억울하게 끌려가는데, 그 소식을 들은 경신마라는 광대가 다른 광대들을 데리고 쫓아가서 현령을 도로 끌고 장종의 말 앞으로 왔다. 그러고는 현령을 손가락질하며,

"네가 현령이냐? 현령이 그래 천자님이 사냥을 즐긴다는 것도 모른단 말이냐? 일개 현령이면 천자님이 사냥을 즐기시도록 천방백계 갖은 편리를 다 도모해 드려야 마땅하거늘 그 직책을 잊고 어리석게 뭐 어째? 논밭이 황폐해지면 백성들이 굶는다고? 농사가 안 되면 부세를 어떻게 바치냐고? 뭐 백성이 있어야 나라가 있다고? 농사는 천하지대본이라고? 이놈, 너는 그것밖에 모른단 말이냐? 그게 그렇게 중요하단 말이냐? 그게 천자님 사냥보다 더 요긴하다는 말이냐? 도대체 너는 무슨 고약한 심보로 논밭이고 백성이고 하는 거냐? 아무래도 너는 만번 죽어 마땅한 놈이렷다. 만번 죽어도 싸단 말이다. 폐하, 엎디어 바라옵건대 어서 이자를 죽여 버리십시오."

하고 말했다.

그러자 같이 따라갔던 광대들도 따라 엎드렸다.

이에 장종은 크게 웃으면서 현령을 무죄석방했다.

정섭 郢涉

당나라 사람 유현좌가 변주를 지킬 때의 일이다.

유현좌가 참언을 듣고 장군 곽행공을 죽이려고 하는데 누구 하나 감히 간하는 사람이 없었다.

그런데 익살을 잘 부리고 은어를 잘 쓰는 처사 정섭이 유현좌를 보고 이렇게 말했다.

"곽행공이 죄를 지어 나리께서 죽이려고 하신다면서요? 소인이 청구가 하나 있는데 들어 주시겠습니까? 곽행공을 죽인 다음 그 시체를 소인에게 보여 줄 수 없겠는지 모르겠습니다."

유현좌는 그 말이 괴상하여 왜 그러느냐고 물었더니 정섭은 이렇게 대답했다.

"소인이 듣건대 억울하게 죽은 사람은 그 얼굴 표정이 여느 사람과 다르다고 들었습니다만, 평생 제 눈으로 아직 보지는 못했지요. 그래서 어떻게 다른가 한번 보려고 그럽니다."

유현좌는 정섭의 말에 다른 뜻이 있다는 것을 알고 곽행공을 사면했다.

이충신 李忠臣

당나라 장군 신경고辛京杲가 부하를 함부로 죽였기에 관리들이 조정에 상소하여 신경고를 법에 의해 참하려고 했다. 숙종도 그것을 윤허했다.

그러자 이충신은,

"기실 신경고는 일찍부터 죽어야 했습니다."

하고 말했다.

숙종이 왜 그러느냐고 묻자, 이충신은,

"신경고의 아버지와 형님은 모두 전쟁터에서 나라를 위하여 목숨을 바쳤습니다. 오로지 신경고 하나만 남아 있기에 신은 그가 일찍부터 죽어야 했다고 말했습니다."

하고 대답했다.

　그 말에 숙종은 신경고 집안의 충렬을 생각하고 신경고를 강직시켰을 뿐 죽이지는 않았다.

동방삭 東方朔

　한무제의 유모가 밖에서 죄를 범했는데, 한무제는 법을 지키기 위해 유모를 법으로 다스리려고 했다. 그래서 유모는 동방삭을 찾아가 자기를 구해 달라고 했다.

　그러자 동방삭은,

　"이 일은 말로 해서 될 일이 아닙니다. 말로써는 황상의 마음을 움직일 수가 없습니다. 방법은 오로지 한 가지가 있습니다. 앞으로 황상과 작별할 적에 자꾸만 황상을 돌아보며 나가십시오. 절대 애걸하는 말을 해서는 안 됩니다. 말은 한 마디도 해서는 안 됩니다. 그저 자꾸 돌아보기만 하십시오. 그러면 혹시 황상의 마음을 움직일 수 있을지 모르겠습니다."

하고 말했다.

　유모는 황상과 작별 시에 동방삭의 말대로 황상을 자꾸 돌아보며 발걸음을 뗐다. 그러자 곁에 있던 동방삭이 유모를 보고,

　"헛된 생각은 말고 어서 가기나 하시오. 황상이 아직까지 젖먹이인 줄 아시오. 황상은 이미 어른이 되었소이다."

하고 말했다.

　그 말에 한무제는 유모의 포육지은哺育之恩을 생각하고 즉시 유모의 죄를 사면했다.

간옹 簡雍

유비는 백성들이 술을 빚는 것을 엄금한 적이 있다. 무릇 백성의 집에서 술 빚는 도구를 발견하기만 하면 법에 의해 죄를 다스리기로 했다.

그런데 하루는 간옹이 유비와 같이 어디를 가다가 한 쌍의 남녀를 길에서 만나게 되었다. 그러자 간옹이 유비에게 말했다.

"저 둘이 교합하려고 하는데 왜 잡아 들이지 않습니까?"

"저 둘이 교합하려는 걸 자네는 어떻게 아는가?"

"저 둘의 몸에 모두 교합할 수 있는 도구인 성기를 달고 있기 때문이지요."

그 말에 유비는 앙천대소하고는 즉시 술 빚는 일에 대한 형벌을 폐지했다.

위정 魏征

당나라 문덕황후가 죽은 다음 소릉에 안장했는데, 당태종은 그녀를 못 잊어 소릉을 바라볼 수 있는 누각 하나를 후원에다 세우게 하고는 늘 거기에 올라 서서 소릉 쪽을 바라보았다.

그러던 어느 날 당태종은 위정을 불러 같이 그 누각을 올랐다.

"경은 보이는가?"

태종이 물었다.

"신은 나이가 많고 눈이 어두워서 잘 보이지 않습니다."

위정의 말에 태종은 소릉을 가리키면서 물었다.

"저렇게 가까운 소릉도 보이지 않는단 말이오?"

"폐하께서 소릉을 말씀하십니까? 신은 그런 줄 모르고 헌릉(獻陵.

위정(魏征. 580-643) 당대 초기 걸출한 정치가이며, 역사가이다. 성품이 강직하며, 두려움 없이 황제에게 간언하는 능력으로 명성을 얻었다. 중국 역사상 직언하는 재능이 뛰어난 신하로 유명하다. 수조隋朝 때 일어난 농민 반란을 진입하고자 만든 와강군瓦崗軍에 참여했다가 당나라로 귀화했으며, 당唐 통일 전쟁 초기부터 재능을 인정받아 중용되었다. 당태종 즉위 후, 간의대부에 선임되었다가 후에 재상의 직책까지 올랐다.

당태종의 아버지 당고조의 능묘)을 바라보시는 줄로 알았습니다. 소릉이라면야 신도 벌써 보았지요."

그 말에 태종은 부끄러워 더 말하지 못하고 그 누각을 즉시 허물어 버리게 했다.

오근 吳瑾

명나라 무장 석형은 전공이 많아서 영종의 총신을 받으며 아주 사치한 생활을 누리고 있었다.

그런데 하루는 영종이 공순후 오근과 무녕백 주영을 데리고 상봉루에 올라서 주위의 풍경을 바라보았다. 그러다가 새로 일어선 저택 한 곳이 호화롭기 그지없는 것을 보고 영종은 그들 둘을 돌아보면서 물었다.

"경들은 저 집이 누구네 집인지 아는가?"

그러자 주영은 자기는 모른다고 하고, 오근은 그 집이 석형의 새 집임을 알면서도 모르는 척 이렇게 대답했다.

"황실이 아닙니까? 그렇지 않으면 누가 감히 저렇게 황실 같은 집을 지을 수 있단 말입니까?"

영종은 그 말에 가타부타 말이 없었으나, 그 후로는 석형의 충성을 의심하기 시작했다.

양성楊晟

수양제는 장손 양성을 데리고 유림으로 왔는데, 장막 밖에 잡초가 무성했다. 양성은 마중 나온 돌궐 수령 염간이 직접 풀을 베도록 하려고 했다. 그것으로써 천자의 위세를 높이려는 심산이었다.

그래서 양성은 장막 앞에 자란 풀들을 가리키며 돌궐 수령에게 말했다.

"이 풀이 아주 향기롭소. 한번 맡아 보시오."

돌궐 수령은 머리를 숙이고 풀 냄새를 맡더니 이상해서 말했다.

"향기는 무슨 향기가 있다고 그러시오. 나는 모르겠소."

"예로부터 천자가 이르는 곳에 있는 길들은 제후들이 미리 직접 깨끗이 쓸고 물까지 뿌려 놓는 법인데, 지금 여기는 장막 앞에 있는 풀도 없애지 않았으니 저 풀이 향기로운 풀이 아니고서야 저렇게 그냥 남겨 둘 리가 있나 말이오."

염간은 그제야 양성의 말뜻을 알고,

"죽을죄를 지었습니다. 제발 용서해 주십시오."

하고 머리를 조아리고는 칼을 뽑아 들고 자기가 직접 풀을 베니 그 부하들도 다투어 풀을 베었다.

이렇게 되어 유림에서 계薊까지 넓이가 100보, 거리가 3천 리인 어도御道가 생겼다.

가후

삼국 시기, 가후(賈詡)는 조조의 신하였다.

그런데 조조의 셋째 아들 조식의 재능이 대단하다고 명망이 자자해서 조조는 태자 조비를 폐하고 조식을 태자로 세우려고 했다.

어느 날, 조조는 좌우를 다 물리치고 가후와 단둘이 태자의 폐립을 상론했는데, 가후는 오랫동안 입을 열지 않았다.

"경은 어째서 말이 없나?"

조조가 답답하여 말 재촉을 하니 그제야 가후는 이렇게 답했다.

"신은 지금 한 가지 일을 생각하고 있습니다."

그러자 조조가 물었다.

"도대체 무슨 일인데 그렇게 생각하고 있다는 건가?"

"저는 원소와 유표 두 집의 부자간의 일을 생각하고 있습니다."

그러자 조조는 앙천대소했다.

그 다음부터는 태자의 폐립을 더 논하지 않았다. 조비의 태자 자리는 이렇게 되어 확립되었다.

해진 解縉

명나라 시기, 해진은 성조의 명을 받고 호고중표도虎顧衆彪圖라는 그림에다 이런 시 한 수를 썼다.

"호랑이는 짐승 중의 왕이니 누가 감히 그를 노엽게 하랴. 오로지 부자의 정만이 그로 하여금 걸음마다 뒤를 돌아보게 하는구나(虎爲百獸尊, 誰敢觸其怒. 惟有父子情, 一步一回頭)."

성조는 그 시를 읽고 만감이 교차하여 즉시 남경에 있는 태자를 자기 곁으로 불러오게 했다.

한번은 성조와 해진이 같이 순행을 나갔다가 다리를 하나 건너게 되었는데, 성조가 다리를 올라가는 층계를 밟으면서 해진에게 이 정경을 어떻게 형용하면 좋은가 하고 묻자 해진은,

"'걸음걸음 높아만 간다(一步高一步)'고 형용하면 어떻겠습니까?"

하고 대답했다.

성조는 다리를 내려가는 층계를 밟으면서 또 이 정경은 어떻게 형용하는가 하고 물었다. 그러자 해진은,

"'뒤는 앞보다 더 높을 것 같다(後面更高似前面)'고 형용하면 어떻습니까."

하고 대답했다고 한다.

사단 史丹

한원제는 태자를 좋아하지 않았다.

그런데 원제의 어린 아우 중산 애왕이 갑자기 죽어서 태자가 조상을 왔다. 애왕과 태자는 같이 글을 읽으며 자라났다. 원제는 태자를 보자 아우 생각이 나서 마음이 더욱 슬퍼졌다.

그런데 태자는 덤덤한 표정이었다. 그래서 원제는 성이 났다.

"천하에 너같이 인의지심(仁義之心)이 없는 법이 어디 있느냐? 그래가지고 어떻게 일후에 조상의 위업을 이어받아 만백성의 부모인 천자가 되겠느냐?"

그러자 태부 사단이 오사모를 벗으며 머리를 조아렸다.

"모두 신의 잘못입니다. 신은 폐하께서 애왕의 별세를 너무 애통해 하다가 용체에 지장이 있을까 봐 태자님께 조상을 가서는 절대 눈물을 보이지 말라고 신신당부했습지요. 폐하의 비통함을 더 보태

지 않으려고 그랬습니다만, 신이 죽을죄를 지었습니다."
원제는 사단의 말을 듣고서야 태자를 힐책하지 않았다.

곡나율 谷那律

당나라 고종이 사냥을 갔다가 갑자기 소낙비를 맞게 되었다. 고종이 간의대부 겸 홍문관 학사인 곡나율을 보고,
"비옷이 있었으면 이렇게 푹 젖지 않겠는데……."
하고 말하자 곡나율은,
"기와를 비옷 삼아 쓰고 있으면 더 좋지요. 아무리 큰비가 와도 걱정이 없을 게 아닙니까?"
하고 말했다.
고종은 그 말을 듣고는 그 다음부터 사냥을 그만두었다고 한다.

배도 裵度

당나라 사람 배도가 재상으로 있을 때, 헌종은 장안을 떠나서 동도 낙양으로 가려고 했다. 대신들이 아무리 간해도 헌종의 마음을 돌려세울 수가 없었다.
그런데 배도가 조용히 여쭈었다.
"나라에서 수도인 장안을 놔두고 동도를 또 세운 것은 황상께서 순행 시에 머물 행궁을 마련하기 위해서였습니다. 그런데 지금 전쟁을 금방 겪고 나서 궁궐과 관아들을 새로 모두 수리하지 않으면 안 될 정도입니다. 수리를 다 끝내자면 적어도 몇 달이 걸려야 합니다. 그럼에도 황상께서 기어이 가신다면 동도를 관할하는 신하들은 황

상의 왕림을 제대로 영접하지 못했다는 죄를 짓게 될 것입니다. 그러하오니 동도 궁궐 수리가 끝난 다음 황상께서 행차하심이 어떻겠습니까? 그래도 늦지 않을 줄로 압니다."

그러자 헌종은,

"그래, 배재상 말이 들을 만하군. 배재상같이 말을 했으면 내가 왜 동도를 꼭 가겠다고 하겠는가."

하면서 동도로 갈 생각을 포기했다.

이강 李綱

송나라 때 이강은 장소를 하북선무사로 추천하려고 했다.

그런데 장소는 고종 때 승상인 황잠선을 탄핵하여 강주로 강직시킨 일이 있어서 황잠선이 동의하지 않을까 봐 근심이었다.

그래서 이강은 황잠선을 만나 말했다.

"지금 나라가 아주 어려운 지경에 이르렀는데 조정의 신하로서 어찌 천하의 안위를 언제나 생각하지 않을 수 있겠습니까. 그런데 변민을 초무하는 일이 늘 순조롭지 않아서 근심입니다. 전번 조정에서 하북에 선무사를 세우기로 결정했으나 아무리 생각해 보아도 그 직에는 장소밖에 적임자가 없을 것 같습니다. 그런데 장소가 승상을 노엽게 한 죄가 있지 않습니까? 그 죄를 보면 그 사람한테 그런 관직을 줄 수 없지만 지금 나라 형세가 이 모양이니 할 수 없이 그 사람이라도 한번 써 보려는 생각입니다. 그 사람을 경성의 요직에는 절대 쓸 수 없지요. 그래서 초무사로 보내어 입공속죄를 시키려고 하는데, 승상님의 의사가 어떤지 모르겠습니다."

그러자 황잠선은 흔쾌히 동의를 표시했다.

소철 蘇轍

원성元誠 선생의 「어록」에는 이런 글이 있다.

소식이 어사한테 탄핵을 당하여 옥에 갇히자, 벼슬을 버리고 남경 자택에 와 있던 장안도가 소식을 구하려고 조정에 상서를 했다. 그는 가까운 남경 관청을 통해 상주서를 올리려고 했는데, 관가에서는 겁을 먹고 그 일을 접수하려고 하지 않았다. 그래서 장안도는 아들 장서를 시켜, 등고원登鼓院에 가서 상주서를 올리게 했다. 등고원이란 백성들이 억울한 일이 있거나 상소할 일이 있으면 찾아가 북을 치고 고소하는 곳이다. 그런데 아들 장서는 등고원 문 앞까지 가서 망설이기만 하면서 감히 북을 치지 못했다.

그런 뒤 얼마 후에 소식이 출옥하게 되었다.

소식은 장안도가 그때 자기를 위해 쓴 상주서 부본을 보고 놀라서 식은땀을 흘렸으나 그 까닭은 말하지 않았다.

그 후에 소철도 그 부본을 보게 되었다. 소철은 그 부본을 보고서,

"글쎄 우리 형님이 그렇게 놀라게는 되었구먼. 장서가 담이 작아서 그 상주서를 올리지 않았으니 형님이 옥에서 살아 나왔지 그렇지 않았더라면 큰일 날 뻔했는데."

하고 말했다.

그러자 소철의 하인이 그 까닭을 물었다. 소철은 이렇게 말했다.

"정창이 개관요를 구하던 일을 너는 모르느냐? 정창은 한선제한테 올리는 상주서에 이렇게 썼다. '개관요는 조정에 허씨나 사씨 같은 황친들의 세력을 등에 업지 않았고 재야에는 김일선이나 장안세 같은 세도가들과 결탁하지 않았습니다.' 그런데 개관요의 죄라는 것이 바로 이 허씨들과 사씨들을 노엽게 한 죄밖에 없단 말이다. 그런데 정창이 상주서에서 또 허씨와 사씨들을 조롱했으니 사실 이것은

황제의 노여움에 부채질을 한 셈이 되었단 말이다. 소동파가 왜 옥에 갇혔던 거냐? 명성이 너무 크기 때문이지. 다른 죄는 하나 없이 오로지 그 명성이 신종 황제보다 높았기 때문이야. 그런데 장안도의 상주서에는 '소동파야말로 천하에 없는 기이한 인재입니다' 하고 적혀 있으니 이 상주서만 받았으면 황제의 노여움이 오히려 극도에 이르렀을 거다. 그러면 우리 형님 목숨이 살아남아 있을 수 있느냐 말이다."

"그렇다면 당시 동파 선생을 살리려면 어떻게 말하여야 합니까?"
하인이 물었다. 그러자 소철은 이렇게 대답했다.

"오로지 이렇게 말하는 수밖에 없다. '송나라가 선 이래로 사대부를 죽인 선례는 없습니다. 이번에 폐하께서 소동파를 죽인다면 일후 자손만대를 내려가면서 좋은 말을 듣지 못할 겁니다.' 신종은 자기 명예를 중히 여기는 황제라 후세 사람들한테서 말을 들을까 봐 원래의 마음을 고쳐먹을 수 있네."

(상기 개관요의 일에서 언급되는 허씨는 선제 황후의 아버지인 허백許伯을 말하는 것이고, 사씨는 선제의 외척인 사고史高를 말한다 — 역자 주)

시인망施仁望

남당南唐의 좌위사左衛史 주업은 신주 자사 주본의 아들이다. 그런데 그는 장공주의 남편이며 금군의 원수元帥인 유소와 사이가 몹시 나빴다.

승원 연간에 금릉에 불이 일었는데, 주업은 그 전날 밤에 술을 너무 많이 마셔서 취해 일어나지 못했다.

그 말을 들은 황제는 친신 시인망에게,

"어서 위사 열 명을 거느리고 화재 현장에 가라. 만약 거기서 불 끄는 일을 지휘하는 주업이 보이지 않는다면, 침상에 자빠져 일어나지 않고 있다면 당장에 그자를 죽이고 오너라."
하고 명했다.

시인망은 한편으로는 화재가 난 곳으로 사람을 보내고 다른 한편으로는 즉시 주업의 집으로 사람을 보냈는데, 주업은 그 말을 듣고 경황실색하여 옷도 제대로 입지 못하고 시인망한테로 달려왔다. 시인망은 주업을 자기 곁에 놔두었다가 불을 다 끈 다음에 편전으로 데리고 갔다.

그런데 그때 이미 유소가 전당 앞에 이르러 황제한테 화재 상황을 보고하려 하고 있었다. 유소가 이 기회에 주업에게 복수할 것을 생각하니 시인망은 자기도 주업을 구하려다 연루가 되면 어쩌나 하는 생각에 겁이 났다. 그러다가 그는 급한 중에 꾀 하나가 생각나서 유소를 슬쩍 옆으로 밀치고 자기가 먼저 들어가서 황제한테 아뢰었다.

"불은 이미 다 껐고, 주업은 폐하의 영대로 그렇게 했습니다."

"그래, 그를 죽였느냐?"

황제가 물었다.

"주업의 아버지가 군사를 거느리고 적을 치러 나갈 준비를 하고 있기에 신은 주업의 아버지가 떠나기 전까지 감히 성지대로 할 수가 없었습니다."

그 말에 황제는 탁상을 탁 치면서,

"하마터면 짐이 큰일을 망칠 뻔했구나."

하고 말했다.

이 일로 인해 시인망은 황제의 중용을 받게 되었고, 주업의 일도 다시 추궁을 받지 않게 되었다.

이성 李晟

당나라 때 이회광이 암암리에 주치와 결탁하여 반란을 일으키려고 했다.

그런데 이성이 그 기미를 알고 조정에 상주하여 동위교의 병력을 증가시켜 난을 막을 준비를 했다. 그러면서 다른 한편으로는 이회광을 설유하여 반심을 먹지 않게 하려고 했다.

한편 이회광은 군심을 아직 완전히 장악하지 못했기에 당장 반란을 일으키지 못하고 있었다. 그는 시일을 늦추면서 군사들의 반역 정서를 좀더 불러일으키려고 꾀했다. 그래서 그는 덕종한테, 자기네 군사들한테도 신책군(神策軍. 당나라 궁정을 보호하는 금군)과 같은 대우를 해 달라고 요구하면서, 그렇지 않으면 군사들의 불만을 안무할 수 없다고 위협했다.

그런데 당시 조정의 국고가 비다시피하여 신책군과 같은 대우를 다른 군대들한테는 해줄 수가 없었다. 그렇다고 이회광의 요구를 들어주지 않으면 군대들의 불만을 없앨 수가 없고, 따라서 무슨 뜻하지 않는 일이 연이어 일어날지 그 후과를 측량할 수 없었다. 그래서 덕종은 육집과 이성을 함께 이회광의 군영으로 내려보내어 이회광과 군사들을 설복하게 했다.

그들 둘이 오자, 이회광은 이런 생각을 했다.

'어쨌든 대우를 더 해 달라고 해서는 안 된다는 말이 이성의 입에서부터 나오게 해야 한다. 그러면 군사들이 가만히 있지 않을 것이다. 그러면 이성과 육집은 사명을 완수하지 못하고 돌아갈 것이 아닌가.'

그래서 이회광은 이렇게 말했다.

"우리 군사들도 신책군과 마찬가지로 조정을 위하여 힘을 다하는데 대우가 이렇게 다르니 이게 말이 되오? 그래서야 우리 군사들이 어떻게 동심협력 조정을 위하여 힘을 바치겠소?"

그러자 육집은 이성만 자꾸 돌아보며 말을 하지 못하는데, 이성이 이렇게 대답했다.

"이공이 원수元帥가 아니시오? 이공의 명을 듣지 않을 사람이 어디 있습니까? 나는 일개 부장에 불과하니 이공의 명을 들을 뿐입니다. 군대의 대우를 높이는가는 이공이 결정할 일이 아닙니까? 이공이 결정하십시오."

그 바람에 이회광은 입이 막혀 아무 말도 하지 못했다.

양적梁適, 공명孔洺

거란이 사신을 송나라에 보내어, 두 나라간 내왕하는 문서에 '대송大宋'이니 '대거란大契丹'이니 하는 칭호를 쓰는 것은 형제 나라간의 내왕 문서가 아닌 것 같으니 마땅히 남조南朝, 북조北朝 이런 칭호를 사용하자고 제기했다.

황제는 이 문제를 서밀원에서 심의하라고 칙령을 내렸다. 대신들은 만약 거란의 건의를 들어주지 않는다면 거란이 그것을 빌미로 또 사단을 일으킬까 봐 두려웠다.

그런데 양적이,

"그건 처리하기 수월한 문제입니다. 우리 나라를 송나라라고 하는 것은 당시 하늘의 명을 받은 것이고 거란 역시 개국해서부터 쓰는 국호인데, 국호를 마음대로 고치는 것은 길한 징조가 아니라고 하면 되는 겁니다."

하고 말했다.

그래서 거란 사신에게 그렇게 말했더니 거란은 내왕 국서에 이전처럼 대송이라는 국호를 사용했다.

　송나라 인종 황우 말년, 거란이 태묘 악공들의 연주를 관상하겠다고 요구했다. 인종이 이를 어떻게 하면 좋겠느냐 하고 재상한테 물으니 재상은,
"성심으로 제사에 참가하려고 그러는 것이 아니니, 거란인의 요구에 경솔하게 대답하면 안 되는 줄로 압니다."
하고 대답하고 손면이 또,
"거란인에게 이렇게 말하면 될 것 같습니다. '예법에 의하여 태묘의 악곡은 조종의 공덕을 가송하기 위하여 제사 때에만 연주하기로 되어 있기에 다른 나라 사람들한테 함부로 연주할 수가 없다. 만약 거란 사람들이 태묘 제사를 도와주는 조제인助祭人이 된다면 제사에 참가하여 들을 수 있지만 그렇지 않고는 불가능하다.' 이렇게 말하면 될 겁니다."
하고 말해 인종은 손면의 말대로 거란 사신에게 답복하니 거란은 다시는 그런 요구를 하지 않았다.

한억 韓億

　송나라 시기 한억이 칙명을 받고 거란에 출사하는데, 부사로는 태후의 외척 하나가 따라갔다. 그런데 이 부사는 술을 마시고, "송나라는 거란과 사돈을 맺으려고 합니다" 하고 거란 임금에게 태후의 칙지를 잘못 전달했다.
　그러자 거란 임금은 한억을 보고,

"황태후께서 그런 연친을 맺으려는 의사가 계시는데 대사는 왜 말하지 않았소?"
하고 좋지 않은 기색을 보였다.
한억은 그제야 부사가 술을 마시고 거란 임금한테 허튼소리를 했음을 알고 즉시 이렇게 대답했다.
"매번 사자를 거란에 보낼 적마다 저희 태후께서는, 거란에 가면 거란 사람들을 황실 친척처럼 공경하라고 신신당부를 합니다. 아마 부사가 전한 말은 그런 말이지 거란과 연친을 맺겠다는 말은 아닐 것입니다."
"오! 그런 말을 그렇게 말했구먼."
거란 임금은 그러고는 말았다.
한억이 이렇게 묘하게 말을 돌렸으니 망정이지, 그렇지 않았더라면 무슨 일이 생겼을지도 모른다.

풍경馮京

송나라 사람 왕공王鞏은 풍경의 친구인데, 왕안석은 그를 좋아하지 않았다.
하루는 풍경이 신종 앞에서 왕공을 극력 추천했는데 왕안석이 곁에 있다가,
"왕공같이 머리에 피도 안 마른 녀석을 추천한단 말인가."
하고 면박을 주었다.
그러자 풍경이 성을 내며,
"그건 무슨 말씀이오? 왕공은 무자戊子년 생이오. 무자년 생을 머리에 피도 안 마른 녀석이라고 하다니 말이 되오?"

하고 되받으니 왕안석은 아차 실수했구나 싶어 입을 얼른 다물고 아무 말도 하지 못했다.

송나라 신종이 왕공과 같은 무자년 생이었던 것이다.

소옹 邵雍

송나라 때 일이다.

하루는 사마광이 소옹한테 이렇게 말했다.

"내일 승인 옹수가 불법을 강의하는데, 부필과 여회숙이 모두 들으러 간답니다. 회숙은 부처에 미친 사람이니까 권해도 소용이 없겠지만 부필은 권해서 가지 말도록 하는 것이 좋겠습니다. 부필이 그런데 가게 되면 파장이 적지 않을 것으로 생각됩니다. 저는 나이가 어려서 직접 권하지 못해도 선생님이야 왜 권하지 못합니까?"

소옹은 그 말에 그러겠노라고 대답했다.

그 이튿날, 소옹은 부필을 찾아가 말했다.

"황상께서 배진공한테 새로운 관직을 임명한다는데 부공은 가보지 않습니까?"

"병이 있어서 가보지 못할 것 같소이다."

"병환이 계신다면야 할 수 없는 일이지요. 그런데 듣자 하니 그러면서도 옹수가 강의하는 불법은 들으러 가신다는데, 그러다가 잘못하면 황상의 어명을 어긴다는 말을 듣게 됩니다. 병환으로 조정의 의식에는 참가하지 못하는 사람이 화상이 강의하는 불법은 들으러 간다면 예법에도 맞지 않는 것 같습니다."

"나는 그렇게까지는 생각하지 못했소."

부필은 놀라며 말했다.

사장 謝莊

남조 때 송나라 효무제가 보검 한 자루를 사장한테 하사했는데, 사장은 그 검을 노상한테 주었다.

그런데 후에 노상이 반역을 했다.

하루는 효무제가 사장을 보고 그 검이 어디 갔는가 하고 물었다.

사장은 얼른,

"당년 신이 노상과 갈라지면서 폐하를 대행하여 두우지사杜郵之賜를 했습니다."

하고 말했다.

두우지사란 전국 시기 전고典故이다. 진나라 대장 백기는 재상 범저와 다투다가 틀어지자 전쟁을 하지 않고 군대를 거두었다. 그 바람에 대노한 진왕은 백기에게 자살하라고 검을 주었는데 백기가 자살한 곳이 바로 두우杜郵라는 곳이다. 그래서 후세 사람들은 자살하라고 검을 주는 것을 가리켜 두우지사라고 했다.

배해, 왕빈, 왕경즐, 최광

진무제가 즉위하자 즉시 점을 쳤는데, 일一 자를 뽑았다. 그런데 옛날 사람들은 이 숫자가 왕조가 몇 대를 이어가는지를 가르쳐준다고 여겼기에 무제는 기분이 몹시 언짢았다. 그러니 다른 대신들도 아무 말도 하지 못했다.

그런데 시중 배해裴楷가 이렇게 말했다.

"신이 들건대, 하늘이 일 자를 얻으면 천하가 맑아지고 땅이 일자를 얻으면 사방이 평안해지며 왕후가 일 자를 얻으면 천하의 마음이 거기로 하나같이 모인다는 말을 들었습니다."

그러니 무제의 용안에 기쁨이 나타나고 다른 신하들은 그것을 보고 모두 배해의 기지에 감탄했다고 한다.

양무제가 하루는 왕빈王份에게 이렇게 물었다.
"짐은 유有인가, 아니면 무無인가?"
그러자 왕빈은,
"폐하께서 천하 만물에 순응하기에 유이지만 본체를 보면 무입니다."
하고 대답했다.

송나라 문제가 하루는 천천지天泉池라는 늪에 낚시하러 갔는데, 시간이 오래 지나도록 고기가 낚이지 않아 기분이 좋지 않았다. 그러자 왕경문王景文이 곁에 있다가 이렇게 말했다.
"폐하께서 나오시니 천하가 맑아져 고기들이 감히 미끼를 먹지 못하는가 봅니다."

원위元魏의 고조는 황자들의 이름을 각각 순恂, 유愉, 열悅, 역懌으로 지었는데, 최광崔光의 아들들의 이름은 각각 소邵, 욱勖, 면勉이었다.

그래서 고조가 말했다.
"짐의 아들들 이름은 모두 마음 심心 변인데, 경의 아들들 이름에는 힘 력力 자들이 들어 있구먼."

그러자 최광은 얼른,

"그것이 바로 군자는 마음을 쓰고 소인은 힘을 쓴다(君子勞心, 小人勞力)는 겁니다."
하고 대답했다.

이상의 대답들은 언사는 묘하나 모두 아첨하기 위한 말들이기에 어떤 말들은 구역질이 날 지경이다.

왕세정은 이렇게 말했다.

"많은 사람들이 민첩한 사유로 황상에게 아첨하여 이름이 알려졌는데, 그중에 한 가지는 황상의 비위를 맞추는 말들을 골라 하는 것이다. 예를 들면 환현이 황위를 찬탈하여 처음 용상에 누워 잠을 자게 되었는데 용상이 그만 내려앉았다. 그러자 은종문은 '황상의 은덕이 태산 같기에 대지가 감당해 낼 수가 없어서 용상이 무너져 내린 것입니다' 하고 말했다고 한다."

양무제 시기에 궁문에 불이 붙었다. 무제가 신하들을 보고 "과인이 궁문을 수리하려고 하던 참인데 궁문에 불이 붙었구나" 하고 말했다. 그러자 상서좌복사 하경용은 "그 일은 폐하께서 하늘의 뜻을 미리 아셨기에 하늘도 폐하의 마음을 어기지 못한 것입니다" 하고 듣기 좋은 소리를 했다고 한다.

역시 무제가 즉위했을 때 일인데, 호랑이 한 마리가 경성에 들어오고 코끼리 한 마리가 강릉에 나타났다는 보고가 들어왔다. 무제가 불길한 일이라고 생각하여 대신들에게 물어 보니 다른 대신들은 누구도 감히 말을 하지 못하는데, 왕영만은 이렇게 말했다.

"옛날 성인들이 돌을 두드리면 갖가지 짐승들이 한데 어울려 춤을 추었다고 합니다. 그런데 지금은 폐하께서 즉위하시니 호랑이도 코끼리도 다들 기뻐서 축하하러 온 것이 아니고 뭡니까? 이보다 더 길한 징조가 어디 있습니까?"

양정화楊正和, 고정신顧鼎臣

당나라 숙종은 즉위하던 해가 자기 띠와 상극이 되는 해라서 기분이 그리 좋지 않았다. 게다가 즉위하는 그날 숙종은 또 자기가 입은 용포가 너무 긴 것 같아서 자꾸만 아래를 내려다보면서 이맛살을 찌푸렸다.

그러자 대학사 양정화가 숙종의 기분을 돌려세우느라고 이렇게 말했다.

"폐하께서 용포를 드리워야 천하가 다스려지는 겁니다."

그제서야 숙종의 기분이 좋아졌다고 한다.

명나라 가정 연간에 강독관 고정신은 어느 날, 『맹자』를 강의하면서 '방훈조락放勳殂落'이란 구절을 강해하게 되었다. 방훈은 요堯임금의 명호였다. 다른 대신들은 황상이 그걸 듣고 좋아하지 않을까봐 근심했는데, 고정신은 태연하게,

"요임금께서는 이때 이미 백스물이었습니다."

하고 말했다.

마음을 졸인 뭇 대신들은 그 말을 듣고서야 안도의 숨을 내쉬었다고 한다.

종택宗澤

종택이 북송 휘종 정화 연간에 채주 예현의 현령으로 있을 때의 일이다.

경성에서 약을 만들기 위해 호부에서는 제거사提擧使에게 명하여 채주에서 우황을 사들이게 했다. 채주의 백성들은 주 현의 독촉에

견디지 못해 밭갈이 소를 잡아서 우황을 빼 바치는 정도였지만 호부가 요구하는 숫자를 채울 수가 없었다.

그런데다가 우황을 파는 사람들을 등록하지 않기에 그 기회를 이용하여 어떤 사람들은 아역들에게 돈을 먹이고 우황을 바치는 임무를 피면하곤 했다. 그래서 회뢰풍이 성행하기 시작했다.

그러자 종택은 제거사에게 이런 글을 올렸다.

"우황이란 세월이 좋지 않아서 소들이 병에 걸려야 생기는 법인데, 지금은 천하가 태평하고 백성들이 유족하여 소들이 살이 쪘는데 무슨 우황이 생긴단 말입니까?"

제거사는 답할 말이 없었다. 그래서 예현 사람들은 우황을 바치지 않게 되었다.

반경 潘京

진나라 때 반경이 주의 벽소(闢召. 관명)로 있을 때 일이다.

한번은 황상을 알현하여 사책射策을 뽑았다. 사책이란 시제를 쓴 여러 대쪽들 중에서 임의로 하나를 뽑게 하여 시험을 치는 것이다. 그런데 반경이 뽑은 시제는 '불효不孝'였다.

그러자 자사가,

"벽소는 불효자인 모양이구먼."

하고 농담했는데 반경은,

"조정에 충성을 다하려고 하니 어디 집에서 효도할 겨를이 있기나 하겠습니까?"

하고 대답했다.

어느 어린 아역

전에 어느 포정사가 안찰사와 같이 술을 먹으면서, 자기는 자식이 많아 걱정이라고 하자, 안찰사는 자기는 아들이 하나라서 걱정이라고 했다.

그러자 나이 어린 아역 하나가 곁에 있다가,

"아드님만 훌륭하면 많을 필요가 없지요."

하고 말했다.

그러자 포정사가,

"그럼 나처럼 아들이 많은 사람은 어찌하겠느냐?"

하고 물었다.

그러자 어린 아역은,

"아드님이 훌륭하면야 많아 걱정될 게 무엇입니까."

하고 대답했다.

안찰사와 포정사는 모두 기분이 좋아서 이 영리한 아역을 승급시켰다.

즉회 朱熹

송나라 사람 요덕명은 주회의 제자이다.

그가 젊었을 때 한번은 꿈에, 황상을 배알하러 궁문 앞으로 가서 문지기한테 명첩을 내주다가 보니 명첩에 쓰인 명함이 '선교랑宣敎郎 요덕명'인 바람에 소스라쳐 깨어난 적이 있었다.

그런데 후에 과거에 급제한 요덕명은 실제로 선교랑이 되어 복건으로 내려가게 되었다. 요덕명은 그 꿈을 생각하고 자기 관직이 선교랑에 그칠까 봐 임지로 내려가지 않으려고 했으나 친구들이 그러면 안 된다고 권고하는 바람에 작정하지 못하고 고민하다가 선생 주희를 찾아갔다.

주희는 그 말을 다 듣고 한동안 말없이 생각에 잠겼다가,

"그만하면 알 만하다."

하고 탁상 위에 있는 문방구들을 가리켰다.

"사람은 저 물건들과 다르다. 예를 들어 붓은 붓대로 있지 벼루로는 변하지 못하고, 저 검은 검대로 있지 거문고로 변하지는 못하지 않느냐. 물건은 아무리 오래되어도 한번 정해진 용도는 변하지 않는다. 그러나 사람은 그렇지 않다. 아침에는 도척이었어도 저녁에 마음을 고쳐먹고 요순이 될 수도 있다. 그러기에 한 사람의 길흉화복은 그가 처한 시기, 경우 그리고 기회에 따라서 변할 수가 있다. 언제나 고정 불변인 법은 없단 말이다. 그러기에 나는 네가 칙명대로 복건 임지로 가서 백성들을 위해 진력하여 복건을 잘 다스리기를 바란다. 믿지 못할 꿈을 가지고 그럴 필요가 있느냐."

요덕명은 선생 주희의 말을 듣고 임지로 내려갔다.

주희(朱熹, 1130-1200) 자는 원회元晦, 중회仲晦, 만회晩晦 등이고 익호는 문文으로 송나라 무원 사람이다. 진사로 시작해 고종, 효종, 광종, 영종 등 네 황제를 섬기며 전운부사轉運副使, 비각수찬秘閣修撰, 보문각특제寶文閣特制, 태사 등을 지냈으며, 사망 후 신국공으로 추인되었다. 저서로는 『주역본의周易本義』, 『시집전詩集傳』이 있으며, 후인들이 편집한 『주자대전집朱子大全集』, 『주자전서朱子全書』 등이 있다.

후에 요덕명은 정랑의 벼슬까지 하게 되었다.

오산吳山

명나라 근귀靳貴의 후실은 서른이 못 되어 청상과부가 되었다.

대신들은 그 여인에게 표창방을 세워 주자고 황상에게 주청했는데, 황상은 그 일을 예부에 맡겨 상론하게 했다. 그런데 예의를 관장하는 조의랑은 근씨 집과 사돈간이어서 그 일을 성사시키려고 애썼다.

그러나 예부상서 오산은 반대였다.

"그것은 보통 백성들이 충효절의의 덕성을 발휘하도록 권장하여 자손들이 따라 배우게 하기 위해서요. 그러나 우리 사대부로 말하면 충의나 효성, 절개 같은 것은 마땅히 지켜야 할 것이 아니고 무엇이오. 더욱이 근 부인으로 말하면 이미 황상의 책봉까지 받은 상황인데 그런 명예를 백성들과 다툴 필요가 무엇인가 말이오."

그런데 후에 서원으로 가는 길에 그는 학사 서계를 만났다.

서계도 근씨 부인한테 표창방을 세워 줄 것을 바랐다.

그러자 오산은 엄숙한 표정으로 말했다.

"아니, 선생은 근씨 부인이 개가할까 봐 그러시오?"

그 말에 서계는 더 이상 말하지 못했다.

서언

충무공 악비는 병법에서 "군대를 지휘하는 장수는 인仁, 지智, 신信, 용勇, 엄嚴, 이 다섯 가지 중에 어느 하나가 결여되어서도 안 된다"고 말했는데, 내 개인적 견해로는 그중에서 가장 중요한 것이 지, 즉 지혜라고 생각한다.

지혜는 비할 데 없이 명철한 이해를 말하는데, 여기서 인, 신, 용, 엄이 나오는 것이다. 군사를 거느리고 전쟁판에서 싸우는데, 지혜를 근본으로 하면 인, 신, 용, 엄을 지키지 않으려고 해도 지키지 않을 수 없게 된다.

역사상 전쟁에서 싸우지 않고 이긴 실례도 있고, 백 번 싸워 백 번 다 이긴 사례도 있으며, 공명정대하게 이긴 사례도 있고, 기만으로 이긴 사례도 있다. 고금에 전례가 없이 이긴 사례도 있는가 하면, 옛사람의 병법을 모방하여 이긴 사례도 있다. 천시天時가 부동함에 따라서, 지리가 부동함에 따라서, 적정이 부동함에 따라서 적과 싸우는 방법이 달라지는데, 그 부동한 방법을 어떻게 선택하는가에 지혜가 있는 것이다.

역사상 병서들은 적지 않으며, 승패 득실에 대한 기록들도 매우 명확하다. 그런데 나는 여기에서 역사상에서 승리한 일들만 가지고, 싸우기 전에 이기는 지혜인 '부전不戰', '제승制勝', '궤도詭道', '무안武案' 이렇게 네 권을 엮었다. 악비는 "운용의 묘리는 마음에 달렸다"고 했는데, 여기에 실린 것들은 모두 병법을 교묘하게 운용한 실례들이다.

유가들은 군사를 담론하는 것을 하찮게 보고 있다. 이것은 유가들이 병법을 담론할 능력이 없기 때문이다. 유가들은 싸우는 데 기만해서는 안 된다고 늘 주장하는데, 군사적인 지혜가 진정으로 있는 사람들은 적을 기만하는 각종 작전 계획을 궁리하지 못해 머리를 짜곤 한다.

적을 속이는 기만술을 아는 사람만이 적과 싸울 수 있으며, 그런 능력이 있는 사람만이 천하의 전쟁을 소멸시킬 수 있다.

8부
군사적인 지혜

제21절 싸우기 전에 이기는 지혜

무형의 영향력이 유형의 무력보다 나을 때가 있고 지모가 만력보다 나을 때도 많다. 장막에 앉아서 이길 수 있다면 전쟁터에서 싸울 필요가 있겠는가? 전쟁판에서 장수가 적정 판단과 작전 계획만 제대로 한다면 병사들의 희생을 많이 줄일 수 있다.

순앵荀罃, 오자서伍子胥

　춘추 노양공 시기, 진晉나라와 초나라가 정나라를 가지고 다투었다.

　그런데 노양공 9년에 진도공晉悼公이 다른 제후들과 연합하여 정나라를 포위 공격했다. 정나라는 할 수 없이 진나라와 화의를 하기 위해 사신을 보냈다.

　그러자 진나라 대신 순언은,

　"화의해서는 안 됩니다. 계속 정나라를 포위 공격해야 합니다. 그러다가 초나라 군대가 정나라를 구하러 오면 초나라 군대도 쳐부숴야 합니다. 정나라와 지금 화의해서는 실제적인 이득이 하나도 없습니다."

하고 말했다.

　그러나 순앵은 반대였다.

　"그래서는 안 됩니다. 마땅히 정나라와 결맹을 하고 군대를 철수시켜 돌아와야 합니다. 그러면 초나라가 군대를 출동하여 정나라를 칠 겁니다. 정나라와의 싸움에서 초나라 군대가 지칠 대로 지친 다음 우리가 다른 제후들을 연합하여 군대를 세 갈래로 나누어 초나라 군대를 공격한다면 지금 초나라와 싸우는 것보다 몇 배로 나을 것입니다. 왜냐하면 그때 우리는 지치지 않은 군대를 가지고 몹시 지친 초나라 군대를 무찌르기 때문입니다. 그러나 지금 우리가 초나라 군대와 싸운다면 우리 쪽 사망자가 많이 나오게 됩니다. 그러기에 지금은 싸우지 않는 것이 상책입니다. 총명한 사람은 지혜로 이기나 우둔한 사람은 힘으로 이긴다는 말이 있는데, 이것이 선왕들이 적을 이긴 비결입니다."

　그 말에 다른 대신들이 모두 동의하여 진나라에서는 정나라와 화의를 맺었다. 후에 초나라는 세 번이나 정나라를 공격했는데 거리가 너무 멀어 군대는 행군 도중에 기력을 모두 소모해 버렸고 목적지에 이르러서는 싸울 수가 없었다.

후에는 진나라가 정나라를 멸망시켰다.

오나라 왕 합려가 즉위한 다음 오자서에게 물었다.

"전에 경이 초나라를 치자고 말한 적이 있는데, 과인도 그럴 생각이 있네. 그런데 과인이 직접 군대를 거느리고 가서 초나라를 치면 어떨까?"

그러자 오자서는 이렇게 대답했다.

"초나라는 정치가 혼란하여 진정한 집정자가 없는 나라입니다. 그러니 대왕께서 한꺼번에 삼군을 다 동원한다면 공연히 역량만 소모합니다. 그러지 마시고, 먼저 군대 일부로 초나라 군대를 유인하십시오. 그래서 초나라 군대가 진공하면 우리는 후퇴하고 초나라 군대가 물러가면 우리는 진공하면서 초나라 군대가 지쳐서 싸우기 싫어하도록 만드십시오. 그리고 대왕께서 여러 가지 수단을 이용하여 초나라 군사 정치를 더욱 혼란시켜 초나라 사람들의 투지를 아예 철저히 와해시키십시오. 그런 다음 삼군을 동원하여 초나라를 치면 초나라를 일거에 철저하게 멸망시킬 수가 있습니다."

합려가 오자서의 건의를 채납採納하여 그렇게 했더니 초나라 군대는 완전히 와해되어 막심한 곤경에 빠졌다.

진나라와 오나라가 초나라를 약화시킨 방법은 서로 같다고 말할 수 있다. 그러나 오나라는 백거에서 초나라 군대를 대패시켰으나 진나라는 성복

싸움에서 초나라를 대패시키지 못했다. 그런데 송나라 유학자들은 성복 싸움에서 진나라가 초나라를 대패시키지 못한 것은 진문공의 군대가 왕자지사王者之師가 아니기 때문이라고 했다. 송나라 유학자들의 그런 사상으로 인하여 남송 조정에서는 금나라와 싸우지 말고 화의하자는 주장이 대두했으며, 그래서 남송은 쇠약해지다가 결국 멸망했다.

그러나 송나라 장군 오린이 금나라 군대와 싸울 때 이용한 방법은 오자서의 방법과 같다. 금나라 군대는 인내력이 강하고, 군령이 엄했으며, 일단 영이 내리면 죽더라도 그 임무를 완수하는 정신이 있었다. 그러나 금군이 오린의 군대를 막는 데 게을러지고 그 강한 의지가 지쳐서 해이해진 기회를 이용하여 오린은 군대를 거느리고 기습했다. 그러기에 금나라 군대와 싸우면 그 싸움이 번마다 상당히 길어지곤 했다. 그래서 오린은 유리한 지형을 이용하여 정예 군사를 내보내어 대승했다.

고소현 高昭玄

수문제 개황 초년, 문제가 진陳나라를 진공할 책략을 고소현한테 묻자 고소현은 이렇게 대답했다.

"강북의 기후는 차고 건조하기에 곡식이 늦게 여무나 강남은 기온이 높기에 곡식이 일찍 여물지요. 진나라 사람들이 곡식을 거둘 때 우리가 가만히 소수의 병력을 변경에 집결시키면 진나라에서는 겁이 나서 수확을 그만두고라도 변강을 지키러 나올 겁니다. 그러면 우리는 퇴각했다가 그들이 또 추수를 하려고 하면 또 군대를 변경에 집결시킵니다. 이렇게 여러 번 반복하면 진나라 사람들은 우리 군대가 변경에 집결해도 저러다가 말려니 하고 대수롭지 않게 생각할 것입니다. 이렇게 진나라 방비가 해이해졌을 때 우리가 갑자기 진공을 발동하면 진나라를 반드시 멸망시킬 수 있습니다. 그리고 다른 한 가지, 강남의 집들은 대개 참대로 엮어 짓고 양곡을 저장하는 창고도 움을 쓰지 않고 있습니다. 그러기에 첩자를 몰래 파견하여 풍향과 풍세를 봐서 불을 지르면 진나라는 큰 손실을 볼 것입니다. 이렇게 그들이 양곡 창고를 지으면 태워 버리고 지으면 태워 버리고 하면 몇 해 지나지 않아 진나라는 인력과 재력이 거덜날 겁니다."

수문제는 고소현의 계책을 채납했다. 결과 진나라는 수문제에게 패망했다.

주덕위 周德威

오대십국 시기, 진나라 왕 이존욱李存勖한테 패배한 양나라 군대는 당분간 성안으로 퇴각했다. 그러자 진왕 이존욱은 승세를 타서 계속 양나라 군대를 진공하려고 했다. 그러자 주덕위는 이렇게 말렸다.

"아직도 적들의 기가 채 죽지 않았습니다. 그러하오니 우리 군대는 잠시 움직이지 말고 있다가 적군이 지칠 대로 지친 다음에 총진공을 하는 것이 좋겠습니다."

그러자 진왕이 물었다.

"그게 무슨 말인지 모르겠소. 우리 군대는 급작스럽게 모은 군대인 데다가 이렇게 멀리 왔기에 속결전을 해야 할 게 아니오? 그런데 장군은 오히려 군대를 움직이지 말라고 하니 그건 왜 그러오?"

"양나라 군대는 성을 지키는 데는 능란하나 들판에서 싸우는 데는 능하지 못하지요. 그런데 우리 군대는 주로 기마병에 의해 싸우지 않습니까? 기마병이 싸우는 데는 넓은 평야가 제일이지요. 넓은 평야에서 싸워야 기마병의 우세를 충분히 발휘하여 좌충우돌 적군을 무찌를 수 있단 말입니다. 그런데 지금은 어떻습니까? 적군의 성을 맞대고 싸워야 하니 기마병의 우세를 발휘할 수 없게 되었지요. 그런데다가 지금 적군은 많고 우리는 적습니다. 이 내막을 적군이 알면 우리한테는 불리하게 됩니다."

진왕은 주덕위의 말을 미심쩍어하며 자기 장막으로 돌아와 누웠다. 다른 장군들은 진왕의 기색이 좋지 못하니 감히 다른 말을 하지 못했다.

진왕이 진공할 생각을 하고 있음을 알고 있는 주덕위는 환관인 장승업을 찾아갔다.

"대왕께서는 양나라 군대를 한번 격파하시고는 자기 병력은 고려하지 않고 속전속결만 생각하고 계십니다. 그러나 생각해 보십시오. 지금 쌍방이 강 하나를 사이에 두고 대치해 있는데, 적군이 만약 부교를 이용하여 기습한다면 우리는 큰 손해를 보게 됩니다. 제 생각에는 잠시 고읍으로 퇴각한 다음, 적군을 성밖으로 나오도록 유인하는 것이 좋겠습니다. 적이 나오면 우리는 퇴각하고 적이 들어가면 우리는 출격하고 이렇게 적을 소란하게 하는 동시에 날쌘 기마병 한 갈래를 파견하여 적군의 후방 공급로를 쳐서 양곡을 빼앗아 오는 것입니다. 그러면 한 달이 못 되어 적군은 패망하고 말 것입니다."

그 말을 듣고 장승업은 진왕의 장막으로 가서 문발을 들고 말했다.

"이렇게 편안히 누워 계실 겨를이 어디 있습니까? 주덕위는 병법을 꿰뚫다시피 한 노장인데, 그 사람 말을 흘려 들어서는 아니 될 줄 압니다."

그러자 진왕은 벌떡 일어나면서 언성을 높였다.

"과인도 지금 그런 궁리를 하고 있단 말이다."

그 동안 양왕의 군대는 성문을 닫고 가만히 있었다. 그러나 양나라에서 투항하여 넘어온 군사를 잡아 물어보았더니 양왕은 부교들을 만들어 진나라 군대를 기습할 준비를 하라는 명령을 비밀리에 내렸다고 했다.

그 말을 듣고서야 진왕은 주덕위를 보고,

"장군의 예측이 틀림없었소."

하고 말했다고 한다.

제갈각 諸葛恪

삼국 시기, 오나라 사람 제갈각은 재능이 출중했다.

손권은 제갈각의 재능을 시험해 보느라고 그를 양곡과 돈을 관할하는 문관으로 임용했는데, 제갈각은 그런 일에 재능이 그리 없었다. 제갈각은 그 번다한 문서 더미에 눌려 고민이 많았다.

그 상황을 안 무후(武侯. 관명) 하나가 육손에게 상서하여 그 일을 손권에게 알리게 했다. 그랬더니 손권은 제갈각을 즉시 무장으로 임용했다.

그러자 제갈각은 이런 말을 했다.

"단양이란 고장은 산세가 험하여 백성들이 말을 잘 듣지 않는 곳입니다. 전에 군대를 파견하여 평정하기는 했으나 단양 주위의 평민들만 귀순시켰을 뿐 산악 지대에 깊이 있는 산민들은 조금도 어찌지를 못했습니다."

그러면서 제갈각은 자기가 단양의 태수로 가면 3년 내에 산민 4만 명을 귀순시킬 수 있다고 했다.

그 말을 듣고 조정의 적지 않은 관원들은 코웃음을 쳤다.

단양은 지세가 험해 산들이 수천 리에 이어져 있었다. 그곳 산민들은 현성에 들어와 관군과 정면으로 싸우는 법이 없었다. 평소 그들은 성 밖 야외에 있다가 관군이 오면 산속으로 도망해 들어가서는 산을 이용하여 관군과 싸우는데, 용감하기 그지없었다. 그런데다가 행동이 얼마나 빠른지 그 험한 산을 원숭이들처럼 거침없이 타고 다녔다. 그러다가 관군들이 조금만 경각심을 늦추면 산에서 내려와 약탈했다. 관군들이 그들이 웅거해 있는 소굴을 찾아 토벌을 할 때, 관군이 적으면 그들은 벌떼같이 달려들어 관군과 싸우나 관군이 많으면 뿔뿔이 흩어져 달아나 어디로 갔는지 그림자도 보이지 않았다. 그래서 이전 왕조부터 지금까지 그 산민들을 귀순시키지 못하고 있었다. 그런데 제갈각이 3년 내로 그 산민들을 귀순시킨다고 장담하니 대신들이 웃지 않을 수 있겠는가.

그러나 손권은 제갈각의 재능을 볼 셈으로 그를 단양 태수로 임용했다.

제갈각은 부임하자 즉시 영을 내려 다음과 같은 일들을 시작했다. 군대를 정돈하고 방비를 엄하게 하며, 이미 귀순한 산민들을 집중시켜 함께 농사를 짓고 함께 생활하게 했다. 그리고 그들 주위에는 담을 쌓고 목책을 세워 다른 산민들과의 충돌을 막았다. 그리고 곡식이 여물면 군대를 동원하여 논밭에 곡식 한 알이 남지 않도록 말끔히 거두어들였다. 그래서 산민들이 자기 양곡을 다 먹고 남의 양곡을 앗아가려고 해도 앗아갈 것이 없게 되어 하는 수 없이 산에서 내려와 귀순하게 만들었다.

그리고 제갈각은, 산민들이 스스로 산에서 내려와 귀순하면 그 생활을 잘 돌봐 주고 그들이 성안을 자유롭게 드나들게 해야 하지 그들을 함부로 의심하여 잡아들여서는 안 된다는 엄한 군령을 내렸다.

그런데 장리 호항이 주유라는 산민을 잡아왔다. 주유는 전에 관가에서 적대시하던 인물인데, 지금은 먹을 것이 없어서 산에서 내려와 귀순했다. 귀순은 했지만 내심으로는 언제인가 기회만 있으면 또 난을 일으킬 생각을 하고 있는 자였다. 그래서 호항은 주유를 잡아 바쳐 공을 세우려고 했다. 그러나 제갈각은 호항이 군령을 어겼다고 참수해 버렸다.

호항이 군령을 어겨 참수당했다는 소식을 들은 산민들은 제갈각이 바라는 것은 오로지 산민들이 산에서 내려와 귀순하는 것뿐임을 알고 남부여대로 산에서 내려오기 시작했다. 그래서 1년 후에는 산에서 내려와 귀순한 산민의 수가 제갈각이 장담한 수에 도달했다.

양간 楊侃

북위 때, 옹주 자사 소보인이 반란을 일으켜 풍익군을 진공했다.

그래서 상서복사 장손치가 군대를 거느리고 토벌을 나가게 되었는데, 떠날 적에 좌승 양간은 이렇게 말했다.

"이전에 위무제 조조께서 동관을 지키고 있는 한수, 마초와 여러 차례 싸웠는데, 마초의 재능이 무제에 비할 바가 못 되지만 무제는 시종 마초를 나포하지 못했습니다. 그 원인은 마초가 요새를 굳게 지키고 있었기 때문입니다. 지금의 일도 마찬가지입니다. 적군들의 수비가 견고하기에 정면으로 쳐서는 안 됩니다. 먼저 북방에 있는 포판蒲板으로 돌아가서 적군의 뒤를 엄습해야 할 줄 압니다. 그러면 아군도 적군의 심처에 들어갔기에 이기지 못하면 죽는 길밖에 없다는 각오가 생겨 결사적으로 싸울 것이며, 그러면 화주의 포위를 풀고 장안은 저절로 우리 손에 들어오게 될 겁니다."

"그 책략이 좋기는 좋은데, 지금 설수의가 하동을 포위하고 있고 설풍현이 안읍을 지키고 있으며 종정진손은 우판을 지키고 있어 우리 군대가 진군할 길이 없으니 이걸 어떻게 하면 좋을지 모르겠네."

장손치의 말에 양간은 이렇게 말했다.

"종정진손의 군영 속에는 개인 관계로 장군이 된 사람이 하나 있는데, 이런 자는 남의 지휘는 받지만 군대는 지휘하지 못하는 위인입니다. 그리고 하동의 중심은 황하 기슭에 있는 포판이고 중요한 도시들이 모두 군동에 집중되어 있지요. 설수의가 군대를 거느리고 서부를 포위한다고 하더라도 부모 처자들이 모두 군동 고향에 있는 사병들이 일단 관군이 군동으로 쳐들어 간다는 걸 알면 가만히 있겠습니까. 그들은 저마다 군동에 있는 자기 부모 처자들을 걱정하여 안절부절못할 겁니다. 그러면 병사들의 사기가 일락천장一落千丈이 될 것이고 그러면 또 싸우기도 전에 군사들은 추풍낙엽처럼 흩어지고 말 것이 아닙니까."

그 말을 듣고 장손치는 자기 아들과 양간을 파하여 기마병 한 갈래를 거느리고 항농으로 해서 황하를 건너 우추벽을 지키게 했다.

양간은 이어 명령을 내렸다.

"우리 군대는 우선 여기에 주둔하여 앞으로 보병들이 도착하기 전까지 민심을 관찰한다. 무릇 자진하여 투항하는 적병들은 일률로 고향으로 돌려보내는데, 투항하려는 적병들은 높이 쌓아올린 아군의 단 위에 봉화가 세 더미 일면 역시 봉화로 회답을 하라. 회답이 없으면 투항할 의사가 없는 것으로 알고 모조리 죽여 버리고 노획한 전리품은 장병들에게 상으로 나누어준다."

촌민들은 그 소식을 듣고 다투어 서로 전했다. 비록 어떤 사람들은 투항할 의사가 명확히 서지는 못했어도 자기들이 적이 아님을 표명하기 위하여 다투어 봉화를 올렸다. 그렇게 해서 하룻밤 사이에 봉화가 몇 백 리를 이어져 그 몇 백 리 어간에 화광이 충천했다.

성을 에워싸고 있던 반란군의 군관들은 그것이 무슨 영문인지 알 수가 없어서 눈이 휘둥그레졌으며, 수하 병사들은 자기 고향으로 달아나 버렸다. 설수의도 자기 집으로 도망쳐 설봉현과 같이 투항했다.

장손치는 동관을 공점한 다음 승세를 타서 하동을 진공했는데, 소보인은 목숨이 아까워서 도망쳤다.

고인후 高仁厚

당나라 때 공주 부장 천능阡能이 반란을 일으켜 사천 경내의 현성들을 유린하자, 도초토사都招討使 고인후는 군대를 거느리고 반란군을 진압하기 시작했다.

그런데 군대를 출동시키기 전날에, 군영 앞에 탈을 파는 장사치 하나가 와서 기웃거렸다. 장사치의 행적이 수상해서 병사들이 잡아다가 심문해 보니 과연 천능이 보낸 첩자였다.

고인후는 첩자의 결박을 풀어 주게 하고는 왜 첩자질을 하느냐고 물었다.

그러자 첩자는 이렇게 대답했다.

"소인은 원래 본분을 지키는 초민 백성이었습니다. 그런데 천능이 소인의 부모 처자를 잡아다가 가두어 놓고 소인을 협박하여 첩자질을 하게 했습니다. 염탐한 정보가 정확하면 소인의 부모 처자를 놓아주고 그렇지 않으면 소인의 가족을 모조리 죽인다기에 하는 수 없이 이런 몹쓸 짓을 하고 있습니다."

"너의 고충은 들어 알 만하다. 걱정 말아라. 너를 죽이지는 않을 테니. 내가 너를 놓아주면 너는 이제 가서 가족들을 살려 낼 거다. 가서 천능에게 이렇게 말해라. 고원수가 군대를 출동하려고 하는데 군대는 얼마 되지 않습니다. 겨우 500명 내외밖에 아니 됩니다. 이렇게 말이다. 그러나 내가 너희 가족을 살려주었으니 너도 나를 도와 한 가지 일을 하여야겠다. 군영에 돌아가거든 암암리에 이런 말을 퍼뜨려라. 고원수는 너희들이 모두 천능의 핍박에 못 이겨 끌려온 죄 없는 백성들이라고 생각하고 있기에 너희들을 곤경에서 구해내려고 한다. 그러니 너희들은 고원수가 천능을 치면 천능의 병사들을 죽이고 고원수한테 투항하라. 그러면 고원수는 사람들을 시켜 너희들 등에 '귀순'이라는 두 글자를 새겨서 집으로 돌려보내 생업을 하게 할 것이다. 고원수가 죽이려고 하는 사람은 천능, 나혼경, 구호승, 나부자, 그리고 한구 이렇게 다섯뿐이다. 무고한 백성들은 절대 해치지 않는다. 이런 말을 퍼뜨려라. 알겠느냐."

"저희 모두는 어서 고향으로 돌아가고 싶어합니다. 원수님께서 저희 초민들의 고충을 헤아려, 우리 초민들의 죄를 추궁하지 않는다면 우리 초민들은 모두 기뻐서 원수님의 분부를 따를 것입니다."

그런 다음 고인후는 그 첩자를 돌려보냈다.

고인후의 군대는 그 이튿날 출발하여 쌍류에 이르렀는데, 파재사 백문현이 친히 나와 고인후의 군대를 맞았다. 고인후는 그의 군영 둘레에 목책들과 참호들이 둘러져 있는 것을 보고 백문현을 나무랐다.

"천능은 비천한 일개 필부에 지나지 않고 그 수하에는 모두 농사짓던 농군들뿐인데, 너는 온부의 군대를 모두 거느리고 있으면서도

1년이 넘도록 천능을 잡지 못했단 말이냐? 군영 둘레에 이렇게 목책이나 겹겹이 세워 놓으면 발 편하게 잠을 잘 수 있는 줄 아느냐? 도적놈의 힘이 자라 커지는 걸 앉아서 보고만 있었으니 그래 가지고도 무슨 낯이 있어서 조정에 공을 바라는 거냐?"

그러고는 백문현의 목을 당장 치라고 호령했다. 그러다가 여러 장수들이 나서서 겨우 사정해서야 백문현을 살려주었다. 고인후는 군영에 세운 목책들을 모두 뜯어 버리게 하고 군사 500명만 주어서 군영을 지키게 하고는 나머지 군사들은 모두 자기 군대에 편입시켰다. 그리고 다른 군영의 군대도 한데 모아서 천능을 토벌하기 위해 떠났다.

고인후의 관군이 온다는 소식을 들은 천능은 나혼경을 쌍류 지역에 보내어 영채 다섯 개를 세우고 야교청에 군사 천 명을 매복시켜 관군을 기다리게 했다.

적들의 계교를 안 고인후는 변복을 한 군사들을 적의 군영에 혼입시켜 그날 고인후가 첩자에게 하던 말과 같은 말을 군영 안에 퍼뜨리게 했다. 투항하면 집으로 돌려보낸다는 말에 적병들은 모두들 얼씨구나 좋다 하며 무기를 놓고 투항해 왔다. 고인후는 투항해 온 군사들을 친히 위문하고, 그들의 등에 '귀순'이라는 글자를 써 주어 앞으로 다른 사람들을 투항시키는 데 유리하게 했다.

대세가 기울어진 것을 안 나혼경은 할 수 없이 호성하로 달아나다가 여러 사람들한테 붙잡혀 끌려 왔다. 고인후는 그자를 독부에 보내어 처리하게 하고, 다섯 영채를 모두 불사르게 했다.

이튿날 오전, 고인후는 투항한 군사들에게 말했다.

"원래는 너희들을 즉시 집으로 돌려보내려고 했으나 아직도 적굴 속에 있는 너희 같은 병사들이 내 마음을 잘 모르고 있다. 그래서 너희들을 선봉으로 삼아 그리로 가려고 한다. 이제 대군이 찬구, 신진 두 곳에 이르면 너희들은 등에 있는 글자를 거기 적군들에게 보여라. 이렇게 북쪽에 있는 연공까지 당도하면 너희들을 집으로 보내겠다."

그러고는 그들을 50명씩 편성하여, 한 편대에 각기 나혼경의 깃발 하나씩을 들게 하였다. 맨 앞의 장기관掌旗官은 거꾸로 단 깃발을 휘두르며 고함을 지르며 나아갔다.

"여봐라. 들어라. 나혼경은 생포되었다. 머지 않아 관군이 여기를 점령할 것이다. 우리처럼 어서 투항하라! 그러면 양민이 되어 편안히 살 수 있다."

이렇게 찬구까지 이르니 거기에 구호승이 영채를 11개나 세워 놓았다. 그런데 그 11개 영채의 병사들이 다투어 투항해 왔다. 구호승이 다급해 칼을 휘두르며 야단했지만 막을 재간이 없었다. 도리어 군사들이 그한테 마구 돌을 집어던졌고, 우루루 몰려들어 그를 잡아다가 고인후한테 바쳤다. 5천 명이나 되는 나머지 적병은 모두 투항했다.

그 이튿날, 고인후는 역시 영채들을 불사르게 하고 투항병들한테 깃발을 주어 선봉으로 앞세우고 신진으로 나아갔다. 그러자 한구가 세웠던 13개 영채의 적병들이 모두 투항했다. 한구도 강물에 몸을 던져 자살했다.

군사들이 영채를 불사르려고 하자 고인후는 투항한 병사들이 아직 밥을 먹지 않았으니 영채에 있는 양곡을 운반해 내고 불을 놓으라고 지시했다.

새로 투항해 넘어온 적병들은 스스로 밥을 지어 이미 투항한 군사들과 같이 한 상에서 밥을 먹었다. 말소리, 웃음소리, 노랫소리가 밤이 깊도록 그치지 않았다.

고인후는 쌍류, 찬구에서 투항하여 넘어온 병사들은 먼저 고향으로 돌려보내고 이번에는 신진에서 투항한 적병들이 깃발을 들고 앞에 서게 했다. 고인후는 그들에게 공주 경내에 들어서면 집으로 돌려보내겠다고 했다.

나부자는 연공에 영채 9개를 세우고 관군을 막으려고 했는데, 관군이 연공에 당도하기 전날 밤에 영채 내의 병사들은 신진에 있는 투항병 군영의 불을 보고 흥분되어 온 밤을 새우면서 투항할 준비를 했다. 그러다가 그들은 신진의 투항병들이 도착하기도 전에 벌써 모두 달려나와 투항했다. 오로지 나부자 혼자만 영채를 버리고 천능에게로 도망쳤다.

천능과 나부자 둘은 나머지 군사들을 모두 긁어모아 고인후와 결전을 하려고 했다. 저녁 무렵이 되어 연공의 투항병들이 천능의 군영 앞에 당도했다. 천능은 군사를 내몰아 연공의 투항병들을 공격하려고 했다. 그런데 군사들이 모두 천능의 지휘를 따르지 않았다. 그럴 뿐만 아니라 그 이튿날 관군이 도착하자 군사들은 천능과 나부자를 결박하여 고인후한테로 끌고 갔다. 군사들의 환호성 소리가 천둥치듯 했다.

이렇게 고인후는 불과 엿새도 채 걸리지 않아 천능의 네다섯 갈래 군사를 모두 섬멸했다.

고인후는 잡은 첩자 하나를 이용하여 말을 퍼뜨림으로써 적병들이 다투어 투항하게 했다. 그리고 투항병 몇 패를 이용하여 24개 영채의 적들이 싸우지 않고 투항하게 했다. 이는 잔혹한 수단으로 적을 없앤 공로보다 얼마나 더 큰 공로인지 모른다.

충극공 악비 岳飛

남송 때 양요楊幺가 동정호에서 반란을 일으켰는데, 수전에 능했다.

그런데 악비의 군대는 태반이 서북 사람들이어서 수전에는 익숙하지 않았다.

악비는 양요 수하의 대장인 황좌한테 사람을 밀파하여,

"영웅한테는 출신 여하를 묻지 않는 법이니, 투항하여 넘어오겠다면 꼭 중용하겠다."

고 말했다.

황좌는, 악비의 군대는 천하무적인데, 잡혀 죽기보다 미리 투항하는 것이 낫겠다고 생각하여 마침내 투항하겠다고 대답했다.

그러자 악비는 단창필마로 황좌의 영채를 찾아가서 친히 황좌의 어깨를 어루만지면서 말했다.

"시세를 알고 대공을 세운다면 앞으로 어찌 공후 백작이 못 되겠는가? 본 원수는 임자를 동정호 양요한테로 돌려보낼 생각이네. 그래서 기회를 보아 양요를 귀순시키든지 아니면 생포하든지 하면 좋겠는데, 임자 생각이 어떤가?"

황좌는 악비의 신임과 중용에 감동되어 눈물을 흘리면서 악비의 은공을 죽음으로 보답하겠다고 결심했다.

이때 장준이 군사 도독으로 왔다. 그런데 참정 석익이란 자가, 악비가 적을 경시하는 것 같으니, 악비의 작전 계획을 세밀히 검토해 보는 것이 좋겠다고 장준한테 말했다.

그러자 장준은,

"악비 원수는 나라에 충성하고 신용과 의리를 지키는 성실한 사람이오. 그리고 작전 계획은 군사 기밀인데 아무 사람한테나 함부로 말하겠소?"

하고 나무래서 석익은 얼굴이 붉어져 더 말하지 못했다.

그런데 이때 황좌가 비적 주룬을 기습하여 통군 진귀 등을 생포했다. 이때 황제는, 해마다 가을이면 침노하곤 하는 북방 이족들을 막는 일을 의논하기 위해 장준을 조정으로 급히 불렀다. 장준이 떠날 때 악비는 소매에서 작전 지도를 꺼내어 장준에게 보이며 양요를 토벌할 일을 의논하려고 했다. 장준은, 양요는 내년에 토멸하자고 했다. 그러자 악비는 이렇게 말했다.

"왕사상은 정규군으로 적들을 쳤기에 치기 어려웠습니다만, 말장은 적으로 적을 칠 예산입니다. 그러면 적을 쉽게 소멸할 수 있을 겁니다. 수전은 제 장기가 아니고 군사들도 수전에는 능하지 않기에 적들과 정면으로 싸워서는 우리가 실패하기 쉽습니다. 먼저 양요 신변에 있는 장수들을 귀순시켜 양요를 고립시킨 다음 적장을 이용하여 적군을 치고 그런 다음 관군이 포위하여 토벌한다면 여드레 내에 양요를 생포할 수 있습니다."

그 말을 듣고 장준은 악비의 계획에 동의했다.

악비가 정주鼎州에 이르니 황좌가 이미 양흠을 귀순시켰다. 악비는,

"양흠은 양요 신변의 용맹한 장수인데 우리한테 투항했다. 따라서 양요는 이제 홀로 남은 거나 다름없이 되었다."

하고 기뻐했다.

악비는 양흠한테 무의대부라는 벼슬을 주고 동정호로 돌려보내

역시 반간을 놀게 했다.

 이틀이 지나서 양흠한테 설복된 전종과 유예 등이 악비한테 투항해 왔다. 그런데 악비는 일부러 그들을, 적들이 아직 전부 투항하지 않았는데 여기는 뭘 하러 왔느냐고 호통을 쳐서는 동정호로 돌려보냈다.

 그러고는 그날 밤으로 양요 군영을 기습하여 적병 몇 만 명을 사로잡았다. 양요는 배를 타고 동정호로 도망쳤다. 양요가 타고 다니는 배는 차륜 같은 장치로 모는 배여서 다른 배보다 몇 배나 빨랐으며, 뱃전에는 말뚝 같은 장치들이 있어서 관선들이 거기에 부딪치기만 하면 깨어져 나가곤 했다.

 악비는 거목들을 베어서 떼를 만들어 항만을 막게 하고 군사들을 상류로 보내어 고목과 잡초들을 대량으로 떠내려 보내게 했다. 그리고 욕 잘하는 군사들을 시켜서 양요의 배가 물 얕은 데로 오면 기슭에서 마구 욕을 해대어 노한 양요가 물이 얕은 것도 가리지 않고 쫓아오게 했다.

 그랬더니 양요는 과연 그 꾀에 걸려 얕은 데로 마구 쫓아왔는데, 상류에서 떠내려온 고목과 잡초들에 걸려 배가 움직이지 못하게 되었다. 악비는 즉시 군사들에게 공격을 명했는데, 적병들은 견디지 못해 항만으로 달아났다. 그런데 뗏목들이 항만을 막고 있었다. 관군들은 뗏목 위에 소가죽을 걸어 놓고 적병들의 화살과 돌을 막으면서 한켠으로는 큰 통나무로 적들의 배를 부수었다. 대세가 기울어진 것을 안 양요는 물로 뛰어들었다가 그만 우호한테 붙잡혀 참수당하고 말았다.

 악비가 적의 군영에 들어가니 적병들은 악비를 신으로 알고 모두 투항했다. 악비는 친히 각 군영을 돌아다니면서 투항한 군사들을 안무하고 노약한 적병들은 집으로 돌려보냈다. 그리고 힘이 센 젊은이들만 정식으로 군대에 편입시켰다.

이렇게 악비는 자기가 말한 대로 8일 내에 적들을 평정했다.

이에 장준은,

"악비 장군의 용병은 참으로 대단하오."

하고 탄복해 마지않았다.

동정호에 웅거해 있는 양요는 농사는 뭍에서 짓고 싸움은 물에서 했다. 양요가 타고 다니는 다락배는 높이가 10여 장이나 되는데, 관군은 양요가 횡행하는 것을 눈뜨고 보기만 할 뿐 어찌할 방법이 없었다.

원래 악비는 큰 배들을 만들어 양요를 토벌하려고 했는데, 호남 운판運判 설필이 그러지 말라고 권했다.

"큰 배를 만들려면 반년이나 1년이 걸리고, 큰 배를 만든다고 해도 수전에는 양요가 능하지 우리가 능하겠습니까. 그러기에 우리 군대는 수전은 피하고 양요를 지혜로 이길 생각을 해야 합니다. 지금이 바로 날이 가물어 물이 없어 뱃길들이 막힐 때입니다. 이럴 때 정면 충돌을 피하고 상류에 올라가 대량의 고목과 잡초들을 떠내려 보내면 배들을 움직이지 못하게 가두어 놓을 수 있습니다. 그래서 적들이 자기 장기를 써먹지 못할 때 정예 기마병들로 기습하면 대승을 거둘 수 있습니다."

악비는 설필의 이 건의를 채납하여 양요를 평정했다. 어떤 사람들은 악비의 지모가 출중하여 여드레 내에 양요를 평정한 줄은 알지만 여기에 설필의 지모도 있었다는 것은 모르고 있다. 종래로 이름 있는 재상들이나 장군들은 모두 다른 사람들의 도움을 받아 성공의 길을 열곤 했다.

악비는 적은 병력으로 많은 적을 무찌르는 데 재간이 있는 장군이다. 그는 8백 군사를 가지고서 왕선의 50만 대군을 남훈문에서 대패시켰으며, 8

천 기마병으로 조성의 10만 대군을 계령에서 대패시켰다. 그런데 이상의 전역들도 사전에 악비가 여러 장수들과 의논하여 세밀한 계획을 짜 가지고 적들과 싸웠기에 승리한 것이다. 악비는 적들의 돌연적인 습격을 받아도 당황함 없이 침착하게 싸워 마침내 적들을 이기곤 했다. 그래서 적들은,

"태산은 움직이기 쉬울지라도 악비의 군대는 어쩔 수가 없다."
고 한탄했다.

악비의 군대는 군율이 엄했다. 어떤 병사 하나가 민가의 삼베 한 줌을 훔쳤는데, 악비는 군령에 의해 목을 베었다. 그런 일이 있은 다음부터 야간 행군 때는 민가에서 문을 열어 놓고 군사들을 자기 집으로 불러도 들어가는 사람이 없었다. 군사들은 얼어 죽어도 민가를 강점하지 않았으며 굶어 죽을지언정 백성들의 양곡을 빼앗지 않았다.

그러나 악비는 군사들을 성심으로 대했다. 병사들이 앓으면 친히 찾아가서 약을 먹였으며, 멀리 변강을 지키러 간 병사가 있으면 자기 처를 보내어 위문하게 했고 그 집의 살림살이를 보살펴 주게 했다. 전쟁에서 병사들이 죽으면 눈물을 흘리면서 고아를 데려다가 키운다든가 그 집 아들의 혼사를 이루어 주었다. 그리고 공로는 모두 장병들에게 돌렸다. 그러기에 악비는 언제나 승전할 수 있었다.

악비에 비하면 지금의 장군들은 어떠한가? 악비와 다른 행위를 하고 있으니 어떻게 성공할 수 있겠는가?

이소

당 헌종은 당등절도사唐鄧節度使 고하우에게 명해 오원제를 토벌하게 했는데 실패하고 말았다. 그래서 또 원자袁慈를 당등절도사로 임명하여 오원제를 토벌하게 했는데 역시 아무런 성과가 없었다. 그런데 이소李愬가 오원제를 토벌하겠다고 자원하여 나섰다. 그래서

헌종은 이소를 당등절도사로 임명했다.

　오원제의 군대와 싸우다가 실패한 관군은 아직 사기가 회복되지 않았기에 이소는 도착하자 잠시 척후병을 거두어들였다.

　그러자 한 사람이 그러면 되는가 하며 이의를 제기했다. 이에 이소는 이렇게 대답했다.

　"원자 대감께서는 군사를 너무 너그럽게 영솔했는데 적들은 그때처럼 알고 방비를 늦추고 있소. 나도 당분간은 적들을 놀라게 할 생각이 없소."

　그러고는 장병들에게 일부러 이렇게 말했다.

　"황상께서는 군사들을 위안하라고 나를 보냈을 뿐이다. 내 직책은 전쟁을 하는 것이 아니다."

　적들도 이소는 이름나지 않은 사람이기에 경시했다.

　성격이 침착한 이소는 사람들을 성심으로 대해 주었다. 어쩌다가 투항해 넘어오는 적병이 있으면 이소는 그들을 감시하거나 행동을 구속하지 않고 영채 안을 자유롭게 다니게 했으며, 투항병의 친척이 고향에서 죽으면 돈이나 양곡을 주면서 고향에 돌아가 장사에 참석하게 했다. 그는 그들한테 이렇게 말했다.

　"너희들도 천자의 신민들인데 친척들을 잊어서야 되겠느냐."

　이소의 성의에 감동받은 그들은 모두 이소를 위해 목숨까지 바칠 생각을 하면서 적군의 상황을 모두 이소에게 알렸다. 이소는 반년도 안 되어 적군 영채의 지형, 군사 배치 등 모든 상황을 손금 보듯 알게 되었다.

　반년이 지나자 이소의 군대는 사기도 회복되고 훈련도 잘 되었다. 때가 되었다고 생각한 이소는 군사를 지휘하여 우선 마안산을 점령하고 이어 길어귀를 막은 목책을 부수고 사아산도 점령했다. 그런 다음 계속 승세를 타서 노연성을 깨치고 청릉성을 앗았으며, 적군의 맹장 정사량을 생포했다. 이소는 정사량의 재간이 아까워서 죽이지 않았다.

이에 정사량은 감격의 눈물을 흘리면서 이소에게 헌책하기를,

"오수림은 수천 병력밖에 없는데 관군이 그를 소멸하지 못하는 것은 진광흡이 곁에서 참모질을 하고 있기 때문입니다. 제가 가서 진광흡을 생포해 오겠습니다."

그러고는 가서 진광흡을 잡아오니 오수림은 견디지 못하고 무문성에서 투항했다.

이소는 먼저 투항병을 이용하여 오방성을 깨친 다음, 관군을 출격시켰다. 그런데 한 사람이 궁한 적을 쫓아서는 안 된다고 그를 말렸다. 그러나 이소는,

"지금 적들은 바로 당신 같은 생각을 하고 있소. 막다른 골목에 이른 그들을 더 바싹 쫓지는 않을 것이라고 생각하고 있단 말이오. 따라서 이럴 때가 적을 공격할 절호의 기회가 아니겠소."

하면서 군사들을 휘몰아 총공격했다. 군사들은 모두 결사적으로 싸웠다. 적들은 많은 사상자를 내고 도망쳤다.

그런데 어떤 사람이, 아예 도적들이 다시 집결하지 못하게 오방성을 잿더미로 만들어 버리자고 주장했다. 그러나 이소는 반대했다.

"오방성을 잿더미로 만들면 적들의 병력이 도리어 한데 모일 수 있다. 그러기에 오방성을 남겨 두어 적들을 분산시켜야 한다."

오수림이 스스로 몸을 결박하고 와서 투항했다. 이소는 혼자서 문성 아래까지 와서 오수림의 결박을 손수 풀어 주고 그 자리에서 오수림을 장군으로 임명했다. 그러자 오수림은 감동하여, 오원제를 잡으려면 이우부터 잡아야 한다는 계책을 내놓았다.

이우는 오원제 수하의 대장으로서 홍교책을 지키고 있었다. 기실 관군이 전에 번번히 패하고 돌아간 것은 이우가 홍교책을 지키고 있었기 때문이었다.

이소는 장군 용성한테 정병 300명을 주어서 이우의 영채 부근에 매복시키고 노병들을 보내어 이우의 영채에 불을 지르는 척했다. 이우는 과연 그 꾀에 걸려 영채 밖으로 달려나오다가 매복한 군사들에게 포로가 되고 말았다.

관군은 여러 번 이우 때문에 골탕을 먹었기에 이우를 죽여 버리자고 했으나 이소는 그 말을 듣지 않았다. 뿐만 아니라 이우한테 장군 대우를 해주었다. 그리고 어떤 때는 좌우를 물리치고 이우, 이충, 이렇게 셋이 마주 앉아 밤이 깊도록 얘기를 나누었다. 이충도 적장이었다. 그래서 수하 장수들은 이소를 보고 적장 둘을 너무 가까이하지 말라고 권했다. 그러나 이소는 그 말을 듣지 않고 이우와 이충을 예의로 대하면서 더욱 존중했다.

이소는 용사 3천을 뽑아서 돌격대를 꾸리고 자기가 직접 훈련을 시켰다. 그런데 공교롭게도 5월부터 7월까지 비가 그치지 않았다. 군관들 속에서는,

"이소가 이우를 죽이지 않기에 하늘이 벌을 주느라고 장마가 그치지 않는다."

는 요언妖言이 돌았다.

이소가 이우를 존중하는 것을 군관들이 이해해 주지 않는 바람에 군대의 사기가 저하되었다. 아무리 애써도 이소 혼자서는 적을 이길 수 없는 일이었다.

이소는 방법이 없어서 이우를 가두고 눈물을 흘리면서 말했다.

"이것이 하늘의 뜻이란 말인가? 나 이소가 적을 무찌르는 걸 하늘

이 하지 못하게 한단 말인가? 왜 모두들 내가 하는 일을 그렇게 반대한단 말인가?"

그러고는 이우를 조정에 맡겨 처리하게 하면서,

"이우를 죽이지 않으면 군사들과 함께 오원제를 토멸시킬 수가 없습니다."

하고 상주했다.

그런데 헌종은 오히려 이우를 석방하면서 이소를 도와 오원제를 토멸하라고 명했다. 이소는 이우로 하여금 육원의 병마를 통솔하게 하고 매일 검을 차고 장막을 드나들면서 자기와 군사를 의논하게 했다. 이우는 감동되어 눈물을 흘렸고 다른 군관들도 다시는 다른 말이 없었다. 그리하여 그들은 상하가 일심이 되어 오원제를 습격할 계획을 주밀히 짰다.

이우를 경성으로 압송하지 않고서는 이소를 중상하는 말을 없앨 수가 없었다. 이것은 당년 사마휘가 기산으로 싸우려 나갈 적에 황상의 칙령을 기다리던 모략과 같다고 할 수 있다. 그들은 모두 이해득실을 미리 예견하고 일이 뜻대로 될 수 있다는 자신감이 있어서 그렇게 한 것이지 무모하게 그런 것은 아니다. 그러기에 신비辛毗가 와서 사마휘에게 성지를 전달하자 촉나라 군대는 싸우지도 못하고 패하고 말았던 것이다. 이소의 경우도 마찬가지이다. 이우가 돌아가자마자 반란이 모두 평정되었다. 여기에는 해당 장군들이 인재 용병을 잘한 원인도 있겠지만 임금이 일을 현명하게 처리한 덕도 있는 것이다. 악비가 양요를 평정하고 이소가 오원제를 소멸하는 과정에 운용한 전략은 적장으로 적의 괴수를 공격하는 전략이었는데, 그런 전략을 쓸 수 있던 것은 악비나 이소의 높은 위망이 뒷받침되었기 때문이다. 그런데다 그들은 적의 정세를 손금 보듯 했기에 적을 무찌르고 승리할 수 있었다.

그런데 그런 원인은 모르고 그저 그 방법만 맹목적으로 모방했다가는 실패를 보게 된다. 잠풍과 비위 등은 도리어 투항병들에게 살해당했고, 조조는 황개의 거짓 투항에 속아서 적벽 싸움에서 대패했으며, 부견은 항장降將 주서에게 속아서 비수의 싸움에서 패했다. 산전수전을 다 겪고 전쟁 경험이 대단한 장군들까지 이렇게 속을 수 있으니 다른 사람들이야 더 말해 무엇하겠는가?

그러기에 투항한 적장들을 어떻게 이용하는가 하는 데에는 조심성과 지모가 필요하다.

이소가 채주를 습격하려고 준비할 때이다.

이소는, 첩자를 숨겨 주거나 알고도 보고하지 않는 자는 모두 참한다는, 전부터 내려오던 군율을 없앴다. 그랬더니 적의 첩자들은 감격하여 이소를 찾아와서 자수하고 이소에게 군사 정보를 제공해 주었다. 그래서 이소는 적들의 허실과 동태를 손금 보듯 알게 되었다고 한다.

적의 첩자를 이용하려면 우선 적의 첩자를 숨겨 주는 사람이 있어야 하며, 그런 다음은 첩자가 숨어 있는 곳을 우리가 알아야 할 것이다. 그래야 적의 첩자를 잡아서 이용할 수 있다.

그렇지 않고 첩자를 숨겨 주는 사람이 없으면 첩자는 오지 않을 것이다. 그러면 어떻게 우리가 첩자를 잡아서 이용하겠는가? 그 다음 문제는, 숨겨 놓은 첩자를 도로 내놓게 해야 한다. 그러기에 백성들에게 은위恩威를 검하여 보여야 첩자를 잡아서 이용할 수 있다.

　기실 이는 복잡한 문제이다. 이 일을 뜻대로 처리하는 데는 많은 학문이 필요하다.

　어떤 현령이 자기 현 내에 있는 도적을 없애려고 했다. 그래서 알아보니 도적들이 기생집에 많이 드나든다고 했다. 그래서 기생들을 자기 현에서 쫓아낸다면 도적이 없어지리라고 생각하여 기생들을 모조리 쫓아 버렸다고 한다. 이런 바보 같은 현령이 어디 있는가? 도적들이 기생집에 자주 드나든다는 걸 알았으면 그것이 도적 잡는 가장 좋은 장소인데, 기생집을 이용하여 도적 잡을 생각은 아니하고 기생들을 쫓을 생각만 하다니, 그리고 도적들을 현 밖으로 내몰기보다 안에 놔두는 것이 도적을 감시하고 나포하기 더 편리하지 않는가? 이 바보 같은 현령의 논리대로 한다면 도적들이 백성들 집에 숨어 있다고 백성들을 다 현 밖으로 내몰아야 하겠는가? 현령이 관군을 풀어서 도적을 잡을 생각은 아니하고 도적이 눈앞에 보이지 않게만 하려고 했으니 이런 한심한 현령이 어디 있는가?

　이광안의 군대가 연속해서 이기자 오원제는 정예군을 모아 회곡에서 이광안을 막았다.

　그 기회를 타서 이소는 군대를 거느리고 출동했다. 그는 이우를 선봉으로, 이충을 부장으로 군사 3천을 통솔하여 앞에서 진군하게 하고, 자기는 중군 전진성의 군대 3천을 통솔하여 후군이 되어 뒤를 막았다.

　문성책에 도착한 이소는 동쪽으로 돌아 60리를 더 나아가 장시채를 기습하여 그 수비군을 모조리 소멸했다. 그러고는 군대를 잠시 쉬게 하고 무기를 정비하면서 새로운 출격을 준비했다.

　이때 날이 어두워지면서 갑자기 폭설이 퍼부었다. 엄동설한에 병사들은 살이 다 갈라지고 말들도 제대로 걷지 못했다. 얼어 죽는 병사들도 적지 않았다. 장시채 동쪽은 무인지경인 소택지인데 길이 없었다.

출발이 임박하자 군리가 어디로 가는가 하고 목적지를 물었다.

"채주로 진군하여 오원제를 친다!"

이소의 말에 장병들은 겁에 질려 얼굴색이 변했다. 감군監軍은, 우리 통수가 이우의 꾀임에 들었다고 하면서 울기까지 했다.

그러면서도 병사들은 여전히 적들과 결사적으로 싸울 생각을 하고 있었다.

이소는 소부대를 파견하여 다리들을 파괴하고 회곡으로 물러서는 퇴로를 차단했다. 그리고 단랑산 산길을 끊어 놓은 다음 앞으로 70리를 더 나아갔다. 밤이 되어 현호성이라는 곳에 당도했는데, 성 밖에 거위와 오리를 기르는 늪이 있었다. 이소는 일부러 거위와 오리들을 놀라게 했다. 그러자 거위와 오리가 우는 소리에 성을 지키는 적병들은 말발굽 소리를 듣지 못했다.

이우의 군사들은 감쪽같이 성위로 올라가서 적병들을 죽이고 성문을 활짝 열었다. 그런 줄도 모르고 성안에서는 이전처럼 야경을 치고 있었다.

날이 밝아 이소 군대가 오원제가 있는 외성으로 쳐들어갔다. 그제야 적병들은,

"관군이 왔다."

며 놀라서 눈을 치켜떴다.

그런데도 오원제는 그 말을 믿지 않고,

"회곡에 있는 우리 사람들이 겨울옷을 타러 왔지 않느냐?"

하고 중얼거렸다.

그러다가 전령병이 밖에서,

"상시常侍님 명령이…….."

하고 전갈을 해서 오원제는 소스라쳐 일어나며,

"상시라니 어느 상시 말이냐? 어느 상시가 여기를 왔단 말이냐?"

하며 황급히 옷을 입고 아성牙城으로 달려 올라갔다. 그러나 이때 전진성은 군사들을 거느리고 오원제를 이미 겹겹이 에워싸고 있었다.

이소는 오원제가 반드시 동중질의 구원을 기다리고 있으리라 판단하고 자기가 직접 동중질의 집을 찾아가 그 가족들을 위문하고는 동중질에게 보내는 권항서勸降書를 손수 썼다. 동중질은 그 편지를 보고 흰옷을 입고 말을 달려와서는 투항했다. 전진성은 이어 남문에 불을 질렀다.

대세가 기울어지자 오원제도 방법이 없어 성에서 내려와 투항했다. 그는 옥에 갇혀 있다가 후에 경성으로 압송되었다.

조충국趙充國

한나라 때의 선령先零과 한개罕開는 같은 서강西羌족이다. 그런데 각기 다른 추장을 모시면서 서로 원수처럼 싸웠다. 그러다가 후에 하노何奴가 그들을 화해시키고 맹약을 맺게 했다.

강족들은 천고마비의 가을이 오면 변강을 쳐들어오곤 했다.

그해 가을도 강족들이 변란을 일으킬 것 같자 조충국은 조정에서 사자들을 파견하여 변경의 수비군들을 시찰하고 강족들의 행동을 감시하며 강족의 침노를 막을 방비를 하게 하는 것이 좋겠다고 조정에 건의했다. 그래서 승상부와 어사부에서는 광록대부 의거안국을 파견하여 강인들의 동태를 알아오게 했다.

그런데 강인들의 지역에 간 의거안국은 선령을 비롯한 강족 추장들을 30여 명 모아놓고 그중 오만한 자들을 모두 죽여 버렸으며, 군대를 거느리고 선령 부락을 진공하여 강인 수천 명을 죽였다. 그러자 각 부족의 강인들이 모두 일어나 장리長吏들을 죽이고 한나라 군대의 무기를 빼앗으며 한나라에 대항했다.

의거안국이 조정에 돌아와 그 상황을 소제에게 고하자 소제는,

"형세가 이렇듯 혼란한데 누가 장군이 되어 이 난을 평정할 수 있겠느냐?"

하고 대신들에게 물었다.

"아무래도 신이 가야 할 것 같습니다."

조충국이 자원해 나섰다. 그때 조충국은 이미 일흔이 넘은 나이였다.

"장군은 지금 강인들의 실력이 어떻다는 걸 알고 있으시오? 그렇다면 군사는 얼마나 필요하시오?"

"백문이 불여일견이라는 말이 있듯이 직접 가 보아야지 여기서 어떻게 그 실지를 알 수 있겠습니까? 우선 신이 금성에 이르러 보고 그 방략을 세우겠나이다."

금성으로 온 조충국은 군사 만 명을 징발하여 강을 건너려고 하다가 강인들의 습격을 받을까 봐 먼저 세 개 영의 군대만 야밤을 타서 강을 살그머니 건너가게 했다. 그리고는 강을 건너자마자 영채를 세워 강인들의 기습을 방비하고 날이 밝자 다른 군사들도 차례로 강을 건너게 했다.

그제야 강인들이 한나라 군대를 발견하고 기마병 수백 기가 와서 좌우로 소요騷擾했다.

강인들의 기마병이 용맹하여 이기기 힘든데다가 잘못하면 이것이

적들의 유인술일 수가 있어서 조충국은 부하들에게 이런 명령을 내렸다.

"우리 군대는 금방 강을 건너왔기에 모두들 지쳤다. 그러니 강인들의 기마병을 추격하지 말라. 우리의 목표는 수백 기밖에 안 되는 강인 기마병이 아니라 강인들의 난을 평정하는 것이다. 따라서 자그마한 전공에 급급해 하지 말라."

한편 조충국은 사망과 액중, 이 두 곳에 기마병을 내보내어 정탐하게 했는데, 거기에서는 강인들이 보이지 않았다. 그래서 그는 군대를 거느리고 낙도로 와서는 수하 장령들을 모아 놓고 이렇게 말했다.

"강인들이 군사에 무능하다는 걸 이제야 똑똑히 알았다. 그들이 수천 명 군대로 사망과 액중만 지켰다면 우리 군사가 진공할 길이 없을 것인데 지금 그 두 곳이 텅 비어 있다."

그리고는 서쪽으로 도위부까지 진군하여 그곳에 자리잡고 매일 군사들을 잘 먹였다. 군사들은 모두 그를 위하여 영용하게 싸우겠다고 맹세하면서 사기가 높았다. 그러나 조충국은 강인들이 여러 번 와서 집적거림에도 불구하고 군사들을 움직이지 못하게 하고, 오로지 굳게 지키게만 했다.

강인들의 난이 일어나기 전에 이런 일이 있었다.

강인 한 부족의 추장 마당아가 그 아우 조구를 파견하여 한나라 도위한테,

"선령 사람들이 반란을 일으키려 한다."

고 알렸다.

며칠이 지나서 과연 선령이 반란을 일으켰다. 그런데 조구의 많은 족인들이 선령의 부대에 있었기에 도위는 조구를 인질로 붙잡아 두

었다.

그런데 이번 도위부에 온 조충국은 조구를 죄가 없다고 놓아주었다. 그리고 가서 각 추장들에게 이렇게 알리라고 했다.

"한나라 대군은 강인들을 모조리 잡아 죽이러 온 것이 아니라 죄를 진 몇몇을 처단하려고 온 것이다. 죄를 진 사람들이라도 다른 죄범들을 죽이고 입공속죄하면 죄를 벗을 수 있을 뿐만 아니라 공로에 따라 상도 받을 수 있다. 큰 두목을 죽이면 40만 전, 중간 두목을 죽이면 25만 전, 작은 두목을 죽이면 3만 전, 남자는 한 사람에 3천 전, 여자와 노약자는 각각 2천 전, 이렇게 상을 받을 수 있다. 그리고 노획한 여인과 재물은 자기가 가질 수 있다."

조충국은 이렇게 자기의 위신으로 강인들을 와해시키려고 꾀했다.

그런데 이때 주천 태수 신무현이 조정에 이런 상주서를 올렸다.

"지금 강인들이 조석으로 출몰하며 변경을 소란시키고 있는데, 강인들이 있는 지역은 기후가 엄혹하여 한나라 군대가 적응하기 어렵습니다. 그러기에 7월 상순쯤 해서 각기 한 달 식량을 지니고 장예와 주천으로 해서 강인의 한개罕開를 협공하는 것이 상책일 것 같습니다."

소제가 그 글을 조충국에게 보이자 조충국은 이렇게 말했다.

"말 위에 한 달 식량을 싣고 거기다가 의복이며, 무기며, 장막이며 하는 장비들까지 싣는다면 행군 속도가 얼마나 늦어지겠습니까? 그래서야 어떻게 강인들을 추격하겠습니까? 그런데다가 만약 강인들이 험한 요새지를 이용하여 관군의 앞을 막고 뒤로는 관군의 양도糧道를 끊으면 관군한테 매우 불리해집니다. 이런 위험을 사전에 고려하지 않을 수 없습니다. 그리고 다른 한 가지, 먼저 반란을 일으킨 것은 선령인들입니다. 다른 강인들은 선령의 협박으로 반란을 일으킨 것입니다. 그러기에 한개가 선령을 따라 반란을 일으킨 잘못은 추궁하지 말고 우선 선령을 토멸하여 강인들에게 관군의 위력부터 보여 주어야 합니다."

그런데 다른 대신들은 선령의 병력이 강대한데다가 한개까지 도와주고 있는데, 한개를 미리 쳐 없애지 않으면 선령을 토멸하기가 어렵다고 했다.

그래서 소제는 한개를 미리 치라고 칙령을 내렸는데, 조충국은 상서하여 자기 주장을 굽히지 않았다.

"신이 알건대 『손자병법』에, 병력이 부족한 자는 진공으로 방어하고 전쟁에 능한 자는 적을 주동적으로 장악한다고 했습니다. 지금 강인들이 난을 일으켜 변강을 소란시키고 있는데, 우리는 적에게 끌려 피동적으로 움직여서는 안 됩니다. 적들과 싸우는 데만 급급해 하다가는 적의 꾀에 넘어갑니다. 우리는 우리의 주동을 쟁취해야 합니다. 우리는 우리 계획대로 군사를 훈련시키고, 병마를 정돈하고, 적당히 군대를 휴식시키면서 힘부터 키워야 합니다. 그래야 결국 적들을 이길 수 있습니다. 선령은 한나라를 배반하기 위하여 한개와 지난날의 원혐을 풀고 결맹했습니다. 그렇지만 한개와 한마음이 된 것은 아닙니다. 한나라 군대가 오면 한개가 자기네를 배반할까 봐 불안해서 그들은 언제나 한개를 경계하고 있지요. 그러기에 선령은 우리 한군이 먼저 한개를 치기를 바라고 있습니다. 우리 한나라 군대가 한개를 먼저 치면 선령이 한개를 구원하게 되고, 그러면 그들은 더욱 단합하고 맹약이 더욱 굳어지지요. 지금 강인들은 말들이 살찌고 양곡이 충족합니다. 그러기에 지금 강인들을 치면 우리한테 불리합니다. 잘못하다가는 오히려 선령이 한개를 도와주는 기회나 만들어 주어서 그들간의 결맹을 더욱 굳게 해줄 수가 있습니다. 그러면 선령의 세력이 날로 더 커지고 거기에 의존하는 강인들도 날로 더 많아지기 쉽습니다. 그렇게 되면 선령은 우리나라의 임시적인 우환이 아니라 장기적인 큰 우환이 될 수 있습니다. 신은 그것이 걱정입니다. 신의 소견에는, 선령을 미리 토멸하기만 한다면 한개는 치지 않아도 저절로 귀순할 겁니다. 만에 하나 선령이 소멸되었음에도 한개가 귀순하지 않는다면 그때 가서 한개를 소멸하는 것은 그리 어려운 일이 아니라고 생각합니다."

드디어 소제는 조충국의 의견을 채납했다.

그래서 조충국이 군대를 거느리고 선령을 공격하는데, 장기간 편안한 생활에 젖어 방비가 해이해진 선령의 군대는 한나라 군대가 쳐들어오자 무기를 다투어 내던지고 황수를 건너 도망치려고 했다. 그런데 길이 협착했다. 조충국은 적군을 너무 급히 쫓지 말고 서서히 쫓게 했다. 그러자 어떤 사람들은,

"지금이 전공을 세울 절호의 기회인데 왜 이렇게 어물거려야 합니까?"

하고 물었다.

이에 조충국은 이렇게 말했다.

"막다른 골목에 이른 도적들이기에 너무 다급히 쫓아서는 안 되네. 천천히 쫓아야 달아나지, 너무 다급히 쫓으면 돌아서서 결사적으로 우리와 싸운단 말일세."

그래서 조충국이 말한 대로 천천히 추격하자 강인들은 물에 빠져 죽은 자가 수백 명에 이르렀고 잡혀서 목이 떨어지거나 투항한 자는 500명이 넘었다.

한나라 군대가 한개 강인이 사는 지역에 당도하자 조충국은, 그들

의 부락을 소각하지 못하게 하고, 그들 밭의 곡식을 베거나 말을 먹이는 것을 엄금했다.

그러자 한개 강인들은,

"한나라 군대는 우리를 치러 온 것이 아니었구나."

하고 모두 기뻐했다.

강인의 다른 한 추장인 마망어는 스스로 찾아와 투항했다. 조충국은 그에게 음식을 대접하고 그를 돌려보내어 자기 부족 사람들을 설득하게 했다. 그랬더니 한꺼번에 만여 명이나 되는 강인들이 투항해 왔다. 이쯤 되었으면 강인들이 스스로 와해되리라고 생각하고, 조충국은 기마병들을 모두 철수시키고 보병 만 명만 남겨 둔전하면서 그곳을 지키게 했다.

석공析公

춘추 시기, 진晉나라 군대와 초나라 군대가 요각에서 싸웠는데, 진나라 난무자는 초나라 군대와 정면으로 싸우려고 하지 않았다. 그러자 석공은 정면으로 싸우지 않고 승리하는 방법을 이렇게 알려주었다.

"초나라 군대는 기율이 문란하고 군심이 동요되어 조그마한 선동에도 흩어질 수가 있습니다. 우리가 이제 수시로 공격을 개시하는 것처럼 밤새 북을 두드리면 초나라 군대는 황황 불안해 잠을 자지 못하다가 그 심리적인 압력에 견디지 못해 제풀에 물러갈 것이 분명합니다."

그래서 그 말대로 밤새 북을 두드리며 공격을 개시하는 것처럼 했더니 초나라 군대는 과연 물러가고 말았다.

왕덕용 王德用

송나라 사람 왕덕용이 정주 노총관으로 있을 때의 일이다. 그는 매일 군사들을 훈련시켰는데, 병사들의 무용이 보통이 아니었다.

그런데 이때 거란군의 첩자가 군영 안에 잠입했다는 정보가 들어왔다. 어떤 사람들은 그 첩자를 어서 잡아 죽여야 한다고 했으나 왕덕용은 동의하지 않았다.

"그자를 잠시 가만 놔두게. 그자를 이용하여 우리가 할 일이 있네. 그자가 돌아가서 우리 실력을 거란 왕한테 보고하게 해야 하네. 백전백승보다 싸우지 않고 이기는 것이 더 낫다는 말이 있지 않는가."

그 이튿날, 왕덕용은 큰 열병식을 하여 군사들의 씩씩한 모습에 첩자가 놀라도록 했다. 그런 다음, 마초와 군량을 가득 싣고 깃발을 휘날리고 북을 두드리며 보무 당당하게 출동하여 거란을 치러 나가는 양을 보였다.

그것을 본 첩자는 부랴부랴 거란 왕한테로 돌아가서, 송나라 군대가 거란을 대거 진공해 온다고 고했다.

이에 겁을 먹은 거란 왕은 급히 사자를 송나라에 보내어 화의를 청했다.

한세충 韓世忠

남송 때, 광서의 조성이 임소에서 무리를 모아 반란을 일으켰다. 복건에서 도적떼를 평정한 한세충은 도적떼 토멸을 그만둔 것처럼 즉시 영가로 돌아왔다.

그런데 어느 날, 한세충의 대군이 돌연 처신이라는 곳에서 소로소

路로 하여 예장에 도착하여 강변에 영채를 세웠다. 멀리서 바라보니 수십 리가 모두 한세충 대군의 영채인 것 같았다. 한세충의 군대가 이렇게 빨리 도중에서 돌아올 줄은 생각도 하지 못한 조성은 한세충 군대의 실력에 놀라서 어쩔 줄 몰라 했다. 그러다가 한세충이 사람을 보내어 투항을 권유하자 즉시 투항했다. 그래서 한세충은 즉시 군사 8만을 새로이 보충했다.

정욱 程昱

정욱이 견성甄城을 지키는데, 수하에 거느리는 군사가 700명밖에 되지 않았다. 그런데 원소가 여양에서부터 도강하여 남하한다는 소식을 들은 조조는 견성에 군사 3천을 증파하려고 했다.

그러자 정욱이 조조에게 말했다.

"원소는 10만 대군을 가지고 있기에 천하 무적이라고 자처하고 있습니다. 그러기에 우리같이 군대가 적은 견성쯤은 안중에 두지도 않습니다. 그런데 병력을 증파하여 보내면 오히려 원소의 주의력을 불러일으키게 됩니다. 그래서 원소가 견성을 친다면 견성 같은 것은 하루아침에 함락될 겁니다. 그러니 절대로 군사를 증파하지 마십시오."

후에 원소는 정말 정욱의 말대로 견성은 군사가 적어서 칠 것이 못 된다고 생각하여 견성을 공격하지 않았다.

사후에 조조는 가우에게 이렇게 말했다.

"정욱의 담량은 맹분, 하욱보다도 더 크더군."

　　700명은 물론이거니와 3천 명도 원소의 십만 대군에 비하면 보잘것없는 존재이다. 그러기에 싸우면 무조건 패할 뿐으로, 3천 명을 증파한다는 것은 기실 긁어 부스럼으로 화액을 자초하는 것밖에 안 된다. 이 방면에서 보면 정욱의 생각이 조조보다 훨씬 깊었다고 할 수 있다.

육손 陸遜

　가화 3년, 손권이 북정北征할 때 육손과 제갈근에게 명해 양양을 공격하게 했다. 육손은 친신 한편을 파해 손권에게 장계를 보냈는데, 한편은 돌아오다가 중도에서 적군에게 붙잡히고 말았다.
　그 소식을 들은 제갈근은 한편이 반변하여 군사 정보를 누설했을까 겁이 나서 육손한테 이런 편지를 썼다.
　"적군이 한편을 생포하여 아군의 허실을 이미 알고 있기 쉬운데다가 지금은 가물어 물이 줄어서 아군의 행동에 몹시 불리합니다. 속히 퇴군하는 것이 좋을 것 같습니다."
　그러나 육손은 그 편지를 보고는 회답도 쓰지 않고, 군사를 재촉하여 야채를 심게 했으며, 자기는 여느 때와 다름없이 장수들과 바둑을 두거나 활쏘기를 했다.
　그 말을 들은 제갈근은,
　"육손은 아주 총명하고 지모가 많은 사람인데 왜 그러는지 모르겠다. 하여튼 무슨 꿍꿍이가 따로 있어 그러는 모양인데, 어디 내가 한번 가 보자."
하고 육손을 찾아가자 육손은 이렇게 말했다.
　"적군은 우리 주공이 이동했음을 이미 알기에 공격받을 근심 없이 우리를 공격할 준비만 하고 있을 뿐 아니라 차지하고 있는 지형도

험요하여 우리보다 우세가 많지요. 그래서 우리 군대는 군심이 동요하고 있습니다. 그러기에 군심부터 안정시켜야 합니다. 군심을 안정시킨 다음에야 무사하게 퇴군할 수 있습니다. 그렇지 않고 지금 갑자기 퇴군 명령을 내리면 적들은 우리 군심을 알고 총공격을 할 것인데, 그러면 우리 군대는 단번에 무너지게 됩니다."

그러고는 제갈근은 수로로 진군하고 육손은 육로로 진군하여 수륙이 동시에 양양 방향으로 밀고 나가다가 여차여차 퇴군을 하자고 비밀리에 상의했다.

육손의 군대가 양양으로 진군하자 육손의 명성을 알고 있는 적들은 즉시 역량을 양양에 집중시켜 수비를 엄하게 했다. 제갈근의 군대는 배를 타고 수로로 진군했는데, 육손은 한편으로는 허장성세를 부리면서 한편으로는 제갈근 군대의 배로 접근하여 전군이 신속히 배에 올랐다. 적군은 그것을 보고도 감히 쫓아오지 못했다.

그래서 육손과 제갈근은 전군을 데리고 무사히 돌아올 수 있었다.

고인후 高仁厚

고인후가 동천東川의 양사립을 칠 때의 일이다.

야밤 이경 무렵에 적장 정군웅이 정예 군사를 거느리고 고인후 군대를 기습했다. 성북에 있던 부사 양무언은 적의 역량이 너무 강해 막아낼 수 없다고 성을 버리고 달아났다. 다른 영채의 군사들도 부사가 달아나는 것을 보고 다투어 무기를 버리고 도망했다.

적들은 곧바로 중군까지 쳐들어왔다. 고인후는 영문을 활짝 열고 횃불을 켜 놓게 하고는 양쪽에 군사를 매복시켰.

중군까지 온 적들은 영문이 활짝 열린 것을 보고는 의심이 들어

감히 쳐들어오지 못하다가 돌아가려고 했다. 그런데 매복한 고인후의 군사들이 일제히 달려나가며 적군을 포위하는 바람에 적군은 크게 패하고 도망쳤다.

　적군이 물러간 다음 고인후는, 성을 버리고 달아난 군사들을 군령대로 처형한다면 너무 많은 사람들을 죽일 것 같아서 비밀리에 장소를 불러 분부했다.

　"어서 수하 열 몇을 내보내어, 달아나는 병사들을 따라잡게 하게. 그리고 그들한테 이렇게 말하도록 하게. 어젯밤 원수는 영채에 있지 않았기 때문에 너희들이 달아난 일을 모르고 있다. 그러니 이제라도 어서 영채로 돌아가서 내일 여전히 수위를 서면 아무 일도 없을 것이다."

　장소는 관후한 장수로 신망이 있었기에 모두들 그의 말을 믿었다. 도망치던 군사들은 원수가 정말로 그날 밤 영채에 없었던 줄로 알고 안심이 되어 사경 무렵에 모두 영채로 돌아왔다. 부사 양무언은 장파라는 곳까지 쫓아가서야 데리고 왔다.

　고인후는 각 영채에서 나는 북소리가 여전함을 듣고,

　"그들이 모두 돌아온 모양이구나."

하고 기뻐했다.

　그 이튿날, 장군영에 모인 장령들은 지난밤의 일을 고인후가 하나도 모르는 줄 알고 있었는데, 얼마 지나서 고인후가 양무언에게 물었다.

　"부사는 어젯밤 솔선수범하여 장파까지 도망쳤다는데, 그런 일이 있는가?"

　"적군이 중군을 치는데 원수님께서 영채에 계시지 않다고 좌우가 말하기에, 말장은 원수님을 보호하려고 말을 몰아 쫓아갔을 뿐입니다. 그러다가 도중에 소문이 잘못인 줄 알고 돌아왔습니다."

양무언은 거짓말을 했다.

"나와 부사는 모두 황제 폐하의 칙명을 받들고 도적을 토멸하려고 나온 사람들이 아닌가? 원수가 영채를 떠난다면 부사는 마땅히 나를 말에서 끌어내어 군법으로 다스린 다음 나를 대행하여 군대를 지휘하여 적군을 물리치고, 사후에는 그 경과를 조정에 상주하는 것이 옳지 않겠느냐? 그러나 그 대신 부사가 먼저 도망치고 지금에 와서는 거짓말이 낭자하니 이 죄를 어떻게 다스려야 마땅한지 네가 모르느냐?"

고인후의 추상같은 소리에 양무언은 얼른 두 손을 마주 쥐고 읍했다.

"죽어 마땅합니다."

"그럼 좋다."

그러고는 좌우에 명해 당장 목을 치게 하자 다른 장령들은 간담이 서늘해져 누구도 말을 꺼내지 못했다.

고인후는 전날 밤에 포로로 잡힌 적병 수십 명을 불러 결박을 풀어 주고 도로 돌려보냈는데, 적들은 고인후가 부사를 참했다는 말을 듣고는,

"고인후 군대의 기율이 그다지도 엄한데 어떻게 함부로 칠 수 있겠나?"

하고 근심했다.

그 다음부터 적군은 다시 싸우러 오지 않았고, 얼마 후에는 정군웅이 양사립의 수급을 들고 와서 투항했다.

손무는 오나라 왕의 총희를 죽이면서 군기를 세웠고 사마양저는 제경공의 총신을 죽이고 법을 엄하게 세웠다.

법이 엄해야 장수는 위신이 서고 존경받으며, 장수가 군사들의 존경을 받을 수 있어야 군사들이 목숨을 내걸고 싸우며, 군사들이 결사적으로 싸우려는 결심이 있으면 적들은 싸우기 전에 스스로 기가 죽어 흩어지게 된다. 고인후가 부사의 목을 쳐서 군기를 엄하게 세운 것도 고명한 것이지만 그보다도 장소를 시켜 탈주병들을 불러오게 한 것도 고명하다. 탈주병들을 죽이지 아니한 것이 탈주병들을 죽인 것보다 고명하다. 탈주병들을 죽이지 않고 도로 이용했기에 그들은 고인후를 위해 힘을 내어 결사적으로 싸울 수 있었다.

제나라 출신인 손무는 병법에 정통하여 오나라 임금 합려가 특별히 그를 불렀다.

"선생이 쓰신 병법 13편은 과인이 모두 읽어보았소. 그런데 선생은 그 병법대로 내 앞에서 군사들을 훈련시켜 보겠소?"

"그러지요."

손무는 대답했다.

"여자들도 훈련시킬 수 있소?"

"있지요, 있다뿐이겠습니까."

그래서 오왕은 궁중의 미녀 180명을 골라 주었다.

손무는 궁녀들을 두 줄로 세우고, 오왕이 사랑하는 총희 둘을 각 줄의 대장으로 임명한 후 매 궁녀들한테는 창을 준 다음 물었다.

"어디가 가슴이고 어디가 등이며 어디가 오른손이고 어디가 왼손인지 모두 아는가?"

그러자 궁녀들이,

"압니다."

하고 일제히 대답했다.

"그러면, 내가 '앞으로!' 할 적에는 가슴이 있는 쪽으로 돌아서야 하며, 내가 '뒤로!' 하면 등이 있는 쪽으로 돌아서야 하며, 내가 '좌로!' 하면 왼손이 있는 쪽으로 돌아서야 하고, 내가 '우로!' 하면 오른손 쪽으로 돌아서야 한다. 알겠느냐?"

"알았습니다!"

궁녀들은 일제히 대답했다.

손무는 궁녀들에게 해설을 마치고는 형구를 꺼내 놓고 또 재삼 요령을 말했다. 그러고 나서 북을 치면서 '우로!' 하고 구령을 불렀는데 궁녀들은 돌아서지 않고 그 자리에서 호호호 웃어대기만 했다.

"너희들이 아직 내 구령을 알아듣지 못하는 모양이니, 이건 내 잘못이다."

그러고는 손무는 또 자세하게 가르쳤다.

그러고 나서 북을 치면서 '좌로!' 하고 구령을 불렀는데 이번에도 궁녀들은 그 자리에 그대로 서서 호호호 웃기만 했다.

"아까 구령에 맞추어 동작을 하지 못한 것은 내 설명이 제대로 되지 못한 탓이지만 이번은 너희들이 구령을 명백히 알면서도 구령대로 하지 않으니 이건 두 대장에게 책임이 있다."

그러고는 두 대장의 목을 치게 했다.

오왕은 자기가 사랑하는 총희를 죽인다는 말에 달려 내려와 손무한테 사정했다.

"과인은 선생이 군사를 훈련하는 능수임을 이제야 잘 알았소. 그러면 되었으니 과인의 두 총희를 죽이지 마소. 그 둘이 없으면 과인은 잠도 제대로 자지 못하고 밥도 제대로 먹지 못한단 말이오."

"신은 칙명을 받은 장군입니다. 군중에서 장군은 임금의 어떤 칙령을 아니 들을 수도 있는 법입니다."

손무는 이렇게 고집하며 끝내 그 두 총희의 목을 치고 다른 궁녀 둘을 새로이 뽑아 대장으로 내세웠다.

그리고 북을 치며 구령을 부르자 어느 궁녀도 웃지 않고 좌우 전후 구령대로 제대로 움직였다. 대열도 조금도 흩어지지 않고 정연했다.

"이제는 훈련이 끝났습니다. 대왕님께서 검열해 보십시오. 대왕님의 명령 한 마디면 끓는 물과 타는 불 속으로도 뛰어들 겁니다."

손무의 말에 오왕은 기분이 언짢아서 손을 홱 내저었다.

"수고했소. 돌아가 쉬기나 하시오."

"그러고 보니 대왕은 신의 병법 이론은 좋아하시나 그 이론을 실지에 활용하는 건 좋아하지 않는 모양이십니다."

오왕은 그 후 손무가 걸출한 군사가임을 알고 그를 대장군으로 임명했다. 오나라는 후에 서쪽으로는 강한 초나라를 쳐서 초나라 도성 영郢을 점령했고, 북으로는 제나라와 진나라를 굴복시켜 제후들을 놀라게 했는데, 이 모든 것은 손무의 군사적인 재능 덕이었다.

제경공 때, 진晉나라와 연나라가 연합하여 제나라 군대를 대패시켰다.

그래서 제나라 재상 안영이 제경공에게 사마양저를 추천하자, 제경공은 양저를 대장군으로 임명했다. 그러자 양저가 말했다.

"출신이 비천한 신이 일조에 대장군이 되었기에 장병들이 제 지휘를 달갑게 받으려고 하지 않을 수 있습니다. 그러하오니 조정 중신 한 분을 감군監軍으로 제 곁에 있게 하면 신이 그 권위를 빌어 군사를 지휘하겠습니다."

그래서 제경공은 친신인 장가를 감군으로 임명했다. 양저와 장가는, 이튿날 정오에 군영에서 만나기로 약속했다. 이튿날, 양저는 말을 타고 미리 와서 기다리는데 장가는 저녁이 다 되어서야 말을 타고 건들거리며 왔다.

"왜 이렇게 늦게 오시오?"

양저가 묻자 장가가 말했다.

"친구 하나와 술을 마시다가 보니 이렇게 늦었네."

"군사를 거느리는 대장이라면 군령을 받으면 집일을 잊어야 하고, 군영에 와서는 부모도 잊어야 하고, 진공의 북소리를 들으면 자기도 잊어야 하거늘, 군령을 어기고 친구와 술을 먹다가 이제야 온단 말이오?"

그리고 양저는 군법관을 불러 물었다.

"군법과 시간을 지키지 않은 자는 어떻게 처리한다고 했더냐?"

"참한다고 했습니다."

그 말을 들은 장가는 온몸을 사시나무 떨듯 하면서 제경공에게 급히 사람을 띄워 구원을 청했다. 그러나 그 사람이 돌아오기도 전에 양저는 장가의 목을 쳐 버렸다.

이윽고 제경공이 보낸 사자가 와서 장가를 방면하라는 칙명을 전하자 양저는,

"군에 있는 장군은 임금의 어떤 말은 듣지 않을 수도 있다."
고 하면서 군법관을 불렀다.

"군영 안에서 마차를 타고 다니지 못한다는 규정이 있는데, 지금 대왕의 사자가 마차를 타고 군영 안을 함부로 달렸으니 군법에 의하면 마땅히 어떻게 다스려야 하는가?"

"마땅히 참해야 합니다."

"대왕님의 사신인데 죽일 수야 없지 않느냐."

양저는 그 대신 좌부左附, 즉 수레의 왼쪽 채를 찍어 버리게 하고

마차부와 왼편의 곁마를 참해 군기를 수호했다.

그러고는 대군을 검열하고 출정을 준비하는데, 병사들의 주숙酒宿과 식사를 일일이 친히 돌보고 부상병들은 더욱 극진하게 대했다. 그리고 자기의 군량과 봉록을 전부 군사들에게 상으로 나누어주었으며 자기는 군중에서 가장 약하고 식량이 가장 적은 사람과 같은 양의 밥을 먹었다. 이렇게 사흘을 경과하여 다시 군대를 검열했을 때, 부상병들도 싸움터에 나가겠다고 자원해 나섰다.

그래서 그들은 마침내 진나라 군대를 대패시켰다.

이광필 李廣弼

당나라 때 사사명의 반란군은 하청에 주둔하고 있으면서 관군 이광필의 양식 보급로를 차단하려고 했다. 이광필은 그것을 알고 야수도에 군대를 주둔시키고 만약을 대비했다.

저녁이 되어 이광필은 옹희호에게 명해 군사 천 명을 거느리고 야수도를 지키게 하고는 하양으로 돌아왔다.

옹희호는 자기 수하들에게 이렇게 말했다.

"적장 고정휘나 이일월은 만인이 다 죽이려고 하는 놈들이되, 그들이 우리 영채를 찾아오면 절대로 그들과 맞붙어서 싸우지 말라. 그들은 반드시 투항해 올 것이다."

그 말을 듣고 수하들은 모두 옹희호가 정신이 돌지 않았나 하고 속으로 비웃었다.

그런데 얼마 지나지 않아서 사사명이 이일월에게 호통쳤다.

"이광필은 성을 지키는 데 능한 사람이다. 그런데 그가 성을 지키지 않고 군대를 평야에 놔두었으니 이것은 이광필을 잡을 절호의 기회란 말이다. 내가 너에게 기마병 5백을 주겠으니 어서 가서 이광필을 잡아오너라. 이광필을 잡지 못한다면 돌아오지 말라."

그 이튿날 이일월은 기마병 5백 기를 거느리고 야수도로 와서 소리쳤다.

"이광필이 여기 있는가?"

"우리 원수님은 어젯밤 여기를 떠나 다른 데로 갔다."

옹희호가 대답했다.

그러자 이일월은, 사사명이 자신에게 이광필을 잡지 못하면 돌아오지 말라고 호통쳤으므로 그럴 바에는 아예 투항하는 것이 낫겠다 생각하고 옹희호한테 투항해 버렸다.

그리고는 옹희호와 같이 가서 이광필을 만나니 이광필은 그를 자기 심복처럼 친절하게 대해 주었다. 이일월이 이광필한테 중용을 받는다는 소식을 들은 고정휘도 이어 투항하여 넘어왔다.

후에 어떤 사람이 이광필에게 어떤 방법으로 적장 둘을 그렇게 쉽게 투항시켰느냐고 묻자 이광필은 이렇게 말했다.

"사사명은 언제나 나와 평야에서 싸워 보기를 바랐지요. 그러다가 이번에 내가 평야에 군대를 주둔시킨 것을 보고는 나를 생포할 기회가 왔다고 좋아하면서 이일월을 시켜 나를 잡아오게 했는데, 이일월은 나를 잡지 못하니 감히 사사명한테 돌아가지 못했고 그러자 투항할 수밖에 더 있습니까. 그리고 고정휘는 재능이 이일월보다 더 출중한 사람인데, 이일월이 투항하여 중용을 받는다고 하니 가만히 있겠습니까. 이일월이 얻은 자리를 자기가 가지기 위해 투항했지요."

제21절 싸우기 전에 이기는 지혜

제22절 승전의 지혜

전쟁판의 일은 변화가 무쌍하다. 의생醫生이 병자들의 병에 따라서 다른 처방을 내리듯이 군사가들도 이와 마찬가지로 수시로 변하는 쌍방의 상황에 따라서 수시로 가장 적합한 전략을 세운다.

손빈

전국 시기 손빈孫臏은 제나라 사신과 같이 제나라로 돌아가서 제나라 대장 전기의 빈객이 되었다.

전기는 제나라 공자들과 경마 내기를 하여 돈을 따는 것을 좋아했다.

손빈이 보니, 쌍방은 말들을 상, 중, 하 이렇게 세 등급으로 나누어서 같은 등급들끼리 내기를 하는데, 같은 등급의 말들은 서로 차이가 그다지 없었다. 그것을 본 손빈은 다음에 내기를 하면 전기가 꼭 이기게 할 자신이 있다고 했다.

전기는 그 말을 듣고 아주 기뻐하면서 여러 공자들과 돈을 걸었을 뿐만 아니라 제나라 왕하고도 돈을 걸고 내기를 하자고 했다. 내건 돈은 수천 만에 달했다.

정식 내기를 하는 날, 손빈은 전기한테 이렇게 말했다.

"장군은 이전처럼 그렇게 하지 마시고, 상대방이 1등 말을 내오면 장군은 3등 말로 내기를 하시고, 상대방이 2등 말을 내오면 장군은 1등 말로 내기를 하십시오. 그리고 상대방이 3등 말로 내기를 할 때에는 장군은 2등 말로 내기를 하십시오. 그러면 장군은 2 대 1로 이깁니다."

전기가 손빈이 말한 대로 했더니 과연 한 번만 지고 두 번을

하남 운몽산 귀곡동에 위치한 귀곡자 조각상. 귀곡자는 중국 고대 종횡가縱橫家들의 시조로 공인된 인물이다. 병가兵家의 뛰어난 병법가이자, 동시에 군사 교육가이다. 전국 시대 제나라의 위왕威王을 모신 병법가 손빈은 귀곡자라는 스승 밑에서 병법을 배웠다.

제22절 승전의 지혜

이겨 돈 5천 금을 따게 되었다.

당태종은 이렇게 말했다.

"나는 나라를 지키고 강역을 넓히기 위해 용병지도用兵之道를 많이 장악했다. 나는 매번 적군의 진을 살펴보고는 상대방 병력의 강약을 알고 먼저 약한 병력으로 적의 강한 진공을 막고 그 다음에는 강한 병력으로 적의 약한 고리를 친다. 그러면 적은 우리를 수백 보밖에 진공할 수 없지만 우리는 왕왕 적군의 후방까지 쳐들어가 기습할 수가 있다. 그러기에 무너뜨리지 않은 적이 없다. 이 방략은 손빈한테서 배운 것이다."

송고종이 대장군 오린에게 승전의 전술을 물었는데, 오린도 이렇게 대답했다.

"신은 약한 병력으로 적들을 유인하고 적들이 지친 다음에 강한 병력으로 공격합니다."

이것도 손빈의 전술에서 배운 것이리라.

제왕은 원래 손빈을 대장으로 삼으려고 했다. 그런데 손빈은 자기는 형벌을 받은 사람이라고 고사하여 제왕은 전기를 대장으로 삼고 손빈을 군사로 삼아 수레에 앉아서 전쟁을 지휘하게 했다.

전기는 즉시 출병하여 조나라를 구하려고 했는데 손빈이 말렸다.

"용병은 뒤엉킨 실마리를 푸는 것과 마찬가지입니다. 억지로 당겨서 되는 일이 아닙니다. 조나라를 구원하는 것도 싸움을 말리는 것과 같은데, 극을 들고 맹목적으로 남과 싸우듯 해서는 아니 됩니다. 적의 요해처를 노리고 맹공격해야 우리한테 유리한 형세가 생기게 됩니다. 지금 위나라와 조나라가 서로 격전을 벌이기에 강한 병사들은 모두 전투에 투입되고 있습니다. 국내에는 노약한 군사들만 남아 있지요. 그러기에 장군께서 위나라 수도 대량이 빈 기회를 이용하여 대군을 이끌고 대량을 공격한다면 위나라 군대는 대량을 빼앗길까 봐 급히 군사를 돌리게 될 것입니다. 그러면 우리는 조나라도 구하고 위나라 군사들도 피로하게 만들 수가 있습니다. 또한 위나라와의 싸움에서도 큰 승리를 거둘 수 있습니다."

전기가 손빈의 의견을 채납하여 위나라 도읍 대량을 진공하니 위나라 군대는 조나라에 대한 진공을 그만두고 황황히 위나라로 돌아왔다. 그래서 제나라 군대와 계릉에서 격전이 붙었는데, 위나라 군대는 크게 패했다.

조사 趙奢

진秦나라는 한나라를 치기 위하여 먼저 조나라 알여閼與로 쳐들어갔다.

그래서 조나라 왕은 염파를 불러 물었다.

"과인은 군대를 보내어 알여를 구할 생각인데, 정말 구할 수 있겠는지 모르겠소."

"거리가 멀 뿐 아니라 길 또한 험하고 협착하여 구하기 어려울 것 같습니다."

조왕은 대신 악승한테도 물어보았다. 악승의 견해 역시 염파와 같았다.

조왕은 조사한테 물어보았다. 조사는 이렇게 말했다.

"알여가 수도와 멀리 떨어져 있고 길이 험한 것은 사실이나 용맹한 장수만 보낸다면 진나라 군대를 능히 격파할 수 있다고 봅니다. 전쟁이란 기실 두 쥐가 굴 안에서 싸우는 것과 마찬가지로 영용한 자가 이기는 내기입니다."

그래서 조왕은 조사에게 명해 군대를 거느리고 가서 알여를 구하게 했다.

조사는 한단에서 30여 리 떨어진 곳까지 당도하여,

"무릇 군사에 관련된 일로 간하는 자가 있으면 계급의 상하를 막론하고 일률로 참한다."

는 영을 갑자기 내렸다. 군심의 동요를 방지하기 위해서였다.

당시 진나라 군대는 무안 서쪽에 있었는데, 전고 소리가 하늘을 찔렀고 사병들의 함성이 성안의 기와를 들었다 놓는 상황이었다.

그런데 척후 하나가 조사한테 건의했다.

"장군께서는 무안을 구하시는 것이 어떻습니까?"

조사는 노해 이미 내린 영대로 그 척후를 참해 버렸다. 그러고는 전군의 방어를 강화하게 하고 28일 동안 움직이지 않았다. 진나라 군대의 첩자가 군영에 들어오면 조사는 모르는 척하고 그들을 술대접까지 하여 돌려보냈다. 첩자가 돌아가서 조나라 군영의 실정을 눈으로 본 그대로 모두 이야기하자 진나라 장수는 기뻐서,

"조나라 군대가 국경에서 30리 떨어진 곳까지 와서는 무서워서 더 전진하지 못하고 있으니 이건 조나라가 알여를 우리한테 바치는 것이나 다름없다."

하고 말했다.

조사는 진나라 군대의 첩자를 돌려보내고는 즉시 명령을 내려 군사들을 급히 알여로 진군시켰다. 하루 낮 하루 밤을 급히 행군하여 조나라 군사들은 알여에서 50리 떨어진 곳에 당도하여 영채를 세우

고 진을 쳤다.

진나라에서는 이를 알고는 전군에 진공 명령을 내렸다.

한편 조나라 군대에서는 군사 허력이 할 말이 있다고 청했다. 조사가 윤허하자 허력은 이렇게 말했다.

"진나라에서는 우리가 이렇게 짧은 시간에 이곳에 도착할 줄은 모르고 있었을 것입니다. 그러기에 그들은 이번에 맹렬히 공격할 겁니다. 장군께서 진을 엄하게 치고 대비하지 않으면 실패할 겁니다."

"자네 말에 일리가 있네."

허력은 자기가 영을 어기고 군사를 말했기에 죽음을 당하리라 생각했는데 조사는,

"후에 명령을 기다려라."

고만 하고 죽이지 않았다.

싸움에 임박하여 허력은 또 말했다.

"어느 군대가 북산을 먼저 점령하는가 하는 것이 이번 싸움의 승패를 결정지을 것입니다. 한 걸음이라도 늦으면 집니다."

조사는 허력의 견해가 아주 고명하다고 여기고 군사 만 명을 보내어 북산을 차지하게 했다. 진나라 군대도 그 산을 차지하려고 급히 왔는데 조나라 군대보다 한 발 늦었다. 이때 조사는 총공격을 개시했다. 이에 진나라 군대는 대패하고 조나라는 알여를 구했다.

손자는 이렇게 말했다.

"반간계의 의의는 적이 파한 첩자를 잘 이용하는 데 있다."

"이른바 군사가들이 서로 다투는 곳이란 아군이 점령하면 아군한테 유리하고 적군이 점령하면 적군한테 유리한 곳이다."

알여의 싸움에서 승리한 이유는 상기 두 가지 군사 원칙을 시행했기 때문이다. 허력이 어떤 공로가 있다는 역사 기록은 없지만, 그렇게 지모 있는 사람이 공을 세우지 못했을 수는 없다. 그런데 그런 역사 기록을 찾아볼 수 없으니 그 원인을 알 수 없다. 혹시 허력도 한나라 때 이좌차 같은 운명이 되었는지 모른다.

이목 李牧

이목은 조나라 북부 변경을 지킨 대장군이다.

그는 안문에 주둔하여 있으면서 흉노를 막았는데, 당지 상황에 근거하여 관리들을 세우고 조세는 모두 막부에 바치게 하여 그 돈으로 군사들을 포상했다. 매일 소를 잡아 군사들을 먹였으며, 군사들을 조직하여 매일 말 타고 활 쏘는 훈련을 시켰다. 그리고 늘 세작을 내보내어 적군의 동태를 면밀히 주시했다.

그러면서도 그는 군사들에게 이런 영을 내렸다.

"흉노가 쳐들어오면 가축들만 잘 보호하고 흉노와 정면 충돌은 절대 피해야 한다. 이 영을 거역하는 자는 일률로 참한다."

그래서 흉노들이 쳐들어오면 이목의 군사들은 얼른 가축을 몰고 영채로 돌아온 채 흉노와 싸우지 않았다.

이렇게 몇 년이 지나니 흉노 사람들은 모두 이목이 담이 작아 자기네와 감히 싸우지 못한다고 여겼다. 심지어는 조나라 군대도 이목을 그렇게 보았다. 그래서 조왕도 이목을 여러 번 책망했다. 그러나 이목은 여전히 그렇게만 했다. 결국 조왕은 성이 나서 이목을 불러오고 다른 사람을 대신 대장으로 보냈는데, 새로 간 장군은 1년 동안 흉노한테 지기만 하여 숱한 사망자를 냈다. 이렇게 흉노의 침입이 계속되는 바람에 변경이 소란해져 농사고 목축이고 아무것도 하지 못하게 되었다.

방법이 없어 조왕은 이목을 재차 등용하려고 했다. 그러나 이목은 병을 빙자하고 사양했다. 그러다가 조왕이 재삼 권하자 이목은 이런 조건을 내세웠다.

"대왕님께서 신을 꼭 다시 등용하시겠다면 여전히 신이 하던 대로 하게 윤허하셔야 합니다. 그렇지 않으면 칙명을 받기 어렵습니다."

조왕은 물론 윤허했다.

그래서 다시 변경으로 온 이목은 이전과 마찬가지로 군사를 단속하여 흉노와의 정면 충돌을 피했다. 그렇게 되니 흉노는 몇 년이 지나도록 앗아가는 것이 하나도 없었다. 그러면서도 그들은 이목이 담이 작은 사람이라고 얕잡아 보았다. 그런가 하면 이목의 군대는 이목 때문에 매일 잘 먹고 매일 포상을 받으니 전투만 있으면 힘껏 싸워서 이목의 은공에 보답하려고 했다.

이때에 이르러서야 비로소 기회가 성숙되었다고 생각한 이목은 견고한 전차 1천3백 대, 준마 1만 3천 필, 영용하여 싸움 잘하는 용사 5만 명, 그리고 활 잘 쏘는 신궁수 10만 명을 뽑아서 훈련을 강화했다. 그러면서 다른 한편, 마소들을 아무데나 방목하게 하고 백성들을 교외 사처에 흩어 놓아 흉노를 유인하고 적은 수의 흉노들이 침노할 때에는 그대로 패해 사람들을 잡아가게 만들었다.

그러자 흉노 수령 선우는 절호의 기회가 왔다며 대군을 휘몰아 쳐들어왔다. 이목은 기이한 진을 허다하게 치고 좌우 양군으로 흉노를 협공하여 흉노 10만 대군을 여지없이 대패시켰다. 선우는 겨우 목숨만 건져 도망쳤는데, 그 후로는 10여 년이 넘도록 조나라 변경을 넘보지 못했다.

주아부 周亞夫

한경제 때, 오왕과 초왕이 반란을 일으켰다. 한경제는 태위 주아부에게 명해 반란을 평정하게 했다.

오왕의 군대가 패상에 이르자, 호군護軍 조섭은 주아부에게 이렇게 말했다.

"오왕은 회유하는 방식으로 늘 결사대를 묶곤 합니다. 이번에도 그는 결사대를 묶어서 효殽, 민澠과 같은 협착한 산길에 매복해 놓고 저격을 꾀할 것입니다. 그들을 격파하려면 불의에 기습해야 합니다. 장군께서는 왜 오른쪽 남전과 무관으로 진군해 낙양으로 나가지 않습니까? 그러면 하루 이틀이면 가 닿을 수 있습니다. 그리고 적군의 무기고를 들이치면 그들은 장군이 하늘에서 떨어진 줄로 알고 경황실색할 겁니다."

주아부는 조섭의 말대로 낙양으로 진군했다. 그리고 군사를 보내어 효, 민 등지의 산길을 수색하여 거기에 매복해 있는 오왕의 군대를 적지 않게 붙잡았다.

태위 주아부가 형양에 당도하니 오왕의 군대가 양梁 땅을 공격하고 있어서 양의 사자들이 여러 번 주아부를 찾아와 구원을 청했다. 그러나 주아부는 영채를 굳게 지키고 있으면서 출병하지 않았다. 그러자 양나라에서는 한경제에게 사람을 보내어 구원을 청했다. 한경제는 주아부에게 양나라를 구원하라고 칙명을 내렸는데 주아부는 그 칙명도 듣지 않았다. 그러고는 오직 날쌘 기마병을 데리고 가서 오군과 초군의 군량 공급로를 차단하고 퇴로를 차단했다.

그렇게 되자 오군은 식량이 떨어져서 굶어 죽어갔다. 오군은 주아부에게 여러 번 도전을 걸었으나 주아부는 굳게 지키기만 할 뿐 나가 싸우지 않았다. 이에 따라 오, 초의 군대는 굶어서 죽는 자가 나날이 늘어났다. 오왕은 하는 수 없이 퇴각했는데, 주아부는 그때서야 비로소 대군을 내몰아 추격했다. 그래서 오, 초의 군대를 대패시켰다.

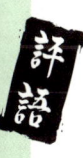

오왕이 처음 반란을 일으켰을 때 대장군 전록백은 이렇게 건의했다.
"대군을 한데 모아서 서쪽으로 진군한다면, 기묘한 전략 없이는 성공하기가 어렵습니다. 신에게 군사 5만을 주시면 신이 장강과 회하 연안을 따라서 진군하면서 회남과 장사를 수복하고 무관으로 나아가 대왕님의 군대와 회합을 하겠습니다. 이것은 기이한 방법이 아닐 수 없습니다."
그러나 오왕의 태자가 오왕에게 은밀히 말했다.
"부왕께서는 이미 모반의 죄명을 쓰고 군사를 일으켰습니다. 따라서 군사를 그렇게 쉽게 남의 손에 넘겨주어서는 안 되는 줄 압니다. 만약 그가 부왕을 배반한다면 어떻게 하겠습니까?"
그래서 오왕은 전록백의 말을 듣지 않았다.
오왕의 소장 왕장군도 한번은 오왕에게 이런 건의를 했다.
"오나라는 보병이 많은데, 보병은 험한 지역에서 싸우는 장점이 있고, 한나라 군대는 기마병이 많은데, 기마병은 평지 작전에 능합니다. 그러기에 대왕님께서는 연도의 도시들을 점령하느라고 애쓰지 마시고, 직접 낙양으로 쳐들어가 무기고를 점령하고 나라의 가장 큰 곡창인 오창敖倉을 탈취한 다음 험한 산세를 차지하고 각지의 제후들을 호령한다면 동관 밖에서도 천하를 손에 장악할 수가 있습니다. 그렇지 않고 도시를 점령하느라고 연도에서 시일을 지체하다가 한나라 기마병이 평원인 양과 초 땅에 이르면 그때는 대세를 바로잡기 어렵습니다."
그런데 오왕이 그 말을 여러 노장들에게 했더니 여러 노장들은 모두, 그것은 철모르는 젊은 사람이 대중없이 지껄이는 말이기에 들을 바가 아니라고 했다. 그래서 오왕은 소장 왕장군의 말을 듣지 않았다.

만약 애초에, 오왕이 전록백의 건의와 소장 왕장군의 건의를 동시에 들었다면 주아부가 그렇게 순조롭게 반란을 평정하지 못했을 수도 있다. 제대로 말하면 주아부가 반란을 평정한 공로에는 조섭이 참모한 공로와 오왕이 실수한 탓이 절반은 차지한다고 말해야 할 것이다. 그러나 후세 사람들은 주아부만 알지 전록백이나 왕장군의 일은 모르고 있으니 유감이 아닐 수 없다. 이목과 주아부는 모두 승리할 가능성이 많지 않으면 섣불리 출전하지 않는 사람들이다. 그러기에 언제나 이기는 것이다.

춘추 시기 조괄은 적을 너무 경시하다가 패배했고 전국 시기 오나라 왕 부차는 전쟁을 너무 오래 지속했기 때문에 망했다. 그런가 하면 초나라 대장군 자옥은 분명히 이길 수 없는 전쟁을 억지로 하라고 임금이 강요했기에 실패했으며, 양무적의 실패는 장군 자신이 이길 수 없는 싸움임을 알면서도 억지로 군사를 내몰아 패한 것이다. 이런 일들은 피의 교훈이 아닐 수 없다.

주방周訪

진晉나라 때 반란을 일으킨 두승은 관군을 여러 번 대패시켜 그 이름이 강, 면沔 지역에 널리 알려졌다.

진원제는 주방을 파견하여 두승을 토멸하게 했다.

주방은 군사 8천여 명을 거느리고 면양으로 진군했는데, 군대의 사기가 아주 높았다.

그래서 주방은 수하들에게 이렇게 말했다.

"전쟁에서 이기는 제1보는 군사들에게 필승의 신심과 투지를 불러일으키는 것이다."

주방은 이항에게 명해 좌군을 지휘하게 하고 허조는 우군을 지휘하게 했으며 자기는 중군을 맡았다. 싸움이 벌어지자 두승은 주방의 군대의 기세가 두려워서 중군을 치지 않고 좌우 양측을 공격했는데, 그 기세가 아주 컸다. 주방은 적의 기세가 용맹한 것을 보고 직접 진 뒤에서 활을 쏘면서 관군들의 기세를 올리는 한편,

"한 번 패하면 북을 세 번 치고 두 번 패하면 북을 여섯 번 치라." 고 명령했다.

좌군에 있는 조사는 영용하게 싸웠다. 그는 자기네 진이 적의 돌격에 흩어지자 다시 또 진을 묶어서 적들과 싸웠다. 그러다가 주방한테 달려와서 급함을 보했다. 그러나 주방은 성을 내면서 재차 진공하라고 호령했다. 조사는 울면서 돌아가 적과 싸웠다. 싸움은 아침부터 저녁까지 계속되었는데, 좌우 양군은 모두 패했다.

주방은 정예 군사 800명을 뽑아서 친히 술을 부어 주고, 경거망동하지 말고 가만있다가 북소리가 울리면 돌격하라고 엄한 명을 내렸다. 적군이 30보 밖에까지 왔을 때 주방은 직접 북을 두드렸다. 그러자 장병들이 돌격하여 영용하게 싸웠는데, 두승은 대패하여 천여 명이나 잃었다.

주방이 밤도와 적을 추격하라고 명을 내리니 어떤 장령들은 날이 새면 추격하자고 했다.

"두승은 싸움에 능한 자다. 방금 그가 패한 것은 군대가 지쳤기 때문이다. 지금 추격하지 않으면 기회를 놓치게 된다. 적군의 사기가 떨어진 지금 추격하여 일거에 소멸해야 한다."

주방은 이러면서 북을 쳐 군대를 내몰아 적을 추격하고 한면漢沔 지역을 평정했다. 그러자 두승은 무당으로 도망쳤는데, 주방은 불시에 무당을 기습하여 두승을 생포했다.

　　주방은 먼저 좌우 양군으로 두승의 역량을 소모시킴과 동시에 두승을 교만하게 만들었다. 그런 다음 적군이 미처 생각할 사이 없이 정예 군대를 돌격시켜 적들을 타승했다. 그러나 만약 군사들이 평소에 훈련을 게을리했다면 좌우 양군이 그런 피어린 박투로 적군의 역량을 소모시키지 못했을 것이다.

육손陸遜, 육항陸抗

　　삼국 시기 촉한의 군주 유비가 대군을 이끌고 오나라를 쳐 내려가는데, 무협에서 이릉까지 700리나 되는 거리에 영채를 연이어 세웠다. 그러고는 오반에게 군사 몇 천을 주어서 평지에 영채를 세우고 사면으로 출격하게 했다.

　　그것을 본 오나라 장수들은 어서 촉나라 군대를 공격하자고 주장했지만 육손만은,

　　"여기에 무슨 꾀가 있단 말이오. 잠시 가만히 관찰해 봅시다."

하고 서두르지 않았다.

　　유비는 오나라 군대를 유인할 수 없자 골짜기에 매복시켰던 8천 명 군대를 산곡에서 내다가 오나라 군대를 공격하게 했다. 그것을 본 육손은 말했다.

　　"이래서 내가 오반의 군대를 치지 못하게 했던 거요. 이제는 적정을 알 대로 알았으니 적을 대패시킬 수가 있소."

　　그러고는 군사들에게 섶풀 한 단씩 들고 야밤을 타서 촉한 군대의 영채를 불사르게 했다. 그리고 사방에서 횃불을 올리며 성세를 조성했다. 따라서 유비의 군대는 경황실색하여 서로 돕지도 못하고 혼란에 빠졌다. 이렇게 육손은 일거에 유비 영채를 40여 개나 불태워 버

렸다.

　오나라 육손의 아들 육항은 서릉 도독 보천이 오나라를 배반하고 진晉나라한테 투항했다는 소식을 듣고, 군사를 이끌고 밤도와 서릉으로 진군하여 성들을 견고하게 수축하고 진나라 군대의 공격을 막았다. 그리고 보천에 대해서는 겹겹이 포위만 하고 공격은 잠시 하지 않았다.
　그러자 장군들이 간했다.
　"지금 군사들의 사기가 한창 올랐을 때 보천을 쳐야 합니다. 이제 진나라 원군이 도착하면 어떻게 하려고 그러십니까? 공연히 성을 쌓으면서 기력을 소모할 필요가 있습니까?"
　그러자 육항은 이렇게 말했다.
　"보천이 있는 성은 성벽이 아주 견고하고 성안에는 양식이 충족하고 모든 방어 시설들이 잘 갖추어져 있소. 그러기에 창졸히 진공해서는 점령하기가 어렵단 말이오. 그러다가 만약 진나라 원군이 오면 우리는 내외로 협공을 당해 잘못하면 전군이 망할 수 있소."
　그러나 장군들은 육항의 말을 믿지 않았다. 그래서 육항은 군사를 얼마간 내주어 보천을 쳐 보게 했는데 결국은 실패했다. 그제서야 그들은 육항의 말대로 성을 구축하기 시작했다.
　그런데 얼마 지나서 진나라 양조가 군사를 거느리고 보천을 지원하러 왔는데, 오나라 군대의 도독인 유찬이 양조한테 투항했다.
　"유찬은 우리 군대에서 오래 있었던 자이기에 아군의 허실을 잘 알고 있소. 내가 늘 근심하는 것은 훈련이 잘 되지 못한 이족 부대들인데, 적들이 공격한다면 우선 저 이족 군대가 있는 데를 먼저 공격할 거요."

육항은 이렇게 말하면서 이족 군대를 다른 데로 돌리고 거기다가 정예 부대를 새로이 배치했다.

그 이튿날, 양조는 과연 이족 군대가 지키고 있던 곳을 먼저 들이쳤다. 그러나 육항 군대의 완강한 반격을 받아 크게 패하고 양조는 야밤을 타서 달아났다. 육항은 북을 세게 두드리면서 추격하는 양만 보였을 뿐 진짜로 추격하지는 않았다. 양조의 패잔병들은 뿔뿔이 흩어지고 육항은 서릉을 수복하고 보천을 생포하여 죽였다.

당초, 유비가 700리나 되는 거리에 영채를 연이어 세웠다는 소식을 듣고 위나라 문제 조비는 신하들에게 이렇게 말했다.

"유비는 병법을 모르기에 반드시 실패하오. 700리에 연달아 영채를 세워서 적을 막는 법이 어디 있단 말이오? 방어할 수 없는 평야에 영채를 세워서는 반드시 실패한다는 걸 모른단 말이오. 군사가들이 가장 꺼리는 것이 그것인데."

그런데 그 말이 있은 뒤 이레도 지나지 못해 오나라 군대가 촉한의 군대를 대패시켰다는 소식이 전해 왔다. 산전수전 다 겪은 유비가 조비보다 원견遠見이 없었으니, 유비의 나이 때문인가? 나이가 많아져서 정신이 똑똑하지 못한 탓인가?

유비가 오나라를 칠 때나 부견이 진나라를 칠 때나 모두 나라의 병력을 모두 동원했다. 그러나 유비와 부견은 성미가 같지 않았다. 유비는 꾀가 많기에 육손은 유비를 경솔하게 치지 않고 적정을 먼저 주의해 살펴보며 공격 여부를 판단했지만, 부견은 교만한 자이기에 우선 급히 공격하여 그 오기부터 꺾어 놓았던 것이다. 유비는 꾀가 있어도 그 꾀를 쓸 수 없으니 곤경에 빠졌고, 부견은 오기가 꺾이자 사기도 꺾였다. 따라서 병력이 아무리 많은들 무슨 소용이 있는가?

등애 鄧艾

삼국 시기, 위나라 장군 등애는 곽준과 합력하여 촉한 강유의 군대를 막았다. 그런 다음에 곽준은 서강西羗으로 진군하기 위한 준비를 했다.

그러자 등애는 이렇게 말했다.

"적이 비록 철퇴는 했으나 멀리 가지는 않았단 말이오. 다시 쳐들어올 수도 있으니 나는 남아서 의외의 일을 방비하겠소."

그러고는 등애는 백수 이북에 사흘 동안 더 남아 있었다.

아니나 다를까, 강유는 요화를 보내어 백수 남쪽에 영채를 세우고 등애를 치려고 했다.

등애는 수하 장수들에게 말했다.

"강유가 다시 돌아왔는데 지금 우리 병력은 그들보다 약하오. 적들은 물론 강을 건너오겠지만 다리로 직접 건너오지는 않을 거요. 요화의 군대로 우리 군대를 견제하고 강유는 대군을 거느리고 동쪽으로 해서 도성을 취할 것이오."

도성은 백수 북변에 있었는데, 등애의 주둔지에서 60리 떨어져 있었다.

등애는 군대를 거느리고 밤에 행군을 하여 가만히 도성에 도착했다.

그랬더니 과연 예상한 대로 강유가 강을 건너왔다. 그러나 등애가 이미 도성을 점령하고 있었기에 도성은 빼앗기지 않았다.

당태종

당나라 대군이 낙양을 포위하자, 두건덕은 군사를 거느리고 낙양을 구원하러 달려왔다.

이세민이 여러 장수들과 상의하니, 여러 장수들은 먼저 두건덕의 예봉을 피하고 보자고 했다.

그런데 곽효각의 주장은 달랐다.

"왕세충은 지금 처경이 어려우니 금방 투항할 것입니다. 그리고 두건덕이 그 먼 곳에서 구원하러 달려왔는데, 이건 하늘이 그를 망하게 하는 것입니다. 무뢰는 지세가 험요하기에 우리가 굳게 지키고 있다가 기회를 봐서 출격하면 그들을 반드시 대패시킬 수 있습니다."

그러자 기실(記室. 관명) 설수가 말했다.

"동도를 차지하고 있는 왕세충은 창고가 충실하고 군사도 모두 강회에서 온 정예로운 군사입니다. 그런데 지금 당분간은 식량 공급이 따라가지 못해 곤경에 처해 있습니다. 지금 두건덕이 군사를 거느리고 왕세충을 구원하러 먼 데서 오는데, 우리는 속히 공격하여 그들의 예기부터 꺾어야 합니다. 그러지 않고 시간을 지체했다가 두건덕이 왕세충과 손을 잡고 하북의 양식을 낙양으로 운반해 온다면 이 전쟁이 언제 끝날지 모릅니다. 그러기에 한편으로는 성을 높이 쌓고 호성하를 깊이 파서 왕세충을 움직이지 못하게 견제하고 다른 한편으로는 대왕께서 정예 군사를 거느리고 성고를 점령하고 군사를 휴식시켰다가 달려오는 두건덕의 군대를 공격해야 합니다. 두건덕의 군대가 패하면 왕세충도 방법이 없게 됩니다. 그러면 스무 날이 넘지 못해 두 놈을 생포할 수 있습니다."

이세민은 그 건의대로 하여 두건덕 대군을 무뢰 부근에서 포위했다.

당초, 능경은 두건덕에게 이렇게 건의했다.

"군사를 거느리고 황하를 건너 회주, 하양을 공점하고 대장 한 사람을 파해 그곳을 지키게 한 다음 깃발을 날리고 북을 치면서 태행산을 넘어 상당으로 들어가서 분汾과 진晉로 해서 포진蒲津을 진공해야 합니다. 그러면 무인지경을 지나기에 파죽지세로 나갈 수 있고, 땅을 많이 넓히고 인사들을 많이 모아서 성세를 올릴 수 있으며, 관중 지대를 놀라게 해서 스스로 무너지게 할 수가 있습니다."

그 말에 두건덕의 처도,

"제주祭酒님의 말씀대로 하는 것이 좋겠습니다."

하고 말했다. 그러나 두건덕은 능경의 말을 듣지 않았다.

기실 이것은 『손자병법孫子兵法』에 나오는, 부녀자도 다 아는 병법인데 두건덕은 채납하지 않았으니 망하지 않을 수 있겠는가?

그런데 첩자가 와서 고했다.

"마초가 떨어진 우리 군사들이 하북 일대에서 방목하고 있다는 것을 두건덕이 알고 지금 무뢰를 기습하려고 합니다."

정보를 들은 이세민은 강을 건너 광무로 가서 적군의 정세를 정찰했다. 그리고는 적을 유인할 목적으로 말 1천여 필을 거기에 남겨놓고 밤을 타서 무뢰성으로 돌아왔다.

그랬더니 두건덕은 과연 전군을 휘몰아, 우구牛口에 20여 리나 이어진 진을 치고 북을 요란히 울리며 호호탕탕 진군해 왔다. 그것을 본 이세민의 장병들은 모두 겁을 먹었다.

그러자 이세민이 말했다.

"겁먹을 것 없다. 저놈들은 산동에서부터 여기까지 오면서 강적을 한 번도 만나지 못했기에 험요한 지대를 지나오면서도 함부로 왁자지걸 떠들고 있다. 이것은 군기가 문란해진 것이다. 그리고 성을 가까이 하고도 진을 치는 걸 봐서는 우리를 경시하는 마음이 보통이 아니다. 우리가 움직이지 않고 굳게 지키기만 한다면 저들의 기세가 스스로 수그러들 것이며 장시간 진을 치고 있게 내버려두면 목이 마르고 배가 주려 견디지 못할 것이다. 그러면 스스로 물러갈 것인즉, 그때 우리가 추격한다면 크게 승리할 수 있다."

아침 7시경에 진을 친 두건덕의 군사들은 점심이 되니 몸이 지치고 배가 고프고 목이 말라 견딜 수가 없었다. 그래서 그들은 땅에 오금을 꺾고 앉아서 물을 다투어 마시며 야단이었다. 그러니 진을 쳤던 대오가 흐트러지지 않을 리 있는가?

그것을 본 이세민은 우문사급에게 명하여 기마병 3백을 거느리고 두건덕 군대의 서쪽을 에돌아 남으로 달려가게 했다. 두건덕 군대를 시탐하여 보는 것이다.

이에 놀란 두건덕 군대의 진은 더욱 혼란해졌다.

"돌격할 때가 왔다!"

이세민은 경기병을 먼저 내보내고 이어 대군을 휘몰아 적진을 총공격했다. 치열한 싸움이 벌어졌다. 그러자 이세민은 또 군사들을 시켜 깃발을 감아 들고 적의 후방으로 돌진한 다음 당나라 군대의 깃발들을 일시에 펼쳐 휘날리게 했다.

두건덕의 군대는 자기네 배후에서도 이세민 군대의 깃발이 무수히 휘날리는 것을 보고는 질겁하여 뿔뿔이 흩어져 달아났다.

한번은 진왕 이세민이 군대를 거느리고 고고高梟로 왔다.

설인고薛仁梟는 종라후를 파하여 이세민을 치게 했는데, 이세민은 성을 굳게 지킬 뿐 나와 싸우지 않았다.

여러 장령들이 출전을 요구했지만 이세민은,

"아군은 금방 패해 사기가 떨어졌으나 적군은 승리로 교만해서 우리를 경시하고 있소. 이런 때는 굳게 지키기만 하고 나가 싸우지 말아야 하오. 그러면서 기회를 기다렸다가 일단 적들이 해이해지면 총출격하여 적을 무찔러야 하오. 그래야 이길 수 있단 말이오."

하고 말하고는, 만약 그 누가 다시 출전을 논하면 그 자리에서 참수한다는 엄령을 내렸다.

양군은 그렇게 60여 일을 대치해 있었다. 그러니 설인고 군영은 군량이 떨어져 적지 않은 장령들이 이세민한테 투항해 넘어왔다. 이세민은 양실에게 명해 군대를 거느리고 천수원으로 가서 적을 유인하게 했다. 종라후는 그것이 이세민의 계략인지도 모르고 좋다고 기뻐하면서 모든 정예 군사를 내몰아 진격해 왔다.

며칠이 지나서, 적들이 이미 지칠 대로 지쳤다고 생각한 이세민은 여러 장수들에게 명했다.

"이제는 출격할 시간이 왔다!"

이세민이 장군 방옥에게 명하여 천수원 남쪽에 진을 치게 하니 종라후는 모든 병력을 동원하여 진공해 왔다. 방옥은 있는 힘을 다해 적과 싸웠으나 적군의 공세를 막을 수 없었다. 그런데 이때 이세민이 친히 대군을 거느리고 천수원 북쪽을 불시에 기습했다. 남북으로 협공을 받는 바람에 종라후의 군대는 더는 지탱하지 못하고 퇴각하기 시작했다. 이 기회를 타서 이세민은 기마병을 거느리고 적들을 추격하려 했다.

그러자 두궤가 이세민의 말을 막으며 위험하다고 말렸다.

그러나 이세민은,

"지금 형세가 파죽지세인데 이 기회를 놓쳐서는 안 된다!"
며 두궤를 뿌리치고 적군을 들이쳤다.

그렇게 되자 설인고의 장령들은 태반이 투항해 이세민한테로 넘어왔다. 설인고는 대세를 막을 수가 없었다. 이세민은 설인고의 정예병을 만여 명이나 포로로 잡았다.

여러 장수들이 이세민에게 축하하면서 물었다.

"대왕께서 보병도 쓰지 않고 공성 장비도 없이 경기병만으로 성 아래까지 쳐들어갔을 때, 우리는 모두 승리할 가망이 없다고 여겼습니다. 그런데 성을 빼앗고 성공했으니, 이는 무슨 까닭입니까?"

그러자 이세민은 이렇게 말했다.

"종라후가 거느리는 군대는 모두 용서龍西 군대이기에 장령들은 용감하고 병졸들도 흉맹하오. 그러기에 우리는 처음 기습에서 적들을 얼마 사살하지 못했소. 그러나 그때 우리가 공격을 늦춘다면 적군은 모두 성안으로 도망해 들어갈 것이오. 그 다음 설인고가 그들을 안무하여 중용한다면 우리는 그들을 쳐 이기기가 어려워질 거요. 그래서 나는 그들을 바싹 추격해서 그들이 성안으로 들어가지 못하고 용서로 도망치게 만들었소. 따라서 고서성의 방비가 더욱 허약해질 수밖에 더 있겠소. 그렇게 되자 설인고는 겁부터 먹고 우리를 막을 궁리를 냉정하게 할 수 없었소. 이것이 우리가 승리하게 된 원인이오."

이정 李靖

당나라 때 소선이 강릉을 점령했다.

황제는 이정에게 명해 하간왕 이효공과 같이 소선을 공격하게 했다.

이효공과 이정은 기주夔州에서부터 출발했는데 홍수가 나서 강물이 범람했다. 그래서 소선은 이정의 군대가 오지 못한다고 믿고 방비를 늦추었으며, 당나라 군대의 장령들은 물이 줄어든 다음에 진군하자고 요구했다.

그러자 이정은 이렇게 말했다.

"싸움이란 적들이 예측할 수 없도록 신속히 행동해야 이기는 법이다. 지금 우리가 금방 모였는데 소선은 이 정보를 알지 못하고 있으며, 강물이 범람하니 우리가 오지 못할 줄로 알고 있다. 그러니 이런 기회에 우리가 불시에 기습해야 한다. 그러면 그들은 창졸간에 군대를 집합시키지 못하고 우리한테 패하고 만다."

이효공은 이정의 계책대로, 친히 병선 2천여 척을 거느리고 동쪽으로 내려가서 형문, 선도 두 개 진을 순리롭게 공점하고 이릉으로 진군했다.

그때 소선의 대부분 군대는 외지에서 둔전을 하며 농사를 짓고 있었고, 성을 지키는 수위군은 몇 천 명밖에 되지 않았다. 그런데 관군이 쳐들어왔다는 소식을 듣자 소선은 당황하여 급히 군대를 불러들였는데, 군사들이 모두 먼 강남이나 영남에 있어서 창졸간에 당도할 수가 없었다. 소선은 하는 수 없이 부근에 있는 병력을 모아서 싸우는 수밖에 다른 도리가 없었다.

그런데 관군 쪽에서는 이효공이 계속 진군하자고 했다. 그러는 것을 이정이 말렸다.

"소선의 다른 군대가 모여 온 것은 구원하러 온 것이지 우리를 공격하러 온 것이 아닙니다. 그러기에 다른 군대는 거기 오래 있을 생각이 없지요. 우리가 남안에 군대를 주둔시키고 있으면 적군은 우리를 막을 군대만 남겨 놓고 나머지는 자기 영채를 지키러 돌아갈 겁니다. 이렇게 적군의 병력이 분산되면 힘이 자연 약해지기 마련인데, 그때 가서 공격을 하면 승리할 수 있습니다. 그렇지 않고 지금 궁한 적을 너무 급하게 공격하면 적군들은 결사적으로 싸우게 됩니다. 자고로 초 땅의 군대는 흉맹하기로 이름이 나 있어서 이기기 어렵습니다."

그러나 이효공은 그 말을 듣지 않았다. 그는 이정을 남겨 영채를 지키게 하고 자기가 친히 군사를 거느리고 나가 싸웠는데 결과는 실패하여 남안으로 물러났다. 그런데 소선의 군대는 배를 버리고 군수품을 빼앗느라고 일대 혼란이 일어났으며, 저마다 빼앗은 군수품을 어깨에 무겁게 짊어졌다. 그것을 본 이정은 이때라고 여겨 즉시에 공격하여 적병을 대패시키고, 그 승세를 타 강릉까지 밀고 나가 적군의 병선들을 빼앗았다.

이정은 그 배들을 양자강 복판에 아무렇게나 내버리게 했다.

그러자 여러 장수들이,

"노획한 배를 이용하지 않고 왜 내버려 적들에게 좋은 일을 한단 말입니까?"

하고 물었다. 이에 이정은 이렇게 말했다.

"소선이 차지하고 있는 지역은 남쪽은 영남으로부터 동쪽은 동정호까지 뻗어 있다. 이 넓은 지역에 우리가 깊이 들어와 있는데, 만약 제때에 성들을 공점하지 못하고 적들의 원군이 사방으로 몰려들 때면 우리는 앞뒤로 적들의 협공을 받게 된다. 그러면 진퇴양난의 처지에 빠지는데, 그렇게 된다면 병선이 아무리 많은들 무슨 소용이 있겠는가. 지금 병선들을 강 한복판에 내버리는 것은 하나의 술책이다. 온 강에 배들이 떠내려가는 것을 적이 보면 강릉이 이미 함락된 걸로 여기고 감히 계속 진군해 오지 못하고 세작들만 내보내어 정탐할 것이다. 그러노라면 10여 일 이상이 걸릴 것이다. 그 시간이면 우리는 강릉성을 점령할 수 있을 것이다."

과연 이정의 말대로 소선의 구원병들은 강에서 떠내려오는 빈 병선들을 보고 강릉이 이미 함락되었는가 의심이 생겨서 더는 진군하지 못했다.

주준朱儁

동한 말년에 황건군의 장군 한충이 10만 군사를 거느리고 원성苑城에 웅거하고 있었는데, 한령제漢靈帝는 주준에게 8천 군사를 주어 한충을 토멸하게 했다.

주준이 원성 밖에, 성안을 내려다볼 수 있는 흙산 하나를 높이 쌓은 다음 북을 요란히 두드리면서 군사를 휘몰아 원성의 서남쪽을 공격하는 척하자 적들은 전력을 다해 성 서남을 막았다. 그러자 주준은 정병 5천을 친히 거느리고 성 동북쪽을 기습했다. 그러자 한충은 황망히 성안으로 들어가서 사람을 내보내어 투항하겠다는 의사를 표했다.

당시 장초를 비롯하여 여러 사람들은 한충의 투항을 접수할 것을 제의했으나 주준은 반대였다.

"투항이라고 다 같은 것이 아니오. 따라서 그 처리 방법도 달라야 하오. 진나라 말기에는 천하의 임금이 없었기에 투항하면 상을 주었지만 지금은 그렇지 않소. 천하가 통일되었는데 황건이 난을 일으켰지 않소? 만약 이런 도적들의 투항을 접수한다면 그들의 반란을 고무하는 것과 마찬가지가 되는데 이것은 옳은 계책이 아니오."

그래서 한충은 투항하려고 해도 투항할 수 없었고 주준은 한충을 소멸하려고 해도 당분간 소멸할 수가 없었다.

그러던 어느 날, 주준이 토산 위에 올라 성안을 내려보다가 장초에게 말했다.

"내가 한 가지 방법을 생각해 냈네. 적들은 지금 투항하려고 해도 투항할 수 없고 포위를 뚫고 나갈려고 해도 나갈 수가 없으니까 결사적으로 성을 지키고 있는 게 아닌가. 그러기에 우리가 퇴각하면 한충이 군사를 거느리고 성밖으로 출격해 나올 것이네. 그러면 적군을 수월하게 격패시킬 수 있을 것 같네."

그러고는 퇴군시키자 한충이 과연 성문을 열고 출격해 나왔다. 이에 주준은 총공격을 발동하여 한충을 대패시켰다.

경엄

한나라 광무제 때, 장보의 아우 장람은 정병 2만 명을 거느리고 서안을 지키고 다른 군과 현에서는 군사 1만 명을 모아 임치를 지켰다. 두 성 사이의 거리는 40여 리가 되었다.

한나라 장군 경엄耿弇이 군사를 거느리고 두 성 사이에 이르러 보니 서안성은 작지만 수비가 엄했고 임치는 크지만 방비가 해이하여 공점하기가 쉬울 것 같았다. 그런데 경엄은 닷새 뒤에 서안을 공격한다는 명령을 수하들에게 내렸다.

장람은 경엄이 친히 군사를 거느리고 성을 공격한다는 말을 듣고 밤낮으로 경계를 엄하게 했다. 나흘째 되는 날 한밤중에, 경엄은 군사들마다 군량과 담요들을 지니고 소로길로 급행군하여 임치로 달려가게 했다. 날이 채 밝기 전에 임치에 도착한 경엄의 군대는 반나절이 못 되어 임치를 공점했다. 장람은 경황실색 서안을 버리고 도망쳤다.

사후에 장령들이 경엄에게 물었다.

"원수님께서는 저희들에게 서안을 먼저 친다고 하시고서는 임치부터 쳐서 두 성을 한꺼번에 빼앗았는데, 그렇게 될 수 있는 원인이 무엇입니까?"

그러자 경엄은 이렇게 대답했다.

"서안의 적들은 우리가 서안을 친다는 것을 듣고 수비를 강화하고 있을 것이 아닌가? 그러나 임치의 적들은 그렇지 않을 거란 말일세. 그런 기회에 우리가 불시에 임치를 치면 큰 방비가 없는 임치를 수월하게 깨칠 수 있고, 임치를 깨치면 서안은 고립무원의 처지에 빠지게 된단 말일세. 이게 우리가 성 하나를 공격하여 성 두 개를 얻게 된 원인이지. 만약 서안을 먼저 쳤다고 하면 어떻게 되겠나? 서안성은 수비가 엄하기에 쌍방은 사상자를 많이 내게 될 것이고 가령 우리가 서안성을 빼앗았다고 해도 적구에 깊이 들어온 우리에게 후방공급이 이어지지 못하면 열흘이 못 가서 위험해진단 말이네."

그 말을 듣고 장군들은 모두 탄복했다고 한다.

위예 韋叡

남북조, 후량 천감 4년, 예주 자사 위예는 칙명을 받고 위나라 군대가 차지하고 있는 소현성을 공격하게 되었다.

그런데 성밖에 당도하니 위군 수백 명이 성 밖에 진을 치고 있었다.

"적군이 비록 2천여 명밖에 안 된다지만 성문을 굳게 닫고 지키면

성을 지킬 수도 있겠는데, 왜 저렇게 성밖에 나와 진을 치고 있는 걸까? 그러고 보면 성밖에 진을 치고 있는 저 적군은 보통 군대가 아니라 적군 중에서 가장 용감한 군대일 것이다. 따라서 그들만 소멸하면 소현성은 스스로 깨어질 것이다."

위예가 이렇게 말하고 출격을 명령하는데 장수들이 겁을 먹고 망설였다. 그러자 위예는 부절符節을 가리키며 호령했다.

"조정에서 내준 저 부절이 한낱 장식품이 아닐진대 나 위예의 영을 어겼다가는 어떻게 되는지 알게 해주겠다!"

그러고는 군사를 휘몰아 공격하니 군사들이 결사적으로 싸워, 위군은 대패하고 위예는 그 승세를 타서 소현성을 신속히 공략했다.

위예는 계속 진군하여 합비에 이르렀다. 그는 먼저 산천 지세를 관찰하고 나서 이렇게 말했다.

"내가 듣건대 분수汾水로는 평양平陽을 물에 잠기게 할 수 있고 항수絳水로는 안읍을 물에 잠기게 할 수 있다고 하더라."

그러고는 군사들을 거느리고 제방을 쌓아 강물을 막고 강물로 성을 에워쌀 준비를 했다.

그런데 적군의 원병이 대대적으로 도착했다. 위예의 수하 장군들은 겁이 나서 원병을 속히 보내 달라고 조정에 상주하자고 했다. 그러자 위예는 웃었다.

"적의 대군이 이미 성 아래에 이르렀는데 이제 구원병을 부르다니, 그 구원병이 언제 여기 도착하겠느냐? 도착한들 때가 지나 무슨 소용이 있겠느냐?"

그리고 상황이 불리해지자 장수들은 초호로 퇴각하자느니 돌아가서 삼차를 지키자느니 말이 많았다. 그러자 위예는 성을 내면서,

"군인이 싸움에 나섰으면 물러서는 법이 어디 있느냐? 오로지 앞

으로 나아가는 길만이 살길이니 영을 어기는 자는 목을 치리라."
하고는 권위를 상징하는 산선傘扇과 휘당麾幢을 가져다가 제방 위에 세워 놓고 일보도 후퇴하지 않는다는 결심을 표명했다. 그러고는 제방 위에 보루를 쌓고 방어를 강화했다. 얼마 지나지 않아서 제방 안에 물이 가득 차게 되었다. 위예가 제방을 터뜨려 물이 성을 에워싸게 하자 적의 원군들은 힘을 쓸 수가 없게 되었다.

위예는 이때 총공격을 발동하여 성을 깨치고 쳐들어갔다.

북위 중산왕 원영은 부졸 100만을 거느리고 서주 북쪽 일대를 유린하면서 종리성에 있는 자사 창의지를 포위했다.

황제는 조경종으로 하여금 대군을 거느리고 가서 창의지를 증원하게 하는 한편 위예에게 명해, 속히 가서 조경종과 합세하도록 했다.

위예는 합비에서 직접 종리로 향했는데, 중도에 군사들은 위나라 군사들이 두려워서 천천히 행군하자고 위예에게 말했다.

그러자 위예는,

"종리성이 위급한데 행군 속도를 늦추다니, 분초를 다투며 강행군을 해도 늦겠는데 무슨 말도 되지 않는 소리를 하고 있느냐? 위나라 군대를 대패시킬 방법이 내게 있으니 근심하지 말고 어서 길이나 재촉해라."

하고 강행군을 거듭하여 열흘이 못 되어 조경종의 군대와 회합했다.

위예는 밤에 야색을 타서 원영의 군영 앞 20리 상거한 곳에 깊은 도랑을 길게 파고 거기다가 녹각들을 세우고 흙으로 토성까지 쌓았다. 날이 새어 그것을 본 원영은 신의 조화라고 여겼다.

그 전에 원영은 소양주 양안에 편교便橋를 가설하고 거기다가

100여 척 길이의 목책을 두르고는 통행을 통제했다.

위예는 회수淮水의 물이 불어나는 기회를 이용하여 병선을 타고 소양주의 위군을 공격하는 한편, 작은 배들에 마른 볏짚과 기름을 실은 다음 불을 달아서 바람에 떠내려 보냈다. 그래서 편교 주위에 세운 목책들을 모두 불태워 버렸다. 위예의 군대는 그 승세를 타서 일당백으로 용감하게 적과 싸웠다. 위나라 군대는 대패하고 원영은 목숨만 건져 홀로 도망했다.

창의지는 적군이 대패했다는 소식을 듣고는 기뻐서,

"이제는 살았구나. 이제는 살았구나."

하며 손뼉을 쳤다.

마수 馬燧

당나라 때 마수가 전열田悅을 패퇴시켰는데, 적의 원군이 오자 전열의 기세는 또 살아났다.

마수는 군대를 업성으로 밀고 나가면서 조정에 원병을 요청했다. 조정에서는 하양 태수 이범율에게 명해 마수를 지원하게 했다. 이범율의 군대와 마수의 군대는 장수에서 회합했다.

전열은 부장 왕광진에게 군사를 주어서 장수에 있는 긴 다리에 반월형의 토성을 쌓고 관군의 진로를 막게 했다.

그러자 마수는 수백 명 병졸들을 파견하여 강기슭에 쇠사슬들을 연결하고 거기에 의지하여 흙 마대들을 쌓아서 강물을 막았다. 그리고 물이 없는 곳으로 군대를 도강시켰다.

전열은 마수의 군대가 식량이 모자란다는 것을 알고는 도랑을 깊이 파고는 영채만 굳게 지키면서 나오지 않았다. 마수는 군사들에게 열흘 식량들을 가지고 창구로 진군하여 전열의 군대와 원수洹水를 사이에 두고 대치하게 했다. 그런 다음 다리를 세 곳이나 놓고는 매일 원수를 건너 전열의 군영 앞에 가 도전했다. 그러나 전열은 아무리 해도 싸우러 나오지 않았다. 그러면서 전열은 암암리에 군사 1만여 명을 매복해 놓고 마수를 기습하려고 했다.

마수는 야밤에 군사들을 깨워 밥을 먹게 하고는 날이 어둡자 북을 울리고 징을 두드리면서 진공하는 양을 보였다. 그러면서 다른 한편 주력은 몰래 원수를 건너서 위주로 자리를 옮겼다. 그러고는,

"적병이 오면 행군을 즉시 중지하고 진을 치되, 기병 100여 명은 횃불을 들고 다리 옆에 숨어 있다가 전열의 군대가 모두 도강한 다음에 다리를 불태워라."

하고 명했다.

마수의 군대가 10여 리를 갔을까 한데 전열의 군대가 강을 건너 추격해 왔다. 그들은 바람에 따라 불을 놓으며 함성을 지르면서 추격해 왔는데, 마수는 100보 앞의 풀을 없앤 다음 용사 5천을 뽑아서 적을 맞아 싸울 준비를 했다. 전열의 군대가 거기까지 왔을 때에는 불도 다 꺼져 사기도 쇠퇴되었다.

이때 마수는 공격을 개시했다. 전열이 패하여 물러가는데 다리 셋이 다 불에 타 퇴로가 막혔다. 전열의 군대는 대혼란이 일어났으며, 급한 김에 물에 뛰어들었다가 빠져 죽은 자 또한 부지기수였다.

정자원鄭子元, 이성李晟

춘추 시기, 정나라가 천자를 조배朝拜하지 않기에 주환공은 제후들의 군대를 모아서 정나라를 진공했다. 주환공이 직접 중군을 지휘

하고 괵공 임부는 우군을 지휘했는데, 채나라와 위나라의 군대는 임부의 지휘를 받았다. 그리고 주공 흑견은 좌군을 지휘했는데, 진陳나라 군대는 흑견의 지휘를 받았다.

그러자 정나라의 정자원은 군대를 좌우 양군으로 갈라서 좌군으로는 채나라와 위나라 군대를 막고, 우군으로는 진나라 군대를 막을 것을 제기하면서 이렇게 말했다.

"진나라는 금방 내란이 있어서 백성들은 싸우기를 싫어하고 투지가 부족합니다. 그러기에 진나라 군대를 먼저 치면 그들은 싸우지도 못하고 달아날 겁니다. 그러면 주왕이 지휘하는 중군도 그것을 보고 소란이 일어날 것이며 채나라나 위나라 군대도 우리를 막을 수 없어 달아나게 될 겁니다. 그때 우리가 역량을 집중하여 주왕의 중군을 친다면 대승을 거둘 수 있습니다."

정나라 정장공은 그 의견을 채납하여 대부 만백으로 하여금 우군을 지휘하게 하고 채중으로 하여금 좌군을 지휘하게 했으며 원번, 고거미로 하여금 중군을 지휘하게 했다. 그리고 정장공은 어려진魚麗陣을 쳐 보위했다.

어려진이란 진두에 전차 25대를 한 줄로 늘여 놓고 매 전차들 사이에는 다섯 사람이 한 줄씩, 다섯 줄이 되게 편성한 보병들을 세워 적들이 쳐들어오지 못하게 만든 견강한 진세이다.

쌍방은 유갈에서 격전을 벌였다. 정장공은 좌우 양군에게, 상대방 대장의 군기가 이동하면 북을 쳐서 진군하라고 영을 내렸다.

정나라 군대는 먼저 진나라 군대가 소속되어 있는 적의 좌군을 쳤다. 그런데 진나라 군대만 달아나는 것이 아니라 이어서 채나라 군대와 위나라 군대도 달아났다. 그런가 하면 주환공이 지휘하는 중군에서도 혼란이 일어났다. 그 기회를 이용하여 정나라 군대가 총공격을 하자 주나라 군대는 여지없이 패했다.

당나라 때, 토번 상결찬이 농隴, 기岐 일대를 쳐들어왔다.
이성은 자기 생질인 왕필에게 싸움에 용감한 전사 3천 명을 주어 병양성 밖에 매복해 있게 하면서 이렇게 당부했다.
"적들이 오면 그들의 선봉이나 후속 부대는 공격하지 말라. 선봉이나 후속 부대를 패배시켰다고 해도 중간에 있는 주력 부대가 남아 있다면 우리는 이기기가 어렵다. 그러기에 적들의 선두 부대는 거저 지나가게 내버려두고 호랑이를 그린 옷을 입고 오방기를 든 군사들이 보이면 그들을 습격하라. 그들이 주력 부대이다. 그러면 너희들은 큰 공을 세울 수 있다."
왕필은 이성이 당부한 대로 했다. 결과 상결찬은 대패하여 달아났다. 그런데 애석하게도 병졸들이 상결찬의 얼굴 생김을 모르기에 상결찬을 사로잡지는 못했다.

천자의 군대와 싸운다는 것은 이치로 보아서는 지고 들어가는 것이다. 그런데 채나라, 위나라 그리고 진나라는 정나라와 원수 사이가 아니었다. 그러기에 정자원은 먼저 좌군과 우군의 사기를 동요시키고 그들의 투지를 와해시킬 수가 있었다.
상결찬은 용맹하면서도 교활했다. 그러기에 웬만한 타격으로는 그를 꺾어 놓을 수 없었다. 그래서 이성은 전력을 다해 그의 주력 부대를 소멸시켰던 것이다.
춘추 시기, 진나라와 초나라가 언릉에서 싸웠다. 그때 묘번황은 진나라 임금께 이렇게 말했다.

"초나라의 정예 부대는 모두 중군에 있습니다. 그러므로 임금께서는 그들 좌우 양군은 소부대로 견제하고, 역량을 집중하여 중군을 쳐야 합니다. 그러면 꼭 승리할 수 있습니다."

이것이 바로 병법에서 말하는 지기지피知己知彼, 즉 자기도 알고 남도 알아야 한다는 것이니, 이러고 보면 병법도 그리 알기 어려운 것이 아닌 성싶다.

유기 劉錡

송나라 사람 유기가 개봉 임지로 가던 도중 밥을 지어 먹게 되었다. 그런데 갑자기 폭풍이 불어닥치면서 장막이 넘어졌다. 이것은 적병들이 난을 일으킨 징조라고 생각한 유기는 급히 길을 재촉했다.

그런데 얼마 지나지 않아서 금나라가 과연 맹약을 어기고 남침하여 개봉을 공점했다는 소식이 전해졌다. 유기는 부장들과 같이 배를 버리고 육로로 해서 급히 순창성으로 야행군을 했다.

순창성 지부사 진규는 유기를 만나자 적을 어떻게 막겠는가 하고 물었다. 유기는 성안에 아직 1만 섬의 식량이 있는 것을 알고 군대를 거느리고 성안으로 들어간 다음 장수들과 같이 어떻게 적을 막겠는가를 상의했다. 그런데 장수들은 금나라 군대는 막아내기 어려우니 성안에 있는 노약자와 여인들 그리고 아이들을 미리 강남으로 보내는 것이 좋겠다고 했다.

그러자 유기는 엄하게 말했다.

"동경(개봉)은 비록 적에게 졌다고 할지라도 군대가 아직 여기에 있는데 성을 버리고 달아나다니 무슨 말인가? 이제 누가 다시 그런 말을 한다면 군법으로 목을 치리라."

그러고는 한 절간에 숙소를 정하고 절간문 앞에 섶나무를 쌓아 놓게 하고는 수위에게 말했다.

"만일 상황이 다급해지면 이 집을 즉시 불사르라."

그러고는 장수들을 파견하여 성문을 지키면서 지나가는 행인들을 엄하게 검사하게 하는 한편, 당지 사람들 중에서 첩보 인원을 모집하여 척후를 내보냈다. 이렇게 하여 그는 군대의 투지를 불러일으켰다.

당시 순창부에는 방어 시설이 없었다. 유기는 수레바퀴들을 뜯어다가 성 위에 늘어 놓고, 또 민가들의 대문짝들을 뜯어다가 성벽 주위를 둘렀다. 엿새를 분주하게 서둘러 방어 시설을 대강 갖추니 금나라 군대가 당도했다.

유기는 사전에 성 주위에 양마탄羊馬坦이라는 방어 공사를 만들었는데, 이때 와서 그는 양마탄들 사이를 참호로 연결하고 그 위에 뚜껑을 덮어서 하나의 견고한 방어진을 만들었다.

금나라 군대는 진공 이전에 먼저 활을 쏘았는데, 화살은 양마탄 벽에 부딪혀 떨어지거나 양마탄을 넘어 성벽을 맞힐 뿐 아군을 살상하지는 못했다. 유기는 명궁수들을 뽑아서 성 위나 양마탄에서 강노強弩를 쏘게 했는데 백발백중이었다. 그 바람에 적들이 숱한 사상자를 내고 물러서자 유기는 기회를 놓치지 않고 추격했다. 금나라 군대는 도망치다가 물에 빠져 죽은 자가 부지기수였다.

금나라 군대는 20리나 퇴각하여 영채를 세웠다. 유기는 염충에게 장사 5백을 주어서 야밤에 금군의 영채를 기습하게 했다.

그날 따라 비가 오고 번개가 쳤는데, 송나라 군대는 외태머리를 딴 자만 보이면 목을 치곤 했다.

금나라 군대는 또 50리나 물러갔다.

유기는 용사 100명으로 결사대를 결성하여 참대 몽둥이를 들고 시정 백성들이 광대놀음을 노는 것처럼 꾸며 금나라 군영 곁으로 갔다. 그리고 암호 한 번에 금나라 군영을 들이쳤다. 그들은 번갯불이 번쩍할 때면 번갯불을 빌어 적을 죽이곤 했는데, 금나라 군영 안에 일대 혼란이 일어났다. 그러자 유기의 결사대는 나팔 소리 한 번에 또 한데 모여 적을 공격했다. 금나라 군대는 송나라 군대가 얼마나 쳐들어왔는지 모른 채 갈팡질팡했다. 유기의 결사대는 그야말로 일당백으로 금나라 군영 안을 돌아다니면서 숱한 적들을 죽였다. 혼전 속에서 금나라 병사끼리 죽인 것도 얼마나 많은지 모른다.

금나라 군대가 대패했다는 소식이 변경汴京에 전해지자 올술(兀術. 즉 完顔宗弼) 태자가 10만 대군을 이끌고 순창의 금나라 군대를 구원하러 달려왔다.

그 말을 들은 유기의 수하 장수들은 겁이 나서,

"금나라 군대가 퇴각한 이 기회를 타서 우리도 어서 배를 타고 철퇴합시다. 올술의 대군이 당도하기 전에 말입니다."

하고 말했다. 그러나 유기는 반대였다.

"지금 적군이 우리와 상당히 가까운 데 있는데다가 올술의 군대도 즉시 도착할 것인데 우리가 퇴각할 때 적군이 추격하면 어떻게 하겠느냐? 그러면 우리는 피 흘린 보람이 하나도 없어진다."

그러고는 조성 등 두 사람을 불러서 이렇게 명했다.

"내가 너희 둘을 밀정으로 내보내겠는데, 성공하면 큰 상을 주리라. 내 말대로만 하면 아무런 위험이 없을 것이다. 너희들은 말을 타고 가다가 금나라 군대를 만나면 말에서 떨어져 잡히란 말이다. 그러면 그들은 너희들을 잡아다가, 유기가 어떤 사람인가 물을 터인데 그러면 이렇게 대답하거라. 그 사람은 태평성대에 나서 싸울 줄은 모르고 오로지 가무와 기생이나 좋아하며 향락이나 부리는 사람이지요. 조정에서는 송, 금 두 나라 사이를 좋게 하기 위해 군사를 모르는 그런 사람으로 동경을 지키게 했던 겁니다. 이렇게 말하란 말이다."

조성 등은 유기가 시키는 대로 했다. 그랬더니 금나라 올술 태자는 아주 기뻐하면서, 공성에 쓰는 아거鵝車와 대포 같은 무거운 것들을 모두 포기하고 군대를 급히 진군시켰다.

그 이튿날, 유기가 성 위로 올라가 보니 조성 등이 성 아래로 돌아왔다. 유기는 급히 밧줄을 내려보내어 그들을 성 위로 끌어올렸다. 그런데 그들은 모두 형구를 차고 있었다. 유기는 그들이 가지고 온 편지를 보지도 않고 즉시 불살라 버렸다. 군심이 동요될까 봐서였다.

순창에 이른 올술은 왜 순창성을 공격하지 않고 있느냐 하고 장수들을 책망했다. 그러자 장수들은 이구동성으로,

"이번 송나라 군대는 전과 다릅니다. 저희 말을 믿지 못하겠으면 원수님께서 직접 공성을 해보십시오."

하고 말했다.

그런데 이때 유기가 보낸 사자 경훈이 찾아왔다. 경훈은 올술에게 이렇게 말했다.

"태위(유기)님은 태자(올술)님과 결전을 하려고 합니다. 그런데 태자님께서 강이 두려워 건너오지 못할까 봐 우리 태위님께서는 특별히 부교를 다섯 군데 만들어 올리겠답니다. 그래서 태자님께서 편안히 강을 건너오면 결전을 해보자고 합니다."

그 이튿날 날이 새기 전에, 유기는 금나라 군대가 강을 건너오게 부교를 다섯 군데 만들어 놓았다. 그런데 유기는 사전에 이미 강의

상류와 강기슭에 있는 풀에 독약을 풀어놓았다. 그러고는 군사들에게 목이 갈해 죽을지언정 강물을 먹어서는 안 된다고 엄한 군령을 내리고 군령을 어기는 자는 일률로 목을 치게 했다.

때가 무더운 여름철인 데다가 올술의 군대는 먼길을 밤낮으로 달려왔기에 지칠 대로 지쳤다. 그러나 유기의 군대는 그 동안 충분히 휴식을 취한 상태였다. 갈하고 주린 금나라 군사들은 강물을 마시거나 나물을 해 먹다가 많은 군사들이 중독되어 드러누웠다.

유기는 아침녘, 서늘할 때에는 군사들을 움직이지 않고 충분히 휴식시켰다. 그러다가 오후 3시쯤 되어, 금나라 군대가 점점 해이해지기를 기다려 유기는 군사 몇 백 명은 서문을 불시에 열고 쳐 나가게 하고, 다른 군사 몇 천 명은 남문을 열고 금나라 군대를 쳐 나가게 했다. 유기의 군대는 함성도 지르지 않고 큰 도끼를 휘둘러 금군을 내리찍었다. 이에 금군은 대패하여 달아났다. 올술도 방법이 없어서 북으로 달아났다.

그 싸움에서 유기의 병력은 2만도 못 되었고, 실제 전투에 참가한 인원은 5천 명도 안 되었다. 그런데 금나라 군대는 몇 십만이 되었으며, 군영은 서에서 북으로 15리나 이어져 있었다. 금나라 군대의 영채에서는 밤에도 북소리가 요란했고, 날이 샐 때까지 떠드는 소리가 그치지 않았다. 그러나 유기가 지키고 있는 순창성은 개 짖는 소리 하나 들을 수 없을 정도로 괴괴했다.

그럼에도 불구하고 유기는 올술의 대군을 대패시켰으니 병법에서 말하는 이일대로以逸待勞, 즉 휴식을 취한 군사로 지친 군사를 맞아 싸운다는 것이 이런 것을 가리켜 말하는 것인가 한다.

주희 평어

순창의 싸움은 무더운 여름에 있었다.

유기는 5천 군사를 다섯 개 패로 나누어 다음과 같이 훈련시켰다. 먼저 한 패가 철갑을 입고 폭염 아래 서 있게 했다. 철갑이 뜨거워 손을 댈 수 없을 지경이 되면 돌아와 휴식하게 한다. 그런 다음은 또 다른 패의 군사를 내보내어 이와 같은 훈련을 하게 한다. 이렇게 군사들에게 번갈아 훈련을 시키고는 주육을 먹이고 피서약을 먹였다. 그런 다음 서문으로도 돌격해 나가게 하고 남문으로도 돌격해 나가게 했다. 그렇게 훈련한 결과 그 뜨거운 날씨에도 유기의 군사들은 철갑을 입고 결사적으로 싸울 수 있어 금군을 대패시켰다.

또 다른 원인은, 금나라 군대가 너무 많이 한 곳에 몰려 입추의 여지가 없을 정도인데 그들이 쓰는 무기는 모두 자루가 긴 창이었다. 이런 상황에서 그들은 긴 창을 마음대로 쓸 수가 없었다. 그러나 유기의 군사들은 도끼를 썼다. 도끼로 사람도 찍고 말도 찍었는데, 말 하나가 넘어지면 거기에 밀려서 숱한 말들이 넘어졌다. 그 바람에 말에서 떨어지고 말에 깔려 상하거나 죽은 자가 얼마나 되는지 모른다.

순창의 싸움에서 대패한 금나라 군대는 그제야 송나라 군력에 겁이 나서 송나라와 화의를 맺었다.

한세충 韓世忠

남송의 명장인 한세충이 진강을 지킬 때의 일이다.

금나라와 금나라의 괴뢰 정권인 제나라의 유예劉豫가 서로 결탁하여 남으로 쳐 내려왔다.

송고종은 친필 조서를 한세충에게 내려보내 진강을 엄하게 지킬 뿐만 아니라 보다 큰 일을 해낼 것을 간곡히 기대했는데, 그 글이 아주 감동적이었다.

그래서 한세충은 직접 군대를 거느리고 진강에서 출발하여 장강을 건넜다. 그리고 한세충 자신은 기마병을 거느리고 대의를 지키고, 통제관 해원은 고우를 지키게 했다.

한세충은 뗏목을 모두 걷어서 그것으로 목책을 세웠다. 그는 이렇게 스스로 군대의 퇴로를 끊어 버리고 멸적의 결심을 굳혔다. 그리고는 위량신을 금나라에 사자로 보내는 동시에 군대를 장강 곁으로 이동시키는 명을 내렸다. 그래서 위량신에게 군대 배치를 새롭게 조정하는 인상을 주었다.

그것을 보고 떠난 위량신이 국경을 벗어났을 즈음 한세충은 말 위에 뛰어올라 전군에게 호령했다.

"모두들 내 채찍이 가리키는 곳으로 진군하라!"

한세충은 즉시 군대를 이끌고 대의 지역으로 나가 진을 다섯 군데 쳤다. 그리고 20여 개 험요한 곳에 군사들을 매복시키고 북소리가 나면 즉시 출격하라고 명했다.

위량신이 금나라 군영에 오니 금나라 장수 섭아발근이 송군의 배치 상황을 물었다. 위량신은 자기가 본 그대로 말했다. 한세충이 군대를 물려 장강을 지킨다는 말을 듣고 섭아발근은 아주 기뻐하면서 군대를 몰고 장강을 향해 내려왔다. 섭아발근의 부장 달발이 기마병 1천여 기를 거느리고 대의에서 약 5리쯤 떨어진, 송나라 군대의 진 동쪽까지 오자 한세충이 북을 울렸다. 그러자 한세충의 복병들이 일시에 쳐 나갔다.

송나라 군대의 돌연한 기습에 금나라 군대는 대혼란에 빠졌다. 한세충의 군대는 큰 도끼를 휘두르며 위로는 사람을 찍고 아래로는 말

다리를 찍었다. 둔중한 갑옷을 입은 금나라 군대는 소택지에 빠져 나오지 못했다. 한세충은 정예 군사를 풀어 소택지에 빠진 적군들의 목을 베었다. 이에 금나라 군대는 전멸하고 달발은 생포되었다.

조위 趙瑋

북송 조위가 위주를 지킬 때 나이 겨우 열아홉 살이었다.

한번은 금나라 군대와 싸워서 작은 승리를 거두었는데, 조위는 금나라 군대가 멀리 물러갈 때를 기다려서 그들이 버리고 간 마소들을 몰고 천천히 군영으로 돌아왔다.

그것을 보고 금나라 사람들은, 조위가 전리품들을 갖기 좋아하며 군대의 규율도 그리 엄하지 않다고 판단해서 다시 돌아서서 조위 군대를 기습하려고 했다.

그러자 조위는 금나라 군대에게 사람을 보내어 이렇게 말했다.

"너희들 군대는 멀리 오느라고 몹시 지쳤을 것이다. 그런 군대를 이겨서야 무슨 멋이 있겠느냐? 그러니 먼저 군사를 휴식부터 시켜라. 그런 다음에 우리와 결전해 보는 것이 어떠냐?"

그러자 금나라에서는 가뜩이나 지쳐서 싸우기가 싫던 터에 아예 잘 되었다고 동의했다.

그리고 얼마간 지난 다음 조위는 사람을 보내어, 그만큼 쉬었으면 되었으니 이제는 싸우지 않겠느냐 도전을 했다.

그러고는 북을 두드리며 금나라 군대를 진공하여 대패시켰다.

사후에 조위는 그 수하들에게 이렇게 말했다.

"금나라 군대는 원래 먼 데서 왔기에 처음 싸움에 이미 지쳤단 말이네. 그런 걸 나는 마소 같은 전리품을 몰아오는 것으로 놈들을 꾀어 다시 돌아오게 했지. 따라서 놈들은 왔다 갔다 100여 리 길을 걷게 되었단 말이야. 그러면 왜 즉시 그들과 싸우지 않았는가? 하나는 즉시 싸워서 승부가 어떻게 될지 단정하기가 어려웠고 그 다음은, 먼길을 걸어온 사람은 한동안 쉬고 나면 발이 저려 서지도 못한단 말이네. 그리고 사기도 해이해지거든. 그래서 한동안 쉬게 하고 물리친 것이지."

조위는 병사들을 사랑했다. 그러기에 병사들은 그를 위해 결사적으로 싸웠다. 그는 평소에 별로 머리를 쓰지 않는 사람같이 보였으나 전쟁판에서는 싸움을 아주 출중하게 지휘했다.

한번은 요속들과 술을 먹다가 조위가 갑자기 자리를 떴다. 그러다가 얼마 지나서야 돌아왔다. 그 이튿날 조위는 여전히 각 부대를 순찰했는데, 도적의 머리 하나가 마당에 뒹굴고 있었다. 그것을 보고 여러 사람들이 놀랐는데, 그 머리는 조위가 베어다가 던진 것이었다.

그리고 한번은 가동賈同이 조위를 찾아와 함께 변방을 순찰하자면서 군사들이 어디에 있는가 하고 묻자, 조위는 군사들이 이미 대열을 지어 기다린다고 했다. 가동이 장막 밖으로 나와 보니 과연 3천 명 병사가 어느새 소리 없이 장막 밖에 열을 지어 서 있었다.

적청 狄青

북송 명장 적청이 경원을 지킬 때 적은 군사로 많은 적들을 소멸하기로 이름이 났다.

그는 군사들에게 이렇게 은밀히 명했다.

"첫 번째 징 소리가 울리면 모두 제자리에 멈추어 서고 두 번째 징 소리가 울리면 퇴각하는 척하며 내심으로는 준비했다가 징 소리가 멎으면 즉시 함성을 지르면서 돌격하라."

전군 장령들은 물론 적청의 명을 그대로 집행했다.

한번은 적과 싸우려고 적진을 향해 나아가는데 징 소리가 났다. 군사들은 즉시 진군을 멈추었다. 이어 또 두 번째 징 소리가 나자 군사들은 뒤로 퇴각하는 척했다.

그것을 본 적군은 앙천대소했다.

"적청이 용감하다더니 헛말이로군. 싸움을 시작도 하지 않았는데 벌써 꽁무니를 빼다니, 하하하."

그러는데 울리던 징 소리가 뚝 멈추었다. 그러자 송나라 군사들이 갑자기 함성을 지르면서 돌격해 나왔다. 그 바람에 적군의 진은 대혼란이 일어났다. 자기네끼리 서로 밟혀 죽는 자가 수두룩했다. 송나라 군사들은 그 승세를 타 적을 10여 리나 추격했다. 그런데 적들은 어느 산곡간에 흐르는 냇물 하나를 앞에 두고 더 달아나지 않고 돌아서서 싸우려고 했다. 적청은 그것을 보고 징을 울려 추격을 멈추고 군사들을 퇴각시켰다.

사후에 부장들은 그때 적을 마지막까지 추격하지 못한 것을 몹시 후회했다. 그러자 적청이 말했다.

"달아나던 적들이 갑자기 돌아서서 싸우려고 할 적에는 거기에 반드시 무슨 대책이 있기 때문이다. 잘못 하다가는 적들의 꾀에 걸리기 쉽다. 어쨌든 우리는 이미 대승을 거두었으니 패잔병을 좀 놔준다고 크게 근심될 것이 없지 않느냐."

한번은 농지고가 읍주에서 반란을 일으켰는데, 인종은 적청을 선무사로 하여 농지고를 토멸하게 했다.

그런데 어떤 사람들은 농지고의 표패병標牌兵을 이기기 힘들다고 했다. 그러자 적청이 이렇게 말했다.

"표패병은 농지고의 보병이오. 보병들은 기마병들을 만나면 꼼짝하지 못하오. 나는 서부 번민蕃民들을 징발하여 농지고 표패병과 싸우겠소."

그러자 한 사람이, 남방 지형은 기마병을 쓰기 어렵다고 말했다. 이에 적청은 이렇게 말했다.

"번민들은 활을 잘 쏘고, 고생을 참고 견딜 수 있으며, 높은 산을 평지를 다니듯 하오. 그러기에 아직 장기瘴氣가 일지 않은 시기를 이용하여 그들 기마병을 내몰면 꼭 성공할 수 있단 말이오."

드디어 적청의 대군이 토벌을 나갔다. 적청은 군대의 힘을 키우기 위해 매일 노정을 한 개 역참 사이를 초과하지 못하게 했으며, 도중 주나 군에 이르면 군사들을 꼭꼭 하루씩 쉬게 하곤 했다.

담주에 온 다음 적청은 대오를 다시 편성하고 군기를 다시 엄하게 세웠다. 어떤 병사가 백성의 채소 한 줌을 뽑았는데, 적청은 당장에 그 병사를 군율에 의해 참해 버렸다. 그러자 모두들 정신을 차리고 어느 하나 군기를 어기는 자가 없었다.

읍주를 차지하고 있는 농지고가 관군이 오는 것을 알고 곤륜관을 미리 차지하면 관군의 진군에 대단히 불리했다. 그런데 적청은 무슨 이유에서인지 곤륜관을 앞에 두고 군대를 그 자리에서 휴식시켰다. 그리고는 빈주에 명해 전군이 닷새 동안 먹을 식량을 준비하게 했다.

그때가 마침 보름 명절이었다. 적청은 초롱불을 군영에 주렁주렁 매달아 놓게 하고 첫날 밤은 부장들과 주연을 하고, 이튿날에는 각 영의 군관들과 주연을 하고, 셋째 날에는 각 영의 관리들과 주연을 한다고 공포했다. 부장들을 불러 놓고 주연을 베푸는 첫날 밤은 날이 새도록 술을 마셨다. 그리고 그 이튿날 밤은 각 영의 군관들을 거느리고 술을 먹는데, 밤에 큰비가 쏟아졌다. 그런데 이경 무렵이 되어서 적청은 몸이 불편해서 자리를 먼저 떠야겠다고 하며 내실로 들어갔다. 얼마 지나서 그는 사람을 보내어 손면에게 자기 대신 사람들에게 술을 권하라고 하면서 자기는 약을 먹고 조금 쉬다가 다시 나오겠다고 했다.

그 다음에도 여러 번 사람을 보내어 권주를 했다. 군관들은 날이 새도록 술을 먹었지만 적청이 나오지 않으므로 돌아갈 수가 없었다. 그래서 기다리는데 한 사람이 말을 타고 와서 알렸다.

"어젯밤 삼경 무렵에 원수님은 이미 곤륜관을 공점했습니다."

군관들은 놀라서 서로 바라보았다. 자기네들도 그런 줄을 몰랐으니 적들이야 더 말해 무엇하랴.

곤륜관을 성공적으로 빼앗은 적청은 기뻐서 이렇게 말했다

"그렇게 험요하고 중요한 곤륜관도 지킬 줄 모르는 바보 같은 놈들이니 무슨 일을 해내겠느냐? 겁날 것 하나도 없다."

적청의 군대가 읍주에 거의 접근해서야 적들은 비로소 적청의 대군이 이른 것을 알았다.

양군은 귀인포에서 맞붙었다.

적청이 고지에 올라서 적의 진지를 보니 적들은 흙 둔덕을 차지하고 있었다. 적청은 보병을 앞세우고 기마병들은 뒤를 따르게 했는데, 적들은 싸움에 능한 군사들을 앞세워 긴 창으로 싸웠다. 선봉 손절이 싸움에서 희생되었지만 적청이 내세운 군율이 두려워 적청의 군대는 한 걸음도 물러서지 않고 용감하게 싸웠다.

적청은 높은 고지 위에서 오색기를 휘두르며 기마병들을 출격시켰다. 기마병들은 좌, 우, 그리고 적의 후방, 이렇게 세 갈래로 쳐들

어가서 적진을 세 토막 냈다. 그리고 우군은 왼쪽으로, 좌군은 오른쪽으로 윤번으로 공격하자 적군은 송나라 군대가 어느 방향에서 공격하여 들어오는지 갈피를 잡지 못하고 허둥지둥 헤맸다. 표패병도 송나라 군대의 기마병에 의해 진이 흩어져 자신의 우세를 발휘할 수 없었다. 적들은 긴 창을 들고 기마병들을 막았는데, 송나라 기마병들은 쇠도리깨를 휘둘러 적들을 죽였다. 적군은 대패하여 달아나고, 농지고도 하는 수 없이 분성으로 달아났다.

애당초 적청이 출정할 무렵, 간관 한강이 황제한테 이렇게 간했다.

"적청 혼자서는 그렇게 큰일을 감당하기 어려우니 문관 대신 하나를 보내어 조력하게 하는 것이 좋겠습니다."

그러자 당시 재상으로 있던 방적이 반박했다.

"우리 송나라 군대가 싸움에서 지는 원인 중에 하나는 무장들을 경시한 탓입니다. 문관 대신들은 병법을 모르면서도 자기 고집만 세우기에 군대를 옳게 지휘할 수 없습니다. 전에 녹주에 있을 때 적청은 신의 수하로 있었는데, 위인이 침착하고 용감하며 모략도 있었습니다. 그는 농지고를 평정하는 대임을 능히 감당할 수 있는 사람입니다. 다른 우려 마시고 그한테 사명을 맡기시기를 바랍니다."

그리하여 송인종은, 영남 농지고를 토멸하는 일은 적청이 전적으로 지휘한다는 칙령을 내렸다.

적청은 출발 전에 이런 글을 상주했다.

"예로부터 장수가 싸우러 나갈 때 군사들을 격려하기 위해 적들의 귀를 베어 오게 하고 그 귀를 헤아려 공을 기입했습니다. 그런데 진나라, 한나라 이후에는 귀 대신 머리를 베어 오게 하고 머리 하나에 작위 1급씩을 올려 주었는데, 이것을 수공首功이라고 했습니다. 그런데 문제는 전쟁 끝에 적의 수급을 서로 빼앗느라고 군사들끼리 서로 칼부림을 하며 죽일 내기를 하는가 하면 심지어 적의 수급을 싸움에 게으른 자한테 파는 일까지 생기고 있습니다. 그러므로 신은 수급으로 상을 주는 제도를 철폐하기를 바랍니다."

이 두 가지 일은 모두 일후의 장수들이 깊이 들어 참고할 바이다.

그리고 적청이 출발하는데, 권세 있는 사람들이 자기도 따라가겠다고 나섰다. 적청은 그들에게 이렇게 말했다.

"선생님께서 군대를 따라 출정하시겠다니 참으로 고마운 일입니다. 그런데 기실 농지고는 대단한 인물이 아닙니다. 좀도둑에 불과한 놈인데, 지금 정세가 좀 다급해져서 저를 보내는 것뿐입니다. 그리고 다른 한 가지, 저를 따라가서 힘껏 싸워 적을 죽이면 상을 받고 그렇지 않으면 일률로 군법의 다스림을 받아야 합니다. 여기에는 조금도 사정이 없습니다. 그러니 심사숙고해 보십시오. 그래도 따라가시겠다면 제가 황제께 상소하여 윤허를 얻겠습니다."

그 말에 그들은 따라가겠다는 소리를 다시는 입 밖에 내지 못했다. 이 한 가지 일만 보아도 적청이 법을 얼마나 엄수하는가를 알 수 있다. 그러니 적청이 승리하지 않을 수 있겠는가?

또 다른 한 가지 일은, 읍주를 깨치고 관청을 수색할 적의 일이다. 금룡무늬 옷을 입고 죽은 시체 하나를 발견했는데, 그 곁에는 금룡 무늬 방패까지 하나 있었다. 이것은 필시 농지고가 죽은 것이니 조정에 서둘러 고해 상을 받자고 부하들이 말했다. 그러나 적청이 말했다.

"만약 그것이 적의 간계라면 어떻게 하겠느냐? 농지고가 살았는데도 적들한테 속아서 농지고가 죽었다고 고한다면 그건 조정을 속이는 것이 되지 않느냐? 그러기에 자세히 더 수색해 확인한 다음에 조정에 보고해야 한다."

적청은 다른 사람들이 조정을 속이고 상을 타는 것도 반대했지만 자기도 그런 짓을 하지 않았다.

왕월 王越

명나라 시기 왕월이 대동 순무로 있을 때의 일이다.

큰 눈이 내리는 어느 날, 왕월이 화롯불을 곁에 두고 가녀들의 비파 소리를 들으며 술을 마시려고 하는데, 한 천호(千戶. 군관 관직명)가 적의 지역으로 정찰을 갔다가 돌아왔다.

왕월은 즉시 그를 불러들여 정찰을 갔다 온 일을 자세하게 물어보고는 기분이 좋아서 이렇게 말했다.

"수고했네. 날씨가 추운데 여기 같이 앉아서 술이나 하게나."

천호의 손을 끌어 앉히고 같이 가녀들의 비파 소리를 들으면서 술을 먹기 시작했다.

둘은 주흥에 말이 많았다. 왕월은 친히 금잔에 술을 부어 천호에게 권하기도 했다. 그러다가 기분이 좋아서,

"임자는 어느 가녀가 마음에 드나? 저 가녀가 어떤가? 마음에 든다면 내가 내주지."

하고 가녀들 중에 가장 이쁜 여자를 가리키기도 했다.

그런 일이 있은 다음부터 그 천호는 왕월에게 충성을 다했으며 후에는 지휘관까지 되었다.

어느 날, 왕월은 적의 영채를 기습하러 갔다. 그런데 적의 영채에 가까이 와서 갑자기 폭풍이 일어 군사들은 눈을 뜰 수 없었다. 그러자 장령들은 때를 잘못 선택했다며 돌아가자고 했다.

그런데 노병 하나가 나서면서 이렇게 말했다.

"이것은 기실 하늘이 우리를 돕는 겁니다. 폭풍이 일기에 적군은 우리가 쳐들어오는 걸 보지 못할 것이고, 우리가 적의 영채를 빼앗고 돌아가다가 약탈 나갔다 돌아오는 다른 적들을 만나더라도, 우리는 바람을 등지고 있으나 적군은 바람을 안고 있기에 적군을 치기

수월합니다. 그러니 이게 하늘이 우리를 돕는 것이 아니고 무엇입니까?"

왕월은 그 말을 듣고 말에서 내려와 노병을 칭찬했다. 그리고 싸움에 이긴 다음 노병을 천호관으로 임명했다.

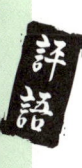

이소는 눈이 내리는 것을 이용하여 채주를 평정했고, 적청은 큰비 내리는 날을 이용하여 곤륜관을 탈취했으며, 왕월은 폭풍을 이용하여 대동을 점령했는데, 이 세 전투는 모두 밤을 이용한 것이다. 이것이 바로 불의에 하는 기습일 것이다.

앞에서 말한, 왕월이 천호에게 은혜를 베푼 일도 보통 일이 아니지만, 병졸의 말을 귀담아듣고, 그래서 승리했을 때에는 병졸의 공로를 잊지 않았는데, 이것도 보통 일이 아니다. 이것은 당년, 한신이 이좌차에게 감복한 일과 비견할 만하다. 문관들 중에 이런 호방한 사람들은 많지 않다. 그의 재능과 도략 그리고 기백은 한옹이나 양일청을 능가한다.

이주영 爾朱榮

위진 남북조 시기, 갈영이 군사 100만을 모아 경성을 향해 쳐들어왔다. 상주 자사 이신준은 성문을 굳게 닫고 지키기만 할 뿐 감히 나가 싸우지 못했다.

그렇게 되자 이주영이 7천 군사를 거느리고 동으로 부구滏口를 벗어나서 밤낮으로 강행군하며 이신준을 구원하러 상주로 달려갔다.

갈영의 군대는 수십 리에 횡으로 호선을 그리며 그물처럼 몰려왔다.

이주영은 산곡에 군사들을 매복시키고는, 장수 세 사람을 시켜 각기 기마병 수백 기씩을 거느리고 그 자리에서 왔다 갔다 하면서 함성을 크게 지르며 먼지를 일으키게 했다. 그래서 군대가 얼마나 있는지 상대방이 알지 못하게 했다.

그는 주동을 쟁취하기 위해 근거리 작전을 펼치기로 하고 기마병들은 모두 몽둥이를 쓰게 했다. 기마병들이 보병과 싸울 때에는 칼보다 몽둥이가 더 영활했다. 그리고 공로 때문에 적의 수급을 가지는 데만 정신이 팔려 진공이 늦어지는 일도 면할 수 있었다. 이주영의 군대는 군기가 엄하고 사기가 높았다. 이주영은 공격 명령을 내리고는 자기가 선두에 서서 적진으로 돌진했다. 이주영의 군대는 적의 배후를 공격했다. 앞뒤로 협공을 받은 적군은 일대 혼란이 일어났다. 적군은 대패하고 갈영은 생포되었다. 갈영의 군사들은 모두 무기를 던지고 투항했다.

투항한 갈영 군대가 엄청나게 많아 반변이 일어날까 봐 우려되었다. 이에 이주영은 투항병들을 패를 갈라서 관할하기로 했다. 먼저 그들 마음에 맞는 사람들끼리 패를 묶게 했는데, 그들의 행동을 그다지 제한하지 않았다. 그러자 투항병들은 기분이 좋아서 수십만 명이 하루 사이에 대오 편성을 끝냈다.

그리고 투항병들이 거기서 100여 리 밖을 걸어나온 다음에, 이주영은 그들 각자의 재능과 조건에 의하여 대오를 또 다시 편성하고 투항한 적장들도 재능에 따라서 모두 다시 임용했다. 이주영은 이런 방법으로 투항병들의 정서를 온정시켰다.

모두들 이주영의 과감함과 처사 능력에 탄복했다.

유강 劉江

명혜제 건문 3년 7월에, 명태조의 양자 평안이 진정에서 반란을 일으켜 북평으로 쳐들어와서는 평촌이라는 곳에 주둔했다.

평촌은 북평에서 50리 거리밖에 안 되었는데, 평안의 군사들이 늘 노략질을 나와서 백성들은 농사를 지을 수 없었다. 그런데 세자世子는 평안의 군대가 두려워서 감히 나와 싸우지 못하고 성문을 닫고 지키기만 했다.

북평성이 포위되었다는 소식을 들은 혜제는 유강을 입궁시켜 그 대책을 물었다.

유강은 자기가 가서 북평을 구원하겠다면서 혜제와 이런 약정을 했다.

"신이 북평에 가면 포성으로 신호를 하겠습니다. 첫 번째 포성은 신이 이미 적의 포위를 돌파했다는 신호이고, 두 번째 포성은 신의 군사들이 북평성으로 들어간다는 신호입니다만, 세 번째 포성이 아니 울릴 때는 신이 전사한 줄로 아십시오. 신이 순조롭게 성으로 들어가면 성을 지키던 군사들이 원병이 온 줄 알고 신심이 드높을 것입니다. 그때 군사들에게 명해 세 번째 포성을 울리게 하고, 후속 부대들이 계속하여 한 방 한 방씩 포성을 울리게 하면 적들은 우리 원군이 끊임없이 오는 줄로 알 것입니다. 그렇게 되면 평안의 군대는 간담이 서늘해져 저절로 흩어질 것입니다."

군사를 거느리고 북평으로 진군한 유강은 혜제와 약속한 대로 행동하여 마침내 평안을 대패시켰다.

명성종 영락 17년에, 유강은 좌도독으로 요동을 지키면서 부근의 각 섬들을 순시했다. 그러다가 보니 금선도 서북쪽에 있는 망해와라는 섬이 지세가 높아서 시야가 넓은데, 해적들이 노략질하려면 반드시 지나가야 할 요지였다. 그래서 그는 거기다가 성보를 세우고 망원대를 세웠다.

그런데 하루는, 망해와의 동남쪽에서 밤마다 불빛이 보인다는 망원대 군사들의 보고가 들어왔다.

유강은 왜구가 쳐들어오는 것이라고 추측하고 즉시 망해와에 군대를 증파하고 경비를 엄하게 했다. 그러면서 겉으로는 군사들을 호궤하면서 왜구들을 대수롭지 않게 여기는 양을 보이고 다른 한편으로는 비밀리에 군사를 배치했다. 도지휘사 서강에게 명해서는 산 아래에 군사를 매복시키고, 백호장 강륭에게는 일단 왜구들이 쳐들어오면 남모르게 군사들을 거느리고 가서 왜구의 배를 불살라 퇴로를 차단하도록 했다. 그리고 깃발을 흔들고 포성이 울리면 매복했던 병사들이 일제히 달려나와 왜구를 공격하되 싸움에 게으른 자는 모두 참수한다는 명을 내렸다.

그 이튿날, 왜구 2천여 명이 해추선을 타고 망해와로 들어왔다. 그들은 섬 위로 올라와서는 무인지경에 온 것처럼 겁도 없이 뻣뻣이 줄을 서서 걸어왔다.

유강이 포를 울리며 깃발을 흔들었다. 그러자 매복했던 군사들이 일제히 뛰어나가 왜구들을 에워싸고 진공했다. 느닷없는 공격을 받은 왜구들은 여기저기에서 삼대처럼 쓰러졌다. 요행 살아남은 적들은 섬에 있는 앵도원으로 도망쳐 들어갔다. 유강의 군사들은 앵도원을 포위하고 공격해 들어가려고 했다. 그런데 유강은 공격을 당분간 중지시키고 적들이 도망가게끔 일부러 서쪽을 열어 놓았다. 그리고는 그리로 달아나는 왜구를 양쪽에서 협공하자 적은 죽은 자가 천여 명에 달했고 생포된 자가 수백에 달했다. 어떤 왜구들은 바다까지 달아나 배를 타다가 생포되기도 했다. 왜구들은 한 놈도 달아나지 못하고 전멸당했다.

사후에 장수들이 유강에게 물었다.

"원수님은 처음 왜구들이 온다는 것을 알고 태연자약하게 계시고 왜구들이 오자 용감하게 적을 무찌르게 했는데, 왜 왜적이 앵도원으로 도망해 들어간 다음에는 공격을 중지하고 적이 달아나도록 했는지 알 수 없습니다. 그 까닭이 무엇입니까?"

그러자 유강은 이렇게 말했다.

"왜구들은 먼 곳에서 왔기에 굶고 지쳤으나 우리 군대는 충분히 휴식하면서 힘을 모은 군대이다. 배부른 군대로 굶주린 군대를 치는 데야 이기지 못할 도리가 있겠느냐. 왜군이 금방 섬에 올라 오만하게 들어올 적에는 적병들의 사기를 꺾어 버리기 위해서라도 전군이 총출동하여 용감히 적을 쳐 없애야 하겠지만, 적들이 앵도원으로 도망쳐 들어갔을 때에는 대패 끝에 필사적으로 싸울 결심을 하고 있었다. 그럴 때 억지로 공격하면 우리편 사망자가 늘어나기 쉽다. 그래서 서쪽을 열어 적들이 도망할 때 공격하게 한 것이다. 그래야 적들을 쉽게 일망타진할 수 있다. 병법에 위성필결圍城必缺, 즉 성을 에워쌀 때는 한 곳을 열어 놓아야 한다는 말이 있는데, 그 말이 바로 이것이다."

마륭馬隆

진무제 태시 연간, 양주 자사 양흔은 강족과 싸웠는데, 마륭은 양흔이 패하리라고 예측했다.

과연 얼마 지나지 않아 양흔이 전사하고 강족은 하서의 통로(실크

로드)를 막아 버렸다는 소식이 전해 왔다.

　진무제는 그 일이 심히 우려되어 하루는 조회에서 탄식을 하며 이렇게 말했다.

　"경들 중에 누가 짐을 위하여 강족을 토멸하고 양주로의 통로를 열어 놓겠는고?"

　그러자 마륭이 나서서 여쭈었다.

　"폐하께서 신을 믿으신다면 그 소임을 신에게 맡겨 주옵소서. 신은 강족의 무리를 평정할 신심이 있사옵니다."

　"경한테 그런 신심이 있는데 내가 어찌 경에게 그 소임을 맡기지 않겠는가. 그런데 짐은 경의 타산을 한 번 들어보고 싶다."

　"예, 폐하께서 신에게 그런 중임을 맡기시겠다면 모든 일을 신에게 맡기셔야 합니다. 신은 출신 여하는 관계하지 않고 폐하께 충성을 다할 수 있는 용사들을 3천 명 모집하여 전쟁터로 가려고 합니다. 그들만 데리고 가면 두려울 것이 없을 줄로 압니다."

　무제는 마륭의 요구를 윤허하고 마륭을 위무 태수로 임명했다. 조정의 대신들은 그것이 타당하지 못하다고 간했으나 무제는 대신들의 의견을 듣지 않았다.

　마륭은 36균(鈞. 1균은 30근) 활을 당길 수 있고 4균의 무게를 가진 화살을 쏠 수 있는 용사들을 과녁을 세워 놓고 활쏘기를 해서 뽑았는데, 아침부터 저녁까지 모두 3천5백 명을 뽑았다.

　"이제는 사람수가 찼다."

　마륭은 이렇게 말하고는 군사들 스스로 무기고에 가서 자기 힘에 맞는 무기를 골라 오게 하고, 조정에 말해 용사들에게 3년 동안의 군향軍餉을 내주게 했다.

　군대를 거느리고 마륭이 서쪽 온수를 건너니, 강족들 1만여 명이 험요한 지세를 차지하고 마륭을 위협하면서 마륭의 보급로를 차단하려고 했다. 마륭은 제갈량의 팔진도八陣圖에 근거하여 편상차라는 전차를 만들었는데, 매 차에 양식과 무기를 싣고 활과 창 같은 무기를 가진 갑사들 10명씩 서서 싸우게 했다. 평야에서는 녹각차라는 전차를 쓰고 협착한 길에서는 전차 위에 나뭇집을 세워 싸움을 계속하면서 하서로 진군했다.

강족들은 활에 능한 궁노수들을 시켜 활을 내쏘았지만 화살은 모두 마륭의 전차 벽에 부딪쳐 떨어지는 바람에 아무런 효력을 보지 못했다.

마륭은 늘 강족 군대에 불의의 기습을 가하면서 천 리 길을 전전轉戰하여 마침내 하서로 통하는 길을 열어 놓았다.

도로 陶魯

명영종 천순 초년, 한옹은 광동 요족들의 반란을 토벌했다.

그런데 요족들이 험한 요새들을 차지하고 있어서 토벌이 몹시 어려웠다.

그래서 한옹이 고심하고 있는 중에 하루는 현승縣丞 도로와 같이 밥을 먹게 되었다.

한옹이 도로에게 물었다.

"현승은 내가 지금 무슨 걱정을 하고 있는지 아는가?"

"적을 치는 대책을 생각하고 계시겠지요."

"그렇네. 그래 현승은 무슨 방법을 생각해 본 게 없나?"

"글쎄요. 소인의 생각으로는 그게 아주 수월한 일 같은데 모르겠습니다."

"무슨 말을 그렇게 하나. 내 수하 문무가 천여 명이나 되어도 이렇다 할 대책을 대지 못하고 있는데 네가 그런 소리를 해? 나를 어떻게 보고 하는 말인가? 안 되겠다. 채찍 맛을 봐야겠다."

한옹이 발칵 성을 냈다. 그러나 현승은 그대로 말을 계속했다.

"적을 이기지 못하는 것은 적이 이기기 힘들어서가 아니라 적을 이길 수 있는 사람을 찾지 못해 그러는 겁니다. 저는 원수님이 제 재능을 알게 하느라고 일부러 그런 큰소리를 했습니다."

한옹은 현승의 말이 기이하여 엄숙한 표정으로 물었다.

"현승은 군사 얼마를 가지면 적을 평정할 수 있겠나?"

"많이는 말고, 300명이면 됩니다."

"300명? 그래 300명으로 된단 말인가?"

"군대는 많아서 유용한 것이 아닌 줄 압니다. 정예 군사만 있으면 적어도 힘이 있습니다."

"그럼 현승이 골라 뽑아 보게."

그러자 도로는, 맨손으로 400근을 단번에 들 수 있고 200보 앞의 물건을 활로 쏘아 맞힐 수 있는 군사들을 시험을 통해 뽑았는데, 한옹이 거느리는 군사 15만 명 중에 합격한 자가 겨우 250명밖에 되지 않았다.

사람수가 모자라서 도로는 수준을 낮추어 또 여러 번 시험을 쳤다. 그래서야 겨우 300명을 뽑을 수 있었다.

도로는 부장 하나를 파하여 날마다 그 군사들을 조련시키고 군사들에게 매일 고기와 술을 먹였다. 그러자 군사들은 도로의 말에 무조건 복종하면서 도로를 위해 결사적으로 싸우려고 했다. 도로는 이렇게 단합된 군사들을 거느리고 요족의 군대를 일거에 격파시켰는데, 요족 군대는 무수한 사상자를 냈다. 도로는 노획한 전리품을 모두 용사들에게 나누어주고 자기는 하나도 가지지 않았다.

그 후 요족은 도로의 군대가 온다면 싸울 생각도 하지 않고 손을 들고 투항했다. 누구 하나 도로의 군대를 막을 엄두를 내지 못했다.

'한 사람이 죽을 각오를 하고 필사적으로 싸우면 만 사람이 달아난다'는 말이 있는데, 하물며 도로의 군대는 300명이 필사적으로 싸우는 데야 더 말할 것이 있는가?

한옹

명영종 천순 초년, 양광 지역에서 도적들이 일어나자 조정에서는 한옹에게 명해 도적떼를 토멸하게 했다.

한옹의 대군이 대등협이라는 곳에 이르니 양옆은 모두 논이고 그 사이에 난 길은 협착했다. 그런데 수백 명 서생으로 가장한 자들이 길 옆에 향안을 놓고 꿇어앉아 한옹에게 하소연했다.

"우리는 지금까지 도적들 때문에 온갖 고생을 했습니다. 그러다가 오늘 하늘이 도와서 천병을 내려보냈으니 우리는 이제 살길이 열렸습니다. 우리는 대군의 길잡이가 되어 도적들을 없애기를 소망하고 있습니다. 대군의 선봉이 되게 해주옵소서."

그러자 한옹은 버럭 소리를 질렀다.

"이놈들을 어서 몽땅 잡아서 당장 목을 쳐라."

그러나 한옹의 수하들은 그 말을 미처 알아듣지 못해 주춤했다. 그러다가 서생으로 가장한 그자들이 소매에서 칼을 꺼내는 것을 보고서야 달려들어 놈들을 죽였다. 그들은 도적들의 수급을 베고 다리를 뜯고 내장을 꺼내어 나뭇가지에 걸어 놓았다. 다른 도적들은 그것을 보고 모두 간담이 서늘해졌다.

한번은 한옹이 오경에 출격하기로 명령을 내렸는데, 장령들은 적들이 그 기미를 알고 있다는 말을 듣고 시간이 길어지면 뜻밖의 일이 생겨날까 봐 명령보다 미리 이경에 출동하여 적을 대패시켰다.

사후에 공에 따라 상을 줄 때 군령을 어긴 그 일을 논하게 되었다. 한옹은 영을 어긴 자는 참수해야 한다고 말했다. 그러자 장령들이 이번 일은 사면해 달라고 간청했다.

그러자 한옹은 이렇게 물었다.

"이번에는 병사들이 영용하게 싸워서 이겼으니 그래도 할 말이 있다. 그렇지 않고 패했더라면 어찌할 뻔했는가?"

그 일로 하여 사람들은 한옹이 장수들을 거느릴 줄 안다고 탄복했다고 한다.

마속이 가정街亭을 잃은 일이나 임복이 호수천에서 패한 일은 모두 군령을 어겼기 때문이다. 그러기에 한옹이 군령을 엄하게 한 것은 앞을 내다볼 줄 알았기 때문이다.

이계륭 李繼隆

북송 태종 순화 연간, 정난군 절도사로 임명된 이계봉은 아우 이계천과 비밀리에 내통하여 반란을 일으켰다.

조정은 이계륭에게 명해 그 난을 평정하게 했다.

이계륭이 수주에 도착하니 이미 날이 어두웠다. 그런데도 이계륭은 즉시 하주를 습격하려고 했다. 그러자 어떤 장령들은, 하주는 반란군의 대본영이어서 아군의 병력으로는 공점하기가 어려우니 먼저 석보를 점령하여 적의 상황을 알아본 뒤 진군하는 것이 좋지 않느냐고 제기했다.

그러나 이계륭은 그 말에 동의하지 않았다.

"그렇지 않네. 적들은 지금 우리가 하주를 공격할 줄은 꿈에도 생각하지 못하고 있을 거네. 그리고 우리 병력이 얼마나 되는지도 모르고 있을 거네. 그러기에 하주를 지금 쳐야 한단 말이네. 그렇지 않고 석보부터 먼저 친다면 석보는 점령할 수 있겠지만 그 대신 우리 병력이 적은 것이 탄로날 것인데, 그러면 어떻게 하주를 공격할 수 있겠는가?"

그러고는 군사를 이끌고 무녕현으로 달려갔는데, 이계봉은 그때까지도 그것을 전혀 모르고 있었다. 그러다가 이계륭의 군대가 하주를 들이쳐서야 창황히 응전했으니 이계봉이 이길 수가 있겠는가. 이계륭은 이계봉을 생포하고 조정으로 돌아왔다.

오성기 吳成器

명나라 유녕현 사람 오성기는 원래는 자그마한 아역이었는데, 후에는 여요현의 주부로 승직했다.

그때 호매림이 출정하여 왜란을 평정했다. 그는 왜구들이 소흥을 침노한다는 말을 듣고, 영리한 사람 하나를 소흥에 보내어 적정을 탐지해 오게 했다.

그래서 현령은 현승을 보내려고 했는데 현승은 가기 싫어 핑계가 많았다. 그것을 본 오성기는 현승을 크게 나무랐다.

"그저 소식을 알아 오라는데도 그렇게 겁이 나서 핑계가 많은데 만약 싸우러 나가라면 어떻게 하겠소?"

현령은 그 말을 듣고 오성기를 호방한 사람으로 보고 오성기를 호매림에게 추천했다.

호매림은 오성기를 불러 물었다.

"네가 가서 왜구의 상황을 탐지해 오겠느냐? 정말로 가겠다면 내가 군사 2천을 내주겠다."

"그렇게 많이는 필요 없습니다. 그리고 필요한 인원은 소인이 선택하게 해주십시오."

호매림은 그 요구를 들어 주었다. 오성기는 조련장에 고시를 내붙여 시험을 일일이 쳐서 정예 군사 500명만 뽑아 소흥으로 향했다.

그런데 연도에서 그들을 본 산민들은, 왜구가 쳐들어오는 것으로 오인하고 값진 물건들을 갖고 피난 가려고 했다. 오성기는 산민들에게 이렇게 말했다.

"겁먹지 마시오. 우리는 왜구를 소멸하러 오는 군대입니다. 대군은 뒤에 옵니다. 왜구를 소멸하면 우리는 태평세월을 누릴 겁니다. 하여 지금은 꼭 내 명을 들어야 합니다."

그러자 산민들은 안심이 되어 오성기를 따르겠다고 표했다.

오성기는 산 위에 쌓아 놓은 풀 더미를 가리키며 말했다.

"생각해 보십시오, 우리가 이곳을 떠나면 이 아름다운 강산이 왜구의 것이 된단 말입니다. 이 아름다운 강산을 어떻게 남에게 내준단 말입니까? 그래서는 안 되지요. 우리는 왜구와 싸워야 합니다. 내가 이제 포성을 울리면 당신들은 산에 불을 놓으십시오. 그러면 우리가 왜구들을 치겠습니다."

산민들은 그렇게 하겠다고 응했다.

심야가 되어 오성기는 군대를 거느리고 도가하 강반으로 왔는데, 왜구들의 배 13척이 하류에 있었다. 낮에 약탈을 감행하고 난 왜구는 술을 잔뜩 먹고 여자들을 끼고 마을에서 쿨쿨 자고 있었다.

　오성기는 먼저 군사들을 보내어 배를 지키는 왜구를 죽이고 닻줄을 끊어 배들을 몽땅 떠내려 보낸 다음, 연이어 포 소리를 울렸다. 포 소리를 듣자 산민들이 약정한 대로 산에 불을 놓았다. 왜구들이 소스라쳐 깨어나 보니 사방에 보이는 것이 불이었다. 그들은 명나라 대군이 쳐들어온 줄로 알고 혼비백산 강으로 달아났는데 강에는 배가 없었다. 그래서 배를 찾는다고 야단하는데 오성기의 군대가 함성을 지르며 마구 들이치며 왜구의 목 수백을 쳤다.

　그 후부터 왜구들은 감히 소흥을 침노하지 못했다.

　호매림이 오성기의 공로를 조정에 상주하니 조정에서는 오성기를 소흥부 판관으로 승직시켰다. 그는 후에 첨사僉事까지 지냈다.

왕수인 王守仁

　왕수인이 남공南贛 순무로 가게 되었는데, 풍성을 지나다가 주신호가 반란을 일으켰다는 소식을 들었다. 병력이 부족한 왕수인은 강을 거슬러 급히 길안으로 가서 군사를 징발하려고 했다.

　그런데 주신호가 군사 천 명을 내보내어 왕수인을 잡아 죽인다는 말을 들은 뱃사공은 겁이 나서 왕수인을 배에 태우려고 하지 않았다. 성이 난 왕수인이 사공의 귀 하나를 검으로 베고서야 사공은 마지못해 배를 몰았다.

　저녁이 되어 왕수인은 큰 배를 타고 가다가는 위험할 것 같아서 관복을 벗어 수하에게 입혀 배에 남기고 자기는 백성 옷으로 갈아입고 고기잡이배에 남모르게 올라탔다.

과연 예상하던 대로 주신호는 큰 배를 막고는 올라와 수색했다. 그는 관복을 입은 사람이 왕수인이 아님을 보고서야 왕수인이 이미 다른 데로 달아났음을 알았다.

왕수인은 자기가 길안으로 가는 사이에 주신호가 남경으로 쳐들어갈까 봐 간계 하나를 생각해 냈다. 그는 양광兩廣 호양湖襄의 도어사 신분으로 양경兩京의 병부를 모두 통솔하라는 조정의 밀지를 받은 것처럼 가장하고 각 장군들에게 명해, 길목에 매복했다가 영왕부 주신호의 병졸들만 보면 기습하여 모조리 죽이게 했다.

그리고 왕수인은 악공들을 불러왔다. 그는 악공들 모르게 악공들의 행장 안이나 겹옷 안에 공문을 넣어 놓고는 또 성이 나서 악공들을 결박하여 형장에 내다가 참하는 것처럼 했다. 그러다가 기회를 주어 그들을 도망치게 했다. 악공들은 주신호한테로 도망쳐 왕수인의 상황을 보고했다. 그런데다가 악공들의 행장과 옷을 수색해 보니 공문이 나오는지라 주신호는 남경으로 감히 진군하지 못했다.

길안에 도착한 왕수인은 급히 군대와 양초를 징발했다. 그러고는 주신호의 죄행을 천하에 고시했다. 주신호는 그제야 왕수인한테 속은 줄을 알고 왕수인을 소멸하려고 군대를 즉시 출동시켰다.

주신호와 정면으로 맞서서 싸우는 것이 상책이 아니라고 생각한 왕수인은 성만 굳게 지키고 있다가 주신호가 다른 데로 가면 기회를 봐서 치기로 작정했다.

왕수인은 가장 요긴한 것은 주신호 소굴인 남창을 치는 것이라고 생각했다. 남창만 치면 주신호는 남창을 구하러 달려올 것이며 그러면 그것을 맞받아 쳐 승리를 거둘 수 있다고 그는 여겼다.

주신호는 왕수인이 성만 지키며 나와 싸울 생각을 하지 못한다고 생각하고, 수하 1만 명만 남창에 남기고 자기는 대군을 거느리고 동쪽으로 내려갔다.

그러자 왕수인은 즉시 각 부의 병마들을 풍성으로 불렀다.

그때 동쪽으로 내려간 주신호의 대군이 안경을 포위했다. 왕수인의 장령들은 어서 가서 안경을 구원하자고 했다. 그러자 왕수인은 이렇게 말했다.

"구강과 남강은 이미 주신호한테 점령되었고 남창 성안에는 적병이 만 명밖에 없다. 우리가 안경으로 간다면 적들은 결사적으로 우리와 싸울 것인데, 안경성의 아군 병력은 성이나 겨우 지킬 정도여서 우리를 도와 적을 협공하지 못한다. 그러면 우리 힘만으로 주신호 군대와 싸워야 한다. 그런데다가 만약 주신호가 남창의 적들에게 명해 아군의 양식 보급로를 끊게 하고, 구강과 남강의 병력을 모아서 동서로 우리를 협공한다면 우리는 고립무원에 빠져 매우 불리하게 된다. 지금 우리 군은 풍성에서 회합하여 그 성세가 아주 크다. 그러기에 남창의 적군은 지금 우리가 무서워 떨고 있다. 우리가 힘을 합쳐 남창을 진공하면 남창성을 일거에 깨칠 수 있다. 그리고 주신호가 남창성을 구하러 오면 우리는 그 구원병도 맞받아쳐 소멸할 수 있다. 이것이 위위구조圍魏救趙, 즉 위나라를 포위하여 조나라를 구하는 것이다."

그러는데 세작이 와서, 신구창 부근에 복병이 각각 1만 명씩 있다고 보고했다. 왕수인이 즉시 군대를 파견하여 소로길로 해서 그들을 습격하게 하자 적들은 성안으로 달아났다. 왕수인은 이어 성을 공격했다. 성안의 적군들은 관군이 쳐들어온다는 말에 경황실색하여 군심이 동요되었을 뿐 아니라 왕수인이 직접 군대를 지휘하는 것을 보고는 겁이 나서 몇 번 싸우지도 못하고 손을 들었다.

관군이 풍성에서 회사했다는 소식을 듣고 주신호는 배를 타고 남창으로 회군하려고 했다. 그런데 우도어사 이사실이 간했다.

"그러기보다 곧장 남경으로 쳐들어가 천자 자리를 차지해야 합니다. 그러면 강서는 자연적으로 우리 손에 들어올 것입니다."

그러나 주신호는 그 말을 듣지 않고 안경을 포위했던 군대를 물려 원자강 주위에 군대를 주둔시키고 남창을 구원하려고 했다.

왕수인은 주신호가 남창을 구하러 돌아온다는 소식을 듣고서는 여러 장수들을 모아 놓고 토의했다.

"성안으로 들어가 성을 지키면서 구원병이 오기를 기다립시다."

어떤 장수들은 이런 계책을 내놓았지만 왕수인은 반대했다.

"그러면 안 된다. 적병은 자기네 소굴이 이미 점령당했기에 간담이 서늘해 있다. 그러기에 우리는 먼저 힘을 다해 그들의 선봉 정예부대를 족쳐 사기부터 단번에 꺾어 놓아야 한다. 그러면 겁이 나서 싸움도 변변히 못하고 달아날 것이다. 이것이 선손을 써서 적의 기세를 꺾는다는 것이다."

그러고는, 퇴각하는 것처럼 해서 적군을 유인하여 적군이 추격해 오면 복병을 내몰아 족치라고 오문정을 비롯한 수하 장수들에게 명했다.

왕수인은 성안에 있는 황실의 종친들 중에 주신호와 내응하는 자가 있을까 우려되었다. 그래서 황실 종친들을 직접 일일이 방문해 보았다. 그리고 다음과 같은 방을 사방에 내붙였다.

첫째, 이전에 주신호의 협박으로 인해 내응하기로 했던 사람일지라도 그것을 포기하면 그 죄를 일률로 추궁하지 않는다.

둘째, 비록 전에 주신호가 주는 관직을 받았지만 지금 그 관직을 버리고 귀순하는 사람은 일률로 죽이지 않는다.

셋째, 반란자들을 잡아 죽이면 그 공로에 따라 상을 준다.

그러고는 군대를 갈라 구강과 남강을 신속히 쳐서 적들의 구원군을 없애고 다시 힘을 합쳐 주신호를 쳐서 마침내 주신호를 사로잡았다.

진미공은 『견문록見聞錄』에서 이렇게 말했다.

주신호는 비록 패말의 종말을 강서에서 마쳤지만, 그 패망의 씨는 이미 안경에서부터 심고 있었다. 그러기에 제일 큰 공로는 왕수인에게 있는 것이 아니라 실제로는 이오산에게 있다고 해야 할 것이다.

이오산은 이름이 충사充嗣인데, 사천 내강 사람이다. 정덕 14년, 남기의 순무로 있을 때 그는 주신호가 호위병을 증가하겠다고 상주했다는 말을 듣고는,

"호랑이에게 날개가 돋치면 병란이 나기 쉽다."

고 탄식하고는 황제께 상서를 하여 그 일을 극력 반대했다.

그 후부터 이오산은 밤낮으로 방비를 강화하고 군사를 게으름 없이 조련했다. 안경을 군사 요충지로 생각하고 있는 그는 적당한 장령을 뽑아서 안경을 지키게 하려고 했다. 그래서 백관들이 황제께 참배하는 기회에 양예를 추천하고는 양예에게 이렇게 당부했다.

"완성을 지키는 중임을 임자한테 맡겼으니 내 기대를 저버리지 않기를 바라네."

정덕 15년에 주신호가 구강을 공점했다. 이오산은 병사 만 명을 상유로 올려 보내어 상유의 물을 돌로 막게 했다. 그리고 완성에 긴급 통지를 보내어 방비를 강화하게 하면서 충효절의로써 양예를 격려했다. 양예는 감격하여 더욱 분발하여 경비를 강화했다. 이오산은 또 이런 화패령火牌令을 위조했다.

"적정이 긴급하기에, 흠차 태감을 총병으로 하여 관군 10만여 명을 통솔하여 절반은 남경으로, 절반은 안경으로 보낸다. 그리고 양광의 군대와 호광의 군대를 징발하여 즉각 수로와 육로로 동시에 출발하여 안경에서 회사하도록 하여 강서의 도적을 제때에 소멸하게 한다. 이에 오늘 화패령을 내리니 일로의 각 장령들은 동심 협력하여 방비를 강화하고 양초를 둔적하여 싸움을 준비하기 바란다."

주신호는 병선을 타고 이양하까지 내려오다가 이 화패령을 앗았는데, 그것을 보자 그는 겁이 나서 얼굴색이 하얗게 질렸고, 그 말을 들은 적병들은 절반이나 달아났다고 한다.

이오산은 또 수병 천 명을 뽑아 배 100척에 군기를 나부끼며 안경으로 가서 함성을 지르며 안경성을 성원했다. 그 바람에 안경 군사들의 사기가 부쩍 올랐다. 이 기회에 양예는 성문을 열고 출격하여 나왔다. 그들은 수륙 양면으로 협공하여 적을 대패시켰다. 그때 황석기에서 영채를 세우고 있던 주신호는 그 소식을 듣고는 밤을 타서 달아났다. 이오산은 직접 군사를 거느리고 추격했다. 주신호는 파양호까지 달아났는데, 마침 왕수인이 군사를 거느리고 파양호로 와서 주신호를 공격했다. 그래서 주신호는 더 달아나지 못하고 포로로 잡혔다.

그런데 후에 사람들은 이오산의 공로는 말하지 않고 왕수인의 공로만 말하는데, 그 일의 경과를 친히 목격한 어사 호결증만은 이오산의 공로를 특별히 잊지 않았다. 그런데 문제는 이오산의 공로를 조정에 상주한 사람이 없었다. 그래서 이오산의 공적은 마멸되고 오로지 왕수인만 세인의 칭찬을 받았다. 그러니 그 행과 불행을 어떻게 말하겠는가.

그리고 이런 말이 있다.

주신호는 병란을 일으킨 초기에 남경으로 곧바로 쳐들어가려고 안경을 지나게 되었다. 그런데 태수 장문금과 양예가 상의하여 군사들을 성 위에 올려 보내어 주신호를 욕하게 했다. 그 바람에 주신호는 몹시 노해 군사를 이 끌고 안경성을 공격했다. 이렇게 그들은 주신호의 대군을 안경성 아래에 매어 놓았고 끝내는 주신호를 일거에 생포했다.

　주신호의 패망은 하늘의 뜻이라고도 할 수 있겠으나 장문호와 양예의 지모도 무시할 수 없다.

양예 楊銳

　양예가 구강, 안경 등지를 지키면서 수적水賊들을 모두 잡아들이자 감사는 축하하면서 이렇게 말했다.

"수적은 이제 걱정거리가 아닌데 주신호가 문제로다."

　감사는 구강은 파양호 상류에 있기에 위치를 보면 구강보다 파양호를 지키는 문제가 더 중요하다고 생각했다. 그래서 구강의 군대에서 일부 병마를 떼내어 호구현의 산을 지키면 파양호 수면을 전부 감시할 수 있기에 수상하거나 긴급한 일을 제때에 장악할 수 있다고 건의했다.

　그래서 양예는 그 수비 계획을 조정에 올리고, 배들을 여러 척 더 만들어 수전 훈련을 강화하고, 백성들에게 명해 양곡을 성안에 모아두고 우물도 파게 하여 적을 막을 준비를 했다.

　그리고 주신호가 반란을 일으켰다는 소식을 듣고 양예는 강 안에 쇠갈고리를 비밀리에 무수히 만들어 놓았는데, 적선 200여 척이 강 안으로 접근했다가 모두 갈고리에 걸려 파손되었다.

　성을 공격하는 일이 실패하자 주신호는 화가 나서, 군사들을 다섯 갈래로 나눈 다음 매개 군사들이 나무 판자들을 머리에 이고 다섯 개 성문을 동시에 전력으로 공격하게 했다. 양예는 무명으로 종이를 감은 화약 보퉁이를 무수히 만들어 적들이 이고 있는 나무 판자 위에 불을 붙여 던지게 했다. 화약 보퉁이들이 터지면서 적군이 이고 있던 나무 판자들에 불이 일었다. 이때를 이용하여 양예의 군대가 화살을 내리 쏘고 돌덩이들을 던지자 적들은 수많은 사상자를 내고 물러가지 않으면 안 되었다.

적들은 또 북쪽의 성곽에 잔도栈道를 만들고 그것을 이용하여 성 안으로 들어오려고 꾀했다. 그것을 본 성안 사람들은 황황해서 어쩔 줄을 몰라 했다. 이런 다급한 상황에 양예는 꾀를 생각해 냈다. 그는 대화총大火銃에 돌을 가득 채워 성 위에 나란히 배열해 놓았다. 적들은 큰 화총들이 수두룩히 그들을 겨누고 있는 것을 보고는 감히 들어오지 못했다. 그러는 사이 양예는 병사들을 몰래 성밖으로 내보내어 잔도를 태워 버렸다. 잔도를 이용하여 성안으로 들어오려던 적들의 기도도 무산되었다.

때가 바로 무더운 여름철이라, 사람들이 쉽게 피로해져 눕기만 하면 코를 골며 깊은 잠이 들곤 했다. 양예는 수영에 능한 병사들을 모아 밤에 적선에 올라 코고는 소리만 들리면 목을 치고, 그러고는 닻줄을 끊어 버리게 했다. 그랬더니 적지 않은 적선들이 강물을 따라 떠내려갔다.

그리고 양예는 신체 건장한 병사 몇을 강 안 적영에 잠입시켜 사처에서 화포를 쏘게 했다. 그러자 성안에서도 그 소리에 맞추어 포를 쏘았다. 그러면서 그 승세를 타서 적을 치니 그 함성 소리가 몇 리 밖에 메아리쳤다.

이에 주신호는 눈물을 흘리면서 퇴각했다.

양예가 안경성을 굳게 지키지 않았더라면 왕수인도 그렇게 순조롭게 주

신호를 잡지 못했을 것이다. 그러기에 양예의 업적을 여기에 특별히 기재하는 바이다.

심희의 沈希儀

명나라 명장 심희의가 시초 우강 참장으로 있을 때의 일이다.

우강성 밖 5리 되는 지점에 도적의 소굴이 있어, 그들은 관가의 일거일동을 첩자를 통해 낱낱이 알고 있었다.

심희의는 부임한 후, 우선 이미 귀순한 요족들을 성안으로 자유롭게 출입시키는 한편 다른 요족들과 교역하는 상인 수십 명을 후한 상을 주고 초무招撫하여 자기네 첩자로 만들었다. 그들을 통해 관가에서도 적들의 일거일동을 손금 보듯 알게 되었다.

매번 도적들을 토벌하러 나갈 때면, 그는 자기와 가장 친한 심복에게도 그 동향을 알려주지 않고 있다가 떠날 때에 임박해서야 감쪽같이 군사들을 집합시켜 어느 성문으로 어서 나가라 하는 식의 영만 내렸다. 대오는 장기관掌旗官이 영솔하게 했는데, 그 역시 어디로 가는지 목적지를 모르고 심희의만 따라갔다.

심희의는 도적들이 많이 오면 군사들을 신속히 매복시켰다가 도적이 포위권 안으로 들어오기를 기다려 좌우에서 돌격하여 도적들이 미처 손쓸 겨를도 없이 족치곤 했다.

달아난 도적들이 촌락들을 습격하려다 보면 관군이 어느새 거기에 와 지키고 있었다. 어떤 때는 관군이 이런 데는 오지 않았겠지 하고 도적들이 가장 편벽한 촌락을 들이치다가 그만 관군의 매복에 걸려 섬멸되는 경우도 적지 않았다. 이런 일들을 거듭 당하자 도적들은 심희의가 신이 아닌가 의심할 정도였다.

심희의는 도적을 토벌하기 전에 언제나 먼저 도적의 소굴을 똑똑히 알고 표시를 해두곤 하여 도적 아닌 백성들을 죽이는 일이 생기지 않게 했다. 그는 도적들한테서 노획한 여인들과 가축들을 원래 있던 곳으로 돌려보냈다. 물론 도적과 내통하며 정보를 나르는 자에 대해서는 사정을 두지 않았다.

"어째서 도적을 도와 선량한 백성들을 해치느냐!"

엄하게 꾸짖고 엄한 징벌을 가했다.

그리고 한번은 어떤 사람이 칼과 활을 들고 문 뒤에서 엿보는 자 하나를 잡았는데, 심희의는,

"왜 무기를 가지고 우리 동정을 엿보느냐? 안 되겠다. 소 다섯 마리를 벌금으로 내라."

하고 경고했다.

이렇게 되자 도적들과 사통하는 자들이 없어졌다.

심희의는 도적을 소멸할 계획을 짜 놓고는 아프다고 침상에 누워 일어나지 않았다. 문병을 하러 부하들이 와도 누구도 들어오지 못하게 했다.

하루를 그렇게 보내고 그 이튿날 부하들이 또 문병을 와서야 그는 겨우 일어나는 척하며 이렇게 물었다.

"앓고 나니 입맛이 떨어져 들짐승 고기를 먹고 싶은데, 나와 같이 사냥이나 하겠나?"

그러고는 부하들을 데리고 사냥을 나가서는 그날 저녁에는 도적의 영채와 1, 2리쯤 떨어진 곳에 영채를 세웠다. 그제야 장병들은 심희의가 사냥을 나가자고 한 목적이 다른 데 있음을 알게 되었다. 심희의는 그런 계책을 써서 도적들을 소멸했다. 가장 교활하고 못된 도적들을 잡아 다리를 뜯어 성문 위에 효시하여 보는 사람마다 두려

움을 느끼게 했다.

　심희의는 폭풍우가 불어치는 밤에 도적의 영채를 정찰하게 하고는 군사들에게 명해 초록색 옷에 초록색 모자를 쓰고 화포를 가지고 도적의 영채에 잠입시켰다. 심야가 되어 그들이 화포를 쏘자 도적들은 놀라서 심희의가 왔다고 소리치면서 산으로 허둥지둥 달아났다. 때가 마침 추운 엄동설한이라 산 속에서 그대로 얼어죽은 도적들이 적지 않았다. 그것을 본 그들의 여인들은,

　"공연히 적당에 들어 이게 무슨 죽음이오."
하며 통곡했다.

　산으로 달아난 도적들이 이튿날 자기네 영채로 사람을 보냈더니 영채 안에 사람 하나 보이지 않았다. 그러자 간밤에 누가 쳐들어왔는지 알 수 없어서 세작을 성안으로 들여보냈다. 그런데 간밤에 심희의는 어디도 나가지 않고 참장부에 그대로 앉아 있었다고 하지 않겠는가.

　도적들은 그만 신병신장神兵神將을 만난 모양이라고 간담이 서늘해져 산을 내려와 귀순했다. 그 다음부터는 성안의 목동이 소를 끌고 산 속으로 들어가도 요족들이 빼앗아 가지 못했다.

조신 趙臣

　잠장岑璋은 명나라에 귀순한 토관으로, 총명하여 지모가 많고, 병법을 익히 알았다.

　전주 지역의 잠맹岑猛은 그의 사위였는데, 법을 어겨 독부가 그 죄를 조정에 상소했다. 황제는 각 주의 토관들 중에 누가 잠맹의 수급을 바치는 사람이 있으면 작위를 한 급 올려 주고 잠맹의 토지를 절

반 떼어 주겠지만, 잠맹과 결탁하는 자는 일률로 참한다는 칙유를 내렸다.

도어사 요막姚鏌이 조정의 명을 받고 잠맹을 토멸하러 떠나게 되었는데, 그는 잠장과 합작할 생각이 있어 도지휘 심희의를 찾아가 의논했다.

그러자 자기 수하의 천호장 조신이라는 사람이 잠장과 교분이 두텁다는 것을 알고 심희의는 조신을 불렀다.

"듣자 하니 잠장의 딸이 결혼한 후에 그다지 행복하지 못해 잠장이 잠맹을 좋아하지 않는다는데, 혹시 잠장의 손을 빌면 잠맹을 잡을 수 있을까? 자네 생각은 어떤가?"

심희의의 물음에 조신은 이렇게 대답했다.

"잠장은 위인이 총명하면서도 의심이 많은 사람입니다. 제대로 말해서는 믿지 않을 것이니 억지로 명령하지 말고 꾀를 써야 합니다."

"그러면 어떻게 해야 된단 말인가?"

"진안과 귀순 이 두 주는 대대로 내려오면서 서로 원수지간이지요. 나으리께서 진안에 사람을 보내면 귀순에서 의심하고 귀순에 사람을 보내면 진안에서 의심을 가지게 됩니다. 그러기에 나으리께서 저를 진안에 보내어 군사를 징발하게 하십시오. 그러면 잠장이 저를 보고 진안에는 왜 가느냐고 물을 텐데 그때 제가 잠장에게 권해 보겠습니다."

심희의는 조신의 계책에 동의했다.

조신은 일부러 길을 에돌아서 잠장을 찾아갔다. 잠장을 만난 그는 말은 하지 않고 한숨만 내쉬었다. 잠장이 왜 그러냐고 물어도 조신은 말을 하지 않았다.

이튿날 잠장은 조신을 주육으로 대접하면서 물었다.

"임자는 왜 그러나? 내가 심희의 도지휘사를 노엽게 한 일이 있나? 아니면 내가 무슨 죄를 지어서 자네가 나를 잡으러 왔나?"

"아니, 그런 건 아니네. 그런 건 아니라니까."

조신은 머리를 흔들었다.

그러자 잠장은 더욱 의심스러워 조신을 내실로 끌고 들어가서 조신 앞에 무릎을 꿇었다. 조신이 눈물을 흘리자 잠장도 눈물을 흘리며 말했다.

"나더러 죽으라고 해도 내가 죽을 텐데, 도대체 무슨 일을 그렇게 속이고 있단 말인가?"

"우리 둘은 비록 한집안 식솔은 아니지만 형제같이 지내는 사이가 아닌가. 오늘 일은 자네가 죽지 않으면 내가 망하는 일이네."

"도대체 무슨 일이기에 그러나. 말을 해야 알 게 아닌가."

"조정에서는 대군을 보내어 전주 잠맹을 토벌하는데 어떤 사람이 자네가 잠맹의 장인이기에 잠맹의 동당이라고 고발을 했단 말이네. 그래서 공문을 진안에 보내어 자네를 치게 하려는 참이네. 이 일을 자네한테 알리지 않으면 자네가 죽을 것이지만 이 일을 알려 자네가 반란을 일으키면 비밀을 누설한 죄로 내가 능지처참을 당하게 되지 않나. 그러니 말도 하지 못하고 눈물이 앞선단 말이네."

"그런 일이 어디 있는가. 임자가 말을 하지 않았으면 우리는 멸족을 당할 뻔했네."

잠장은 놀라 장탄식을 했다.

이어 잠장은 조신을 병이 생겼다는 구실로 자기 집에 묵게 하고 한편으로는 도지휘사 심희의한테 사람을 보내어 잠맹의 죄과를 말하면서 자기가 잠맹의 동당이 아님을 누누이 설명하고 나서 관군을 도와 잠맹을 잡겠다고 표명했다.

심희의는 잠장의 일을 도어사 요막한테 알려 요막으로 하여금 전력을 다해 잠맹을 치게 했다.

잠맹의 아들은 이름이 방언인데, 군사를 거느리고 익도를 지키고 있었다.

잠장은 그를 돕는다고 군사 천 명을 익도로 보냈다. 그러나 실제로는 관군과 내응하기 위해 보낸 것이다. 그들은 옷자락에 기장 천 조각을 달아 표식으로 삼고 암암리에 심희의한테 정보를 제공하곤 했다.

당시 전주병들이 익도를 결사적으로 사수하기에 관군은 정면 진공을 할 수 없었다. 심희의는 기마병 천 명을 거느리고 소로길로 돌아서 익도의 측면을 공격했다. 전주병들은 갑자기 나타난 관군의 깃발을 보고 놀란 데다가 조정에 귀순한 병사들이 지르는 "천병은 소로길로 해서 익도를 치러 왔다"는 고함 소리를 듣고는 혼비백산하여 어쩔 줄을 몰라 했다. 그 기회에 심희의는 군사를 내몰아 적들을 천여 명이나 살상했다. 잠방언도 그 싸움에서 죽었다.

그 소식을 들은 잠맹이 자살하려 하는 것을 잠장이 타일러 귀순별관에 데려다 놓았다.

그런데 부장 호효원이 심희의의 공로를 질투하여 군사 만 명을 거느리고 귀순으로 쳐들어왔다.

그것을 안 잠장은 즉시 소 100마리에 좋은 술 천 단지를 가지고 30리밖에까지 나가 호효원 군대를 맞이하여 이렇게 꾀였다.

"어제 잠맹이 대패하여 잔여를 끌고 귀순에서 교남 쪽으로 달아나는 걸 제가 공격했더니 그는 눈에 화살을 맞고 어디론지 달아났습니다. 너무 급히 추격하면 의외의 변이 날 수 있으니 제게 닷새 말미만 주시면 제가 잠맹의 수급을 장군께 갖다 바치겠습니다."

호효원은 그것도 좋겠다고 고개를 끄덕였다.

잠장은 수하들에게 명해 하루 내에 초가집 천여 칸을 마련해서 관군이 들게 한 다음, 잠맹을 이렇게 속였다.

"관군이 잠시 물러갔다. 이때 서둘러 상서를 해서 네 무죄를 해명해야지 언제 해명하겠느냐?"

"그러지요. 문구가 어디 있습니까?"

잠장은 문방사우를 잠맹한테 가져다주어 상주서를 쓰게 하고는 거기에 인을 찍으라고 재촉했다. 잠맹이 인갑을 가져다가 인을 찍는 기회를 타서 잠맹이 인갑을 놓아두는 장소를 알아냈다. 그러고 나서 잠장은 주연을 차려 잠맹을 축하하고 풍악을 울려 주흥을 돋우었다.

술이 여러 순 돌자 잠장은 독주를 들고 말했다.

"관군이 철통같이 에워싸고 너를 급히 찾고 있는데 나인들 어떻게 너를 보호하겠느냐."

그 뜻을 안 잠맹은 눈을 부릅뜨며 잠장을 큰 소리로 욕했다.

"여우 같은 늙은이한테 내가 속았구나."

그러고는 그 독주를 마셨다.

잠장은 잠맹의 머리와 관인을 심희의한테 보내고, 잠맹의 시체와 다른 보통이들은 호효원의 군영 앞에 갖다 던졌다. 군사들이 그것을 가지고 공을 세우겠다고 맞붙어 칼부림하여 죽은 자가 열도 넘었다. 그래서 겨우 시체를 가지고 성문에 오니 어느새 잠맹의 수급이 성문 위에 걸려 있은 지 하루가 된다고 한다.

그들은 모두 잠장을 죽여 분풀이하겠다고 이를 갈았다.

그런가 하면 포정사도 요막을 암해하느라고, 잠맹은 기실 죽지 않았고 죽은 것은 전일전이라는 도사라는 요언을 돌렸는데, 어사 석금은 그 요언을 가지고 요막을 탄핵했다. 요막은 철직을 당하고 심희의는 공로가 있으면서도 표창을 받지 못했으며 잠장은 억울해서 도를 닦으러 산에 올라갔다.

왕식王式

　명나라 때 절동浙東 지방의 구보가 난을 일으켰는데, 관찰사 왕식이 군대를 거느리고 가서 얼마 걸리지 않아 그들을 소멸해 버렸다. 왕식이 개선하고 돌아온 다음 장수 여럿이 그에게 물었다.
　"대군이 입성하면 군량이 급히 수요될 일인데도 관찰사님은 나라의 창고를 열어 백성들에게 양곡을 나누어주었으니 그건 무슨 까닭입니까?"
　"비적들은 양곡을 나누어주는 것으로 백성들의 환심을 사고 있었소. 그러니 우리도 양곡을 백성들에게 나누어주면 백성들이 도적한테 넘어가는 걸 막을 수 있단 말이오. 그리고 다른 한 가지는 절동 각 현을 지키는 수비군이 없는데 양곡을 놔두었다가 적들이 성안으로 들어오면 그 양곡이 적의 양곡이 되는 게 아니겠소. 그럴 바에는 미리 백성들한테 나누어주는 것이 낫지 공연히 놔두었다가 비적들 좋은 일을 하겠소?"
　"관찰사님께서는 왜 봉화대는 만들지 않았습니까?"
　"봉화대를 만드는 건 원병을 부르기 위해서인데, 불러도 올 원병이 없는 터에 봉화대를 만들면 불안한 정서나 더해줄 뿐이지 무슨 소용이 있겠소."
　"관찰사님께서는 왜 담약한 병사들만 척후로 내보내셨습니까?"
　"용맹한 병사들은 평소 엄격한 훈련을 받았기에 적들과 조우하면 자기 생사를 고려함 없이 싸우기를 잘하지요. 그러다가 죽으면 누가 돌아와 적정을 회보한단 말이오."
 장수들은 왕식의 말을 듣고는 모두 자기들은 왕식의 지모를 따를 수가 없다고 감탄했다.

제23절 기만의 지혜

길은 곧고 평탄한 길을 걸으면 좋지만 적과의 싸움에 있어서는 그런 곧은 길을 걸어서는 안 된다. 진짜 속에 거짓이 있고 거짓 속에 진짜가 있는 그런 전술을 써서 적을 홀려야 적을 이길 수 있다. 지혜로운 사람은 꾀를 써서 변화가 무궁한 술책으로 적들을 기만하고 적들을 이긴다.

정공자 돌

춘추 시기, 북방의 유목 민족 북융이 정나라를 침략했다.

정장공은 직접 군사를 거느리고 북융을 막으려고 했으나, 북융의 무력을 심히 우려한 나머지 대신들을 모아 놓고 의논했다.

"북융은 보병을 사용하나 우리는 번중하고 영활하지 못한 전차를 사용하는데, 그러다가 적들이 우리를 기습하면 어떻게 하겠는가? 과인은 그것이 심히 우려된단 말이네."

정장공이 이러자 공자 돌이 말했다.

"우선 대왕님께서는 미리 국내에 군사를 매복해 놓은 다음 용감하면서도 맹동하지 않는 병사들을 선봉으로 내보내십시오. 그래서 적들이 쳐들어오면 싸우면서 철퇴하여 적을 유인해 들이십시오. 융인들은 성미가 난폭하고 군기가 문란하며 탐욕스러워서 재물을 보면 육친도 가리지 않는 형편입니다. 싸움에서 이기면 공로를 다투느라고 칼부림을 하고 싸움에서 지면 자기만 살겠다고 달아나는 군대입니다. 그러기에 우리 군대가 패해 철퇴하는 척하면 그들은 아무것도 모르고 진공해 올 것이고 그러다가 복병을 만나면 싸움도 변변히 해 보지 못하고 허둥지둥 달아날 겁니다. 적들의 후속 부대도 그 소식을 들으면 구원은커녕 먼저 달아나기 바쁠 것이니 그러면 우리는 단번에 큰 승리를 이룰 수 있습니다."

정장공은 공자 돌의 의견을 채납하여 북융의 군대를 유인하여 복병으로 무찌르니 이를 감당하지 못한 융인들은 여지없이 패해 달아났다. 그런데다가 정나라 대부 축담이 군대를 몰아 추격하여 북융의 군대를 두 토막 내고 전후로 협격하여 마침내 북융의 군대를 전부 소멸했다.

부개왕 夫槪王

오나라 왕 합려가 백거에서 초나라를 대패시키고 청발까지 추격했다. 그가 초나라 잔여 부대를 일거에 타진하려고 하자 오왕의 아우 부개왕이 말렸다.

"포위된 짐승들도 살기 위해서 마지막 발악을 하는데 사람들이야 더 말할 게 있습니까. 초나라 군대도 막다른 골목에 이르러 싸우지 않고는 살 길이 없다고 생각하면 결사적으로 싸울 겁니다. 그러면 누가 이길지 알 수가 없습니다. 그러기에 그들이 강을 건너도록 잠시 놔두십시오. 건너간 자들은 살았다고 안심할 것이고 건너가지 못한 자들은 강을 건너가기만 바라기에 투지가 없어질 겁니다. 이렇게 적 절반이 강을 건너갔을 때, 우리가 공격하면 큰 승리를 거둘 수 있습니다."

오왕은 그 말이 일리가 있어 그 말대로 했더니 과연 초나라 군대를 또 다시 대패시켰다.

두백비 斗伯比, 계량 季梁

춘추 시기, 초무왕이 수나라를 치려고 작정했다. 그는 수나라에 사자를 보내어 화의를 하는 척하면서 자기는 군사를 거느리고 변경에 주둔하여 소식을 기다렸다.

수나라에서는 소사少師를 파해 그 일을 처리하게 했다.

그때 초나라 대부 두백비는 초무왕한테 이렇게 말했다.

"초나라가 한수 이동으로 세력을 확충하지 못하는 원인은 초나라의 대외 정책이 타당하지 못한 탓입니다. 우리는 군비를 확충하여 무력으로 각국을 위협하기에 각 나라들은 연합하여 우리에게 대항하고 있습니다. 한수 동쪽의 여러 나라들 중에 수나라가 가장 강한데, 수나라가 자기 세력을 확장하는 날이면 수나라와 결맹을 맺은 작은 나라들이 모두 수나라를 싫어하게 되고 그러면 초나라만 유리해집니다. 수나라 소사는 오만하고 경망한 자입니다. 그러기에 일부러 허약한 군사들을 배치하여 그에게 보이십시오. 그래서 그자로 하여금 우리를 경시하게 하고 더욱 오만하게 만드십시오.”

초나라 왕이 그 말대로 했더니 수나라 소사는 과연 돌아가서 초나라를 진공해야 한다고 상주했다. 그러자 수나라 대신 계량이 반대했다.

"그건 초나라가 우리를 유인하는 꾀란 말이오.”

그래서 수나라는 출병하지 않았다.

초나라 군대는 하는 수 없이 돌아갔다.

당시 수나라에서 계량이 초나라의 꾀를 간파하지 못했다면 수나라는 아마 큰 손해를 보았을 것이다.

초자반은 이렇게 말했다.

"성 아래에까지 온 적들은 자기 역량을 과시하지 않는 법이 없습니다. 그렇지 않고 군대의 기율이 문란하고 싸울 힘이 모자라는 것처럼 보이는 것은 모두 유인술을 피우고 있는 것입니다.”

한고조는 흉노 선우가 모돈에 있다는 말을 듣고 첩자를 보내어 상황을 정탐해 오게 했다. 그런데 선우는 기력 좋은 군대와 살찐 마소들은 모두 다른 곳에 감추어 놓고 노약한 병사들과 여윈 마소들만 거기에 남겨 놓았다. 그것을 본 한나라 첩자들은 모두 돌아가서 흉노는 군력이 약하니 치면 이길 수 있다고 고했다. 그 후 첩자를 열 번이나 내보냈는데도 돌아와서는 모두 그렇게 말했다. 한고조는 이번에는 유경을 파했다. 유경은 돌아와서 한고조에게 이렇게 말했다.

"두 나라가 싸우기 시작할 때면 두 켠에서 모두 자기의 무력을 과시하고 자기 군대의 우세를 과시하느라고 야단인데, 신이 흉노 있는 곳을 가 보니 노약한 병사와 여윈 마소들밖에 보이지 않았습니다. 이것은 고의적으로 자기 약점을 만들어 보이는 것이니 우리를 유인하는 술책이 분명합니다. 그래서 매복한 군사로 우리를 기습하려는 것이지요. 그러기에 맹목적으로 흉노를 진공해서는 안 되는 줄 압니다."

그러나 고조는 그 말을 듣지 않고 흉노를 치다가 결국 백등에서 흉노에게 포위되어 죽을 뻔하다가 겨우 살아났다.

무측천 때, 거란인 이진충과 손만영이 영주를 함락하고 포로로 잡힌 당나라 병사 몇 백 명을 지하에 있는 옥에 가두어 놓았다. 그러다가 당나라 마인절의 군대가 쳐들어 온다는 소식이 들리자 그들은 옥에 있는 당나라 병사들을 놓아주면서 이렇게 말했다.

"지금 우리는 식량이 떨어져서 우리도 먹고살기가 어렵다. 그러니 너희들을 먹일 식량이 어디 있느냐. 그렇다고 너희들을 차마 죽이지도 못하겠고. 그래서 너희들을 놓아준다."

석방되어 당나라 유주로 돌아온 그들은 당나라 장수한테 거란군이 하던 말을 그대로 전달했다. 마인절은 거란군이 식량이 떨어진 줄 알고 이때가 절호의 기회라고 여겨 영주로 진군했다. 그들이 황란곡에 이르자 거란군은 또 노약한 병사들을 당나라 군대에게 투항하게 하고 길가에 여윈 마소들을 일부러 내놓았다.

그것을 본 마인절은 적을 얕잡아 보고 보병은 놔두고 소수의 기마병만 데리고 진군했다. 그러다가 그만 거란인의 복병에 걸려 마인절은 생포되고 전군은 복멸되었다.

위가蔿賈, **사숙**師叔

춘추 시기, 초나라에는 대기근이 들었다.

그러자 용인庸人들이 그 기회에 다른 만인들을 야합하여 초나라를 배반했다. 그런데다가 균나라 사람들이 백복인百濮人들을 선지選地에서 규합해서 초나라를 치려고 했다. 그 바람에 신申, 식息, 이 두 개 성은 북문을 감히 열어 놓지 못했으며, 초나라 사람들은 도읍지를 판고로 옮길 생각을 했다.

그러나 위가는 그것을 반대했다.

"이건 도읍지를 옮겨서 해결될 일이 아닙니다. 우리가 거기로 옮겨간다고 해서 적들이 못 온다는 법은 없지 않습니까? 그러기에 이 문제를 해결하려면 우리가 용나라를 쳐야 합니다. 지금 용나라와 백복인은 우리가 기근 때문에 군사를 발동할 수 없다고 여기고 우리를 진공하려고 합니다. 그러므로 우리가 군사를 발동하여 용나라를 치기만 하면 그들은 겁이 나서 퇴군할 것입니다. 그리고 백복인은 각지에 산거해 있기 때문에 우리가 진공하면 그들은 각기 자기네 읍을 지키려고 돌아갈 것입니다. 그러면 우리를 진공할 사람들이 누가 있습니까."

그래서 초나라에서는 군사를 출동하여 용나라를 공격했다.

초나라 군대가 용나라 방성을 치는 중에 장령 하나가 용나라 사람들에게 포로로 잡혔는데, 그는 사흘이 지나 도망쳐 나왔다. 초나라 군영으로 돌아온 그는 이런 말을 했다.

"용나라는 병력이 아주 강대합니다. 모든 이족들이 거기에 모두 규합되어 있습니다. 병력을 더 늘리든지 아니면 가장 정예한 근위사를 보내지 않으면 그들을 소멸하기 어려울 것 같습니다."

그러나 초나라 대부 사숙은 반대했다.

"그러는 것이 아니다. 그러지 말고 적들과 며칠 더 싸우면서 우리 약점을 고의적으로 내보여 적들의 오만을 키우는 것이 낫다. 적들은 오만해지고 우리 병사들은 격분해지면 우리는 일거에 적을 패배시킬 수가 있다. 이것이 선왕 분모(蚡冒. 초무왕의 부친)께서 늘 하시던 전략이란 말이다."

그래서 초나라 군대는 용군과 싸웠는데, 그들은 일곱 번이나 져 주었다.

그러자 용나라 군대는 초나라 군대를 얕잡아보면서 방비를 늦추었다.

그러자 초장왕은 역차驛車를 타고 임품에 이르러 군사들을 모아 두 갈래로 용나라를 진공하는 한편 각 이족들과 군사 동맹을 맺어 용나라와 이족들 간의 관계를 끊어 버렸다.

그래서 끝내는 용나라를 멸망시켰다.

전단 田單

전국 시기, 연나라 소왕昭王이 죽고 그 아들 혜왕이 즉위했다.

그런데 이 혜왕은 연나라 대장군 낙의와 전혐前嫌이 있어서 사이가 좋지 않았다. 낙의는 그때 제나라 70여 개 성을 쳐서 큰 공을 세우고 있었다.

연나라 혜왕이 낙의를 미워하고 있음을 알고 있는 제나라 전단은 반간계를 쓰기로 작정하고, 이런 요언을 연나라에 퍼뜨렸다.

"제나라 왕이 이미 죽었고 공점하지 못한 성은 거莒와 즉묵卽墨 두 곳뿐인데, 낙의는 새 임금과 사이가 좋지 못해 죽을까 봐 감히 돌아오지 못하고 있다. 그는 지금 제나라를 치려고 하고 있지만 실지는 자기가 제나라 왕이 되려는 욕심을 갖고 있다. 그러나 제나라 사람들이 그의 말을 듣지 않기에 당분간은 참고 즉묵을 천천히 치면서 시기가 성숙하기를 기다리고 있다. 그러기에 지금 제나라 사람들은 낙의를 걱정하는 것이 아니라 낙의 대신 다른 장수가 올까 봐 걱정하고 있다. 다른 장수가 오면 즉묵은 하루 사이에 함락될 수 있기 때문이다."

원래부터 낙의를 의심하고 있던 연나라 혜왕은 그 말이 제나라의 반간계인 줄 모르고 기겁騎劫을 급히 보내어 낙의를 대체하게 하고 낙의를 초나라로 소환했다. 낙의는 혜왕이 자기한테 좋은 마음을 품지 않고 있음을 알고는 조나라로 달아났다. 연나라 장수들은 낙의를 애석하게 생각하면서 격분하여 야단이었다.

전단은 이때 거와 즉묵 두 성의 백성들에게, 밥을 먹을 적이면 모두 먼저 뜨락에 나와서 조상들에게 제를 지내라고 명했다. 백성들이 그 명대로 뜨락에 상을 차려 놓고 제를 지내니, 거와 즉묵 이 두 성의 하늘에 새들이 새까맣게 모여 날아다녔다.

연나라 군대가 그것을 보고 이상하게 생각하는데, 전단은 또 이런 요언을 퍼뜨렸다.

"지금 신명이 성안에 내려와 제나라 백성들을 가르치고 있다."

그런데 전단의 군대에서 한 병사가 농담으로,

"그러면 내가 한번 그 신이 되어 볼까요?"

하고 말하다가 돌아서 나가려는 것을 전단이 불러 신위에 앉히고 정말로 신명한테 하는 절을 했다.

"이러지 마십시오, 장군님. 제가 농담을 한 겁니다. 전 신이 아닙니다. 저는 아무것도 모릅니다."

병사가 당황하여 말하자 전단은 손을 내저으며,

제23절 기만의 지혜

"아무 말도 말고 그저 가만히 앉아 있기만 하라."
하고 말하고는 그 병사를 신으로 모셨다. 순찰을 나갈 때도 그 병사를 신으로 모시고 다녔다.

그러면서 전단은 또 요언을 퍼뜨렸다.

"우리 제나라 사람들은 연나라 군대가 포로로 잡은 제나라 군사들의 코를 베어서 연나라 군대 앞에 세워 놓는 걸 가장 두려워한다. 그러면 즉묵이 즉시 공점될 수 있기 때문이다."

연나라 군대는 그 요언을 믿고 정말 그렇게 했다. 연나라의 포로가 된 제나라 병사들이 코가 베어진 채로 서 있는 것을 성 위에서 내려다본 제나라 사람들은 자기네들도 그런 꼴을 당할까 봐 겁이 나서 성을 더욱 결사적으로 지켰다.

전단은 또 사람을 시켜 이런 요언을 퍼뜨리게 했다.

"제나라 사람들은 연나라 군대가 성밖에 있는 제나라 사람들의 묘지를 파고 조상들을 모욕할까 봐 몹시 두려워한다. 조상들이 모욕을 당하면 우리는 속이 떨려서도 살지 못할 것이다."

연나라 군대는 또 그 요언을 굳게 믿고는, 무덤들을 파헤치고 거기서 나온 해골들을 불살랐다. 성 위에서 그것을 내려다본 제나라 사람들은 노기가 충천하여 연나라 군대와 끝까지 싸우겠다고 저마다 이를 갈았다.

시기가 성숙되었다고 생각한 전단은 친히 전사들과 같이 무기를 만들고 맛좋은 음식들을 병사들에게 나누어주었다. 그러고는 군사들은 무기를 지니고 매복하고, 노약자와 여인들은 성 위에 올려 보내어 성을 지키게 했다. 그러면서 다른 한편으로는 사자를 보내어 연나라에 투항할 의사를 보였다. 연나라 군대는 만세를 부르면서 좋아서 야단이었다.

전단은 성안의 민가들을 동원하여 황금 천 일을 모은 다음 즉묵성의 부호를 시켜 연나라 장군한테 가져다 바쳤다.

"이제 제나라 사람들이 투항하겠는데, 그때 제발 우리 집 처첩들은 잡아가지 말아 주십시오"

그러자 연나라 장군 기겁은 아주 좋아하면서 그것은 근심하지 않아도 좋다고 대답했다.

연나라 군대의 방비는 나날이 해이해지고 투지도 없어졌다.

모든 일이 전단이 예견하던 대로 되어 갔다.

전단은 성안에 있는 소 천 여 마리를 모아다가 진홍색 비단에 오색 용 무늬를 돋친 삼장을 씌우고 소뿔에는 날이 선들선들하는 날카로운 칼들을 동여맸다. 그리고 소꼬리에는 기름 친 갈대를 달았다. 그런 다음 성벽을 몰래 여러 곳 뚫어 놓았다.

밤이 되어 전단은 소들을 성벽 구멍으로 내보내면서 소꼬리에 불을 달았다. 꼬리에 불이 달린 소들은 울부짖으며 연나라 군영으로 달려들었다. 그 뒤를 이어 5천 제나라 군대가 쳐 나갔다.

연나라 군대는 용 무늬를 돋친 소들이 쳐들어오는 것을 보고 하늘의 천병들이 내려온 줄로 알고 기겁초풍했다. 기광이 난 소들은 닥치는 대로 떠받았다. 연나라 군사들은 예리한 칼을 단 소뿔에 치여 아우성을 치며 쓰러졌다. 순식간에 수많은 연나라 군사들이 죽었다. 죽지는 않고 상한 자만 해도 5천이 넘었다. 그런데다가 성 위에서는 북 소리, 함성 소리가 하늘을 진동했다.

연나라 군대는 거미 떼같이 흩어져 달아났다.

제나라 군대는 승세를 잡아 바싹 추격해서 기겁을 죽이고 설치(雪恥)했다.

　진나라 말, 진승과 오광이 진나라에 반기를 들기로 약조를 하고는 '진승왕陳勝王', 즉 진승이 왕이 되리라 하는 글을 쓴 명주 조각을 남모르게 물고기 배 속에 넣었다. 병사들이 그 물고기를 사서 잡아먹으려고 배를 가르자 물고기 배에서 그런 명주 조각이 나오는지라, 이것은 하늘의 뜻이라고 여기고 모두들 진승을 따라 봉기를 일으켰다.

　수나라 말, 왕세충이 이밀을 칠 때 군사들의 의구심을 없애기 위해 왕세충은 자기가 꿈에 주나라 임금을 만났는데, 주나라 임금이 여차여차 말했다고 거짓말을 했다.

　이것은 모두 신명을 빌어서 군사들의 신심을 북돋은 사례이다.

　왕덕이라는 사람이 수주秀州에서 비적 소청을 칠 때의 일이다. 소청이 불을 단 소를 몰아 자기네를 공격할 준비를 하고 있다는 말을 듣고 왕덕은 이렇게 말했다.

　"그런 전술은 이미 시기가 지난 낡은 전술이다. 그런 전술을 처음 써먹을 때는 효력을 볼 수 있지만 지금 또 그걸 써먹겠다고 한다면 우둔한 짓이다. 그렇게 변통이 없는 놈은 걱정할 게 못 된다. 내가 이제 그자들을 일망타진 하겠으니 보아라."

　그러면서 그는 전체 군사들에게 화살을 넉넉하게 준비하고 있으라고 명했다.

　적들이 불을 단 소들을 내몰자 왕덕은 군사를 전부 동원하여 활을 마구 내쏘게 했다. 화살들은 황충 떼같이 날아갔다. 적들이 내몬 소들은 날아오는 화살들을 이기지 못해 도로 돌아서서 자기편한테로 기광이 나서 달려갔다. 왕덕은 그때를 노려 군사를 휘몰아 돌격했다. 그래서 끝내 적들을 모두 섬멸했다.

　그러기에 병서도 교조적으로 읽을 것이 아니고 옛사람의 일도 그대로 따를 일이 아니다. 여기에는 영활한 활용이라는 것이 있어야 한다.

　두백비는 약한 군사로 적을 쳐 이겼고 위가는 패하는 척하며 적을 유인해 이겼으나, 전단은 투항하는 척하면서 적을 쳐 이겼으니 전단의 모략이 한 걸음 더 진보한 것이다. 그들의 모략은 모두 향후 전쟁에 큰 영향을 미쳤다.

오나라에 투항했던 월나라 구천은 오왕이 제후들과 회합하여 싸우려고 국외로 출병하여 도읍이 비자, 그 기회를 이용하여 오나라를 쳐서 패망시켰다. 삼국 시기, 촉나라 대장군 강유는 위나라에 투항했지만 촉한을 복국하려는 마음을 가지고 있었다. 그러기에 상대방이 투항했다고 하여 마음을 놓을 것이 못 된다. 상대방의 거짓 투항을 방비하지 않으면 안 된다.

유방도 거짓 투항으로 항우를 기만했고, 황개도 거짓 투항으로 조조를 속였다. 잠팽岑彭과 비의 같은 명장들도 투항하여 넘어온 장수들의 손에 죽었다.

그러므로 적들의 투항을 신중히 대해야 한다. 적들이 왜 투항하는가, 적들의 투항이 진심인가 거짓인가를 여러모로 잘 따져 보아야 한다. 그렇지 않고 경솔하게 믿었다가는 도리어 큰 화를 당하게 된다.

강무재康茂才

원나라 말년에 진우량이 반란을 일으켜 태평을 함락하고 장강 상류를 차지했다. 그러고는 장사성에게 사람을 보내어 둘이 같이 건강(남경)에 있는 주원장을 치기로 약속했다.

그러자 주원장의 수하 하나가, 주원장이 직접 군대를 거느리고 나가서 싸워야 한다고 건의했다. 그러자 주원장은 이렇게 말했다.

"적들은 내가 그럴 줄 알고 일부 병력으로는 우리를 견제하고 주력 부대는 장강을 따라서 동쪽으로 내려올 것이다. 그러면 반나절이 못 되어 건강에 도착할 것인데, 그때 내가 아무리 급히 건강으로 돌아온다고 해도 이미 늦단 말이다. 100리를 왕복하여 지친 군사들을 가지고 어떻게 적들을 이기겠느냐? 이건 군사가들이 가장 꺼려하는 일이다."

그러고는 주원장은 강무재를 불러서 말했다.

"진우량과 장사성이 정말로 연합하여 우리를 친다면 우리한테는 매우 불리하다. 그러기에 우리는 먼저 진우량부터 격패시켜야 한다. 진우량을 격패시키면 장사성은 겁이 나서 어쩌지를 못할 것이다. 그런데 진우량을 속여 여기를 먼저 진공하게 할 방법이 자네한테 있는지 모르겠다."

그러자 강무재는 이렇게 말했다.

"저희 부중에 늙은 문지기가 하나 있는데, 전에 진우량을 따랐습지요. 그를 보내어 반간을 놓으면 혹시 성공할 수 있을지 모르겠습니다."

그래서 그 늙은이한테 편지 한 봉을 주어서 쪽배를 태워 진우량한테로 보냈다. 진우량을 만난 늙은 문지기가 강무재가 내응하련다 하자 진우량은 대단히 좋아했다.

"그래, 강무재는 지금 어디에 있느냐?"

진우량이 늙은 문지기한테 물었다.

"강동교를 지키고 있사옵니다."

"강동교는 무엇으로 만든 다리냐?"

"나무로 만든 다리입니다."

진우량은 늙은 문지기를 잘 대접하여 돌려보내면서, 자기가 대군을 이끌고 가겠으니 이렇게 저렇게 연락하자고 연락 암호까지 정해 주었다.

돌아와서 고하는 문지기의 말을 들은 주원장은, 진우량이 내 꾀에 걸렸구나 하고 좋아했다.

그러고는 나무로 된 강동교를 뜯어버리고 거기다가 쇠와 돌로 만든 다리를 하룻밤 사이에 세웠다. 그리고 풍승과 상우춘에게 명해 3천 군사를 거느리고 석회산에 매복하고, 서달 등에게 명해서는 남문을 지키게 하고, 양경에게 명해 대승항을 지키게 하고, 장덕승과 주호에게 명해서는 병선을 타고 용강관을 순라하게 했다.

주원장은 노룡산에서 삼군을 지휘하기로 했는데, 황색 기를 든 군사들은 산 우측에 매복하고 붉은 기를 든 군사들은 산 좌측에 매복하여, 적들이 쳐들어오면 붉은 기를 휘두르고 전고 소리가 울리면 황색 기를 추켜들어 매복했던 군대가 총돌격하기로 했다.

장강을 따라 내려오던 진우량의 병선들은 수면이 좁은 대승항에 들어오다가 양경의 군대를 만나자 급히 물러났다. 그러고는 병선으로 강동교를 맞받아 허물어 버릴 생각을 했다. 그런데 당도해 보니 강동교는 듣던 것처럼 목조 다리가 아니라 쇠와 돌로 쌓은 다리였다. 놀란 진우량의 군대가 아무리 암호를 외쳐도 아무런 응대가 없었다. 그제야 속은 줄 안 진우량은 즉시 군대를 두 갈래로 나누어 한 갈래는 배 천여 척으로 용강을 치고 다른 한 갈래는 군사 만 명을 이끌고 기슭으로 나아가 목책을 세우게 했는데, 그 기세가 대단했다.

그런데 이날 따라 날씨가 한정 없이 무더웠다. 주원장은 큰 소낙비가 오리라 예측하고 군사들에게 먼저 밥을 먹였다. 아니나 다를까, 방금까지만 해도 청천 하늘에 구름 하나 없더니 갑자기 서북풍이 먹장구름을 몰고 오며 폭우가 억수로 쏟아져 내렸다. 주원장은 급히 붉은 기를 휘두르게 했다. 주원장의 군사들이 달려들어 진우량의 군대와 싸우면서 진우량 영채의 목책을 모두 뽑아 던졌다.

양군이 어지럽게 비 속에서 싸우는데 소낙비가 또 갑작스럽게 멎었다. 주원장은 즉시 황색 기를 휘두르게 했다. 그러자 복병들이 일시에 돌격했다. 서달의 수군들도 쳐 나왔다. 그들은 수륙으로 협공하여 진우량을 대패시켰다. 주원장은 그 승세를 타고 계속 추격하여 태평을 공략했다.

장량張良

패공 유방은 2만 병력으로 진나라의 효관을 진공하려고 했다.

그러자 장량이 말했다.

"진나라 군대는 아직 강대하기에 절대 경솔하게 대해서는 안 됩니다. 신이 듣기에 진나라 장군들은 탐욕스럽기에 매수하기 쉽다고 합니다. 주공께서는 원래 곳을 고수하고 계시면서 사람을 파견하여 5만 명의 식사를 준비하게 하십시오. 그리고 산 위에 깃발들을 세워 성세를 보이게 하고 다른 한편으로는 역식기한테 금은보화를 가득 주어 보내어 진나라 장수들을 매수하게 하십시오."

유방이 그 말을 따랐더니 진나라 장수는 과연 그 이익이 탐나서 유방과 손잡고 함양을 습격하자고 했다.

유방이 그 말을 들으려고 하자 장량이 말했다.

"그건 진나라 장수 개인의 생각이지 군사들이 그 말을 들을지 어떻게 압니까? 신의 생각은 그들의 투지가 해이해진 이때 효관을 들이치는 것이 더 옳은 줄로 알고 있습니다."

그래서 유방은 군대를 휘몰아 효관을 공격했다. 과연 진나라 군대는 대패하여 효관을 내놓았다.

한신이 군사를 거느리고 동진하여 제나라를 치려고 하자 제나라 왕은 역

식기의 권고를 듣고 한나라와 화의하러 사람을 보냈다. 그러나 한신은 제나라를 들이쳐 임치에까지 이르렀다. 이에 제나라 왕은 역식기한테 속았다고 역식기를 끓는 물에 집어넣어 죽였다.

　당나라 때 돌궐의 왕 힐리는 음산에서 이정한테 대패했다. 그래서 힐리는 사자를 보내어 당태종에게 사죄하면서 당나라에 귀순하겠다고 했다. 당태종은 당검을 보내어 그를 안무했다. 그런데 힐리는 겉으로는 순종하는 척하면서 내심으로는 불복했다. 그래서 이정은 당태종에게 이렇게 말했다.

　"힐리는 비록 실패했다고 하지만 수하에 아직 10만 군사가 있습니다. 그들이 사막 북쪽으로 멀리 달아나면 추격하기가 어렵습니다. 그러기에 사자를 힐리의 영지에 보내어 그들의 경각심을 늦추게 하는 한편 날쌘 기마병 1만 기를 뽑아서 불시에 기습하면 그들을 쉽사리 생포할 수 있습니다. 이것은 한신이 제나라를 치던 방법입니다. 물론 잘못하면 사신으로 간 당검이 위험하겠지만 그런 것까지 고려할 상황이 아닌 것 같습니다."

　이 두 가지 일과 장량의 모략은 기실 같은 것이다.

이광李廣, **왕월**王越

　한나라 명장인 이광이 기병 100여 명을 데리고 순라를 하다가 그만 수천 명이나 되는 흉노 기마병과 조우했다.

　그런데 흉노병들은 한나라군이 자기네를 유인한다고 생각하여 경황실색 말을 버리고 산으로 올라가 진을 쳤다. 이광의 기마병들도 겁이 나서 달아나려고 했다.

　이 돌연한 상황 속에서도 이광은 침착하게 수하들에게 명했다.

　"달아나지 말아라! 이런 상황에서 달아나서는 안 된다. 우리는 영지에서 몇 십 리나 떨어져 있다. 우리가 급히 달아나면 흉노는 눈치를 채고 우리를 추격할 것인데, 그러면 우리 모두는 살아남지 못한

막북(漠北) 전쟁에서 22살의 곽거병 거병은 지혜와 용기가 충천하여, 즉시 기이한 공을 세웠다. 이광(李廣)은 오히려 명령에 따라 돌아오다가 길을 잃고 싸울 기회를 놓치는 수치를 당하고 스스로 목을 베어 자살했다.

다. 그러나 우리가 여기 머물러 있으면 흉노들은 우리가 유인전을 쓰는 줄로 알고 감히 우리를 어쩌지 못할 것이다."

그리고는 기마병들을 흉노의 진에서 2리쯤 떨어진 곳까지 전진시켜 말에서 내렸다. 말안장도 내리고 아예 푹 쉬는 척했다.

그러자 군사들이 걱정되어 말했다.

"적들의 수가 몇 천이나 되는데 이렇게 가까이 있다가 적들이 오면 어떻게 하려고 그럽니까?"

"처음에 흉노병들은 우리가 떠나가리라고 여겼을 것인데, 우리가 이렇게 말안장까지 부리고 있으면 우리가 유인전을 한다고 정말 믿고 더욱 내려오지 못한다."

흉노들은 과연 이광의 말대로 감히 내려오지 못했다.

그런데 백마를 탄 흉노 장군 하나가 먼 곳에서 이광의 군대를 감시하는 것이 보였다. 이광은 급히 말에 올라 기병 10여 기를 데리고 달려가서 그 백마를 탄 장군을 쏘아 죽였다. 그리고는 영지로 돌아와서 말안장을 내려놓고 또 쉬었다. 해가 지고 황혼이 되자 이광은 말에게 풀을 먹이게 하고 군사들은 자리를 펴고 쉬게 했다.

흉노 군대는 이광 군대가 하는 일이 괴상하다고 생각하면서도 감히 쳐들어오지 못했다.

자정이 되어 흉노 군대는, 부근에 매복하고 있는 한나라 군대가 심야를 이용하여 공격해 올까 봐 겁이 났다. 그래서 그들은 야음을 타서 조용히 그곳을 떠나갔다.

그래서 날이 새어 이광의 군대도 안전하게 군영으로 돌아왔다.

명나라 때 위변백 왕월과 보국공 주영이 수하 천여 명을 데리고 변경을 순찰하다가 갑자기 호병胡兵들과 조우했다. 역량이 너무 현저하여 주영은 달아나려고 했다. 그러는 것을 왕월이 말리고 병사들에게 명해 진을 치게 했더니 호병들은 겁을 먹고 감히 공격하지 못했다.

황혼 무렵, 왕월은 병사들을 한 줄로 세워서 소리도 내지 말고 뒤도 돌아보지 말고 앞으로 걸어가게 했다. 왕월은 용감하고 싸움에 능한 병사들을 데리고 그 뒤를 지키며 걸어갔다. 이렇게 그들은 산 뒤로 해서 50리 길을 걸어서 성안으로 돌아왔는데, 그때까지 적들은 그들의 동정을 모르고 있었다.

이튿날, 왕월은 주영에게 이렇게 말했다.

"어제 우리가 달아났다면 호병들은 즉시 우리를 추격했을 것입니다. 그러면 우리는 살아남지 못했겠지요. 우리가 진을 치고 자신만만한 양을 보이니 적들은 우리 의도를 알 수 없어서 감히 우리를 치지 못한 것입니다."

여몽呂蒙, 마륭馬隆

삼국 시기, 여몽이 지키고 있는 한창漢昌은 관우가 지키고 있는 땅과 인접해 있었다. 그는 관우가 천하를 가지려는 웅심이 있다고 여긴 데다가 관우가 장강 상류를 차지하고 있기에 마땅히 관우와 관계를 좋게 해야 한다고 생각했다.

그러다가 관우가 번성을 공격하자, 여몽은 손권에게 이렇게 상주했다.

"관우는 번성을 치면서 아주 많은 예비 부대를 남겨 놓았습니다. 그것은 우리가 그의 배후를 습격할까 봐 방비하느라고 그러는 것입니다. 신은 신체가 약한데 신이 병을 치료한다고 군대를 거느리고 건업으로 돌아가면 관우는 그 소식을 알고 예비 부대를 모두 양양으로 불러 갈 겁니다. 그럴 때 우리는 강을 따라 밤낮으로 진군하여 관우의 후방인 남군을 공격하면 관우가 제아무리 싸움에 능하다고 해도 대패할 것입니다."

그래서 여몽이 앓는다는 소문을 내고 손권은 여몽을 건업으로 소환하는 영을 내렸다. 여몽은 육손이 아직 이름은 크게 나지 못했지만 재능이 비상하다고 여기고 육손에게 자기 직무를 맡겼다.

육손은 먼저 관우한테 편지를 보내어 관우의 공적을 대대적으로 추켜세우면서 관우를 존경하는 심정을 표명했다. 관운장은 크게 기뻐하며 육손을 믿고 남겨 놓았던 예비 부대마저 번성으로 데려갔다.

그 정보가 들어오자 손권은 즉시 군대를 발동했다.

손권은 여몽을 먼저 순양으로 보냈다. 여몽은 정병들을 배에 매복시켜 일반 백성으로 가장하여 배를 몰게 하고 다른 군사들은 상인의 옷을 입고 밤낮으로 진군하게 했다. 그리고 장강 연안에 있는 관운장의 첩자들을 모두 잡아들여 관운장으로 하여금 그 지방의 군사 정보를 알지 못하게 했다.

오나라 군대는 곧장 남군으로 쳐들어갔다. 부사인과 미방은 하는 수 없이 오나라 군대에 투항하고 여몽은 입성한 다음 관운장과 그 수하들의 가속들을 안무했다.

여몽의 군사들 중에 여몽의 동향이 하나 있었는데, 그는 성중 백성의 삿갓을 하나 앗아 장령의 갑옷 위에 씌웠다. 여몽은 그 동향이 군령을 어겼다고 눈물을 흘리면서 목을 베었다. 그 바람에 다른 군사들은 혼이 나서 길에 떨어져 있는 물건도 줍지 못했다. 여몽은 매일 친신들을 파하여 각 민가를 돌아다니며 그들의 어려움을 물어보고, 앓는 사람에게는 약을 주고, 주린 사람에게는 식량을 주었으며, 헐벗은 사람에게는 옷을 주었다. 그리고 성안의 국고는 모두 봉해 손권이 오면 처리하게 했다.

남군이 여몽의 손에 들어갔다는 소식을 들은 관운장은 급히 남군으로 돌아왔다. 연도에서 그는 여러 차례 여몽에게 사람을 보냈는데, 여몽은 언제나 사자들을 예의로 잘 대접했으며, 그들을 데리고 성안을 다니며 민가들을 직접 보여 주었고, 가족이 써 보내는 편지도 관운장의 병사들에게 가져다 주게 했다. 관우의 병사들은 자기네 집 사람들이 평안무사하고 생활도 전보다 더 안정되었음을 알고는 여몽과 싸우기를 싫어했다. 이렇게 하여 여몽은 끝내 관운장을 사로잡았다.

진무제 태강 초년, 남방 이족인 성계가 변경을 소란하게 했다. 그래서 서평 태수 마륭이 조정의 명을 받고 군사를 거느리고 가서 그들을 토벌했는데, 적들은 험한 지형을 이용하여 완강하게 저항했다. 그래서 마륭은 군사들을 농부로 가장하여 보습을 메고 가서 밭을 갈게 했다. 적들은 마륭이 싸워도 이기지 못하자 이제는 싸울 마음이 식어졌는가 여기고 방비를 늦추었다.

마릉은 그 기회를 이용하여 대거 진공하여 적들을 대패시켰다.
　그 뒤로 마릉이 지키는 동안은 변경에서 이족들의 소란이 없었다고 한다.

손빈, 우휵

　춘추 시기, 위나라 방연龐涓이 군대를 발동하여 한나라를 쳤다.
　한나라는 제나라에 구원을 청했는데, 제나라에서는 전기를 파하여 군대를 거느리고 곧추 위나라 도읍 대량으로 진군하게 했다. 그러자 방연은 즉시 군대를 철수하여 위나라로 돌아왔는데, 제나라 군대는 그때 이미 국경을 넘어서 대량을 향해 진격해 오고 있었다.
　제나라 군대의 손빈孫臏은 전기에게 이렇게 말했다.
　"한나라, 조나라, 위나라 이 삼진三晉의 군사들은 용맹하기로 이름이 있습니다. 그들은 제나라 군대를 줄곧 담이 약하다고 얕잡아보고 있는데 우리는 적들의 이런 심리를 잘 이용해야 합니다. 병법에는, 100리 먼 데 있는 적을 공격하려면 장군 하나는 잃을 각오를 해야 하고, 50리 밖에 있는 적을 공격하려면 병력 절반은 잃을 각오를 해야 한다는 말이 있습니다. 우리는 그런 말을 역이용하여 이렇게 해야 합니다. 위나라 지역에 들어서서 처음에는 부뚜막 10만 개를 만들어 밥을 지어 먹고 이튿날은 부뚜막을 5만 개로 줄이고 그 다음 날은 3만 개로 줄이는 것입니다."
　방연은 군대를 거느리고 사흘 동안 제나라 군대의 뒤를 싸우지 않고 따라만 다니면서 암중 정탐을 했는데, 제나라 군대의 부뚜막이 날마다 줄어드는 것을 발견했다. 방연은 속으로 좋아하며 이렇게 말했다.

"제나라 군대 담이 쥐보다도 작다는 걸 이제는 알았다. 위나라로 들어온 지 사흘도 못 되어 군사들 절반이 달아났으니 이런 군대를 치는 거야 식은 죽 먹기지."

그러고는 주력인 보병은 남겨 놓고 경기병만 데리고 제나라 군대를 급히 추격했다.

손빈이 추산해 보니 방연은 황혼 무렵이면 마릉에 도달할 수 있을 것 같았다.

마릉은 협곡이었다. 길은 좁고 길 양옆은 험한 산비탈이었기 때문에 군사를 매복시키기에 매우 알맞았다. 손빈은 길옆에 있는 나무 껍질을 벗기고 거기다가 '방연은 여기서 죽으리라' 하는 글자를 써 놓았다. 그리고 양옆 비탈에 숱한 궁노수를 매복시켜 놓고, 황혼 무렵 그 나무 아래에서 불빛이 보이면 거기를 겨누어 일제히 활을 쏘라고 명했다.

황혼이 되어 과연 방연이 군대를 거느리고 그곳으로 왔다. 그는 그곳을 지나가려고 하다가 나무에 글이 써져 있는 것을 보고는 멈추어 서서 횃불을 밝혀 보았다. 그런데 그 글을 채 다 읽지도 못했는데 화살들이 빗발처럼 날아왔다. 방연의 군대는 화살을 맞고 여기저기서 비명을 지르며 쓰러지고 요행히 살아 남은 이들은 줄행랑을 놓기 바빴다. 위나라 군대는 크게 패하고 방연은 스스로 검으로 목을 베고 자살했다.

후한 시기, 강인羌人이 무도武都를 침범하곤 하여 황제는 우후虞詡를 보내어 무도를 지키게 했다.

강인은 수천 명 군사가 효곡에 진을 치고 우후 군대가 오기를 기다렸다. 그런데 우후는 진군을 멈추고, 황제한테 상주하여 증원병이 오기를 기다려서 다시 진군하겠다고 수하들에게 말했다.

그 정보를 들은 강인은 일부 병력을 다른 데로 보내어 우후의 군대를 우회하여 포위하려고 꾀했다.

우후는 강인들의 병력을 분산시킨 기회를 이용하여, 밤낮으로 100여 리씩 강행군하면서 밥 짓는 부뚜막 수를 매일 두 배로 늘리게 함으로써 강인들이 그것을 보고 감히 진공해 오지 못하도록 했다.

그러자 어떤 사람이 물었다.

"손빈은 매일 부뚜막을 줄이는 방법으로 방연을 유인했는데 원수께서는 왜 매일 부뚜막 수를 늘리시는지 모르겠습니다. 그리고 병법에서는, 매일 행군은 30리를 넘지 말라고 했는데 우리는 지금 하루에 100리도 넘게 걸으니 원수님께서는 무슨 생각으로 이러시는지 알 수가 없습니다."

그러자 우후는 이렇게 말했다.

"적은 많고 우리는 적은데 우리가 행군을 다그치지 않으면 적들의 공격을 받기 쉽다. 신속히 행군해야 적들은 아군의 실속을 모를 것이고 거기다가 매일 부뚜막 수를 배로 늘리면 그들은 우리가 다른 주의 군사들과 이미 회합한 줄로 알 것이다. 우리 군대 수가 많아지고 행동이 빠른 것을 보면 그들은 겁이 나서 경솔히 우리를 공격하지 못한다. 손빈은 약하게 보이는 방법으로 적을 유인했다면 우리는 허장성세로 적을 물리칠 것이다."

무도에 도착한 우후의 병력은 3천도 안 되었는데, 강인은 만 여 명의 병력으로 성을 포위했다. 우후는 강노強弩는 쏘지 못하게 하고 사격 거리가 짧은 작은 활을 쏘아서 적을 사살하게 했다. 강인은 관군의 병력이 약하고 무기도 좋지 않다고 여기고 마구 진공하라고 명령했다.

 적들이 벌떼같이 달려들어서야 우후는 살상력이 큰 강노를 연발하게 하니 백발백중이었다. 놀란 적들이 급히 달아나자 우후는 그 기회에 성문을 열고 추격했다. 강인들은 참패를 보고 수많은 사상자를 냈다.

 그 이튿날, 남은 강인들이 진을 쳤으나 군심은 이미 크게 동요되었다. 강인들이 철퇴한다는 것을 안 우후는 남모르게 군사 500명을 천수변에 매복시켰다. 그러다가 적들이 철퇴할 때 기습하여 적들을 대패시켰다.

조적, 단도제, 악비

 진晋나라 명장 조적祖逖의 수하 장령인 한잠과 후조後趙의 장령 도표는 사천 동부에서 서로 대치하고 있었다.

 쌍방은 40여 일이나 그렇게 대치하고 있었는데, 결국 쌍방이 다 식량이 떨어졌다.

 그런데 조적은 병사들을 시켜 자루에 흙들을 담게 했다. 그러고는 외지에서 보내 온 식량을 운반하는 것처럼 천여 명 군사들을 동원하여 그것을 운반하게 했다. 그리고 병사들을 시켜 양식 담은 자루들을 지고 도표의 군대가 순라하는 길목에 가 있다가 도표의 군대가 쫓아오면 일부러 식량 자루들을 거기다 버리게 했다.

 역시 식량이 떨어져 굶고 있는 도표의 병사들은 조적의 병사들이 버리고 간 식량 자루들을 보고는 조적의 군대는 식량이 아주 충족하다고 여겼다. 도표도 그것을 보고는 조적의 군대와 더는 대치해 있을 수가 없다고 체념하고 밤을 타서 물러가 버렸다.

남북조 시기, 남조 송나라 장군인 단도제檀道濟는 북위의 군대를 여러 번 격패시키고 역성에 도착했다. 그런데 위나라 군대는 단도제의 선봉을 공격하지 않으면 그 뒤를 기습하곤 했으며, 성안으로 잠입하여 식량을 불사르곤 했다. 단도제는 식량이 떨어져 부득불 철퇴할 생각을 했다.

그런데 북위 군대에 투항하여 넘어간 병사 하나가 단도제의 이런 실정을 북위군에게 알려 주었다. 북위의 군대는 사기가 올라 진공해 왔다. 그 바람에 단도제의 군대는 곤경에 빠졌다.

단도제는 수하들에게 명해 밤에 높은 소리로 모래를 쌓인 것처럼 셈하게 했다. 그리고 얼마 남아 있지 않은 쌀로 그 모래 더미를 덮어 놓았다. 그 이튿날, 북위의 군대는 그것을 보고는 단도제의 군영에 식량이 넉넉한 것으로 착각했고 투항병이 거짓말했다고 분개해서 투항병을 죽여 버렸다. 그러고는 겁이 나서 감히 단도제의 군대를 진공하지 못했다.

단도제의 군대는 이렇게 하여 그곳을 무사히 빠져 나왔다.

황제의 칙명을 받고 악비岳飛는 영표에 있는 적당 조성을 귀순시키려고 했으나 조성은 거절했다.

이에 악비는 조정에 이렇게 아뢰었다.

"도적들은 막다른 골목에 이르러야 귀순하는 법입니다. 도적들을 토벌함이 없이 그저 귀순하라고 해서는 그렇게 쉽게 귀순하지 않을 겁니다."

그러고는 황제의 명을 받아 조성의 군대를 토벌했다.

그런데 마침 적의 첩자 하나를 잡아왔다. 적의 첩자를 장막 안에 꿇려 놓고 악비는 고의로 지방 관원한테 공문을 보이면서 군량 조달을 재촉했다.

그러자 그 관원은,

"성안에 양곡이 정말 하나도 없습니다. 아무리 재촉해도 없는 걸 어떻게 합니까?"

하고 우는소리를 했다. 물론 이것은 사전에 악비가 시킨 것이다.

악비는 그 말에 이맛살을 찌푸리며,

"그렇다면 차릉으로 돌아가는 수밖에 없구나."

하고 실망한 표정을 짓다가 안으로 들어갔다. 그리고 수하를 시켜 일부러 기회를 만들어 첩자를 도망치게 했다.

악비는 첩자가 돌아가서 그 일을 반드시 조성한테 말할 것이고 그러면 조성은 기회를 타서 관군을 공격할 것이라고 생각하고 전군에 명령하여 전신 무장 그대로 밤새 영표를 에돌아서 적의 군영으로 진군하게 했다.

그들은 그 이튿날 날이 새기 전에 적의 군영을 쳐들어갔다. 기습을 받은 적들은,

"악비의 군대가 왔다!"

하고 경겁하여 소리쳤다. 악비는 승세를 타서 공격하여 적들을 대패시켰다. 악비는 적들이 지키고 있는 요새지를 연이어 탈취했다. 적들은 더는 달아날 데가 없어졌다.

그러자 악비는,

"이제는 적들을 귀순시킬 때가 되었다."

고 말했다.

장궁藏宮, 주방周訪, 독고영업獨孤永業

후한 광무제 건무 11년에 장궁이 군대를 거느리고 중로 일대에 가서 낙월駱越에 주둔했다. 그때 잠팽은 적군 공손술과 형주에서 서로 대치하고 있었다.

그런데 잠팽이 싸움에서 여러 번 패전하는 바람에 당지 사람들은 반변하여 공손술한테로 넘어갈 생각을 하고 있었다.

이런 위기에서 벗어나려면 잠팽한테 병력을 지원해 주어야 했다. 그런데 장궁 군대의 병력이 모자라 곤란을 받고 있는 터이니 잠팽한테 보내 줄 병력이 없었다.

그런데 마침 현에서 우차 몇 백 대를 보내 왔다. 장궁은 성문의 문턱을 야밤에 톱으로 베고는 날이 샐 때까지 그 몇 백 대 우차가 성문으로 드나들게 했다.

당지 사람들은 우차가 오는 소리가 밤새 들린데다가 성문 문턱까지 닳아 없어진 것을 보고는 한나라 대군이 이미 입성했다고 서로 알렸다. 그러자 당지의 유지들과 백성들이 다투어 장궁 군대를 호궤했다. 그 소식이 전해지자 잠팽이 있는 곳의 민심도 안정되었다. 장궁은 이런 방법으로 당지 민심을 안정시켰다.

주방은 예장의 싸움에서 장언을 죽였지만 그 자신도 날아오는 화살에 맞아 앞니가 두 개 부러졌다. 그러나 주방은 아무 일이 없었던 것처럼 태연하게 군대를 지휘했다.

저녁이 되어 주방은 적군과 강을 사이에 두고 대치했다. 적병은 주방 군사보다 배나 많았다. 주방은 이대로 적군과 무모하게 싸워서는 이기기 어렵다고 생각했다. 그는 나무꾼으로 가장한 병사들을 영 밖으로 내보냈다가 줄을 서서 징을 두드리며 영채로 돌아오면서 "좌군이 왔다!"고 고함치게 했다. 그러자 영채에서도 군사들이 만세를 불렀다.

그러고는 군사들이 밥을 해 먹는 부뚜막을 밤에 더 많이 만들게 했다.

그것을 본 적군은 관군의 대부대가 증원을 왔다고 생각하고 날이 새기 전에 모두 물러갔다.

"적이 잠시 물러가기는 했으나 조만간 우리 원군이 오지 않은 것을 알고 다시 쳐들어올 것이다. 그러니 속히 강을 건너 하북으로 가야 한다."

주방은 즉시 군사를 이끌고 강을 건넜다. 그러고는 다리를 허물어 버렸다. 얼마 지나지 않아서 과연 적군이 추격해 왔으나 헛물만 켰다.

남북조 시기, 진陳나라 대장 독고영업이 금용金墉을 지키고 있었다. 북주의 군대가 여러 번 공격했으나 금용을 빼앗지 못했다.

하루는 독고영업이 군사들에게 명해 하룻밤 사이에 구유를 2천여 개 만들었다.

그것을 본 북주의 군대는 진나라의 대군이 증원해 온 줄로 알고 겁이 났을 뿐 아니라 북주의 임금이 갑작스럽게 앓기 시작해서 군대를 이끌고 물러갔다.

하약필 何若弼

수나라 때 하약필이 경구京口를 칠 준비를 했다.

그는 먼저 좋은 배를 눈에 띄지 않는 곳에 감추어 두고 낡은 배 수십 척을 강가에 내놓았다.

　진陳나라 첩자들은 그것을 보고 수나라 군대한테는 작전에 쓸 배가 없다고 보고했다.

　하약필은 또 군대 영지를 바꿀 때, 장막과 깃발을 일부러 많이 만들어 갖고 와서 먼저 광릉에 집합하게 했는데, 그날은 벌판이 장막과 깃발에 가려 땅이 보이지 않을 정도였다. 그것을 본 진나라 군대는 수나라 군대가 남으로 대거 진공해 내려오는 줄 알고 급히 군대를 옮겨 방비를 강화했다. 그러자 하약필은 방법을 대어 그것이 정상적인 군대 주둔지 이동이지 다른 것은 아니라는 것을 진나라 군대가 알게 했다. 그제야 진나라 군대는 마음이 놓여 방비를 한결 늦추었다.

　하약필은 늘 강가에 나가 떠들면서 사냥을 했다. 이에 적군들은 그에 익숙해져 신경 쓰지 않았다.

　이런 방법들로 적들을 마비시킨 다음 하약필은 갑자기 군대를 몰아 강을 건넜다. 진나라 군대는 수나라 군대가 전부 강을 건넜는데도 기미를 모르고 있다가 크게 패배했다.

　하약필이 경구를 치려고 할 적에 임충이 진나라 임금에게 이렇게 말했다.

　"병법에서는, 진공하는 군대는 속결전을 해야 하고 방어하는 군대는 굳게 사수하는 전략을 써야 한다고 했습니다. 지금 우리는 백성이 부유하고 군대가 강하기에 회하에 목책을 매설하고 성을 굳게 지킬 수가 있습니다. 수나라 군대가 진공하여 오면 우리는 정면으로 그들과 싸울 생각을 말고 군대를 분파하여 그들의 수로를 차단하여 그들 각 장령들 간 서로 소식이 통하지 못하게 해야 합니다. 그런 다음 신에게 정병 1만 명과 배 300척을 주면 신이 강을 따라 내려가 육합을 점령하겠습니다. 그러면 적군은 도강한 자기네 군대가 이미 패한 줄 알고 사기가 떨어질 것입니다. 그런데다가 회남 사람들 대부분이 신의 옛 부하들이지요. 신이 대군을 이끌고 왔다고 하면 그들은 모두 신한테 귀순하여 넘어올 것입니다. 신이 또 서주로 진군하여 수나라 군대의 후로를 차단하면 수나라 군대는 우리와 싸울 생각도 하지 못하고 퇴각할 겁니다. 이게 상책인 줄로 압니다."

그러나 진나라 임금은 그 의견을 채납하지 않았다. 그래서 결국은 수나라에게 망하고 말았다.

위효관韋孝寬, 악비岳飛, 종세형種世衡

위진 남북조 시기, 동위의 장군 단심이 의양을 차지하고 있으면서 양주 자사 우도항을 시켜 변민을 사촉하여 난을 일으켰다.

북부의 위효관은 이 난을 어떻게 평정하겠는가 고심하던 끝에 한 가지 방법을 생각해 냈다. 그는 사람을 밀파하여 우도항의 필적을 훔쳐 오게 해서는 필적 모방을 잘하는 사람을 시켜 우도항이 위효관한테 보내는 편지 한 봉을 위조했다. 편지의 내용은 우도항이 위효관에게 투항하겠다는 내용이었다. 그리고 편지에 일부러 촛농을 떨구어 촛불 아래서 급히 쓴 것처럼 만들었다. 그러고는 첩자를 시켜 단심에게 가져다주게 했다.

그 편지를 본 단심은 우도항을 의심하여 그가 말하는 계략을 듣지 않았다. 결과 단심과 우도항은 선후하여 위효관한테 포로로 잡혔다.

제나라 재상 곡율명월斛律明月은 지모가 많은 사람이었다.

그래서 제나라를 치려면 반드시 곡율명월을 먼저 쓰러뜨려야만 했다.

위효관은 참군 곡암을 시켜 '백승이 하늘로 올라가니 명월이 장안을 비추다(百升飛上天 明月照長安)'라는 가요와 '높은 산은 저절로 무너지나 떡갈나무는 저절로 서 있도다(高山不摧自崩槲樹不扶自竪)'라는 가요를 지어 제나라 성안에 널리 퍼뜨리게 했다. 가요에서 말하는 백승百升이면 한 곡斛이니 곡율명월의 성이 아닌가. 그리고 명월이 장안을 비춘다니, 명월은 곡율명월의 이름이 아닌가. 거기다가 곡수槲樹도 곡율명월을 말하는 것이 아닌가. 그렇다면 이 가요는 무엇을 말하는가? 당시 곡율명월과 원혐이 있던 조효증은 즉시 그 가요를 제나라 임금한테 고했다. 임금은 그 말을 듣고 노해 단번에 곡율명월을 잡아다가 죽여 버렸다.

위효관은 그야말로 반간계에 능한 장령이다.

남송 시기, 유예는 금나라 점한과 야합하여 산동에서 괴뢰국 제나라를 만들고 왕이 되었지만 금나라 올술 태자는 유예를 좋게 보지

악비(岳飛, 1103-1142) 중국 남송 시대 무장으로, 상주 탕음 사람이다. 북송 말기 군대에 들어가 하급 군관을 역임했으며, 금나라가 강을 건너 남침을 시도했을 때 남하를 저지했다. 아울러 강서 일대의 농민 반란을 진압한 공으로 고종은 악비에게 정충악비精忠岳飛라고 쓰여진 금 깃발을 상으로 하사했다. 그 후 고종과 재상 진회秦檜는 금나라와의 화친을 주장했으나, 악비는 반대 의사를 표명했다. 이 때문에 악비는 역모죄로 감옥에 갇혔으며, 아들과 부하들과 함께 죽음을 맞이했다.

않고 있었다. 그것을 안 악비는 반간계를 쓰기로 했다.

그때 마침 군중에 숨어 있던 올술의 첩자 하나를 수하들이 잡아왔다. 그런데 악비는 사람을 잘못 잡아왔다고 하면서 그 첩자를 크게 꾸짖었다.

"이놈아! 네가 원수영에 있던 장빈이라는 녀석이로구나. 잘 만났다. 이놈, 내가 시키던 일은 어떻게 하고 지금까지 아무 말도 없느냐? 그래 잊어버렸단 말이냐? 제나라 유예한테 가서 올술을 잡는 일을 알아 오라고 했는데 왜 아무런 소식도 없느냐? 네가 그 편지를 가져다 주지 않았지, 이놈! 소식이 없기에 내가 다른 사람을 제나라에 보냈다. 제나라 유예는 겨울에 금나라 군대와 연합하여 임안을 칠 때 청하에서 올술을 꾀어 잡기로 약속을 했다. 그런데 네 놈은 왜 내 편지를 유예한테 가져다주지 않았느냐?"

그러자 금나라 간첩은 자기가 장빈인 척하면서 죽을죄를 지었으니 한 번만 용서해 달라고, 그러면 자기가 입공속죄를 하겠다고 머리를 조아리며 빌었다. 악비는 그럼 한 번만 기회를 준다고 하며, 올술을 죽일 일을 유예와 상의하는 편지를 한 봉 써서 밀랍으로 봉했다. 그러고는 그자의 다리살을 잘라 그 속에 넣고는 이렇게 말했다.

"그럼 다시 제나라에 가 제나라 유예가 출병하는 날짜를 알아 가지고 오너라. 절대 기밀을 누설해서는 안 되는 줄 알아라."

금나라로 돌아간 첩자는 그 편지를 올술한테 내보이면서 자기가 목격한 일을 다 말했다. 이에 놀란 올술은 즉시 그 일을 금나라 황제한테 알렸다. 그러니 금나라 황제가 유예를 가만 놔둘 수 있겠는가? 유예는 그만 폐립되고 말았다.

북송 시기, 서하의 임금 이원호한테는 야리왕野利王과 천도왕天都

王이라는 두 심복 대장이 있었다. 이 둘은 모두 정예 부대를 거느리고 있어서 관군들의 두통거리였다.

종세형은 그 둘을 없애 버릴 생각을 했다.

그런데 마침 야리왕 수하의 낭리, 상걸, 미낭 세 장수가 종세형한테 투항하러 왔다. 그들이 거짓 투항을 하러 왔음을 알고 있는 종세형은 이자들을 죽이지 말고 이용하여 반간계를 써야겠다고 작정했다. 그래서 그 자들 셋을 감세관으로 임용하여 자기 곁에 두었더니 그자들은 종세형의 신임을 얻었다고 좋아했다.

그런데 그 일에 앞서 이런 일이 있었다.

자산사라는 절에 법숭이라는 중이 있었는데, 종세형이 관찰해 보니 심지가 굳은 사람이라 크게 써먹을 수 있을 것 같았다. 그래서 설득하여 환속을 시키고 데리고 다니면서 큰 공을 세우게 하고는 삼반三班이라는 무관직을 주어서 지휘사직을 잠시 대행하게 했다.

그런데 그렇게 되자 이 법숭은 매일 술 먹고 도박을 즐기고 계집을 끼고 놀며 제 소임은 제대로 하지 않았다. 그래도 종세형은 그를 예의로 대접했다. 법숭은 마침내 종세형의 은덕에 감동을 받아 눈물을 흘렸다.

그러자 어느 날, 종세형은 갑자기 성을 발칵 내면서 법숭을 욕했다.

"네 이놈, 내가 너 같은 놈을 친자식처럼 대해 주었는데 그것도 모르고 적들과 암중에 결탁한단 말이냐! 안 되겠다. 저 놈을 형틀에 매고 단단히 매를 쳐라."

이렇게 종세형은 법숭을 수십 일이나 엄하게 고문했다. 그러나 법숭은,

"사내대장부로 생겨서 죽음이 무서우랴. 참언을 듣고 원수님이 나

를 죽이려고 하니 나는 죽음으로써 원수님의 은공을 갚는 수밖에 다른 길이 없다."
하고 말할 뿐 다른 말이 없었다.

반년이 지나도록 법승의 태도는 여전했다. 종세형에 대해서 원망하는 말 한마디 없었다. 종세형은 친히 법승의 목에 찼던 칼을 벗겨 주고 목욕을 시킨 다음 내실로 불러 위안하면서 말했다.

"기실 임자는 잘못이 하나도 없다. 모두 내가 임자를 시탐해 보느라고 한 일이다. 나는 임자를 서하에 첩자로 보낼 생각인데 임자는 적에게 잡혀 지금보다 몇 배의 고형을 당해도 비밀을 누설하지 않을 수 있겠나?"

그러자 법승은 눈물을 흘리면서 꼭 그렇게 하겠다고 결심했다.

종세형은 야리왕한테 보내는 편지를 한 장 써서 밀랍으로 밀봉한 다음 그것을 법승의 옷자락 안에 감추게 하고는 이렇게 신신당부했다.

"생사관두가 아니면 이 편지를 절대 보여서는 안 된다는 걸 명심하게. 만에 하나 편지가 드러나면 꼭 '나는 장군한테 죄송하다. 장군이 맡겨 준 일을 완성하지 못했느니 나는 죽어도 눈을 감을 수 없구나.' 이런 말을 크게 외쳐야 한다. 부디 명심하렷다."

그러고는 거북을 그린 구도龜圖 한 장과 대추 한 봉지를 야리왕한테 가져다주게 했다.

야리왕은 구도와 대추 한 봉지를 받고는 대추는 조棗이고 거북은 구龜이니 한데 합치면 조구棗龜, 이는 조귀早歸와 음이 비슷하니 일찍 투항하여 오라는 암시라고 분석하고는 법승에게 가지고 온 편지는 없느냐고 물었다. 법승은 야리왕 좌우의 사람들을 돌아보고는 편지라니 무슨 편지 말인가, 편지는 없다고 말했다. 야리왕은 즉시 이원호한테 편지 한 장을 보냈다. 이원호는 야리왕과 법숭을 불러다가, 편지는 어디 있느냐고 물었다.

법숭이 그런 일은 모른다고 딱 잡아떼니 이원호는 고문을 가했다. 며칠을 그렇게 혹독하게 고문해도 법숭은 모른다고 했다. 그렇게 되니 이원호는 법숭을 단독으로 불러서,

"그러다가는 죽음을 면하지 못할 줄 알아라."

하고 위협했다. 그래도 법숭은 모른다고만 했다.

이원호는 성이 나서 법숭을 당장 끌어내다가 목을 치라고 호령했다.

형장에 나가서야 법숭은 대성통곡하면서 말했다.

"아이고 이렇게 죽는 법이 어디 있습니까? 장군님이 맡겨 준 일을 시작도 하지 못하고 이렇게 죽다니요? 죄송합니다, 장군님. 죄송합니다."

그러자 집형관이 그게 무슨 말이냐 급히 물었다. 법숭은 그제야 옷깃을 뜯고 편지를 꺼내어 집행관에게 넘겨주었다. 그 편지를 본 이원호는 법숭은 별관에 주숙시키고, 심복 장수 하나를 야리왕의 사자로 가장해서 종세형한테로 보냈다.

종세형은 그가 야리왕이 보낸 사람이 아니라 이원호가 보낸 사람이기 쉽다는 생각이 들어 그를 즉시 접견하지 않았다. 종세형은 그자를 빈관에 들게 하고는 음식 기거를 관심하는 척 사람을 보내어 그자의 동정을 살피며 여러 가지로 탐문해 보았다. 그런데 그자는 홍주 고장의 형세는 잘 알았지만 야리왕의 동태에 대해서는 아는 것이 별반 없었다.

그런데다가 그때 마침 서하병 여럿을 포로로 잡았다. 종세형은 사자로 온 그자와 포로들을 대면시켰는데, 포로들 중에 그 사자의 이

름을 부르는 자도 있었다.

　이렇게 종세형은, 그자가 야리왕이 보낸 자가 아니고 이원호가 보낸 자임을 확인했다.

　그렇지만 종세형은 여전히 모르는 척하고 값비싼 보물을 많이 그자에게 주어 서하로 돌려보냈다.

　그자가 돌아간 지 얼마 되지 않아서 야리왕이 이원호의 손에 죽었다는 소식을 가지고 법숭이 돌아왔다.

　종세형은 야리왕을 없애고는 이어 천도왕을 없앨 궁리를 했다.

　그는 변경에 제단을 세우고 흙을 구워 만든 판에다, 서하 두 대장군이 자기와 친구를 맺을 의사가 있었는데 그만 일이 잘못되었으니 하늘이 도와 성사시켜 달라는 내용의 제문을 새겨 놓았다.

　그리고 제를 지내는데, 서하의 군대가 갑자기 쳐들어왔다. 종세형은 군사를 시켜 그 제단에 있는 글을 급히 지워 버리는 척하다가 도망쳤다.

　서하병들이 그것을 가져다가 이원호에게 보이니 이원호는 그 꾀에 걸려 천도왕도 죽여 버렸다.

　심복 대장 둘을 제 손으로 죽인 이원호는 그 후에 종세형에게 속았음을 알고 후회했으나 소용이 없었다.

　이원호는 하는 수 없이 송나라와 화의했다.

　법숭은 그 후 성을 왕씨로 고쳐 왕숭이 되고 관직은 제사사諸司使까지 이르렀다. 지금까지 변강의 사람들은 그를 모두 왕화상이라고 부른다.

　심존중沈存中의 『보필담補筆談』에서는 종세형의 일을 이렇게 기록하고 있

제23절 기만의 지혜　273

다.

　법숭이 떠날 때, 종세형은 몇 가지 군사 기밀을 종이 쪽지에 써서 주면서 필요할 때에 그것을 꺼내 보면 목숨을 보존할 수 있을 것이라고 했다. 그리고 자신의 솜 두루마기를 법숭한테 주면서,

　"거기는 날씨가 추우니 이 솜옷을 입고 가거나. 서하에 간 다음에는 어떤 방법을 써서라도 야리왕을 꼭 만나야 하네. 그를 만나지 못하면 일이 글러진다는 걸 명심하게."

하고 신신당부했다.

　법숭은 종세형이 시키는 대로 방법을 대어 야리왕을 만났다. 그러자 서하 사람들은 의심이 생겨서 법숭을 체포했다. 며칠 후에 그들은 법숭의 솜 두루마기 깃에서 종세형이 야리왕한테 보내는 편지를 발견했는데, 그 편지의 글이 아주 친밀했다. 법숭은 서하병들이 아무리 고문해도 그 편지 일은 모른다고만 했다. 그래서 서하 사람들은 야리왕을 의심하고 야리왕을 죽여 버렸다. 법숭은 북지로 추방당했는데, 기회를 타서 송나라로 돌아왔다.

　『보필담』에 있는 이 기록은 앞에서 말한 것과 틀리다. 『보필담』의 기록대로 법숭이 자기 솜옷 깃 안에 편지가 들어 있음을 전혀 모르고 있었다면 법숭의 담량과 호기는 앞에서 말한 것보다도 더 탐복할 일이다.

　한번은 이런 일이 있었다. 종세형은 잘못을 저질렀다며 번장番將 하나를 채찍으로 후려갈기게 했다. 여러 장수들이 아무리 간해도 소용이 없었다. 매를 맞은 번장은 즉시 이원호한테로 넘어갔다. 이원호는 그를 신임하여 중용했다. 그런데 1년이 넘어 그 번장은 이원호의 군사 비밀을 죄다 알아가지고 돌아와서 종세형에게 고했다. 그제야 사람들은 종세형이 왜 그렇게 번장을 때렸는가를 알게 되었다.

　종세형은 반간계에 아주 능한 장령이었다.

이광필 李光弼, **이희열** 李希烈

당나라 이광필은 군대 내에서 재간이 있는 병졸들을 뽑아 각자가 자기 재간들을 충분히 발휘하게 했다. 그중에 전공삼이라는, 땅굴을 잘 파는 병사가 하나 있었다.

사사명이 반란을 일으켜 태원을 공격할 때 이광필은 사사명에게 어느 날 투항하겠다고 거짓 약조를 해 놓고, 전공삼에게 명해 군사들을 거느리고 땅굴을 파게 했다. 그래서 적군의 병영 밑을 한 바퀴 빙 돌아가며 파 놓고는 나무로 그 밑을 임시로 받쳐 놓았다. 약정한 날짜가 되자 이광필은 부장을 시켜 군사 수천 명을 데리고 투항하러 가는 양을 보였다.

그러는데 이때 적군 군영의 땅바닥이 갑자기 무너져 내렸다. 그래서 허물어지는 군영에 깔려 죽는 적군이 수천에 이르렀다. 적군이 혼란에 빠지자, 이광필의 군대는 함성을 지르며 돌진해 들어가 적병 만여 명을 사살했다.

당나라 이원평이 반란을 일으켜 여주까지 쳐들어와 민부들을 끌어다가 성을 수축했다.

이희렬은 싸움에 능한 용사들을 몇 백 명 뽑아 민부로 가장하여 그 속에 혼입시켜 성을 쌓게 했다. 이원평은 물론 그것을 전혀 모르고 있었다.

그런 다음 이희렬은 기병 수백 기를 거느리고 성 아래로 쳐들어가 성안에 먼저 들어가 있는 용사들과 내외로 협공하여 이원평을 생포했다.

　명나라 가정 41년, 왜적이 쳐들어와 흥화부를 에워쌌다.
　그래서 도독 유현이 칙명을 받고 왜란을 평정하러 갔는데, 흥화부에서 30리 떨어진 곳까지 가서 강 하나를 사이에 두고는 더 전진하지 않았다. 그러다가 시간을 너무 지체하면 황제한테 책벌을 당할까 봐 병사 다섯한테 공문을 주어 왜적의 방선을 뚫고 성안으로 들어가게 했다.
　그런데 그 다섯이 왜적들한테 모두 붙잡혔다. 왜적들은 그 다섯을 모두 죽이고 유현의 이름으로 위조 편지 하나를 만들었다. 편지는 어느 달 어느 날, 군대를 거느리고 입성하여 증원하겠으니 성안의 백성들이 불을 켜게 하지 말라, 그러면 왜적들이 알고 우리를 막을 것이니 절대 불을 켜게 하지 말라, 이런 내용이었다.
　그러고는 왜병 다섯을 유현의 수하로 가장하여 성안으로 보냈다. 수성 장수는 그 편지에 속아 약정한 기일이 되자 성문을 열고 유현의 부대로 가장한 왜병들을 받아들였다. 결과 흥화성은 하룻밤에 왜병한테 함락되었다.
　지난날에는 중국이 외적들을 항복시키고 외적들의 세공을 받았는데, 그것은 중국 사람들의 지혜의 덕이었다. 그런데 지금 중국 사람들의 지혜는 왜적들보다도 못하니 이 아니 가련한 일이냐?

유심

　당나라 사람 유심劉鄩은 안구 사람이다. 최초에는 청주 왕사범의 수하로 있었다.
　그러던 어느 날, 당소종唐昭宗이 봉상을 순행하러 온다기에 청주를 지키던 주혼이 군대를 거느리고 당소종을 맞으러 기하로 떠나갔다. 그래서 청주가 비게 되었다.
　왕사범은 그 기회를 이용하여 청주를 점령할 생각을 했다.
　그 계획을 미리 안 유심은 자기 수하를 기름 장사로 가장시켜 청주 성안으로 들여보내어 성안의 병력과 성을 드나드는 곳을 알아 오게 했다. 그런데 이 수하는 성을 나오다가 성벽 아래로 물도랑이 있는 것을 발견했다. 그 물도랑을 이용하면 성안으로 얼마든지 들어갈 수가 있었다.

유심은 그 일을 왕사범에게 말하고 병사 500명을 얻어 입에 자갈을 물고 물도랑을 따라 성안으로 잠입했다. 그래서 하룻밤 사이에 청주를 점령했다. 그런데 얼마나 감쪽같이 해치웠는지 백성들은 하나도 몰랐다.

주혼이 그것을 알고 대장 갈종을 파해 청주를 다시 찾게 했는데, 청주성을 포위만 하고 쳐들어가지는 못했다. 그런데 시간이 지나자 유심은 외계의 원조를 얻을 수가 없었다. 유심은 싸울 수 없는 사람들은 모두 성밖으로 내보내고 나머지 군사들과 죽음을 같이 할 결심을 했다. 그런데 어느 날, 부사 왕언온이 성을 나가 투항하려는 바람에 다른 병사들도 같이 따라 나가 투항하려고 했다.

그러자 유심은 즉시 사람 하나를 시켜 왕언온을 쫓아가서 이렇게 말했다.

"군사들을 너무 많이 데리고 나가지 말라. 임무 없는 병사들은 절대 데리고 나가지 말라."

그리고 사병들한테도 이렇게 선포하게 했다.

"임무가 있어서 부사를 따라 나가겠다는 병사들은 말리지 않겠지만 다른 병사들이 자의대로 성을 나간다면 일률로 군법에 의해 목을 치리라."

그 바람에 성을 에워쌌던 관군은 왕언온의 투항을 의심해 마침내 왕언온을 죽이고 성 아래에 효시했다.

그 일이 있은 다음 성안 군사들은 성을 결사적으로 사수하게 되었다.
  유심은 그 후 왕사범을 따라서 양梁나라에 투항했다.

유심, 필재우

  하곡에서 진왕의 군대를 물리친 유심劉鄩은 승세를 타서 태원으로 가려고 했으나 진군晉軍의 추격이 무서웠다. 그래서 깃발을 꼽은 허수아비를 말 위에 세워서는 성벽을 따라 돌게 했다.
  진왕의 군대는 유심의 군대가 떠나간 후 며칠이 지나서야 그것을 알았다.

  북송 때, 필재우畢再遇가 금나라와 싸우다가 밤에 철퇴하는데, 군영에 세웠던 깃발을 그대로 놔두었다. 그리고 양들을 잡아다가 북 위에 묶어 놓고, 양들이 용을 쓰면서 버둥거려 그 다리들이 북을 치게 했다. 그래서 금나라 군대는 필재우의 군대가 다 철퇴해 가고 빈 군영만 남아 있는데도 모르고 있었다.
  며칠이 지나서야 금나라 군대는 어쩐지 이상한 생각이 들어 사람을 보내 정탐해 보았다. 그제야 비로소 속은 줄 알고 급히 추격하려고 했으나 그때는 필재우가 이미 멀리 갔을 때였다.

후연侯淵

  위진 남북조 시기, 후위後魏의 이주영이 대도독 후연을 파하여 한루韓摟를 토멸하게 했는데, 나누어주는 병력이 너무 적었다. 그래서 어떤 사람이 후연한테 왜 병력을 더 주지 않느냐고 이주영에게 물었다. 그러자 이주영은 이렇게 대답했다.

"후연은 임기응변에 능한 사람이기에 대군을 거느리고 가면 오히려 거추장스러울 수가 있소."

후연은 명령을 받고는 무기를 가득 싣고 갔다. 그리고 경기병 수백 기를 데리고 기지에서 100여 리 떨어진 곳까지 갔는데, 적을 만났다. 그는 일부 군대는 매복을 시키고 그 나머지를 데리고 적의 배후로 돌아가서 적을 대패시켰다. 그래서 적병 5천을 사로잡았는데, 후연은 포로병들한테 무기를 돌려주고 성안으로 돌아가고 싶은 사람은 성안으로 돌아가게 했다.

그러자 좌우가 그러면 안 된다고 간했다. 이에 후연은 이렇게 말했다.

"우리는 병력이 약하기에 오랫동안 적들과 싸울 수 없는 일이다. 그러기에 반간계를 써서 속히 이겨야 한다. 두고 보면 알겠지만 이번에 우리는 크게 이길 것이다."

포로병들을 성안으로 돌려보낸 후연은 밤중에 급히 군대를 데리고 성으로 달려갔다. 그리고는 날이 채 밝기 전에 성문을 두드렸다. 그러자 한루는 포로가 되었다가 다시 성안으로 돌아온 군사들이 후연과 내응하기로 한 줄 알고 겁이 나서 성을 버리고 달아났다. 후연은 바싹 추격하여 한루를 사로잡았다.

한신 韓信

한왕 유방은 한신을 좌승상으로 하여 위나라를 치게 했다.

위나라 대군은 보고蒲孤 일대에 진을 치고 임진하 부근을 공제했다. 한신은 의병지계疑兵之計를 꾸미며, 한편으로는 군대를 빈번하게

한신은 진승과 오광의 봉기 이후, 원래 항우項羽를 섬겼으나 인정받지 못해 유방劉邦의 군대에 가담했다. 한고조 원년에 승상 소하蕭何의 추천으로 대장군이 되어 유방을 도와 많은 공로를 세웠다. 초나라와 한나라 사이의 전쟁 때, 수만 병력을 이끌고 북방 지역 전쟁에서 적군을 물리쳤으며, 그 후 초나라 군대를 분열시켰고, 제나라와 초나라 연합군을 멸망시켰다. 한고조 2년인 기원전 203년, 2월 제나라 왕에 봉해졌다.

움직이면서 임진하를 도강하려는 양을 보이고 다른 한편으로는 군대가 나무 함지를 타고 임진하를 몰래 도강하여 위나라 도읍인 안읍성을 기습했다.

그래서 위왕 표를 사로잡고 하동 지역을 평정했다.

위나라를 멸망시킨 한신은 장이와 같이 조나라를 치려고 동쪽에 있는 정경으로 내려갔다. 조왕 헐과 안성군 진여는 그 소식을 듣고 급히 12만이라는 군대를 정경구에 집합시켜 한신 군대를 막으려고 했다.

그때 광무군 이좌차는 진여한테 이렇게 말했다.

"한신의 군대는 승세를 타고 달려온 군대이기에 그 예기를 막을 수 없습니다. 그런데 천 리 밖에서 식량을 보급받기에 식량 보급이 잘 되지 않아서 전사들은 늘 얼굴에 주린 빛이 돌고 심지어는 자기들이 쌀을 얻어다가 밥을 해먹는데 그것도 이어 대지 못해 굶는 적이 많다고 합니다. 그런데다가 정경은 길들이 협착하여 수레들이 다니지 못하는 것은 물론이고 기마병들도 줄을 서서 다닐 수가 없는 형편입니다. 그러니 한신 군대의 식량 차들과 치중 차들은 대오에서 멀리 떨어진 곳에 있을 겁니다. 신에게 3만 병사만 주면 신이 소로 길로 가서 적들의 식량 차와 치중 차들을 기습하고 보급로를 막아 놓겠습니다. 대왕님께서는 그저 도랑을 깊이 파고 보루들을 높이 쌓고서 성을 굳게 지키기만 하면 됩니다. 그러면 한신의 군대는 전방에서는 우리와 싸우려 해도 싸우지 못하고, 뒤로 물러서자니 퇴로가 막힌데다가 식량마저 떨어져 오도 가도 못 하게 됩니다. 그러면 신이 한신과 장이의 수급을 열흘이 못 되어 가져다 바칠 수 있습니다."

그러나 안성군 진여는 이좌차의 건의를 채납하지 않았다.

그것을 안 한신은 대담히 군대를 전진시켜 정경구에서 30리 떨어진 곳에 영채를 세웠다. 그리고 경기병 2천 명을 뽑아 매 사람이 붉은 기 하나씩 들고 소로길로 해서 산에 올라 적군의 동정을 살피게 하면서 이렇게 명령했다.

"이제 싸움이 일어 우리가 철퇴하는 걸 보면 적군은 모든 병력을 출동하여 우리를 추격할 것인데, 그때 너희들은 급히 적의 영채로 돌진하여 적군의 깃발을 뽑아 버리고 그 대신 우리 한나라 군대의 붉은 깃발을 세워라."

그리고 군사들에게 식량을 내줄 적에 부장들이 "이제 적군이 대패할 것이니 그때는 경축연을 크게 벌인다"는 말을 하게 했다.

한신의 수하 장령들은 그렇게 짧은 시간 내에 저렇게 많은 적군들을 어떻게 격파시킨다고 저러는지 모르겠다고 속으로 믿지 않으면서도 상관의 명이라 그저 "예, 예" 하고 대답만 했다.

한신은 만 명으로 선두 부대를 편성하여 강을 건너서 강을 등지고 배수진을 쳤다. 그것을 본 조나라 군대는 저렇게 물러설 자리도 없이 진을 치는 법이 어디 있는가 하고 앙천대소했다.

날이 밝자 한신은 대장군 깃발을 높이 세우고 북소리를 크게 울리며 정경구를 향해 진군했다. 조나라 군대는 영채를 나와서 한신의 군대를 맞받아 공격했다. 쌍방이 어지럽게 한동안 싸울 적에 한신과 장이는 패하는 것처럼 북과 군기도 버리고 강변에 있는 진으로 철퇴했다. 미리 강변에 진을 치고 있던 선두 부대는 퇴각해 오는 한신의 군대와 합세하여 다시 조나라 군대와 결사적으로 싸우기 시작했다.

그러자 조나라 군대는 총출동하여 한신과 장이의 군대를 공격했다.

한신과 장이의 군대가 강변에서 더는 물러서지 못하고 결사적으로 싸우는 바람에 조나라 군대는 이길 수가 없었다. 그래서 도로 영채로 돌아가려는데, 보니 조나라 군대의 영채에 한나라 군대의 붉은 깃발이 수풀같이 일어서서 나부끼고 있지 않은가. 조나라 군대는 한신이 이미 조나라 군대의 장령들을 포로로 잡은 줄로 알고 경황실색하여 대혼란이 일었다. 그 기회를 타서 한신의 군대가 두 길로 조나라 군대를 협공하자 조나라 군대는 대패하고 진여는 전사했으며 조나라 왕은 생포되었다.

사후에 한신의 수하 장령들이 한신에게 물었다.

"병법에는 오른쪽에는 산이 있고 왼쪽에는 물이 있는 곳을 택하여 진을 치라고 했지만 장군께서는 강을 등지고 진을 쳤어도 승리했으니 그것은 무엇 때문입니까?"

그러자 한신은 이렇게 대답했다.

"그런 전술은 병법에도 있는데 너희들이 유의하지 않았을 따름이다. '죽음에 처해야 살아날 수 있고 망함에 이르게 해야 남아 있다(置之死地而後生, 投之亡地而後存)'란 말이 병법에 있지 않느냐? 나 한신이 데려온 군사들은 엄격한 훈련을 받지 못한 백성이나 다름없다. 이런 용감성이 없는 군사들은 사지에 몰아넣어야 죽지 않으려고 각자가 악을 쓰면서 싸울 것이 아니냐? 그렇지 않고 달아날 곳이 있는

데다가 진을 치게 하면 달아날 생각부터 할 것이니 어떻게 적을 이길 수가 있겠느냐?"

장수들은 모두 한신의 말에 탄복했다.

진요秦姚는 위교渭橋 다리를 지키면서 왕진악의 군대를 막았다.

왕진악은 특제한 배의 선창 안에 군사들을 숨기고 물을 거슬러 배를 몰아 위교 다리로 접근했다. 진요의 군대가 보니 노 젓는 사람은 보이지 않는데 배가 물을 거슬러 오는지라 모두들 신의 조화라고 여기며 무서워했다. 위교 다리에 가까이 와서 왕진악은 미리 군사들에게 밥을 먹였다. 그리고는 모두 몽둥이를 들고 기슭에 뛰어오르게 했는데, 맨 마지막에 오르는 자는 목을 친다고 명했다. 그리고 군사들이 기슭을 오른 다음에 배의 닻줄을 모두 끊어 버렸다. 배들은 급한 위수의 물살에 즉시 떠내려가 버렸다.

그러고는 왕진악은 군사들에게 말했다.

"여기는 장안의 북쪽, 집과는 만여 리나 떨어져 있다. 그런데다가 이제는 배도 옷도 모두 떠내려가 버렸으니 돌아가려고 해도 돌아갈 수가 없게 되었다. 살아남을 길은 오로지 싸우는 길밖에 없다. 싸워서 이기면 나라를 위해 공을 세우고 이름을 날리며 고향으로 갈 수 있을 것이고 싸움에서 도망치면 이역 땅에 해골밖에 남을 것이 없다."

그러자 군사들이 앞을 다투어 나아가 적군과 생사를 걸고 싸웠다. 그래서 진효의 군대를 대패시켰다.

송나라 흠종 때 이복이 난을 일으켰는데, 선무사 한세충이 조정의 명을 받고 난을 평정하게 되었다.

한세충이 거느리는 군대는 천 명도 안 되었다. 한세충은 그 군사를 네 패로 나누고, 군사들 뒤에 있는 길에는 질려蒺藜를 펴놓게 하여 군사들의 퇴로를 막았다. 그러고는 군사들에게 이렇게 말했다.

제23절 기만의 지혜

"전진하여 적을 치면 살 수 있고 퇴각하면 죽음밖에 없다. 달아나는 자들은 독전하는 군사들이 당장 목을 칠 것이다."

한세충의 군사들은 이런 상황에서 모두 결사적으로 싸워 끝내 이복의 군대를 대패시켰다.

이런 일들은 모두 배수전背水戰을 본받은 것이다.

반면 심존중은 이렇게 여기고 있다.

한신은 먼저 선두 부대 만 명을 파해 강물을 등지고 배수진을 친 다음 장군기를 들고 북을 치면서 정경구로 전진하여 조나라 군대와 싸웠다. 그러고는 이어 북과 깃발을 버리고 강변 배수진으로 퇴각하여 추격해 오는 조나라 군대와 다시 싸웠다.

먼저 배수진을 친 것부터가 몹시 위험한데다가 뒤에 또 북과 깃발을 버리면서 강변까지 퇴각했으니 이는 기실 상당히 위태로운 전술이었다. 그러나 이런 위태로운 전술을 쓰지 않으면 진여를 유인해 낼 수가 없었다. 진여는 보통 장수가 아니라 산전수전 다 겪은, 전쟁 경험이 대단히 많은 노장이다. 이런 진여를 속이고 유인해 내려니 그런 위태로운 유인술을 쓰지 않으면 안 되었다. 진여의 군대를 전멸시키려면 어떤 방법이든 우선 진여의 군대를 모두 유인해 내야 했다.

또 다른 한 가지, 한신이 그런 전술을 쓸 수 있는 데는 자기의 지혜가 진여를 능가할 수 있다는 자신심이 있었기 때문이다. 그런 마음이 없다면, 진여의 지혜가 자기보다 낫다고 한신이 생각했다면 한신은 그런 우둔한 일을 절대로 하지 않았을 것이다. 이것이 아마 자기와 남을 잘 안 다음에 그에 적합한 전략을 정해야 한다는 말이다. 그런데 후세 사람들 중에 어떤 사람들은 적의 역량에 대한 면밀한 대비와 통찰 없이 그저 한신이 그렇게 했다더라 하고 한신을 따라 진을 치곤 하는데 그러다가 망한 사례가 한둘인가?

한신은 제나라 임치를 점령한 다음에 제왕을 나포하려고 즉시 동쪽으로 쳐 나갔다.

항우는 용차에게 20만 대군을 주어서 제나라를 구하게 했다. 그런데 어떤 사람이 용차에게 이렇게 권했다.

"한신의 군대는 먼 데서 와서 결사적으로 싸우기에 그 예봉을 막기 어렵습니다. 그런데 제나라 군대와 우리 초나라 군대는 모두 자기 땅에서 싸우기에 고향에 대한 생각이 많아 투지가 와해되기 쉽습니다. 그러기에 한편으로는 도랑을 깊이 파고 보루를 높이 세우고 방어를 강화하면서 다른 한편으로는 제왕의 친신들이 읍으로 돌아다니면서 백성들을 안무하면, 백성들은 제왕이 돌아왔으며 초나라의 지원까지 있음을 알고 한신의 군대를 배반하고 우리한테로 넘어올 것입니다. 한신의 군대는 2천여 리나 떨어진 곳에서 올 뿐 아니라 제 나라 백성들의 도움도 받지 못한다면 식량이 떨어져서라도 망하고 맙니다. 그러면 우리는 크게 싸우지 않고도 한신의 군대를 소멸시킬 수 있습니다."

그러나 용차는 한신이 자기 적수가 아니라고 얕잡아보고 그 말을 듣지 않았다. 그는 한신의 군대와 옹수를 사이에 두고 진을 쳤다.

한신은 먼저 군사들을 시켜 가죽 주머니 만여 개를 만들어 거기에 모래를 담게 했다. 그리고 일부 군대는 모래주머니들을 날라 옹수 상류를 막고 나머지 군대는 강을 건너서 용차의 군대를 쳤다. 그러다가 패하는 척하며 퇴각하여 강을 다시 건너왔다.

그것을 본 용차는,

"한신이 담이 작다는 걸 나는 벌써부터 알았다."

고 하면서 군대를 모두 출동하여 한신의 군대를 추격했다.

그때 한신은 막아 놓았던 상류의 물을 텄다. 강물이 일시에 터지는 통에 용차의 군대는 대부분 강을 건너오지 못하게 되었고, 이미 강을 건너온 용차의 군대는 한신 군대의 공격에 모두 소멸되었다. 용차도 이 싸움에서 목이 날아갔다.

가령 당시 진여가 이좌차의 건의를 채납했다고 하면 한신은 조나라 군대를 패배시키지 못했을 것이고, 용차가 빈객의 모략을 들었으면 한신은 용차를 이기지 못했을 것이다. 그러기에 춘추 시기, 진나라 대부 요조는,

"문제는 우리 진나라에 인재가 없는 것이 아니라 그들의 모략을 알아주는 사람이 없는 것이다."

하고 개탄한 적이 있다.

장홍범張弘範

원나라 장군 장홍범이 제남의 이단을 평정하게 되었는데, 그 아버지가 이런 말을 했다.

"적의 성을 공격할 때 지형이 험요한 곳을 회피해서는 절대 안 된다. 네가 그런 곳을 중시해야 군사들이 거기를 탈취하려고 결사적으로 싸우는 법이다. 적군의 통수도 그곳의 중요성을 알기에 그런 곳을 일단 빼앗기면 급해서 원병을 부르게 된다. 그렇게 되면 공을 세울 때가 오는 것이다. 내 말을 명심해라."

그런데 한번은 장홍범이 성 서쪽에 영채를 세웠는데, 이단의 군대가 공격해 왔다. 그러나 그들은 장홍범의 영채를 앗지는 못했다.

장홍범은 하속들에게 이렇게 말했다.

"우리 영채가 있는 곳이 지세가 험요하기에 적들이 일부러 공격해 보고 퇴각한 것이다. 그들은 지금 우리를 불시에 기습할 생각을 하고 있다."

장홍범은 군사들을 지휘하여 긴 보루를 쌓게 하고 보루에는 전신 무장한 군사들을 매복했다. 그리고 영채 밖에 있는 도랑을 밤새 더 깊고 더 넓게 파고 동쪽 영문을 열어 놓았다.

그 이튿날, 이단은 조교를 만들어 가지고 장홍범의 영채를 치러 왔다. 그런데 도랑이 너무 넓어져서 조교를 건널 수가 없었다. 그 바람에 숱한 적군이 도랑에 빠졌고 요행으로 기어올라온 자들은 매복하고 기다리던 장홍범의 전사들에게 사살되었다.

원나라 군대가 송나라 소제를 추격하여 광산에 이르렀을 때 어떤 사람은 화포를 쓰자고 했다. 그러나 장홍범은 화포를 쓰게 되면 병선들이 흩어질 수 있으니 창칼로써 싸워야 한다고 주장했다.

그 이튿날, 장홍범은 군대를 네 갈래로 나누어 먼저 동남북 삼면을 포위하고 자기는 군대를 거느리고 진지에서 1리쯤 떨어진 곳에 있기로 했다. 그는 행동하기 전에 군사들에게 이렇게 명했다.

"내가 기악을 울리면 진공하라. 명령을 어기는 자는 일률로 목을 친다."

그는 썰물이 밀려드는 기회를 이용하여 북쪽의 군사를 출격시키는 데 실패했다. 장군 이항은 조수를 따라 철퇴했다. 그런데 이때 종소리가 울렸다. 송나라 군대는 원나라 군대가 연회를 하는 줄로 알고 공세를 늦추었다. 그런데 이때 장홍범의 수군이 송나라 군대의 병선 앞에 돌연히 나타났다. 다른 세 갈래의 군대도 송나라 군대를 공격해 왔다.

장홍범은 사전에 배 고물에 다락을 만들고 그 위에 천막을 덮어 가려 놓고는 그 안에 군사들을 매복시켰던 것이다. 군사들은 저마다 방패를 등에 지고 소리 없이 그 안에 엎드려 있었는데, 장홍범은 그

들에게,

"종소리가 들리면 즉시 일어나 싸우되 종소리가 나기 전에는 절대 경거망동해서는 안 된다. 경거망동하는 자가 있으면 군율에 의해 일률로 목을 친다."

는 엄령을 내렸다.

그랬기에 송나라 군대의 화살이 빗발치듯 해도 그들은 그 안에 엎드려 움직이지 않았다. 쌍방의 배가 거의 마주칠 정도로 가까이 왔을 때 장홍범은 종을 치면서 다락을 덮은 장막을 벗겼다. 다락에서는 활과 화석火石을 빗발같이 내쏘았다. 불의의 공격에 송나라 군대의 병선은 일곱 척이나 삽시에 격침되고 송나라 군대는 대패했다. 육수부는 송나라 마지막 황제인 소제를 업고 바닷물에 뛰어들어 자살했다.

구천句踐, 시소柴紹

춘추 시기, 오왕 합려는 군대를 출동하여 월나라를 공격했다. 월

구천은 춘추 시대 월나라의 패왕霸王으로, 기원전 494년, 오나라 부차夫差와 부초夫椒에서 벌인 전투에서 패해, 신하 범려와 함께 오나라로 인질로 잡혀가 3년 동안 생활했다. 인질 생활을 마치고 월나라로 돌아와 문종과 범려 같은 대신들과 함께 와신상담하고 백성과 동고동락하면서 부국강병의 길을 모색했다. 여러 차례 공격 끝에 오나라를 멸망시키고 세력을 뻗쳐 북진을 계속했다. 제齊·진晉 등의 제후들에게서 패왕이라는 칭호를 들었다.

왕 구천은 친히 군대를 거느리고 오나라 군대에 저항했다.

당시 월나라 군대는 취리檇李에 진을 치고 있었는데, 오나라 군대의 위용에 겁을 먹은 구천이 결사대를 파해 연속 두 번이나 오나라 군대를 쳤지만 오나라 군대는 끄떡하지 않았다.

그래서 구천은 꾀 하나를 생각했다. 그는 월나라 죄인들을 세 줄로 늘여 세우고 매 사람의 목에 검을 걸고는 오나라 군대의 진지를 향해 걸어가면서 소리치게 했다.

"여보시오, 오나라와 월나라가 싸우는데 우리는 군령을 위반하여 이렇게 죽는 길밖에 없게 되었수다."

그러고는 검으로 목을 베고 죽게 했다. 오나라 군대는 그만 두 눈이 동그래져 그것을 바라보았다. 월나라 왕 구천은 그 기회에 맹공을 발동하여 오나라 군대를 대패시켰다.

당나라 때 호인 토곡혼吐谷渾이 조兆, 민涽 두 개 주를 침탈하여 점령했다. 형세가 다급해지자 황제는 시소에게 명해 그 두 개 주를 구원하게 했는데, 시소의 군대는 도중에 도리어 호인들에게 포위되었다. 호인은 고지의 유리한 지세를 이용하여 시소의 군대에게 화살을 퍼부었다.

시소는 문득 꾀 하나가 생각나, 악공들을 불러서 비파를 치게 하고 두 여자를 불러 그 기악에 맞추어 춤을 추게 했다. 호인들은 놀라 두 눈이 휘둥그레져 여자들의 춤을 내려다보았다. 그러느라고 호인들이 공격을 늦춘 짬을 타서 시소는 정예 기병들을 파견해 호인의 배후를 공격했다. 그래서 호인을 대패시켰다.

주즐朱儁, 주아부周亞夫

한나라 때 황건적 10만이 모여 완성을 침점했다.

주준은 군대를 거느리고 완성을 포위하고 군사를 시켜 토산을 높이 쌓게 하고 그 산 위에 올라서 완성 안에 있는 적군의 배치를 살폈다. 그리고 북을 치면서 완성 서남쪽을 공격하게 했다.

적들은 모든 병력을 집중하여 서남쪽을 지켰는데, 주준은 정병 5천을 데리고 성의 동북쪽을 기습하여 일거에 성을 깨쳤다.

한나라 태위 주아부는 오 땅과 초 땅 여러 곳을 싸우며 전전하다가 한번은 일부러 성을 지키며 싸우지 않았다.

그런데 오나라 병사들은 식량이 떨어져 갔다. 그래서 그들은 속전속결을 할 생각으로 여러 번 주아부를 공격했다. 그러나 주아부는 성만 지킬 뿐 나와 싸우지 않았다. 후에 오나라 군대는 성의 동남쪽을 공격했는데, 주아부는 즉시 성의 서북쪽을 더 엄하게 지키도록 명했다. 아니나 다를까, 얼마 지나지 않아서 적군은 주력 부대를 몰아 성의 서북쪽을 공격하기 시작했다. 그러나 주아부가 미리 알고 서북쪽의 방어를 엄하게 했기에 적은 목적을 달성하지 못하고 실패했다.

우문태宇文泰

동위東魏 승상 고환이 각로의 군대를 감독하면서 서위西魏를 쳤다.

그는 사도 고앙은 상락으로 진군하게 하고, 대도독 두태는 동관으로 진군하게 하고, 자신은 군대를 거느리고 포판에 주둔하면서 부교 세 개를 만들어 강을 건너려고 했다.

당시 서위의 우문태는 광양을 지키고 있었는데, 그는 다른 장령들에게 이렇게 말했다.

"아군은 지금 삼면이 적군의 견제를 당하고 있다. 그런데다가 그들은 부교를 만들면서 강한 세력을 우리에게 과시하고 있다. 이것은 기실 우리를 견제하려는 기만책에 불과하다. 그들의 진실한 의도는 두태의 군대를 서진시키려는 것이다. 두태의 군대는 언제나 고환의 선봉을 담당했는데, 장병들은 모두 전쟁에 능한 용사들이다. 그들은 싸움에서 진 적이 없기에 매우 교만하다. 그러기에 그들을 격패시킬 수 있는 방법은 오로지 하나, 기습하는 것이다. 두태만 이기면 고환은 우리가 치지 않아도 저절로 달아날 것이다."

"고환의 군대가 우리와 가까운데 가까운 적을 치지 않고 먼 곳에 있는 두태를 치다니요! 그러다가 만일 일이 뜻대로 되지 않으면 후회막급일 겁니다. 군대를 나누어 각각 진공하는 것이 상수일 것 같습니다."

다른 장수들이 이렇게 권해도 우문태는 그 말을 듣지 않았다.

"고환이 두 번이나 동관을 공격했어도 우리는 패상을 지키기만 했지 나가 싸우지는 않았다. 그들은 이번에도 우리가 그렇게 지키기만 할 줄 알고 대부대를 거느리고 온 것이다. 여기서 이미 우리를 경시하는 약점이 보이는 것이다. 그러니 이런 기회에 그들을 기습하지 않고 어떤 기회에 그들을 기습하겠는가? 적들이 비록 부교를 만들었다고 하나 그렇게 빨리는 도강하여 쳐들어오지 못할 것이다. 그러니 이제 보란 말이다. 닷새가 지나지 못해 내가 두태를 생포하지 않나."

우문태는 겉으로는 농우隴右 지역을 보호하러 간다고 떠들면서 남모르게 군대를 거느리고 동으로 진군하여 소관에 이르렀다. 그제야 두태는 우문태가 기습한다는 소식을 듣고 창졸하게 풍릉나루를 건너서 우문태 군대를 막으러 왔다. 우문태는 군사를 휘몰아 맹공격을 들이대어 적들을 수없이 살상시켰다. 두태는 그 싸움에서 패하고 자살했다. 우문태는 두태의 수급을 베어 장안으로 가져갔다.

한세충 韓世忠

금나라는 산동의 괴뢰 정권 유예의 군대와 회합하여 남송을 쳐 내려왔다.

당시 진강을 지키고 있던 한세충은 통제 해원에게 명해 고우를 지키면서 적군의 보병을 막게 하고, 자기는 기병을 거느리고 대의로 가서 적의 기병을 막았다.

그런데 금나라 사신 위량신이 도중에 한세충의 군대와 만나게 되었다. 한세충은 위량신 모르게 부뚜막들을 없애게 한 다음 위량신에게 고의로,

"나는 조정의 명을 받고 강을 지키러 강변으로 철수한다."
하고 말했다.

그리고 위량신이 떠나자마자 한세충은,
"두말 말고 내 채찍이 가리키는 방향으로만 전진하라."
하고 명령했다.

그는 이렇게 군사들을 이끌고 대의로 와서는 주요한 진지를 다섯 곳 수축하고, 20여 곳에 군대를 매복시켰다. 그리고 북소리가 나면 총출동하기로 약정했다.

금나라 대신 발근은 금나라에 사신으로 간 위량신이, 한세충은 이미 강변까지 철퇴했다고 하는 말을 듣고 즉시 군대를 거느리고 강어

귀로 진군하여 대의에서 5리쯤 떨어진 곳에 이르렀다. 그때 발근의 부장 달발이 기병들을 거느리고 한세충의 군대가 매복하고 있는 다섯 개 곳의 동쪽을 지나가고 있었다.

한세충이 영기를 치켜들자 북소리가 요란히 울려 퍼지면서 복병들이 사면에서 뛰쳐나가며 금나라 군대를 습격했다. 금나라 군대는 대혼란에 빠졌다. 송나라 군대는 윤번으로 연속해서 금나라 군대를 공격했다. 한세충의 근위 부대인 배외군背嵬軍은 자루 긴 도끼를 들고 좌충우돌하며 위로는 사람을 찍고 아래로는 말 다리를 찍으면서 적들을 족쳤는데, 금나라 군대는 도망치다가 갑옷을 입은 채로 소택지에 빠지고 그러다가 송나라 군대의 활과 창에 수없이 죽었다.

한세충은 정예 기병을 출동시켜 총공격했다. 이에 금나라 군대는 거의 다 죽고 적장 달발도 생포되었다.

풍이馮異, 왕즙王晙

한나라 풍이가 적미군을 토벌할 때의 일이다. 그는 사병들에게 명해 적미군 군복을 입고 적미군에 혼입하여 적미군과 같이 길옆에 매복해 있게 했다.

그 이튿날 적미군 만여 명이 풍이의 선두 부대를 공격했다.

풍이는 군사들을 지휘하여 적미군과 영용히 싸웠다. 저녁이 되도록 풍이의 군대를 격파하지 못하자 적미군의 사기는 점점 떨어졌다. 그때 풍이는 적들 속에 혼입해 있는 전사들을 출동시켰다. 그들의 복장이 적미군과 같기에 적미군들은 당분간 누가 적이고 누가 자기 편인지 알 수 없었다. 그래서 적미군들은 그들한테 숱하게 죽었다. 그 결과 적미군은 달아나기 시작했다. 풍이는 바짝 추격하여 적미군을 대패시켰다.

당나라 때 토번 사람이 임조를 침입하여 대래곡에 이르렀다.
안북 대도호 왕준은 군대 2천 명을 거느리고 가서 임조의 군대와 회합하여 토번을 막았다.
왕준은 먼저 용사 700명에게 토번의 군복을 입히고 야밤에 적의 군영을 습격하러 갔다. 그는 적의 군영에서 5리 떨어져 있는 곳까지 가서 군사들에게 이렇게 말했다.
"적의 군영을 쳐들어갈 때는 함성을 질러라. 그러면 여기서는 북을 치고 나팔을 부는 것으로 호응하겠다."
왕준의 군사들이 적군의 군영으로 쳐들어가면서 함성을 높이 지르고 또 주위에서는 왕준의 군사들이 북을 치고 나팔들을 울리자 적들은 자기네들이 사면으로 포위된 줄 알고 경황실색하여 어쩔 줄을 몰라 했다. 그 결과, 왕준의 군사들한테 죽은 적의 수는 만이 넘었다.

달계무 達溪武

우문태는 달계무를 파하여 고환의 군사 배치 상황을 알아 오게 했다.
달계무와 그 수하 셋은 고환 군영의 군복을 입고 황혼 무렵 고환의 군영에서 몇 백 보 떨어진 곳까지 다가갔다. 그리고 말에서 모두 내려 적군의 암호를 엿들었다. 그 암호를 기억한 그들은 마치 군영지를 순라하는 순라병들처럼 돌아다니면서 군기를 지키지 않는 사병들을 보기만 하면 채찍으로 후려갈기며 벌을 주었다. 이렇게 그들은 대범하게 돌아다니면서 적군의 정보를 아주 많이 수집하여 돌아왔다. 우문태는 맡긴 임무를 훌륭하게 완수했다고 그들을 칭찬했다.

주인복, 하늑기, 왕세층, 왕수인

춘추 시기, 송나라 대부 화씨가 반변했다.

그래서 송나라 원공이 화씨를 토벌했는데, 화등이 화씨를 구원하러 오나라 군대를 거느리고 달려왔다. 송나라 군대는 제나라 군대와 연합하여 홍구에서 오나라 군대를 패배시켰으나 그 후에는 화등이 잔여 부대를 거느리고 영용하게 싸워서 송나라 군대를 무찔렀다.

그래서 송나라 원공이 도망치려는데, 주인복廚人濮이 말했다.

"소인이 비록 소인배에 지나지 않지만 임금님을 위하여 목숨을 내걸고 싸워 보겠습니다. 소인은 임금님을 따라서 도주하기는 싫으니 잠깐만 기다려 주십시오."

그리고는 군사들에게 크게 소리쳤다.

"깃발을 높이 들어라. 깃발을 높이 드는 사람은 나라를 사랑하고 임금님께 충성하는 사람이다."

그러자 군사들은 저마다 깃발을 높이 치켜들었고 송나라 군대는 다시 힘을 모아 적군을 공격했다. 그 결과 화씨는 패배하여 달아나고 송나라 군대는 그 뒤를 추격했다.

주인복은 수급 하나를 의복으로 싸서 말 목에 걸고 여기저기 뛰어다니면서 "화등의 머리가 여기 있다!"고 고함을 질렀다.

그 바람에 화등의 군대는 군심이 크게 동요되어 결국 신리에서 격파되고 말았다.

진晉나라 때 환현은 반란을 일으키다 패한 후에, 서쪽 강릉으로 돌아가서 하담지何澹之를 시켜 분구湓口를 지키게 했다. 하담지는 자신이 타고 있는 것처럼 보이기 위해 어느 한 병선 위에 많은 깃발과 우식羽飾을 세워 놓고는 자기는 다른 배에 가 있었다.
　그런 것도 모르고 하무기何無忌는 깃발이 많이 보이는 그 배를 집중 공격하려고 했다. 그러자 다른 장령들이,
　"하담지는 저 배에 있지 않고 다른 배에 있을 겁니다. 저 배를 공격해 빼앗는다 해도 별로 큰 이득이 없습니다."
하고 말렸다.
　그러자 하무기는 이렇게 말했다.
　"저 배에 하담지가 없다면 저 배의 방위는 약하기 마련이 아닌가. 그러기에 우리가 강한 병력으로 들이치면 꼭 저 배를 앗을 수 있다. 그러면 그때 우리가 일제히 '하담지를 생포했다'고 소리치면 적군은 곧이듣고 사기가 꺾일 것이고 그 대신 우리 군의 사기는 드높을 것이다. 그러면 적군은 우리 군의 재공격을 무서워하고 우리는 그 기회에 적을 대패시킬 수 있지 않겠느냐."
　진나라 관군은 하무기의 지휘대로 먼저 깃발이 많이 있는 배를 공격하여 순조롭게 그 배를 앗은 다음, 일제히 "하담지의 머리가 여기 있다!"고 고함을 질렀다.
　그 말을 곧이듣고 하담지의 군사들은 경황실색 어쩔 줄을 몰라 했다. 그 기회에 하무기가 군사들을 휘동하여 재진공하자 하담지의 군대는 대패해서 달아났다.

　당나라 이밀과 왕세충王世充이 싸울 때의 일이다.
　왕세충은 이밀과 용모가 같은 자 하나를 잡았는데, 잠시 죽이지

않고 숨겨 놓았다. 그러다가 쌍방의 싸움이 격렬해지자 그자를 진두에 내다 세워 놓고 전사들을 시켜,
"이밀을 잡았다!"
하고 크게 소리치게 하고, 만세를 부르며 환호하게 했다.
이밀의 군대는 그것을 보고는 정말로 자기네 통수 이밀이 잡힌 줄 알고 어쩔 줄을 몰라 했다. 이 기회에 왕세충이 군사를 휘동하여 맹공격을 하자 이밀의 군대는 대패하여 달아났다.

명나라 왕수인王守仁이 영왕 주신호와 싸울 때의 일이다.
주신호 군대는 병력이 강한 데다가 바람까지 등지게 되어 왕수인의 군대는 패하기 시작했다. 이에 왕수인은, 용감히 싸우지 않고 달아나는 자는 당장 목을 친다는 엄명을 급히 내렸다.
지부사 오문정은 화포대를 지휘하여 영용하게 싸웠다. 그러다가 왕수인이 시킨 대로 "영왕을 이미 잡았으니 다른 사람들은 함부로 죽이지 말라!"라는 큰 패쪽을 높이 세웠다.
적들은 그것을 보고는 혼비백산 눈이 휘둥그레졌다. 그 기회에 왕수인은 적군을 엄습하여 큰 승리를 거두었다.
그 이튿날 적군의 사기가 형편없이 떨어지자 주신호는 몰래 도망을 쳤다. 그는 갈대밭 속에 배 하나가 있는 것을 보고 그 배를 타고 강을 건너려고 손을 저어 불렀다. 그러자 사공이 배를 몰고 왔다. 그런데 주신호가 그 배에 오르고 보니 그 배는 고기잡이배가 아니라 왕수인의 군대가 주신호를 기다리는 배였다. 주신호는 꼼짝 못하고 군사들한테 잡혀 왕수인의 중군으로 압송되어 왔다. 그런데도 그때까지 주신호의 수하 장령들은 주신호가 포로로 잡힌 것을 모르고 있었다.

왕수인은 이렇게 행동이 신속하기로 이름이 났다.

적청狄青

북송 때 대장군 적청이 연주 지휘사로 있을 때 당향인이 변강을 침입했다. 그때 적청은 자기가 친히 군사들을 모집하여 만승군萬勝軍이라는 부대를 하나 편성했다. 그런데 이 군대는 이름은 좋으나 훈련이 제대로 되지 않은데다가 진법에도 익숙하지 않아서 싸움에서 늘 지곤 했다.

그러던 어느 날, 적청은 만승군의 깃발을 전부 호익군虎翼軍의 깃발로 바꾸고 호익군이 만승군의 깃발을 들고 출격하게 했다. 적들은 이번에도 만승군이 오는 줄 알고 영락없이 이겼다고 생각하며 대수롭지 않게 달려나왔다. 그러다가 그만 대패하고 말았다.

주경朱景, 북영傅永

오대 시기, 양나라 군대는 강을 건너 남하하면서 강물이 얕은 곳에 모두 표대를 해 세웠다.

확구를 지키는 장수 주경은 그것을 알고 양나라 군대가 세워 놓은 표대를 모두 뽑아서 수심이 깊은 곳에 가져다가 세워 놓았다. 후에 양나라 군대가 철퇴하면서 그 표대를 따라 강을 건넜는데, 결과 태반이 물에 빠져 죽었다.

남북조 시기, 제나라 장수 노강조가 위나라를 침범했다.

위나라 군대와 제나라 군대는 회하를 사이에 두고 대치했는데,

위나라 장수 부영은 이렇게 말했다.

"제나라 군대는 야습을 하기 좋아하는데, 그들은 반드시 먼저 회하의 수심이 얕은 데다가 횃불로 표대를 세워 놓을 것이다."

그리고는 군대를 두 갈래로 나누어 영 밖에 매복해 있게 하는 한편, 기름을 담은 바가지들을 수없이 준비해서 화광만 보이면 그 바가지에 불을 붙여 회하의 수심이 깊은 곳에 띄워 놓게 했다.

예견한 대로 밤이 되자 노강조가 군대를 거느리고 야습을 하러 왔다. 부영은 미리 매복했던 군사를 출격시켜 양면으로 협공했다. 이에 노강조는 급히 영을 내려 퇴각하는데, 회하로 와서 보니 수면 위에 온통 불이어서 어디가 얕고 어디가 깊은 데인지 분간할 수가 없었다. 그래도 다급한 군사들은 강물에 분별 없이 마구 뛰어들었다. 그러다가 물에 빠져 죽은 자가 수없이 많았으며, 요행히 살아 기슭으로 기어 나오던 자들도 위나라 군대의 창칼에 찔려 죽었다.

장제현 張齊賢

송나라 사람 장제현이 대주를 지킬 때 거란인이 침입했다.

장제현은 반미潘美와 연합하여 거란을 막으려고 사자를 보냈는데, 그 사자가 중도에 거란인에게 잡혔다.

그런데 얼마 안 되어 반미의 사자가 장제현의 군영으로 와서, 자기네 군대는 이미 백정에 이르렀는데, 거란인과 싸우지 말라는 황제의 밀조가 내려 하는 수 없이 돌아가고 있다고 알렸다.

이에 장제현은, 거란인은 반미의 군대가 우리한테로 와서 회사한다는 것은 알고 있지만 반미의 군대가 이미 철수하기 시작했다는 것은 모르고 있다고 생각했다. 그래서 각기 볏짚 한 단과 군기 하나씩을 지닌 군사 200명을 대주에서 서남쪽으로 30여 리 떨어진 곳으로 야밤에 보내어, 군기는 일렬로 세우고 볏짚은 불을 지르게 했다.

거란인들이 보니 화광 속에 군기들이 무수하게 나부끼는지라 장제현의 군대와 반미의 군대가 회사하는 줄로 여기고 겁이 나서 북으로 달아났다. 이에 장제현은 사전에 매복시켰던 2천 명 복병으로 거란인을 습격하여 대패시켰다.

장순張巡, 필재우畢再遇, 어떤 독군

당나라 때 안록산의 수하 장수 영호조令狐潮가 회양을 공격하는데, 성을 지키던 장순의 군사들은 화살이 떨어졌다. 그러자 장순은 군사들에게 명해 검은 옷을 입힌 허수아비들을 볏짚으로 천여 개 만들어 밤에 끈을 매어 성 아래로 내려놓았다. 적군은 장순의 군사들이 밤에 야습을 나오는 줄로 알고 활을 비 오듯 쏘았다. 아침에 장순의 군대가 허수아비들을 끌어올려 화살들을 뽑아 헤어 보니 10만 살도 넘었다.

후에 장순이 또 밤에 허수아비들을 성 아래로 내려놓자 영호조는 코웃음치면서 방비를 하지 않았다. 이 기회를 이용하여 장순은 결사대 500명을 내려보내어 영호조의 군영을 기습하고 적군의 영채를 불살랐으며, 달아나는 적군을 10여 리나 추격했다.

성나라 개회 연간, 필재우는 육합이라는 곳에서 적들에게 포위당했는데, 싸우다가 화살이 떨어졌다. 필재우는 수하를 시켜 큰 양산을 들고 성 위에 서 있게 했다. 금나라 군대는 송나라 군대의 통수가 왔는가 해서 온 군사가 모두 동원되어 다투어 활을 쏘았다. 얼마 지나지 않아 성 위에 화살이 수북하게 쌓였는데, 모아 헤어 보니 20여만 살이 넘었다.

또 한번은 금나라 군대가 수궤水櫃라는 것을 가지고 송나라 군대를 공격했다. 필재우는 군사들에게 명하여 볏짚으로 허수아비 몇 천 개를 만들게 하고, 거기에 갑옷을 입히고 깃발과 무기를 들리게 한 다음 밤을 이용하여 열을 지어 세워 놓았다. 그러고는 북을 울렸다. 그것을 본 금나라 군사들은 그만 놀라 수거들을 급히 내려놓았다. 얼마 지나서야 그들은 그것이 허수아비임을 알았으나 그때는 이미 사기가 매우 떨어진 뒤였다. 이때를 타서 필재우는 군사를 출동하여 금나라 군대를 대패시켰다.

원주의 만인들이 형호 일대에서 반란을 일으켜 조정에서는 독군 하나를 파해 그들을 평정하게 했다. 만인들은 참대를 깎아 만든 독화살을 쓰고 있었는데, 그 독이 얼마나 센지 살이 화살에 닿기만 해도 즉사했다. 관군들은 그 화살이 너무 무서워서 감히 만인들과 싸우지 못했다.

이에 독군은 허수아비를 많이 만들어 열을 지어 세워 놓았다. 만인들은 그것이 관군인 줄로 알고 황겁히 활을 다투어 내쏘았다. 만인들이 가지고 있는 화살들을 모두 쏘기를 기다린 뒤에 독군은 군대를 휘동하여 진공을 개시했다. 그래서 만인의 영채를 빼앗고 만인을 대패시켰다.

장순張巡, 종세형種世衡

당나라 장순이 회양을 지키고 있을 때 안록산의 아들 안경서가 윤자기를 파해 10만 대군으로 회양을 포위했다.

　장순은 성안의 군사들을 늘 순찰하면서 언제나 방비를 강화하도록 했는데, 하루에도 적군과 20여 차례나 싸운 기록이 있다.

　장순은 윤자기를 활로 쏘아 죽일 궁리를 했으나 윤자기의 얼굴을 알 수 없었다. 그래서 꾀 하나를 생각해 내어 쑥대를 다듬어 화살로 쏘게 했더니 그 쑥화살에 맞은 군사가 그것을 들고 윤자기한테로 가서 성안에 화살이 모두 떨어졌다고 좋아했다. 그래서 장순은 윤자기의 얼굴을 알게 되었다.

　그런 다음 장순은 활 잘 쏘는 나제운을 시켜 기회를 엿보다가 윤자기를 쏘게 하니 윤자기는 왼눈에 화살을 맞고 급히 군대를 철수시켰다.

　송나라 원보 연간에 당향인이 변경을 침입했다. 그중에 명주족의 수령도 있었는데, 용감하기가 비할 데 없어서 관군의 큰 두통거리였다.

　종세형은 그가 북을 치기 좋아한다는 걸 알고는, 은테를 둘러서 매우 화려한 북 하나를 만든 다음, 상인처럼 가장한 군사를 시켜 가서 팔게 했다.

　그리고 힘이 센 용사 몇 백을 뽑아, 은고를 메고 우리 군대의 뒤를 따르는 자를 보기만 하면 달려들어 잡으라고 명했다.

　그런데 아니나 다를까, 어느 날 은고를 메고 나오는 사람이 보였다. 용사들이 달려들어 붙잡으니, 그가 바로 명주족의 수령이었다.

배행검 裵行儉

당나라 조로 원년에 대총관 배행검이 돌궐과 싸우게 되었다. 그런데 돌궐이 먼저 배행검의 양곡 차를 빼앗아갔기에 처음에는 승리했다.

배행검은 군사들에게 명해 가짜 양곡 차 300대를 준비하게 하고는 매 차에 칼과 활을 가진 장사 다섯씩을 매복시켰다. 그리고 허약한 병사들 몇이 양곡 차를 압송하게 하고 주력 부대는 그 뒤를 몰래 따랐다.

그랬더니 돌궐병들이 또 양곡 차를 빼앗으러 왔다. 양곡 차를 압송하던 배행검의 군사들은 돌궐병이 오자 모두 달아나 버렸다. 돌궐병들은 양곡 차를 물이 있는 데로 몰고 가서 말은 풀어서 풀을 먹이고 사람들은 차에 올라서 양곡을 차지하려고 했다. 이때 차 안에 매복하고 있던 배행검의 군사들이 뛰쳐나와 돌궐병들을 공격했다. 돌궐병들이 혼이 나서 달아나자 매복하고 있던 배행검의 군사들이 또 돌격했다. 그 바람에 돌궐의 군대는 거의 전멸하다시피 했다.

하약돈 何若敦

남북조 시기, 진陳나라 장령 후진 등이 북주의 양주를 포위 공격하자 하약돈은 양주를 구원하러 갔다. 쌍방의 군대는 상라에서 서로 싸우게 되었다.

그런데 하약돈이 상라에 오기 전에 그곳 백성들은 몰래 쪽배들을 몰고 후진의 군대에게 양곡이며 닭과 오리들을 가져다주곤 했다. 그것을 안 하약돈은 꾀 하나를 생각해 냈다.

그는 배 안에 군사를 매복시키고 당지 사공으로 가장한 병사들이 배들을 후진의 군영으로 몰고 가게 했다. 배들을 본 후진의 군사들은 백성들이 또 양곡을 가져오는 줄 알고 좋아하며 다가왔다. 그때 배 안에 매복해 있던 군사들이 일제히 돌격하여 나가며 적군을 모두 죽여 버렸다.

그리고 이런 일도 있다.

하약돈의 군사 중에는 말을 타고 후진의 진영으로 투항하러 가는 자들이 가끔 있었다.

하약돈은 말 한 필을 끌고 강가에 있는 배 곁으로 가서 말이 배에 오르려고 하면 말을 사정없이 때리게 했다. 이런 일을 여러 번 반복하자 말은 배를 보기만 하면 두려워서 감히 오를 엄두를 내지 못했다. 그런 다음 그는 군대를 강변에 매복시키고는, 군사 하나를 시켜 배에 오르기 겁나 하는 그 말을 타고 투항하러 가는 것처럼 강변으로 가게 했다.

그것을 보고 진나라 군대가 마중하러 배를 타고 왔다. 그런데 그들이 말을 배에 태우려고 아무리 애를 써도 말은 겁이 나서 배에 오르지 않았다. 이때 매복하고 있던 하약돈의 군사들이 일제히 뛰쳐나가 후진의 군대를 습격하여 대패시켰다.

이광필 李光弼

당나라 시기 사사명한테는 준마가 천여 필 있었다. 그는 매일 황하 남안에 있는 사주에 그 말들을 끌고 가서 목욕을 시키면서 자기네 군대의 위용을 자랑했다.

이광필은 사사명의 말들이 강 건너편에 올 때 자기네 군대에 있는 암말 500필을 모두 끌어오게 했다. 그리고 그 암말들이 낳은 망아지들은 성안에 매어놓게 했다. 그러자 암말들이 울부짖었다. 암말들이 울부짖는 소리에 사사명의 말들은 모두 황하를 헤엄쳐 건너서 이광필의 암말들에게로 왔다. 이광필은 그 말들을 모두 성안으로 끌어갔다.

이에 화가 난 사사명은 불붙은 배를 내려보내어 부교들을 모두 태워 버리려고 했다. 그 음모를 안 이광필은 사전에 긴 장대기들을 몇백 개 준비하여 장대기 끝에 담요로 싼 작살을 꼽게 했다. 그러고는 사사명의 배가 내려오면 그 장대기로 그 배들을 막았다. 그래서 사사명의 배들은 더 떠내려오지 못하고 모두 불에 타 버렸다.

우번

삼국 시기, 오나라 대장 여몽은 촉나라 미방이 성을 나와서 투항하겠다고 하자 기뻐서 입성도 하지 않은 채, 먼저 장령들을 모아 놓고 경축 연회를 했다.

그러자 우번虞翻이 말했다.

"지금 투항하겠다고 하는 사람은 미방 혼자이니 성안에 있는 다른 사람들은 어떻게 생각하고 있는지 알 수 없습니다. 그러기에 경솔히 할 일이 아니라고 생각합니다. 먼저 성문 열쇠를 가지고 보는 것이 어떻습니까?"

여몽은 그 말에 동의했다.

그러자 우번은 또 이렇게 말했다.

"그리고 성안에 매복이 있다면 어떻게 하겠습니까? 그저 이렇게 들어가서야 안전하겠습니까?"

그래서 우번은 미방을 데리고 입성하여 성안 사람들에게 이렇게 말했다.

"나 미방은 구사일생으로 돌아와서 목숨을 걸고 성을 지키려고 하는 바이다. 나와 같이 오나라 군대를 끝까지 막으려고 하는 사람들은 여기 나오라. 나는 그대들에게 큰절을 하겠다."

그러자 오나라 군대를 기습하려고 준비하고 있던 군사들이 모두 나타났다. 우번은 그들을 모조리 죽였다.

여몽은 그제야 안전하게 성안으로 들어갔다.

정욱 程昱

정욱은 동아 사람이다.

동한 말년에 황건이 난을 일으켰을 때 동아현 현승 왕도도 반변하여 황건과 호응했다. 그래서 백성들과 관원들은 남부여대 동쪽에 있는 거병산으로 피난했다.

왕도는 군사를 거느리고 성을 나와 서쪽으로 5, 6리 떨어진 곳에 군대를 주둔시켰다.

그때 정욱은 거병산에 피해 가 있었는데, 그는 그 현의 대가문인 설방한테 이렇게 말했다.

"동아성이 이미 왕도의 손에 들어갔는데도 성에 있지 않고 성밖에 나가 있는 것을 보면 재물을 약탈하려고 그러는 것이 분명합니다. 그러니 이 기회에 성안으로 돌아가서 왕도가 성안으로 들어오지 못하게 성을 지키는 것이 어떻습니까?"

그러나 관리들과 백성들은 모두 겁이 나서 성안으로 돌아가려고 하지 않았다.

정욱은 또 설방에게 말했다.

"저런 우민들의 말은 듣지 마십시오. 저런 사람들과는 대사를 상의할 바가 못 됩니다."

그래도 설방은 망설였다.

그래서 정욱은, 남몰래 사람 몇을 시켜 말을 타고 동산으로 올라가 설방과 백성들이 보이게 적군의 깃발을 높이 들도록 했다.

동산에 군대 깃발이 보이자 정욱은,

"도적이 온다!"

하고 크게 고함쳤다. 그리고 산 아래로 달려 내려가 동아성으로 곧추 달려갔다. 관리와 백성들도 적군이 동산에 왔다는 말에 그만 혼겁하여 정욱을 따라 성안으로 달려왔다.

그런 다음 정욱은 관리들과 백성들을 지휘하여 방어 공사를 튼튼히 했다. 그제야 왕도가 알고 돌아와 성을 공격했는데 정욱에게 도리어 대패했다.

제24절 군막 안에서의 획책

의술을 잘못 배우면 멀쩡한 사람을 병신으로 만들 수 있고, 병법을 잘못 배우면 자기 군사들을 죽일 수도 있다. 그렇다고 의술을 배우지 않으면 사람들의 병을 고칠 수 없고 병법을 배우지 않으면 군사를 지휘하지 못한다. 우리는 마땅히 다른 사람들이 걸어간 길을 따라서 그 사람들의 경험을 잘 섭취해야만 우리가 배운 것을 옳게 활용할 수 있다.

항량項梁, 사마사司馬師

진나라 말기, 초장楚將 항연의 아들 항량이 살인을 했는데, 그는 자기 형의 아들인 항우와 함께 원수를 피해 오나라 땅에 가 살았다.

후에 배출된 오나라의 대부들과 현인들은 대부분 그들의 문생이었으며, 많은 중대한 요역이나 혼인 경사는 항량이 맡아 관장했다. 항량은 남모르게 그 문생들에게 병법을 가르쳐 주었다. 그래서 많은 사람들은 항량의 재능이 어떻다는 것을 잘 알고 있었다.

후에 진승이 진나라에 반대하여 봉기를 일으키자, 항량은 전에 사귀었던 호걸들과 관리들을 불러모아 봉기에 나설 계획을 말했다. 그리고 오나라 사대부들을 파하여 각 현의 인마人馬를 모아서 정예 군사 8천 명을 거느리고 호걸 인사들을 군관으로 삼았으며 항량 자신은 교위후사마校尉侯司馬가 되었다.

그런데 관직을 얻지 못한 한 사람이 왜 자기는 관직을 아니 주느냐고 불평을 부렸다. 그러자 항량은, 어느 날 누구네 집에 상사가 있어 자네를 시켜 도와주게 했는데 자네는 진력하지 않아 그 일을 제대로 완수하지 못했다, 그러기에 관직을 주지 못한다고 말했다.

그 말을 듣고 사람들은, 재능을 보고 사람을 임용하는 항량의 원칙에 모두 탄복했다.

삼국 시기, 사마휘의 장자 사마사는 비밀리에 결사대원 3천 명을 양성했는데, 결사대원들은 한 곳에 있지 않고 각지에 분산되어 있었다. 그런데 어느 날, 날이 샐 무렵 사마사가 결사대원들을 한 곳에 집합시켰는데, 결사대원들은 하루가 가지 못해 모두 모였다. 다른 사람들은 이 결사대원들이 어디서 어떻게 왔는지 아무도 몰랐다고 한다.

이강 李綱

이강은 이렇게 말했다.

"옛적에는 500명 군사를 한 개 여旅로 하고 2천500명을 한 개 사師로 하고 1만 2천500명을 하나의 군軍으로 했으며, 매개 군에는 정, 부 통수를 각기 하나씩 두었다. 병사들은 장수들의 관심과 가르침에 감심하여 평소에는 장수들의 명을 잘 듣고 싸울 때에는 장수들의 지휘를 잘 들었다. 한 몸에 달린 팔과 같이, 한 팔에 달린 손과 같이 명령을 잘 들었다. 그러기에 명령을 어기는 일이 없었고 따라서 막지 못하는 적이 없었다. 지금 우리도 옛 법을 따라 배워 병사 다섯을 한 개 오伍로 하고, 그중에 오장伍長 하나를 세우고, 다섯 개 오를 한 개 갑으로 하여 그중에서 갑장 한 사람을 내세우고, 네 개 갑을 한 개 대로 하여 각기 정·부 대장을 내세우고, 다섯 개 대를 한 개 부部로 편성하고 매개 부에 정·부 부장을 내세우고, 다섯 개 부를 한 개 군으로 하여 군마다 정·부 통병관을 내세우고 통병관 위에는 도통都統과 대수大帥를 두어야 한다. 이런 군관들과 장수들은 평소에 이미 선택하여 정해 두고 전쟁이 없을 때는 군사를 훈련시키고 유사시에는 군대를 거느리고 나아가 싸우도록 해야 한다. 이렇게 하면 장병들 사이가 서로 익숙해지고 장수들의 위엄과 은덕이 더불어 있게 되어 장수들의 말을 병사들이 더 잘 듣게 된다. 그리고 전문 공로를 기입하여 상을 주는 관아와 관리를 세워야 한다. 그래서 공이 있는 군사들에게는 제때 상을 주어야 하고, 공로를 허위 보고한 자에 한해서는 제때에 조사하여 그 상급까지 포괄하여 벌을 주어야 하며, 전쟁에서 실패한 장수나 싸움에서 탈주한 병사는 일률로 목을 쳐야 한다. 그런데 전쟁에서 실패는 했으나 병사들이 영용불굴하게 싸운 상황들이 있는데, 이런 상황에서는 그 장수에게 패한 죄를 씌우지 말아야 하며, 나라를 위해 희생된 병사들에게는 그 표현에 의해 무휼금을 주어야 한다. 그런데 옛적에 시행하던, 적의 수급에 따라 공로를 기입하는 방법은 논의해 볼 바가 있다고 생각한다. 정예로운 병사들을 거느리고 적진을 무찌른 것을 적의 수급에 따라서 공을 기입할 수 있다면 궁노수들이 몇 백 보 앞의 적들을 쏘아 눕히는 경우는 어떻게 하겠는가? 그들도 적의 수급을 베어 와야 공로를 기입하겠는가? 그런 상황에서는 각 참전 부대들이 각기 당시의 전쟁 상황에 근거하여 다른 방법으로 공로를 기입하고 상을 주어야 한다."

이강 李綱

이강은 조정에 전차를 만들 것을 건의하며 이것을 제출했다.

"호인들은 기병으로 우리 송나라를 이기곤 하는데, 우리가 호인을 이기는 방법은 전차를 이용하는 것이 제일인 것 같습니다. 우리 보병이 아무리 빨리 걷는다고 해도 호인들의 기마병을 따를 수 없는데, 이것이 우리가 호인들과의 싸움에서 지는 원인 중 하나입니다. 그런데 전차를 이용하면 속도가 빨라서 진공하기도 방어하기도 유리합니다. 전차의 이런 이점은 기병들한테는 없습니다. 두 번째, 우리가 패하는 원인은 우리 기병들의 속도와 마상에서의 전술이 호인을 따르지 못하기 때문인데, 우리가 전차를 쓰면 이런 약점을 피할 수 있으며, 기마병들은 전차들이 싸울 때 기회를 보아 기동적으로 적을 습격하여 승리를 거둘 수 있습니다. 다음, 우리 군사들은 싸우기 전에 겁부터 먹고 적과 만나면 싸우지도 않고 손을 들곤 하기에 아무런 좋은 작전 기술이 있어도 써먹을 수 없습니다. 이것이 우리가 싸움에서 지는 세 번째 원인입니다. 그런데 전차를 사용하면 병사들은 심리적으로 믿을 것이 있기에 용감해지며 전차로써 군사들을 단속하여 마음대로 달아나는 것을 방지할 수 있습니다. 그러기에 전차로써 적을 이길 수 있는 근거는 아주 충분합니다. 정강 연간에 전차 도본을 그려 올린 사람들은 적지 않으나 오로지 총제관 장행이 그려 올린 전차 도본만이 가장 가치가 있다고 생각합니다. 장행이 만들려는 전차는 대개 이렇습니다. 각기 쌍륜이 달린 긴 나무채가 있는데, 그 나무채를 밀면 바퀴가 돌아가게 되어 있습니다. 그리고 그 사이에는 가름대가 있고, 그 가름대 위에는 가죽 장막을 씌운 큰 궁노를 설치하는데, 가죽 장막은 적의 화살을 막는 데 이용합니다. 그리고 가죽 장막에는 맹수의 그림이 있는데, 그 아가리에 난 구멍으로는 화살을 내쏘고 그 눈에 난 구멍으로는 앞에 있는 적들의 상황을 살피게 되어 있습니다. 전차 바닥은 전사들의 발을 보호하기 위해 철갑으로 되어 있습니다. 그리고 전차 앞의 양측에는 아래위로 창이 두 자루씩 있는데, 위의 창은 길고 아래의 창은 짧습니다. 긴 창으로는 전차 위에 있는 병사들을 보호하고 짧은 창으로는 말들을 보호합니다. 그리고 전차의 양측에는 갈고리들을 설치했는데, 싸움이 없을 때는 이 갈고리들로 전차들을 연결하여 임시 군영을 만들 수 있습니다. 싸우는 진법은 이렇습니다. 매 전차에 배치하는 병사들은 모두 25명, 그중에 긴 나무채를 미는 사람이 4명, 차 위에서 적의 상태를 살피는 병사가 하나, 그 나머지 20명은 다섯이 한 패씩 이루어 전차 양옆에 두 줄로 서는데, 방패를 든 패가 앞에 서고 활을 쏘는 패가 그 뒤에 서고 창과 칼을 쓰는 패가 그 다음에 섭니다. 싸움이 시작되어 적들이 100보 앞에 들어오면 방패를 든 병사들의 엄호를 받아 궁노수들이 활을 쏘고 적들이 더 가까이 들어오면 궁노수들은 뒤로 물러나고 창칼을 든 병사들이 앞으로 나와서 적들을 찌르고 말 다리를 뱁니다. 적병들이 후퇴하면 함성을 지르면서 전차를 밀고 추격합니다. 협착한 곳에 이르면 전진을 멈추고 기병을 출격시켜 승리를 거둡니다. 진을 치는 방법은 또 이렇습니다. 매 군 2천 500명 중에 5분의 1은 장교와 위병 그리고 보급병들이고 나머지 2천 명은 작전 부대들인데, 전차 80대에 각기 나누어 타고 정방형 진을 구성합니다. 매개 면에는 전차 20대씩 배치하고 병사들은 전차 사이에서 전차를 따라서 진군합니다. 앞에 있는 전차는 앞으로 진공하고 뒤에 있는 전차는 뒤로 진공하며 좌우 양면에 있는 전차도 좌우 양쪽 방향으로 진공할 수 있는데, 그 구체적인 것은 적들의 진공 방향과 아군의 방어 방향 여하에 따라서 수시로 여러 가지 형태로 변화할 수 있습니다. 장령들과 위병들 그리고 보급병들은 진의 복판에 있습니다. 그런데 이 진은 정방형으로만 있는 것이 아니라 지형이나 전쟁 상황에 근거하여 원형으로도 될 수 있고 곡선으로도 만들 수 있습니다. 행진할 때는 병사들이 다르게 행렬을 지을 수 있고, 휴식할 때는 참호나 영채를 새롭게 구축할 필요가 없이 전차들을 연결시켜 견고한 영채를 세울 수가 있습니다."

전조의 대신 여자준은 이렇게 말했다.

"대동 순무 지방은 지세가 평탄하여 전차를 쓰기에 가장 적합합니다. 전차를 쓰면 작전 시에 수요되는 무기나 군량을 말에 싣고 운송할 필요가 없고, 말을 사육하는 번거로움도 벗어날 수 있습니다."

그래서 그는 전차 도본을 만들어 올렸다. 하여 병부에서 많은 돈을 들여 도본대로 전차를 만들었는데 만들고 보니 실용적이지 못해 모두 폐기하고 말았다. 그래서 전차를 자고차鷓鴣車라고 하는데, '자고'란 여기서는 실행할 수 없다는 뜻으로 쓰인다.

　옛날 사람들은 전차를 썼다. 그때는 가장 유효한 무기가 전차였는데 왜 지금에 와서는 적합하지 못하게 되었는가? 내가 생각하건대, 옛날 전차를 제대로 정확하게 고증하지 못하고 자기 멋대로 구상하여 아무렇게나 만들기 때문인 것 같다. 그런데다가 군사를 거느리고 싸우는 장수들이 한두 번 전차를 써서 실패하면 그 다음부터는 아예 전차를 쓸 생각을 아니한다. 진시황의 장성을 놓고 말해도 그렇다. 세세대대를 내려오면서 그 장성의 혜택을 입고 있지만 오늘 우리가 쌓는 성들은 적이 조금만 공격을 가해도 모래성처럼 무너지고 말지 않는가?

　조충국의 둔전법은 후세 둔전법의 모범이다. 그런데 오늘에 이르러서 우리는 집 몇 채를 더 지어 놓을 뿐 다른 어떤 새로운 창안은 하지 못하고 있다. 왜 이런가? 모두가 진심으로 일을 하지 않기 때문이다. 모두가 진심으로 일을 잘해 보려고 궁리를 짜내 보라, 이렇게 될 수 있는가?

　일을 잘해 보려는 진심이 없다면 성인이 만든 법제라도 실행하기가 힘들 것이다.

오개, 오린

　송나라 때 오개吳玠는 매번 싸우기 전에 언제나 화살들을 주의 깊게 고른 다음 쏘아 보게 하곤 했다. 그렇게 고른 화살을 주대시注隊矢라고 이름했다.

　이런 주대시는 특제한 활로 능히 연속적으로 발사할 수 있었는데, 한 번 쏘면 화살들이 빗발치듯 하여 적군은 막아내지 못했다.

　오개의 아우 오린吳璘은 고대 전법의 정수를 이용하여 누진법壘陣法을 만들었다.

그 진법은 이러했다. 장창들을 든 병사들이 맨 앞줄에서 진을 치는데, 앉아만 있고 일어나지는 못하게 한다. 두 번째 줄은 사격 거리가 가장 먼 궁노수들을 배치하고 세 번째 줄은 사격 거리가 그보다 가까운 궁노수들을 배치하는데, 그들은 모두 무릎을 꿇고 적의 진공에 대기해야 한다. 그리고 그 다음 줄에는 적들을 백발백중으로 맞히는 명궁수들을 배치한다.

싸움이 일면, 위에서 말한 순서대로 100보 이내의 적은 명궁수들이 먼저 쏘아 눕히고 70보 이내로 적이 들어오면 모든 궁노수들이 일제히 화살을 내쏘게 한다.

적들의 기병들이 쳐들어오는 것을 막기 위해 진 앞에 거마목拒馬木과 쇠갈고리 같은 것들을 많이 설치해 놓는다. 그것이 파괴되고 적의 기병들이 쳐들어오는 경우에는 진을 즉시 변동시키는데, 그 신호는 북소리로 한다. 그러면 양옆에 있던 아군의 기병들이 돌진해 나가서 엄호를 하고 새로운 진이 다시 결성되면 기마병은 또 뒤로 물러선다. 이것을 누진법이라고 한다.

이 누진법의 효력을 군사들이 믿었기에 군사들 모두가 사기 백배하여 싸웠다. 그래서 오린의 군대는 무적의 군대가 되었다.

곽고郭固

희녕 연간, 송 신종은 곽고에게 명해 구군진법九軍陣法을 연구하여 병서를 만들어 각 장수들에게 나누어주고, 그 부본은 비각秘閣에 건사하게 했다.

곽고는 연구를 거쳐 다음과 같은 의견을 제기했다.

"아홉 개 군이 하나의 영진(營陣. 싸울 때는 진을 이루고 평소에는 영을 이루는 것)을 만들고 그 주위에 군대를 에워싸는 방법을 옛 법대로 계산해 보면 이렇습니다. 전사들 사이의 거리는 2보이고 말들 사이의 간격은 4보인데, 각 군이 이렇게 진을 편성하고 각 대가 이렇게 진을 편성한다면 10만 사람으로 편성된 진은 방원 100리나 됩니다. 그런데 이런 크나큰 진을 치려면 복판에 도랑 하나 수림 한 곳 없이 평평한 평야가 100리가 되어야 하겠는데 세상에 그런 평야가 어디 있습니까? 그리고 아홉이나 되는 군이 한 개 진陣에 뭉쳐 있다면 그것은 마치 아홉 사람이 한 장의 가죽에 싸여 있는 것처럼 그 진을 전개시킬 수가 없으며 그렇다고 각각 떼어놓으면 모두 죽게 됩니다. 이것이 바로 손자병법에서 말하는 장수들이 지휘할 수 없는 미군麋軍이라는 겁니다. 신이 재삼 연구해 보았는데, 아홉 개 군이 한 개 진을 편성할 것이 아니라 각각 따로 진을 편성해야 한다고 생각합니다. 군과 군 사이는 전후좌우로 배열하고 각 군은 각자가 자기들에게 유리한 지형들을 선택하여 바깥을 향해 영채를 세워야 합니다. 그리고 도랑이나 수림들 같은 것이 있을 적에는 그것을 피해 다른 데다 영채를 세울 수도 있고 혹은 그것을 없애고 영채를 세울 수도 있습니다. 어쨌든 편리한 대로 하게 해야 합니다. 그리고 북이나 징 소리에 근거하여 아홉 개 군을 모으기도 하고 흩어지게도 하는데, 보기에는 혼란한 것 같지만 기실은 혼란한 중에 질서가 있고 각 군에 자주성이 있는 겁니다. 아홉 개 군이 모여 우물 정井 자 형의 진을 이루고 그 사이는 네 개의 통로가 있어 아홉 개 군이 서로 응원할 수가 있습니다. 적이 어느 방향으로 진공해도 공격을 받는 면이 진두가 됩니다."

신종은 그 글을 보고 도리가 있다고 생각하며 자기 손을 들고서,

"정말 그렇단 말이다. 이 다섯 개 손가락이 한 장의 가죽에 꽁꽁

싸여 있다면 어떻게 움직이겠는가?"
하고 말하고는 그 진법을 실행하게 했다.

장위張威

송나라 장위는 행군 시에는 병사들 대오 속에 군기軍紀를 책임진 군사들을 혼입시켰다. 군사들은 그 사람들이 무서워서 행군 시에는 마치 자갈을 물린 듯이 아무 말도 하지 못했다. 군기가 이렇게 엄했기에 장위의 군대는 금나라 군대와의 싸움에서 언제나 이길 수 있었다.

형주와 악주 두 지역에는 평원이 많아 기병 작전에는 유리했으나 보병 작전에는 불리했다. 그래서 장위는, 만약 금나라 기병들이 쳐들어온다면 우리 군은 몹시 불리하지 않는가 하고 이른바 살성진撒星陣이라는 진법을 창제했다.

살성진이라는 진법은 일종 분합分合이 무상한 진법으로서, 북 소리가 울리면 한데 모이고 징 소리가 울리면 흩어지는데, 적의 기마병이 오면 징을 울려서 한 개 군이 열 몇 개로 흩어지곤 했다. 그러면 금나라 군대도 따라서 흩어지곤 하는데, 이렇게 모였다가 흩어지고 흩어졌다가 모이기를 여러 번 반복하면 금나라 군대는 우왕좌왕 어쩔 줄을 몰라 한다. 이렇게 하여 장위는 금나라 군대를 번번이 이기곤 했다.

척계광戚繼光

명나라 대장 척계광은 매번 적들과 싸울 때 원앙진鴛鴦陣이라는 진법을 써서 언제나 승리했다.

원앙진이란 방패를 든 방패군 둘이 앞에 서고 방패군 뒤에는 낭선(狼筅. 무기의 일종)을 쓰는 낭선병이 서고, 방패군의 양옆에는 긴 창을 든 장창병이 두 명 서고, 맨 마지막에는 칼을 든 단도병이 서서 싸우는 진법이다.

작전 시에는, 방패군이 큰 방패를 들고 머리를 숙이고 앞으로 먼저 전진하는데, 북소리를 듣고도 망설이며 전진하지 않는 자는 모두 목을 친다. 방패군 뒤에서는 다른 군사들이 따라서 전진하는데, 정식 싸움이 벌어지면 낭선병이 방패병을 보호하고 낭선병은 장창병이 지원하고 장창병은 단도병이 지원하게 되어 있었다. 일단 방패병이 죽으면 그 뒤를 따르는 낭선병과 장창병 그리고 단도병을 모조리 처단했다.

곽등郭登

정양후 곽등은 싸움에 용감할 뿐만 아니라 지모가 많은 사람이었다. 그는 1년 동안에도 크고 작은 싸움을 100여 번이나 했어도 언제나 승리하곤 했다.

그는 몇 년에 걸친 연구를 거쳐서 각지룡攪地龍이라는 장치와 비천망飛天網이라는 장치를 발명했다. 그는 군사들에게 명해 참호를 깊이 파게 하고 그 위에 나무를 깔고 흙을 덮어 평소에는 사람과 말들이 평지 위를 다니듯 하게 했지만 적들이 그 위를 오를 적이면 각지룡과 비천망을 발동하여 10여 리나 되는 참호가 즉시 무너지게 했다.

조휼

　송희종 정화 연간, 안주 토족수령 복루卜漏가 반란을 일으켰다.

　복루는 윤돈輪囤을 근거지로 삼았는데, 윤돈은 수백 인끼이 되는 고산 위에 있었다. 산에는 수림이 무성했는데, 그는 돌로 성벽을 두르고 그 밖에 목책까지 세웠다. 그리고 그리로 올라가는 산길에는 함정들도 파 놓고, 거대한 종려나무와 쇠질려鐵蒺藜들도 깔아 놓고 관군의 진공을 막았다.

　깎아지른 듯한 산세에 겹겹으로 된 방비들이 있어서 관군들은 속수무책이었다.

　당시 병부상서 조휼趙遹이 칙명을 받고 반란군을 토벌했는데, 산 아래까지 와서 윤돈의 지형을 돌아보니 윤돈의 한 면은 깎아지른 듯한 절벽이었다. 적병들은 그곳으로 올라올 수 없다고 생각하여 그곳은 방비하지 않고 있었다. 그런 중에 그는 또 산속에 허다한 원숭이들이 뛰어다니는 것을 보고 꾀 하나가 떠올랐다. 그는 군사들에게 명해 원숭이 몇 천 마리를 잡아 원숭이 등에 기름을 바른 삼단을 묶어 놓게 했다.

　그런 다음 조휼은 한편으로는 친히 군사를 휘동하여 정면으로 적을 진공하는 척하면서 적들의 주의력을 끌어오고 다른 한편으로는 전사들이 원숭이들을 업고 절벽을 오르게 했다. 절벽 꼭대기까지 올라간 다음 그들은 원숭이 등에 지고 있는 삼단에 불을 붙였다. 불이 붙은 원숭이들은 뜨거워서 적들의 집 사이를 이리 뛰고 저리 뛰며 야단이었다. 그 바람에 참대로 지은 적군의 초가집들에 불이 옮겨 붙었다. 적들은 원숭이들을 잡는다고 야단이었다. 그러자 원숭이들은 더욱 경겁하여 뛰어다녔고, 그러자 불이 붙은 집들은 더욱 많아졌다.

관군은 그 기회를 이용하여 함성을 지르며 돌격했다. 조휼은 윤돈 위에 화광이 보이자 즉시 산 위로 총공격을 발동했다. 관군은 전후로 협공했다. 불에 타 죽고 벼랑에 떨어져 죽은 적병은 부지기수였다. 복루는 포위를 뚫고 빠져나오기는 했으나 얼마 지나지 않아서 관군에게 생포되었다.

　삼국 시기, 등애는 음평으로 해서 촉한을 기습했다.
　그는 인적 하나 없는 무인지경을 700리나 지났는데, 산을 허물어 길을 내고 나무를 찍어 다리를 만들면서 높은 산을 끼고 깊은 골짜기들을 건너며 무수히 고생했다. 등애 자신도 담요로 몸을 감고 산 아래로 굴러 내리기도 했다. 그래서 끝내 촉한을 투항시켰으니 그 공로가 아주 크다고 말해야 할 것이다.
　그런데 문제는 이 무인지경 700리를, 그것도 산을 허물어 길을 내고 나무를 찍어 다리를 만들면서 걸어왔으니 그게 하루 이틀도 아니고 숱한 기일이 걸렸을 것이다. 그런데 촉나라 군대가 그것을 감감 모르고 있었다니 한심한 일이 아닐 수 없다. 촉나라 군대가 평소 조금이라도 거기에 주의를 돌렸다면 이럴 수가 있겠는가? 만약 촉나라 군대가 그 기미를 조금이라도 알았다면 등애는 큰 실패를 맛보았을지 모르는 일이다. 그러기에 등애의 이 기습은 기실 하나의 큰 모험이었다.
　조휼의 이번 기습도 마찬가지이다. 적들이 그곳을 조금도 방비하지 않았으니 승리했지 그렇지 않았더라면 어떻게 되었을지 모르는 일이다.
　그러기에 병법에서는 "험한 지세를 이용하여 고수할 수는 있으나 험한 지세만 믿고 방비하지 않다가는 패망하게 된다"고 말하고 있다.
　이광필은 엄하게 군대를 다스렸다. 그의 방어선을 적들이 어쩌지 못함에도 불구하고 그는 언제나 방비를 늦추지 않고 순라와 경계를 엄하게 했다.

그러기에 적들은 등애나 윤돈의 일처럼 기습할 기회를 찾지 못했다.

『원사元史』에는 이런 기록이 있다.

금나라에서는 거용관 대문을 강철로 만들고 또 쇠질려를 100리 밖까지 내깔고 정예 부대를 옮겨다가 거용관을 지켰다.

원세조가 거용관 부근 100리 밖에 이르러 보니 더 진군할 수가 없었다. 그래서 그는 찰팔아를 불러 이 일을 어떻게 했으면 좋겠느냐고 물었다. 그러자 찰팔아는 이렇게 말했다.

"여기서 얼마를 더 가면 깊은 수림이 있는데, 그 수림 속에 말 한 필이 겨우 다닐 수 있는 오솔길이 있습니다. 신이 이전에 그 길로 가본 적이 있는데, 군사들에게 명해 소리 없이 그 길로 나아가면 하룻밤 사이에 거용관에 이를 수가 있습니다."

그래서 찰팔아를 선봉으로 황혼 무렵에 그 수림 속 길을 따라 진군하니 그 이튿날 날이 새기 전에 대군은 이미 평지에 이르고 그 이튿날은 곧추 남구로 향했다. 그런데도 금나라 군대는 아무것도 모르고 자고 있었다. 진공을 알리는 원나라 군대의 북소리가 울려서야 비로소 꿈에서 소스라쳐 깨어난 금나라 군대는 저항력을 이미 상실하고 있었다. 거용관이 이렇게 쉽게 원나라 군대에게 넘어가자 금나라는 도읍을 남쪽으로 옮길 생각을 하게 되었다.

원나라 군대가 가장 위험한 지세를 이용하여 거용관에 접근해 방비 없는 금나라 군대를 기습한 것은 등애의 기습보다 더 월등한 기습이 아닐 수 없다.

안만전 安萬全

명 가정 16년, 아향阿向과 토관 왕중무가 땅 때문에 싸우게 되었는데, 왕중무는 아향한테 죽을까 봐 겁이 나서 도망쳤다. 그래서 아향은 개구돈凱口囤을 점령하고 반란을 일으켰다.

개구돈은 높이가 40여 장이나 되는 산꼭대기 위에 있었는데, 방원이 10여 리가 넘었고 사면은 절벽이었다. 산으로 올라가는 길은 한 자 넓이 오불꼬불한 오솔길이 하나 있을 뿐이었다. 산 위에는 마르는 법이 없는 천연적인 늪이 하나 있어 가뭄이 들어도 물 걱정이 없었다. 산 위에 저장한 양식도 5년 이상 먹을 수 있었다.

아향이 반란을 일으켰다는 소식을 듣자 도어사 진극택은 도첨사 양인에게 명해 서수병을 징발하여 아향을 토벌하게 했다. 선위사 안만전은 평소에는 오만하여 명을 듣지 않다가 큰 상을 준다는 바람에 군사 만 명을 거느리고 개구돈 아래로 왔는데, 와서는 감히 아향을 어쩌지 못하고 석 달 동안이나 대치하고만 있었다.

그러던 어느 날, 그는 개구돈 동북쪽 벼랑 옆에 엄청나게 큰 고목 하나가 서 있는 것을 발견했다. 그 고목은 높이가 20여 장이나 되었고 가지가 벼랑 중간을 막고 있었다.

이에 안만전은, 누가 그 나무를 이용하여 절벽을 올라가면 상으로 천 금을 주겠다고 했다.

그러자 용사 두 명이 응해 나섰다.

그들은 쇠갈고리와 밧줄 네 가닥 그리고 칼 한 자루를 몸에 지니고 나무를 올라갔다. 나무 위에 올라가서는 또 다른 사람들을 밧줄로 끌어올리기로 했다. 그런데 날이 어두울 뿐 아니라 비까지 내려 용사 한 명은 나무에 채 올라가지 못하고 떨어져 죽었다.

나머지 한 명이 겨우 올라가서 밧줄을 내려보냈다. 안만전은 병사 넷에게 명하여 화포를 지고 밧줄을 타고 나무 위를 오르게 했다. 그 넷이 오른 다음 먼저 올랐던 용사는 계속 벼랑을 올랐다.

산꼭대기를 간신히 오르자 적의 순라병이 징을 치면서 그곳으로 왔다. 용사는 풀숲에 숨어 있다가 순라병이 가까이 오자 뛰쳐나가 단칼에 요절냈다. 그러고는 옷을 갈아입어 적의 순라병으로 가장하고는 밧줄을 내려보내어 산 아래 병사들을 끌어올렸다. 이렇게 하여 병사 30명이 산 위로 올라갔다.

이때 안만전은 화포를 쏘게 했다. 그러면서 "천병천장天兵天將이 내려왔다!"고 고함을 질렀다.

적들은 놀라서 황급히 응전했는데, 날이 어두워 자기들끼리 죽인 자가 몇 천 명이 넘었다. 나머지는 소로길을 따라 달아났는데, 그러다가 벼랑에 떨어져 죽은 자가 또 몇 천 명이 되었다.

그 이튿날 병사들은 개미떼처럼 산길을 따라서 산 위로 올라갔다. 진극택은, 적들을 함부로 죽이지 말라고 명을 내렸다.

그 바람에 병사들이 적을 죽이기를 게을리하여 아향과 다른 적군들은 구사일생으로 달아날 수가 있었다.

관군은 적굴 속에 있는 양곡을 모두 불태우고 군사 300명을 남겨 거기를 지키게 하고는 다른 군대는 모두 원래 있던 데로 돌아왔다.

태자 황晃

위나라 임금은 기병을 네 갈래로 출동시켜 유연을 습격하려 했는데, 녹혼곡에 이르러 칙련가한敕連可汗과 조우하게 되었다.

그러자 태자 황이 위나라 임금에게 말했다.

"유연 사람들은 우리 대군이 여기 이렇게 갑자기 올 줄을 모르고 있습니다. 그러기에 그들이 손쓰기 전에 급히 공격해야 합니다."

그런데 상서 유결은,

"유연의 군영이 흙먼지로 가득한 것을 보면 군사들이 꽤 많은 것 같습니다. 그러기에 우리 군대가 모두 모인 다음에 진공하는 것이 좋을 것 같습니다."

하고 말하자 태자 황은,

"흙먼지가 가득한 것은 유연의 병사들이 경황하여 혼란이 일어났기에 그런 것입니다. 그렇지 않으면 군영 중에 먼지가 이는 법이 평소에 어디 있습니까?"

하고 반박했다.

그런데 위나라 임금은 태자의 말을 듣지 않았다. 그래서 공격을 늦추는 바람에 유연의 군대는 모두 도망쳤다.

그 후에 유연 병사 한 명을 포로로 잡아 물어 보았더니 그는 이렇게 말했다.

"유연은 위나라 군대가 추격해 오는 줄로 알고 겁이 나서 북으로 급히 달아났지요. 그러다가 위나라 군대가 쫓아오지 않음을 확인하고서야 속도를 늦추었습니다."

그 말을 듣고 위나라 임금은 후회가 막심했다.

사마초지 司馬楚之

사마초지가 부장이 되어 양곡 차를 운반하는데, 하루는 누가 군영에 있는 나귀 귀를 베어 갔다고 군영 위병이 보고했다.

그 말을 듣고 사마초지는,

"필시 유연의 세작이 우리 군영에 몰래 들어왔던 모양이다. 그 증거로 나귀 귀를 베어 간 것이다. 잘못하면 유연의 군대가 습격하러 올 것이니 속히 방비를 엄하게 해야 하겠다."

하고 말하고는 버드나무들을 찍어서 목책을 두르고는 나무에 물을 부었다. 그런 뒤 얼마 안 되어 과연 유연의 군대가 습격하러 왔다. 그런데 이미 목책을 두른데다가 날씨가 추워 목책에 얼음이 얼었다. 유연의 군대는 미끄러워 목책을 타고 오를 수가 없었다. 그래서 유연군은 결국 이기지 못하고 돌아갔다.

장준張浚

송나라 소흥 연간에 금나라 군대가 파죽지세로 경성 부근으로 쳐내려왔다.

그때가 추운 겨울이어서 늪들과 호성하(護城河. 성을 보호하기 위해 성 주변에 둘러친 개울)들이 모두 얼었는데, 금나라 군대는 얼음 위로 말들을 달려 아주 쉽게 성을 쳐들어왔다.

금나라 군대가 그렇게 성으로 쳐들어온다는 말을 듣고 장준은 백성들이 물고기를 잡는 것을 금지했던 영을 폐지했다. 그러자 백성들이 다투어 얼음 구멍을 파고 물고기를 잡았다. 그로 인해 늪들과 호성하 모두 얼음 구멍 천지였다.

성 부근까지 온 금나라 군대는 그것을 보고 탄식하다가 돌아갔다.

환숭조桓崇祖

위나라 임금은 군사 20만 명을 거느리고 예주를 진공했는데, 예주 자사 환숭조는 외성을 높이고 비수의 물을 막아 성을 보호하려고 했다. 그러자 다른 관원들은 적의 역량이 현저한데 외성을 높이고 강을 막는 것은 헛일만 하는 것이라고 했다.

이에 대해 환숭조는 이렇게 말했다.

"우리가 외성을 버리면 적이 차지하기 마련인데, 만약 적들이 거기다가 요망대를 세우고 담까지 쌓는다면 우리는 성내에 앉아서 붙잡히기를 기다려야 한다."

그래서 성의 서북쪽에 제방을 쌓아 비수를 막고 제방 북쪽에 작은 성 하나를 따로 쌓았다. 그리고 성 주위에 아주 깊은 도랑을 파고 몇천 명 군사로 지키게 했다.

환숭조는 이렇게 말했다.

"적들은 이 성이 작기에 공점하기 쉽다고 여기고 모든 병력을 들여 공격해 올 것이다. 그러면 우리는 제방을 터뜨려서 적들을 모두 수장시킨다."

과연 위나라 군대는 그 작은 성을 총공격했다. 환숭조는 흰 모자를 쓰고 교자를 타고 성 위에 올라 강을 막았던 제방을 터뜨리게 했다. 그러자 강물이 요란한 소리를 내며 일사천리의 기세로 쏟아져 내렸다. 그 바람에 물에 빠져 죽은 위나라 군대는 수천이 넘었다. 위나라 군대는 대패하여 물러가 버렸다.

맹공 盂珙

송나라 때 맹공이 채주를 공격했는데, 당지 사람들은 시담柴潭의 험요한 지형을 이용하여 채주를 지키고 있었다.

시담의 주위에는 여하가 흘렀는데, 시담의 바닥은 여하 수면보다 5, 6장이나 높았다. 성 위에는 금으로 된 글자가 새겨진 편액이 걸려 있는 성루가 있었는데, 성루에는 활을 쏘는 거대한 궁대弓台가 있었다. 시담은 물이 깊어 용이 나온다는 전설까지 있어 사람들은 겁을 집어먹고 가까이 가지 못했다. 맹공의 수하들도 그 전설에 겁을 먹고 그 늪에 접근하기를 꺼려했다.

그래서 맹공은 장령들을 불러 주연을 벌이고 술이 세 순배 돈 뒤 다음과 같이 말했다.

"기실 적들한테 시담과 궁대가 있지만 그것을 천험이라고 여기지 말라. 성루 위에 있는 궁대는 먼 곳은 쏠 수 있지만 가까운 데는 쏘지 못한다. 적들이 믿는 것은 오로지 시담뿐인데, 우리가 시담의 물을 여하로 끌어내어 시담을 말리면 적들은 투항하고 만다."

그러고는 군대를 보내어 시담의 양측에 물길을 내어 시담의 물을 여하로 끌어내고 거기다가 나무와 갈대를 펴 길을 만든 다음 전군이 시담을 건너게 했다. 그리고 성루를 공격하여 채주를 공점했다.

종택宗澤

송나라 종택은 계교를 써서 적을 물리쳤다.

그러나 송나라보다 열 배나 많은 병력을 가지고 있는 금나라 군대가 그 한 번 실패에 물러가지는 않으리라는 것을 종택은 알고 있었다. 더욱이 금나라 기병들이 야밤에 송나라 군영을 기습한다면 매우 위험한 일이었다.

그래서 종택은 그날 저녁에 영채를 버리고 대군을 거느리고 철퇴했다.

과연 금나라 군대는 그날 밤 송나라 군영을 엄습했다. 그런데 송나라 군영은 사람 하나 없이 텅 비어 있었다. 그제야 그들은 종택의 용병이 귀신같다고 놀라면서 함부로 종택을 진공하지 못했다.

이존진李存進, **번약수**樊若水

후량 시기, 진晉나라 부총관인 이존진은 덕승에서 부교를 만들었다. 옛적에는 참대로 만든 죽삭竹索과 그것을 물에 가라앉히는 철우鐵牛, 그리고 죽삭을 기슭에 고정시키는 석균石菌 등으로 구성했는데, 이존진은 갈로 만든 위삭葦索으로 배들을 연결하고 산에 있는 나무에 위삭을 매어 고정시키는 방법을 써서 한 달 내로 부교를 다 만들었다.

후당의 지주池州 사람 번약수는 과거 시험에서 낙방한 다음 송나라를 도우려고 생각했다. 그는 채석강에서 고기를 잡는 척하면서 배를 저어 먼저 밧줄을 남쪽 기슭에 매어 놓았다. 그런 다음 다시 배를 북쪽 기슭으로 몰아갔다. 이렇게 오가면서 강면의 넓이를 측정하고는 송태조한테 부교를 놓을 것을 건의하는 상주서를 올렸다.

그러자 어떤 사람들은 강이 넓고 깊은데 어떻게 부교로 강을 건널 수 있는가 하고 반대 의견을 내놓았다. 그러나 송태조는 그 말을 듣지 않고 번약수를 우찬선대부로 임용하고 석전진을 형호에 보내어 황색과 흑색으로 된 용선을 수천 척 만들게 했다. 그리고 배에 큰 참대나무들을 싣고 형호의 물을 따라 떠내려와서 먼저 석비구에 부교를 시험삼아 만들어 보게 하고 다음에는 채석강에 부교를 만들었는데, 미리 측량했던 그 강 넓이가 한 치도 차이가 나지 않아서 사흘이 못 되어 모든 공정을 끝냈다.

위효관韋孝寬

위진 남북조 시기, 동위의 위효관이 옥벽을 지키고 있는데, 고환이 군대를 모두 거느리고 공격하러 왔다. 그의 군대는 수십 리에 이어져 있었다. 고환은 성 남쪽에 흙산을 높이 쌓고 기회를 타서 성을 쳐들어오려고 했다.

성안에는 누각이 두 개 있었는데, 고환의 흙산을 마주하고 있었다. 위효관은 누각 위에 고환의 흙산보다 더 높은 다락을 세웠다. 그러자 고환은 성 남쪽에서는 성으로 들어오는 땅굴을 파고 성 북쪽에서는 흙산을 쌓으면서 윤번으로 성을 공격했다.

위효관은 매우 길고 깊은 도랑을 성안에 빙 둘러 파게 하고 용감한 군사들을 뽑아서 그것을 지키게 했다. 매번 땅굴로 들어오던 고환의 군대는 그 도랑에 막혀 물러가곤 했다. 위효관은 또 도랑 밖에 마른 나무들을 모아 놓고 불씨들을 준비했다가 적들이 땅굴에 남아 있으면 땅굴 어귀에 불을 놓은 나무들을 던지고 풍구질을 하여 그 속의 적들을 태워 죽였다.

그러자 고환은 공성차를 몰고 와서 성문을 들이박았다. 위효관은 천으로 장막을 만들어 적의 공성차가 가까이 오면 장막을 펼쳐 공중에 드리우는 방법으로 공성차가 성문을 들이박지 못하도록 했다.

그러자 고환은 참대 장대기에 불붙은 관솔들을 매어 장막을 태워 버리려고 꾀했다. 위효관은 끝이 날카로운 긴 갈고리들을 만들어 적들의 참대 장대기들을 베어 던지게 했다.

그러자 고환의 군대는 성 밑으로 통하는 땅굴을 스물 하나나 파고는 중간에 받침대를 세웠다가 일시에 불을 놓았다. 그 받침대들이 타면서 땅굴이 무너져 내리는 바람에 그 위에 있던 성벽들이 덩달아 무너졌다. 그러면 위효관은 무너진 성벽 자리에 목책을 세워 적을 막았다.

고환은 있는 방법을 다해 보았지만 끝내 성을 깨치지 못했다. 고환은 기력이 쇠해 철퇴한 후 얼마 지나지 않아 병이 들어 죽고 말았다.

양간羊侃, 양지적楊智積

후량 시기, 후경이 대성을 포위하고 처음에는 주둥이가 뾰족한 목려木驢라는 공성 도구로 성을 공격했다.

그러자 성 위에서는 화살과 큰 돌로 반격했는데 효력을 보지 못했다. 그것을 본 양간은 기름을 바른 갈대를 한 줌씩 묶어 거기에 불을 붙여 집어던지는 방법으로 목려를 재로 만들어 버렸다.

후경은 또 대성 동쪽과 서쪽에 각각 흙산을 쌓고 성안의 활동을 감시했다. 그 바람에 백성들이 몹시 당황해 했다. 양간은 그곳으로 통하는 땅굴을 파서 그 흙산들을 허물어 버렸다.

그러자 후경은 높이 10여 장이나 되는 공성용 다락차를 만들어 다락차 위에서 성안으로 화살을 내리 쏘려고 했다.

그것을 본 양간은 이렇게 말했다.

"다락차가 저렇게 높으니 성밖에 있는 우리 땅굴 위를 지나갈 때면 땅굴이 무너질 것이고 그러면 다락차가 뒤집어질 것이다. 그러니 너무 근심하지 말고 가만히 기다려 보자."

과연 후경 군대의 다락차는 성으로 접근하면서 땅굴 위를 지나다가 땅굴이 무너지는 바람에 모두 거꾸로 처박혔다.

이렇게 거듭 실패한 후경은 공성을 잠시 포기하고 그 다음에는 아예 성 주위에 빙 둘러 긴 담을 쌓았다.

주이 등이 나가서 후경을 치려고 하자 양간이 말렸다.

"그러면 안 됩니다. 후경은 공성이 안 되니 저렇게 담을 쌓는 것으로, 우리를 투항하라고 핍박하는 겁니다. 그렇다고 우리가 적은 병력으로 출격하면 적을 이기지도 못하면서 인력만 낭비할 것이고, 그렇다고 대군을 거느리고 나가 싸운다면, 이기면 문제가 없겠지만 만약 이기지 못하고 성안으로 후퇴하는 경우에는 어떻게 하겠습니까? 성문과 조교가 좁아서 우리 군대끼리 서로 밟혀 상하고 죽는 사람들이 적지 않을 겁니다. 그렇게 되면 군대의 사기가 크게 떨어질 겁니다."

그러나 주이는 그 말을 듣지 않고 대군을 거느리고 나가 싸웠는데, 양간의 말대로 패해 성안으로 후퇴했다. 그런데 군사들이 서로 조교를 먼저 건너겠다고 싸우다가 호성하에 떨어져 죽은 자가 태반이나 되었다.

후에 또 큰비가 내려 성안에 쌓은 흙산들이 무너져 내렸다. 그 기회를 타서 적들은 또 대거 진공해 왔다. 격렬한 싸움이 벌어졌다. 성은 위급했다. 양간은 전사들에게 명해 횃불을 마구 집어던지게 하여 불로 적들의 공성을 막았다. 그러면서 성내에 또 성을 쌓았다. 후경은 성을 깨치지 못해 속을 태웠다.

그런데 일이 안 되는지 양간이 병으로 죽었다. 그 다음에야 후경은 대성을 점령할 수 있었다.

양지적은 수나라 문제의 조카이다.
양현감이 반란을 일으켜 성을 공격하면서 성문에 불을 질렀다.
그러자 양지적도 군사를 시켜 거기에다가 섶나무들을 집어던지게 했다. 그래서 성문 주위에 불이 이니 적들은 오히려 그 불에 막혀 쳐들어오지 못했다.

장순張巡

당나라 때, 안녹산의 부장 윤자기가 회양을 공격했는데, 장순이 결사적으로 성을 사수했다.

적들은 공성 도구로 무지개같이 생긴 구름다리를 만들었는데, 그 구름다리에 전사 200명을 태우고 밀고 들어와서 성곽에 가져다 대면 전사들이 거기서 성안으로 뛰어내리게 되어 있었다.

그것을 본 장순은 미리 은밀히 성벽에 구멍 세 개를 뚫어 놓았다. 그리고 적의 구름다리가 성벽에 접근하자 한 구멍으로는 쇠갈고리가 끝에 달린 굵은 장대기를 밀어내어 구름다리가 뒤로 물러나지 못하게 걸어 당기고, 다른 한 구멍으로는 굵은 나무를 밀어내어 구름다리가 앞으로 나오지 못하도록 받치고, 다른 한 구멍으로는 끝에 이글거리는 목탄을 담은 화로가 달린 장대기를 밀어내어 구름다리를 태워 버렸다.

적병은 또 갈고리 차를 가지고 성 위에 있는 목책과 다락들을 걸어 당겼다. 그러자 장순은 굵고 긴 몽둥이 끝에 쇠사슬을 매고 사슬 끝에는 고리를 달아서 그 고리로 적의 갈고리들을 걸어 비틀어 끊어 버렸다.

적병은 또 목려를 만들어 성을 공격했다. 장순은 녹인 쇳물을 거기에 퍼부어 목려를 모두 태워 버렸다.

적병은 나무를 높이 쌓고 그 위에 모래 담은 마대를 올려놓고 그것을 밟고 성 위로 올라오려고 꾀했다. 장순은 군사들에게 명해 비밀리에 그 나무 더미 안에 광솔과 볏짚을 끼워 넣게 했는데, 열 며칠을 그렇게 했는데도 적들은 그것을 발견하지 못했다. 적병들이 나뭇단을 다 쌓자 장순은 군사를 시켜 몰래 그 나무 더미에 불을 질렀다. 그래서 적들의 이번 기도도 실패로 돌아갔다.

적군은 장순의 지모를 이길 재간이 없다고 생각하고 공성을 포기하고 말았다.

왕품王稟

송나라 때 금나라 장군 점한은 태원 지역을 파죽지세로 쳐 내려가다가 장효순과 왕품이 지키는 자그마한 현성에 와서 그만 완강한 저항을 받게 되었다.

금나라 군대는 포석炮石, 동자洞子, 아차鵝車, 편교偏橋, 운제云梯, 화제火梯 등 천 가지가 넘는 공성 도구를 가지고 있었다. 그들은 성을 공격할 적에 먼저 극렬포克列炮 30문을 성을 향해 줄지어 놓고 북소리 한 번에 동시 발포를 하곤 했는데, 그 포탄이 쌀되만큼이나 되어 거기에 맞아 허물어지지 않는 성벽이 없었다.

그런데 총관 왕품은 사전에 그것을 알고 석벽 앞에 목책을 세우고 목책과 성벽 사이에는 모래 담은 마대를 쌓아올렸다. 그래서 성벽을 보호했는데, 목책은 금나라 군대의 포탄에 맞아도 즉시 다시 세울 수가 있었다.

금나라 군대는 성을 공격하기 앞서 호성하를 동자로 메우곤 했다. 동자란 소가죽을 씌운 귀틀집이 위에 있는 바닥이 평평한 수레인데, 그것을 50대씩 쇠사슬로 연결하고 거기로 군사들이 나뭇단과 모래자루를 날라서 호성하를 메웠다.

그것을 본 왕품은 먼저 성벽에 구멍을 내고 거기다가 풍구들을 가져다 놓았다. 그러고는 금나라 군대가 나뭇단을 많이 쌓아 놓기를 기다려 거기다가 횃불을 집어던졌다. 그래서 나뭇단에 불이 일자 왕품은 또 성벽에 낸 구멍으로 풍구질을 하게 했다. 그러자 나뭇단에 붙은 불이 세차게 일어 화염이 충천했다. 금나라 군대는 헛고생만 하고 호성하를 건너지 못했다.

　금나라 군대는 또 아차라는 것을 썼다. 아차란 문자 그대로 거위같이 생긴 바퀴 달린 공성차이다. 밖은 모두 소가죽으로 쌌는데, 수백 명 전사들이 그 차를 민다. 금나라 군대가 아차를 쓰려는 것을 본 왕품은 성안에 망원대를 만들고 거기서 적의 행동을 보면서 작전을 지휘하게 했다.

　그리고 적의 아차가 성에 거의 접근했을 때 군사들에게 명해 성 아래서 밧줄이 달린 쇠갈고리로 아차의 주둥이를 걸어 결사적으로 잡아당겼다. 그래서 아차를 넘어뜨리곤 했다.

　그 후에도 금나라 군대는 운제를 쏜다 화제를 쏜다 여러 가지 방법을 다 썼는데, 그럴 때마다 왕품은 임기응변 대책을 강구하여 적의 진공을 막아냈다.

　그래서 금나라 군대는 끝내 그 성을 점령하지 못했다.

맹종정 孟宗政

　송나라 때 금나라 군대가 쳐들어오자 맹종정은 조양의 군대를 거느리고 성을 사수했다.

　맹종정은 금나라 군대가 성에 불을 지르는 것을 방비하기 위해 모래 자루로 지붕들을 덮고 독마다 물을 가득 채워 놓게 했다. 그리고 백발백중의 화포수들을 모집하여 포 한 방에 적군 수십 명이 죽게 했다.

　금나라 군대는 정병 2천을 뽑아서 운제運梯와 천교天橋를 이용해 성을 오르려고 꾀했고, 은광의 채석공들을 잡아다가 밤낮으로 땅굴을 파서 성을 무너뜨리려고도 했으며, 성벽 아래에 갈대를 가득 쌓아 성루를 불태우려고도 했다.

맹종정은 성 앞에 구덩이들을 깊이 파서 금나라 군대가 땅굴을 파고 들어오는 것을 막았고, 목책들을 세워서 다른 성루들이 무너지는 것을 미리 방비했다. 금나라 군대가 땅굴을 파 놓으면 맹종정은 거기다가 불을 피우고 풍구를 돌려 독한 연기가 그 안으로 들어가게 했다. 금나라 군대는 그 연기를 견디지 못해 수건으로 입과 코를 막고 출로를 찾아 달아났다. 그러나 적들은 어떻게 했는지 성 밑까지 땅굴을 파고 들어와 성벽을 무너뜨렸다. 그러자 맹종정은 급히 성루에서 철퇴하고 불을 놓아서 금나라 군대의 진공을 막는 한편 군사들을 휘동하여 무너진 성 가까이 100여 자나 되는 언월성偃月城을 급히 쌓았는데, 무너진 성벽보다도 견고했다.

맹종정이 이렇게 견강불굴 싸운 까닭에 적들은 시종 그 성을 깨치지 못했다.

유복 劉馥

유복이 양주 자사로 있을 때, 유사시에 대비하여 성벽을 높이 쌓게 하고, 나무와 돌들을 많이 쌓아 놓게 했으며, 가마니도 수만 장짜 놓게 했고, 물고기 기름도 수천 되斗 저장해 놓게 했다.

동한 헌제 건안 13년에 손권이 10만 대군을 거느리고 와서 합비를 100일 남짓 포위 공격했다. 당시 장마철이라 매일 비가 내렸는데 어떤 성벽들은 궂은비에 무너져 내릴 위험이 있었다. 유복은 모래를 넣은 가마니들을 성벽 옆에 붙여 쌓아 성벽이 무너져 내리는 것을 방비했다. 그리고 밤에는 성루에 기름불을 환하게 켜 놓아 그

불빛이 손권의 군영까지 비추게 했다.
 그래서 손권은 성안의 방비가 보통이 아닌 것을 알고 드디어 물러가 버렸다.

성창 盛昶

 성창은 원래 감찰어사였는데 간언을 하다가 죄를 입어 나강현 현령으로 강직되어 내려왔다. 그는 청렴하고 정사를 잘 해 당지 관원들과 백성들의 존경을 받았다.
 그때 호원앙이 무리를 모아 반란을 일으켰다. 성창은 공문을 호원앙에게 보내어 도적 무리를 해산하라고 권유했다. 그런데 그 부근 지역에 있는 조택이라는 적괴만은 굴복하지 않고 조왕이라고 자칭하면서 살인과 약탈을 일삼았다. 조택이 후에는 세력이 대단히 커져서 성도를 점령하고 왕도사를 죽이기에 이르렀는데, 관군들도 속수무책이었다.
 나강현은 성곽이 없었다. 성창은 현縣 둘레에 도랑을 깊이 파고 거기에 강물을 끌어댔다. 적들이 쳐들어온다는 말을 듣자, 장창은 현으로 들어오는 문을 활짝 열어 놓게 하고 군사들은 백성들 집에 매복해 있게 한 다음 포 소리가 울리면 뛰쳐나와 적을 족치기로 약정을 했다. 그리고 일부분 군대는 산에 매복시켰다.
 그런 다음, 싸움에서 패하는 척하며 적병들을 현으로 유인했다.
 적군이 현 가까이 이르자 성창이 군대를 거느리고 나가 용감히 싸우고 포 소리가 울리자 성창의 복병들이 뛰쳐나오면서 적의 뒤를 엄습했다. 전후로 협공을 받은 적군은 갈팡질팡 어쩔 줄 몰라 하다가 퇴각하기 시작했다. 이때 산에 매복해 있던 성창 군대가 쳐 내려왔다. 성창 군대는 적들을 포위하고 결사적으로 싸웠다.

　적들은 무수한 사상자를 내고 달아났다. 투항한 적도 부지기수였다. 성창은 노획한 재물을 모두 백성들에게 나누어주었다.

　백성들은 감격의 눈물을 흘리면서,

　"성 현령이 없었더라면 우리는 벌써 도적들의 제물이 되었을 것이다."

하고 말했다.

허규 許逵

　명나라 허규가 낙능현 현령으로 갔을 때도 적들이 창궐했다.

　그래서 그는 백성들이 성밖으로 나가는 것을 한 달 동안 금지했다. 그리고 빈부를 가리지 않고 성안 사람 모두를 성 쌓는 요역에 징발시켰다. 한 달이 되지 못해 성이 견고하게 보수되고 호성하도 깊이 팠다.

　허규는 백성들도 자기 집 주위에 높은 담을 쌓게 하고 그 안에는 한 사람이 들어갈 수 있는 땅굴 하나를 파 놓도록 했다. 그리고 집마다 장정 한 사람씩 큰칼을 들고 그 땅굴에 매복해 있게 하고 나머지 사람들은 모두 대오에 편성시켰다. 허규는 백성들에게 자기 지휘를 어기지 말고 따를 것을 강조하고, 명을 어기면 군법에 의해 처벌하겠다고 했다. 그러고 나서 허규는 군사들을 가두에 매복시키고 성문을 활짝 열어 놓았다.

　얼마 지나지 않아서 도적들이 성안으로 쳐들어왔다. 그런데 불을 지르려고 해도 불을 지를 수 있는 곳이 하나도 없고 공격하려고 해도 어디를 공격해야 할지 담들이 높아서 알 수가 없었다. 그러는데 성안에 매복해 있던 복병들이 일제히 뛰쳐나오면서 적들을 일망타진했다.

왕준王濬, 왕언장王彦章

진쯥나라 때, 오나라 사람들은 물살 험한 강 아래에 쇠사슬을 놓든지 아니면 한 장씩 되는 끝이 뾰족한 쇠몽둥이들을 물 속에 박아 상대방의 배들을 막았다.

왕준은 참대 뗏목 수십만 개를 만들어 헤엄에 능한 군사들을 시켜 뗏목을 몰고 선봉으로 나아가게 했다. 그러자 쇠몽둥이들은 뗏목에 박혀 물살에 따라 떠내려갔다. 그리고 강물 속에 있는 쇠사슬은 거기에 기름을 바르고 횃불로 녹여 버렸다. 그래서 배들이 마음대로 다닐 수 있게 했다.

오대 시기, 진왕 이존모는 황하의 이북 지역을 차지하고 있으면서 쇠사슬로 황하의 덕승구를 막고 황하 남북 양안에 성을 각각 하나씩 쌓았다. 그것을 협채夾寨라고 했다.

왕언장은 칙명을 받고 활주에 온 다음 주연을 베풀어 장령들을 호궤하는 한편, 도끼를 가진 장정 600명과 대장장이들을 남몰래 불러 배에 싣고 물살을 따라 아래로 내려보냈다.

왕언장은 장령들과 술을 먹다가 중도에 취해 토하는 척하고는 옷을 갈아입는다고 하면서 거기를 빠져나와 정병 천 명을 데리고 덕승구로 달려갔다.

그때는 이미 배를 타고 내려간 군사들과 대장장이들이 강을 막은 쇠사슬을 불로 녹이고 강을 건너는 부교를 도끼로 찍고 있었다.

왕언장은 급히 군사를 휘동하여 남안의 성부터 공격했다.
그래서 진왕은 대패했다.

한세충 韓世忠

송나라 명장 한세충이 금나라 올술의 군대와 황천탕에서 싸울 때 일이다.

그때 한세충의 배들은 모두 금산 아래에 있었다. 그는 큰 갈고리가 달린 쇠사슬들을 많이 준비해 놓고 힘센 군사들을 특별히 뽑았다.

그 이튿날 아침, 금나라 군대가 배를 타고 함성을 지르면서 진공해 오자, 한세충의 배들은 두 줄로 나누어 적선들 뒤로 돌아갔다. 그러고는 갈고리가 달린 쇠사슬로 적선의 꼬리를 걸어 강 한복판으로 끌어다가 뒤집어엎었다.

그래서 올술의 군대는 대패했다.

명세종 가정 연간에 오군吳郡 일대에 왜구가 창궐했는데, 그때도 황천탕에서 왜구들이 숱하게 죽었다.

당시 왜구들이 돌아다니면서 백성들의 배를 앗아갔기에 백성들은 불안해 편안한 날이 없었다. 그런데도 관가에서는 보기만 하고 아무런 대책도 강구하지 않았다.

이에 분개한 백성들은 민선 10여 척을 모아 강바닥 개흙을 파서 배 위에 실었다. 그러고는 왜구들의 배를 따라가서는 자루 긴 주걱으로 개흙을 퍼서 왜구들 배에 집어던졌다. 그러자 개흙에 뱃바닥이 미끄러워서 왜구들은 일어서지 못했다. 그러자 당지의 항민들은 작살로 왜구들을 찔러 잡았다. 물에 떨어져 죽은 왜구들도 적지 않았다.

양소 楊素

양소는 야밤에 강어귀로 와서 상가의 배 수백 척을 산 다음, 배마다 갈대를 가득 실었다. 그러고는 군사들에게 명해 아무 소리도 내지 않고 쥐도 새도 모르게 강을 건너 포성을 불로 공격했다.

마륭 馬隆

마륭은 칙명을 받고 수기능樹機能을 토벌했다.

그런데 호병들은 모두 흉맹할 뿐 아니라 창칼이 잘 들어가지 않는 철갑 옷을 입고 있었다.

그것을 본 마륭은 길 양옆에 자석을 장치해 놓았다. 호병들은 거기를 지나다가 자석에 갑옷이 붙어서 움직이지 못했다. 그러자 코뿔소 가죽으로 된 갑옷을 입은 마륭의 군사들이 돌격하여 호병들을 모두 죽여 버렸다.

여몽 呂蒙

삼국 시기, 오나라 주유가 감녕甘寧을 파해 이릉을 진공하게 했는데 오히려 조인에게 포위되었다. 형세가 다급해진 감녕은 주유한테 급히 구원을 청했다.

그런데 여몽이 주유한테 말했다.

"제게 군사 3백만 주시면 제가 이릉으로 가는 길에 나무들을 쌓아서 길을 차단하겠습니다. 그러면 조인의 군대는 말에서 내려 보행할 터인데 그러면 우리는 조인의 군마들을 노획할 수 있습니다."

주유는 그 말을 듣고 여몽에게 군사를 내주었다. 그리고는 대군을 거느리고 이릉으로 가 조인을 치고 감녕을 구했는데, 조인의 군대는 대패하여 사상자를 많이 냈다. 조인의 군대는 밤을 타서 도망치다가 여몽이 미리 나무로 막아 놓은 좁은 산길에 들어서게 되었다. 그래서 그들은 하는 수 없이 말들을 버리고 걸어서 달아났는데, 이때 여몽의 군대가 돌격해 내려와서 군마 300필을 끌어갔다.

하약필何若弼, 최건우崔乾佑

수나라 군대는 진나라 군대와 네 번이나 크게 싸웠으나 한 번도 이기지 못했다. 수나라 대장 하약필은 싸움에서 패할 때마다 군사들에게 명해 불을 놓게 하고 그 연막을 이용하여 퇴각했다.

당나라 명장 가서한한테 추격당해 좁은 길로 들어선 적군은 높은 데를 차지하고 통나무와 바윗돌들을 던졌다. 그래서 당나라 군대는 사상자가 많았다.

가서한은 두터운 담요를 씌운 마차들을 앞세우고 적군의 공격을 무릅쓰고 전진했다. 그런데 공교롭게도 광풍이 일었다. 적장 최건우는 삼대를 가득 실은 마차 몇 십 대로 가서한의 담요 차를 막고 불을 붙였다. 삼대가 타면서 이는 불길과 연기에 가서한의 군대는 눈을 뜰 수 없어 자기네끼리 잘못 보고 찔러 죽이기도 했다.

이적 李勣

당나라 시기 설연타(薛延陀. 민족의 이름)의 보병들은 이런 전법을 썼다.

다섯 사람이 한 개 오伍를 편성하여 싸움에 능한 자 하나는 말을 끌고 넷이 그 앞에서 싸운다. 그러다가 싸움에서 이기면 말을 타고 적을 추격한다. 만약 그런 일이 지체되면 그 사병은 죽을죄를 지고 그 가족은 다른 전사에게 노복으로 주어진다.

설연타가 당나라를 침입할 때 이적이 군사를 거느리고 설연타를 막았다.

설연타 군대가 쏘는 화살에 당나라 군대의 말들이 많이 쓰러졌다. 그러자 이적은 군사들에게 명해 말에서 내려 긴 창을 들고 돌격하게 했다. 그리고 설만철에게 명해 기병들 몇을 거느리고, 설연타 군대에서 말 끄는 전사만 죽이게 했다.

그렇게 되자 설연타 군대는 진이 혼란해져 대패하고 말았다.

악비 岳飛, 유기 劉錡

금나라 올술의 철기군은 말에 갑옷을 입히고 말 세 필을 한 오로 편성하여 사슬로 서로 연결했다. 그것을 괴자마拐子馬 혹은 장승군長勝軍이라고 했는데, 금나라 군대는 그것으로 번번이 송나라 군대의 방어선을 아주 쉽게 돌파하곤 했다.

언성의 싸움에서도 올술은 괴자마 5천을 거느리고 악비에게 쳐들어왔다. 악비는 군사들에게 명해 마찰도麻札刀로 금나라 군대의 말 다리만 찍게 했다. 괴자마는 세 필의 말을 쇠사슬로 한데 연결시켰기에 말 한 필이 쓰러지면 다른 말 두 필도 어쩌지 못했다. 이렇게 괴자마들을 쓰러뜨린 다음 송나라 군대는 총공격하여 금나라 군대를 대패시켰다.

　금나라 올술의 보병들도 모두 갑옷을 입고 투구를 썼는데, 세 명씩 한 개 오로 편성하여 사슬로 서로 연결했다. 그것을 철부도鐵浮圖라고 했다.
　순창 전역에서 쌍방의 군대가 승부를 가르지 못하고 있을 때, 백포를 입은 올술이 말을 타고 3천 철부도를 거느리고 진공해 왔다.
　유기는 병사들에게 명해 긴 창으로는 금나라 군대의 투구를 벗기도록 하고 큰 도끼로는 금나라 군대의 머리와 어깨를 찍도록 했다. 그렇게 해서 유기는 올술의 철부도들을 무찌르고 순창에서 대승리를 거두었다.

전전관錢傳瓘

　월越나라 왕이 아들 전전관을 파해 오吳나라를 진공했다.
　두 나라 군대는 낭산에서 크게 싸우게 되었다.
　오나라 군대의 병선이 바람을 타고 기세 사납게 전진하여 오는데 전전관은 피하기만 했다. 그러다가 오나라 군대의 병선이 스치고 지나간 다음에 돌아서서 오나라 군대의 병선을 바싹 따랐다. 그것을 보고 오나라 군대가 뱃머리를 돌리려고 하는데 전전관은 오나라 군대의 병선에 흙먼지를 들쒸웠다. 바람을 안고 있는 오나라 병사들은 눈을 뜰 수가 없었다.
　쌍방의 배가 가까이 접근하자 전전관은 오나라 군대의 병선에 콩을 뿌리게 했다. 오나라 군대는 바닥에 깔린 콩알들이 미끄러워서 바로 서지도 못하고 나자빠지곤 했다. 그 틈을 타서 오나라 군대의 병선에 불을 지르자 오나라 군대는 대패하여 달아났다.

양선 楊璇

한나라 양선이 영릉 태수로 있을 때 창오, 계양의 토족들이 각 현을 쳐들어오곤 했다. 적은 병력이 많고 양선은 병력이 적어 관원들은 모두 겁에 질려 있었다.

양선은 수하들에게 명해 마차 수십 대를 준비하게 하고 그 위에 석회를 가득 담은 자루들을 실어 놓게 했다. 그리고 말꼬리에는 천을 달게 하고 전차 위에는 화살들을 가득 싣게 했다.

싸움이 시작되자, 양선은 먼저 석회를 실은 마차들을 내보내어 바람을 타서 석회를 뿌리게 했다. 그러자 적병들은 눈을 뜨지 못했다. 이어 양선은 말꼬리에 있는 천에 불을 달게 했다. 말들은 꽁무니가 뜨거워서 적진을 향해 마구 내달렸다. 이와 동시에 양선의 전차들이 진격하면서 궁노수들이 쏘는 화살이 빗발쳤다. 화살에 맞아 쓰러지는 자도 부지기수였고 달아나는 자도 부지기수였다. 관병들은 함성을 지르면서 추격하여 적병들의 수급을 수없이 베었다. 아울러 적의 수령의 목을 쳐서 효수했다.

유기 劉錡

순창 전역에서 유기는 군사들 모두가 삶은 콩알을 가득 넣은 참대통 하나씩을 지니도록 했다. 그리고 적진에 돌격해 들어가면 참대통을 부수고 그 안에 있는 콩들을 사방에 뿌려 놓고 참대통도 거기다가 던져 놓게 했다.

　금나라 군대의 굶주린 말들은 콩을 보고 가만히 있지 않았다. 머리를 숙이고 걸신 들린 듯이 콩을 먹으려다가 참대통을 밟아 미끄러지면서 넘어지곤 했다. 그러자 말을 타고 있던 사람들도 나가떨어져 말에 깔려 중상을 입었다. 그래서 금나라 군대와 말이 적지 않게 상했다.

　필재畢再도 네 차례나 지는 척하며 적을 유인한 적이 있다. 그러다가 날이 어둑어둑해지자 군사들에게 명해 참기름을 바른 검정콩들을 길 위에 뿌려 놓게 했다. 그러고는 다시 한 번 적을 공격하다가 또 지는 척하고 퇴각하자 적들은 기를 쓰고 추격해 왔다. 그런데 오랫동안 지속된 싸움에 굶을 대로 굶은 적군의 말들은 도중에 구수한 검정콩 냄새를 맡고는 그만 머리를 숙이고 그것을 주워먹느라고 여념이 없었다. 아무리 채찍질을 해도 말을 듣지 않았다.

　이때 필재는 맹렬히 반격하여 대승을 거두었다.

관중管仲, 습붕

　춘추 시기, 관중과 습붕隰朋이 제환공을 따라가 고죽국孤竹國을 치고 개선해 돌아오는데, 중도에서 야행군을 하다가 그만 길을 잃어버렸다. 하여 더는 전진할 수가 없게 되었다.

　그러자 관중이,

　"늙은 말들이 길을 알 겁니다."

하고 말해 늙은 군마를 풀어 마음대로 걷게 하고 군대는 그 뒤를 따랐더니 과연 얼마 걷지 않아서 제나라로 가는 길에 들어섰다.

그리고 산길을 걷다가 보니 물이 얼마 남지 않았다.

그러자 습붕은,

"개미는 겨울에는 산 남쪽 비탈에 굴을 파고 여름에는 산 북쪽 비탈에 굴을 파는데, 개미굴에서 한 치 떨어진 곳을 파면 물이 나올 것입니다."

하고 말했다.

그래서 그런 곳을 파게 했더니 과연 물이 나왔다.

지혜로운 관중과 습붕도 늙은 말이나 개미를 스승으로 삼는 상황인데, 지금 어떤 사람들은 자기의 우둔한 재간만 믿고 성인들의 지혜를 배우려고 하지 않으니 이래서야 어떻게 일을 망치지 않을 수 있으랴.

장귀

송나라 양양이 포위되었을 때, 장귀는 바닥 없는 배를 100여 척 만들어 뱃전에 깃대를 꼽고 군사 둘이 서서 적들을 유인했다.

적들은 그 꾀에 걸려 송나라 군대의 배에 뛰어내리다가 물에 빠져 만여 명이나 물귀신이 되었다.

이것은 정말 전고前古에 없는 기이한 계책이 아닐 수 없다.

철릉각鐵菱角, 화로아火老鴉

도적들이 강음현을 침범하자 현의 백성들은 성밖에 있는 소택지에 철릉각이라는 것을 숱하게 설치해 놓고, 거기에 가축들을 매어 풀을 먹였다. 도적들은 그 가축들을 앗아가겠다고 다투어 소택지로 들어가다가 그만 철릉각에 발목들이 치여 움직일 수가 없었다. 그리하여 도적 수십 명을 붙잡았다. 그 후부터 도적들은 그 주위를 다시 침범하지 못했다.

도적 괴수 유칠등이 강소를 침범하여 배들을 낭산 아래에 대어 놓았다.

관가에서는 도적을 물리칠 계책을 내놓는 사람한테는 중금을 준다고 현상까지 했다.

그러자 어떤 사람이 화로아라는 화공법을 헌책했다. 화로아라는 것은 물 속에서 화포를 쏘는 방법이다. 그는 새의 부리와 비슷하게 생긴 무기를 만들어 물속으로 해서 적의 배 밑에 동여맨 다음, 장치를 발동시켜 배에 구멍을 뚫었다.

한 번 시험해 보았더니 과연 적선 하나가 바닥이 뚫어져 물이 들어갔다. 그 바람에 도적들은 관군들이 물 속에서 배를 뚫는 귀신같은 재간을 가지고 있다고 하며 겁이 나서 배를 버리고 기슭으로 올라왔다. 그러다가 관군들에게 붙잡혔다.

구천, 원교袁僑

월나라 왕 구천이 군대를 거느리고 오나라를 치다가 강남에 영채를 세우게 되었다. 그때 오나라 군대는 강북에 영채를 세웠다. 월나라 왕 구천은 군대를 좌, 중, 우 세 개로 나누고, 자기는 친병 6천으로 구성된 중군을 직접 거느렸다.

그 이튿날에 싸움이 벌어졌는데, 황혼 무렵, 구천은 좌군에 명해

5리 위에 있는 상류로 올라가 대기해 있게 하고 우군에 명해 강을 건너 5리쯤 가서 명령을 기다리게 했다.

밤이 되어 구천은 좌우 양군이 동시에 북을 치면서 함성을 지르게 했다. 오나라 군대는 월나라 군대가 좌우로 협공해 온다고 겁이 나서 소리를 질렀다.

그러자 오나라에서도 군대를 좌우 두 갈래로 나누어 반격했다. 그 기회에 구천은 중군을 데리고 가만히 강을 건너서 오나라 군대의 주력을 무찔러 오나라 군대를 대패시켰다.

삼국 시기, 진나라 대장 환온이 촉한을 쳐들어갈 때의 일이다.

어떤 사람이 군대를 두 갈래로 나누어 부동한 노선으로 동시에 진군하면 적의 병력을 분산시킬 수 있다고 했다.

그러나 원교는 반대였다.

"지금 우리는 외로운 군대로 적군은 깊이 들어오고 있습니다. 그러기에 모든 병력을 집중하여 속히 이겨야 합니다. 만약 군대를 두 갈래로 나누었다가 한 갈래가 촉나라 군대한테 대패하면 우리한테 대단히 불리해집니다."

그 말을 듣고 환온은 병력을 집중하여 계속 진군하기로 하고, 병사들은 취사 도구를 죄다 버리고 사흘 먹을 양식만 지니게 하여, 이기지 못하면 죽음밖에 다른 퇴로가 없다는 것을 알게 했다. 그래서 출발하여 끝내 촉나라 군대를 대패시키고 성도로 쳐들어갔다.

 전략적으로 보면, 병력을 분산시키는 것은 적을 계교로써 기습하기 위한 것이고, 반면에 병력을 집중시키는 것은 아군의 힘을 모아 적을 타격하기

위해서이다.

　역사상에서는 병력을 분산하여 이긴 사례도 있고 병력을 분산하여 진 사례도 있다. 삼국 시기, 종회가 검각에서 강유를 견제하고 등애는 다른 갈래의 군대를 거느리고 음평으로 나아가 촉나라를 습격하여 승리한 것이 전자에 속하고, 한나라 경포가 다른 사람들의 말을 듣지 않고 군대를 세 갈래로 나누었다가 실패한 것은 후자에 속하는 사례이다. 금나라 올술이 순창에서 참패를 당한 것은 병력을 합쳤다가 실패한 사례에 속한다. 너무나 많은 병력을 성 아래에 집중시켰기에 금나라 군대는 영활하게 움직일 수가 없어 마침내 대패했다.

조착鼂錯

　한나라 때 흉노가 변강을 침노하자, 조착은 흉노를 막을 책략에 대하여 다음과 같이 상서했다.

　"신이 알건대, 양군이 가까운 거리에서 접전했을 때 가장 유의해야 할 점은 다음과 같은 세 가지라고 생각합니다. 첫째는 유리한 지형을 차지하는 것이고, 둘째는 평소에 훈련을 받아 작전에 익숙한 병사가 있어야 하는 것이며, 셋째는 무기가 좋아야 하는 것입니다. 그러기에 병법에서는 이렇게 말했습니다. '무기가 좋지 않은 것은 군사들을 적에게 넘겨주는 것과 마찬가지이며, 병사들을 훈련시키지 않아 적과 싸울 수 없도록 만든 것은 군사를 거느리는 장수를 적에게 넘겨주는 것과 마찬가지이며, 장령들이 용병지도用兵之道를 모르는 것은 자기 나라의 임금을 적에게 넘겨주는 것이나 같은 일이고, 임금이 대장을 옳게 선발할 줄 모른다면 그것은 나라를 적에게 넘겨주는 것이나 마찬가지이다.' 상술한 네 가지 상황은 군사상에서 특별히 주의할 점입니다. 신은 만이蠻夷의 방법으로 만이를 공격하는 것이 우리나라가 취할 가장 상책인 전략이라고 생각합니다. 지금 흉노의 지리 상황과 전투 기교 등은 우리나라와 다릅니다. 산으로 오르내리고 강물을 건넘에 있어서 우리나라 말들은 흉노의 말보다 못하며, 험요한 비탈에서 말을 달리며 활을 쏨에 있어서도 우리나라 기병들은 흉노의 기병들보다 못하며, 비바람 속에서 장기적으로 싸우며 곤경 속에서 기갈을 참으며 싸우는 데 있어서도 우리나라 군대는 흉노의 군대에 비하여 떨어집니다. 흉노는 이 점에서 모두 우세를 갖고 있습니다. 그러나 우리가 평원이나 평지에서 경편한 전차와 날쌘 기병들을 갖고 싸우면 흉노는 방향을 잃기 쉽고 강노强弩와 장극長戟을 써서 먼 곳의 적들을 사살하면 흉노의 활은 우리를 막지 못합니다. 거기에 견인한 갑옷을 입고 날카로운 병장기를 쓰면서 열을 지어 나간다면 흉노의 군대는 우리를 막아내기 어렵습니다. 그리고 신호 한 번에 한 목표를 겨냥하여 화살을 비처럼 퍼부으면 가죽으로 만든 흉노들의 갑옷도 나무 방패도 무용지물이 될 겁니다. 그리고 흉노는 보병들 싸움에는 익숙하지 않기 때문에 말에서 내려 칼이나 극을 쓰면 흉노는 피동에 처하게 됩니다. 이상은 모두 우리나라 군대가 우세입니다. 이상을 분석하여 보면 흉노는 우리보다 세 가지 우세가 있고 우리는 흉노보다 다섯 가지 우세가 있습니다. 고시의 제왕들은 완전한 파악이 있어야 전쟁을 하는 법입니다. 지금 우리한테 투항했거나 전에 귀순하여 넘어온 만인은 몇 천 명이 됩니다. 전쟁판에서 그들의 장기는 지금의 흉노병들과 같습니다. 폐하께서는 그들에게 견인한 갑옷과 예리한 무기들을 주고, 거기에 변강의 용맹한 기병들까지 보태고, 그들의 습관을 잘 알고 그들의 심리를 잘 안 무해 줄 수 있는 이름 있는 장수 하나를 위임시키십시오. 그래서 험한 곳에서 싸울 적에는 만이의 군대로 적을 막고 평지에서는 전차로 싸우면서 두 병종의 특징을 충분히 발휘한다면 어떤 전쟁에서든 승리할 수 있습니다. 흉노에 대한 전쟁도 완전히 자신 있게 발동할 수 있습니다. 그리고 호胡, 맥 지방의 사람들은 추위에 강하고 양楊, 월粤 지방의 사람들은 더위에 강합니다. 진나라 때 변강을 지키는 병졸들은 대부분이 당지의 수토와 기후를 이겨낼 수가 없어서 적지 않은 사람들이 병들어 죽었습니다. 그러기에 진나라 사람들은 변강을 지키러 가는 것을 사지로 가는 것으로 알고 있었습니다. 진승의 봉기도 그래서 일어난 것이 아닙니까? 물론 이것은 크게 말해서는 진나라가 무력으로 천하를 통치한 오류적인 정책의 산물이기도 합니다. 그러기에 신의 생각에는, 폐하께서는 변경에 집을 짓고 농사 짓는 농기구들을 마련해 주고 성벽을 쌓고 호성하를 파서 성을 만든 다음 백성들을 모집하여 그리로 가서 농사를 짓게 하는 것이 좋을 것 같습니다. 그리로 가기를 원하는 백성은 죄가 있는 사람은 죄를 면해 주고 죄가 없는 사람은 작위를 주고, 그들에게 의복과 음식을 주면서 장려를 하고, 가축을 앗으러 온 호인들을 싸워 물리친 사람한테는 주인의 가축 절반을 나누어주게 하고 손해본 주인의 가축은 나라에서 보태어 주기로 하십시오. 그러면 각 촌의 백성들이 서로 도와줄 것이며, 호인들이 쳐들어오면 서로 합심하여 용감하게 싸울 것입니다. 폐하의 은덕에 보답하기 위한 것보다도 자기네 목숨과 재산을 보호하기 위해서라도 용감하게 싸울 것입니다. 그렇지 않고 진나라 때처럼 강제로 끌어다가 변강을 지키게 하면 백성들은 지리 환경이 생소할 뿐 아니라 호인들을 무서워하여 호인들이 온다 하는 소리만 들리면 도망칠 생각부터 하게 됩니다. 이에 비하면 상술한 바와 같이, 우대 정책으로 백성들을 변강으로 모집해 가서 안착하여 농사를 짓게 하는 것이 효력이 얼마나 큰 일인지 알 수 없습니다."
　한문제는 그 말을 듣고 그 건의를 채납하여 백성들을 모집하여 변경으로 이주시켰다.

범저 範雎

　전국 시기, 유세가遊說家 범저는 진소왕에게 이렇게 말했다.
　"진나라 군대의 용감성과 강대한 병력으로 천하의 제후들을 정복시키려면 사냥개로 토끼 잡듯 하겠는데도 여태 15년 동안이나 함곡관을 벗어나지 못하고 있으니 이게 무엇 때문인지 아십니까? 상국 양후의 불충한 모략에도 그 원인이 있겠지만 대왕의 책략에도 오류가 있기 때문입니다."
　"과인의 잘못이 무엇인지 들어보고 싶다."
　진소왕의 말에 범저는 이렇게 말을 이었다.
　"양후는 군사를 거느리고 한나라와 위나라를 넘어서 먼데 있는 제나라를 치자고 하는데 이것은 틀린 것입니다. 절대 그래서는 안 됩니다. 대왕께서는 마땅히 먼 데 있는 나라와는 친하고 가까운 데 있는 나라를 먼저 치는 원교근공遠交近攻의 전략을 쓰셔야 합니다. 그러면 한 치 땅을 진공하면 한 치 땅을 가질 수 있고 한 자 땅을 진공하면 한 자 땅을 가질 수 있습니다. 지금 한나라와 위나라는 중원, 즉 천하의 중심지에 있습니다. 대왕께서 천하를 제패하시려면 반드시 중원에 있는 대국들과 먼저 사이를 가까이 하는 가상을 보이는 것으로 초나라와 조나라를 위협해야 합니다. 그러면 초나라와 조나라는 진나라와 친하려고 애를 쓸 것이고 제나라도 두려워서 진나라에 굴복할 것입니다. 그렇게 되면 한나라와 위나라는 고립되어 우리 진나라가 아주 수월하게 공점할 수 있게 될 겁니다."

"옳은 말이구먼."

진소왕은 고개를 끄덕였다.

왕박王朴

후주後周 세종 때, 습유 왕박은 평변책平邊策이라는 것을 제출했는데, 그 내용은 이렇다.

점령하기 쉬운 데부터 진공하는 것이 땅을 점령하는 기본 도리일진대, 지금 천하를 살펴보면 오로지 동쪽으로는 바다에 이르고 남쪽으로는 장강에 이르는 오나라 2천 리 방선이 공점하기 가장 쉬운 곳일 것이다.

우리는 오나라의 방비가 가장 취약한 곳을 골라 진공을 개시해야 한다. 그런데 우선은 오나라가 동쪽을 방비하면 우리는 서쪽을 치고 오나라가 서쪽을 방비하면 우리는 동쪽을 친다. 그러면 오나라는 급한 데를 구원하느라고 갈팡질팡할 것인데, 그 과정에서 오나라 군대의 허실과 강약이 다 드러나게 된다. 그런 다음 우리는 그들의 방비가 견고한 곳을 피하고 무력이 가장 취약한 곳을 택해 총진공을 한다. 그러면 장강 이북의 각 곳은 우리 손에 쉽게 들어오게 된다.

강북을 얻은 다음 강북의 백성들을 이용하여 계속 강남으로 진군하면 강남도 차지하기 어렵지 않을 것이다. 일단 강남을 손에 넣으면 계림이나 광동, 사천이나 파촉 등지는 효시曉示 하나만 보내면 그들이 저절로 투항하여 넘어올 것이다.

오 땅과 촉 땅을 평정하면 연 땅 사람들도 저절로 귀순해 넘어올 것이다. 오로지 하동만은 우리와 결사적으로 싸우겠지만 강대한 병력으로 공격하면 그것도 문제가 아닐 것이다.

후주 세종은 이 건의를 매우 흔상欣賞했다. 그런데 병이 들어 그 책략은 실시해 보지 못하고 아쉽게도 죽고 말았다.

후에 송나라 태조 조광윤이 그 계책을 실행했다.

임괴, 당태종

수나라 말기 이연이 진양에서 군대를 일으켜 확읍에서 50리쯤 떨어져 있는 임분군을 공점했다.

그러자 군사 2만 명을 거느리고 임분군을 지키고 있던 수나라 장수 송로생은 수만 기병을 가지고 하동을 지키는 대장군 굴돌통과 연합하여 함께 이연의 군대에 저항했다.

이연의 장령들은 먼저 하동을 치자고 했다. 그러자 임괴任瑰는 이연에게 이렇게 말했다.

"관중의 호걸들은 우리 의군이 오기를 고대하고 있은 지 벌써 오래입니다. 소인이 풍익에 다년간 있었기에 소인을 보내어 그들한테 효시하면 그들은 즉시 우리를 옹호해 일어날 겁니다. 그러기에 우리 대군은 양산으로 하여 황하를 건너서 한성을 지나 함양으로 곧추 진군해야 합니다. 그곳의 수령인 장소는 문관인데 대군이 온다는 말을 들으면 꼭 나와서 투항할 겁니다. 그러면 계속 전진해 영풍을 공격해야 합니다. 그러면 비록 장안성은 아직 공점하지 못했다고 하더라도 관중이 우리 손에 들어오게 되지 않습니까?"

그러자 배적은 이렇게 말했다.

"굴돌통이 대군을 거느리고 하동에 있는데 우리가 하동을 치지 않고 장안으로 쳐들어갔다가 만에 하나 실패하여 퇴각한다면 어떻게 되오? 굴돌통이 하동 군대를 거느리고 우리를 공격하면 우리는 전후로 협공을 받아 상당히 위험해지지 않소?"

그러자 이세민이 배적의 말을 반박했다.

"말은 그렇게 하는 게 아니오. 작전에서 가장 중요한 것은 신속함이오, 속결전을 하는 거란 말이오. 지금 우리 군대는 여러 번 승리를 거두어서 기세가 대단하오. 일로에 귀순한 사병들과 백성들은 우리들이 서쪽으로 진군하여 장안을 친다고 하니 모두 아주 좋아하고 있소. 그런데다가 장안 백성들은 우리 군대의 깃발만 보아도 두려워 어쩔 줄을 몰라 할 것이오. 그러기에 우리는 적들이 미처 계책을 궁리해 내지 못하고 있을 때 일거에 장안을 공점해야 한단 말이오. 지금 장안을 치면 손쉽게 공점할 수 있지만 여기서 시간을 지체했다가는 상당히 어려워질 것이오. 그 사이 적들은 충분한 시간을 얻어 우리를 막을 계책을 제대로 다 꾸며 놓고 모든 방어 준비를 다 갖추어 놓을 것이지만 우리는 오히려 시간만 끌다가 군사들 투지가 해이해져 천재일우의 기회를 놓치고 말 것이오. 그리고 관중의 호걸들이 지금 일어나고 있는데 우리가 여기서 시간을 끌면 그들도 놓치고 마오. 굴돌통 같은 건 문제가 아니오. 고려할 필요도 없소."

그런데 큰비가 그치지 않아 이연은 더 진군할 수가 없었다. 군대 내에는 식량이 모자랐고, 돌궐 치필가한을 찾아간 유문정도 돌아오지 않았다. 그런데 돌궐과 유무주가 암암리에 야합하여 진양을 기습하려고 한다는 소문이 왔다.

이연은 진양을 구하러 돌아가려고 했다. 그러자 이세민이 말했다.

"지금 온 들판이 익은 밀들인데 군량 걱정을 할 필요가 어디 있습니까? 그리고 송로생은 경솔하고 조급한 자이기에 싸움 한 번이면 생포할 수 있습니다. 그리고 이밀은 국가의 양창을 점령한 뒤로는 먼 장래를 더 생각하지 않고 있고, 유무주와 돌궐은 겉으로는 서로 친한 척하지만 내막으로는 서로 의심하고 있습니다. 유무주는 태원을 공격하려고 하면서도 지척에 있는 마읍을 잊지 못하고 있습니다. 그러기에 우리는 대의의 기치를 높이 들고 과감하게 함양으로 쳐들어가서 천하를 호령해야 합니다. 그렇지 않고 자그마한 적들 때문에 군대를 급급히 돌린다면 대의를 위해 목숨을 내걸고 싸우는 장사들이 흩어질까 봐 걱정입니다. 그러면 우리는 태원성이나 지키는 도적떼나 다름없게 될 것이니 그렇다면 결국 자신을 보존하기도 어렵게 될 겁니다."

그러나 이연은 이세민의 말을 듣지 않았다. 이세민이 다시 장막 안으로 들어가 간하려고 했는데 이연은 이미 잠자리에 들어 있었다. 이세민은 장막 밖에서 통곡하며 울었다. 그 소리를 듣고 이연이 깨어나서 이세민을 불러들였다.

이세민은 무릎을 꿇고 말했다.

"지금 우리는 의기를 치켜들고 군대를 일으켰는데, 결사적으로 진공하면 성공하고 유약하게 퇴각하면 대오는 흩어집니다. 앞에서는 대오가 흩어지고 뒤에서는 적들이 엄습하면 우리 목숨이 남아 있겠습니까? 황천길이 멀지 않다고 생각하니 어찌 통곡이 나오지 않겠습니까?"

그제야 이연의 생각이 돌아서서,

"그런데 군대가 이미 출발한 상황이니 이 일을 어떻게 하면 좋겠느냐?"

하고 물었다.

"우군은 준비만 하고 아직 출발하지 않았고 좌군은 떠나기는 떠났으나 멀리 가지 못했습니다. 제가 쫓아가서 불러오겠습니다."

이세민은 그날 밤으로 쫓아가서 좌군을 불러왔다.

얼마 지나지 않아서 태원에서 식량이 운반되어 왔다. 이세민은 송로생의 군대를 성밖으로 유인하여 대패시키고 송로생을 죽였다. 그때는 날이 이미 어두운 때였다. 이연은 군사를 휘동하여 성을 공격했는데 성을 오르는 사다리가 없자 사병들은 자기 몸들을 사다리 삼아 디디고 성을 오르게 하여 끝내 확읍을 공점했다.

기실 임괴의 헌책과 이밀이 양현감에게 한 말 그리고 위사온이 서경업에게 말한 계책은 모두 같은 것이다. 그런데 오로지 이연만이 그 계책을 채납하여 천하를 얻었고 다른 둘은 그 계책을 거부했기에 패망하고 말았다.

양현감이 반란을 일으키려고 할 때 이밀은 그에게 다음과 같은 세 가지 계책을 내놓았다.

"천자가 지금 요동에 나가 있는데, 이 기회에 군대를 거느리고 계현을 쳐들어가 험요한 지역을 공격하면, 천자 앞에는 고구려가 있고 뒤로는 퇴로가 차단되어 곤궁에 빠지게 됩니다. 그러면 우리는 싸우지 않고도 이길 수가 있습니다. 이것이 상책입니다. 다음은 서쪽으로 쳐 나가는 겁니다. 관중은 지세가 험요하기에 연도의 성들은 공격하지 말고 곧추 장안으로 쳐들어가서 당지의 백성들과 호걸들을 안무하고 요새들을 점하고 수비를 엄하게 한다면 그때 황제가 장안으로 돌아온다고 해도 이미 민심을 잃어서 어쩔 수가 없게 됩니다. 이것이 중책입니다. 하책으로는 가까이 있는 동도를 먼저 점령하고 천하의 백성들과 관리들을 지휘하는 것인데, 문제는 동도에 미리 방비가 있을까 봐 걱정입니다. 만약 100일 내로 동도를 점령하지 못하고 그 사이 황제의 구원병들이 도착한다면 싸움의 결과가 우리 뜻대로 될지 모를 일입니다."

그러나 양현감은 반대였다.

"그렇지 않네. 조정 백관의 가족들이 모두 동도에 있단 말이네. 먼저 동도를 점령하면 그들의 투지부터 동요시킬 수가 있거든. 그리고 우리가 경과하는 연도의 성들을 내버려둔다면 어떻게 우리 무력을 과시할 수 있단 말인가? 그러기에 자네가 말하는 하책이 기실은 상책이란 말일세."

이밀은 물러나와 다른 사람에게 이렇게 말했다.

"초공(양현감)은 반란을 일으키고서도 승리할 생각은 없으니, 우리는 남의 계하수가 될 수밖에 없다."

서경업이 반란을 일으키면서, 군사 위사온에게 앞으로 어떻게 하면 좋겠는가 하고 방법을 물었다. 그러자 위사온은 이렇게 헌책했다.

"명공께서는 당나라를 중흥시킨다는 명의를 내걸고 직접 낙양으로 쳐들어가야 합니다. 그러면 천하 사람들이 모두 명공이 당나라 왕실을 바로잡기 위해 봉기를 일으켰다는 것을 알고 사방에서 호응하여 일어날 것입니다. 그러면 천하를 장악하는 날이 멀지 않습니다."

그러나 서경업은 생각이 달랐다.

"그렇지 않네. 금릉에도 왕자의 패기가 남아 있고 장강의 천험까지 있는데, 먼저 꼭 중원으로 들어갈 필요가 무엇인가? 먼저 상주와 윤주를 차지하여 토대를 닦은 다음 북진하여 중원을 차지해도 늦지 않을 걸세."

그러자 위사온은 또 말했다.

"산동 호걸들은 무후(무측천)의 독재를 전부터 증오하고 있었기에 명공이 군사를 일으켰다는 소식만 들으면 즉시 양식을 가지고 우리를 찾아올 것입니다. 어째서 이런 좋은 형세를 이용하려고 하지 않고 오로지 금릉만 지킬 생각을 하십니까? 그래서 스스로 사지에 빠져 들어가려고 하십니까?"

그러나 서경업은 그 말을 듣지 않고 군사를 거느리고 윤주를 쳤다.

그러자 위사온은 장탄식을 했다.

"군사가들은 병력을 분산시키는 걸 가장 꺼리는데, 서경업은 병력을 집중하여 회하를 건너 낙양을 칠 생각을 하지 않으니 우리는 머지않아 망하고 말 것이다."

양현감에게 말한 이밀의 책략은 상당히 뛰어난 것이다. 그런데 양현감은 자기 주장만 믿고 이밀의 책략을 채납하지 않았으니 우둔해도 그렇게 우둔한 법이 어디 있는가? 그리고 위사온의 말대로 했어야 서경업이 왕실의 난을 평정하고 당나라를 중흥시키기 위해 반란을 일으켰다는 명분이 옳게 서는 것이다. 서경업의 주장대로 먼저 강남을 점해서야 그것이 역적이 하는 짓이 될 뿐이지 어떻게 왕실을 바로잡는 일이 되겠는가? 그러니 민심을 얻지 못할 수밖에 다른 도리가 없었다.

명나라 때 이사실이란 사람도 주신호에게 안경을 먼저 칠 것이 아니라 직접 남경을 쳐야 한다고 설유한 적이 있다. 그러나 주신호는 그 말을 듣지 않다가 끝내는 실패했다.

서언

속언에 "남자들은 덕이 있으면 재능이 있는 것이지만 여인들은 재능이 없어야 덕이 있는 것이다"는 말이 있다.

이 말은 틀린 말이다.

기린이나 봉황 같은 길상스러운 것도 쥐를 잡거나 토끼를 잡는 데는 써먹을 수 없듯이 춘추 시기 신생申生이 아무리 인자하고 효성이 지극했다고 하더라도 그것을 재능으로 삼아 외적을 막고 나라를 다스리지는 못하는 것이다.

주나라 때 가장 칭찬을 받은 여인은 읍강邑姜일 것이다. 공자는 그녀의 재능이 당시 다른 공신이나 호걸들에 못지않다고 했는데, 그렇다면 읍강의 재능이 출중한 결과 덕행에 어떤 잘못이 있었던가? 그렇지도 않다.

이른바 재능이 있다는 말은 기실 지혜가 있다는 것을 말한다. 지혜가 없으면 무지한 인간이 된다. 재능이 없는 것이 덕성이 있는 것과 같다면 무지막지한 시골 아낙네들 모두가 덕행이 고결하다는 말이 아닌가?

남자들이 해와 같다면 여인들은 달과 같다고 나는 생각한다. 해가 지면 달이 밝게 비추는 법이다. 여인들은 남자들의 훌륭한 조력자들이다. 그래서 나는 역사상에 있는 여인들의 지혜를 실록하여 '여인들의 지혜'로 이름하고, 거기에 '현철한 여인들(賢哲)'과 '사내들에게 지지 않는 여인들(雄略)' 두 권을 묶어 넣는 바이다.

9부
여인들의 지혜

제25절 현철한 여인들

태생적으로 지혜로운 사람이 아니라면 모두들 자기가 따라 배울 본보기가 있기를 바라는 법이다. 그 본보기는 남성들에게만 있는 것이 아니라 규중 여인들 속에도 있다.

마황후 馬皇后

명태조 주원장은 즉위 초기 지폐를 발행하려고 했으나 준비 과정에서 여러 가지 어려움에 봉착했다. 그런데 어느 날 밤 꿈에 어떤 사람이, 그 일을 성사시키려면 수재의 심간心肝을 반드시 뽑아야 한다고 했다.

꿈에서 깨어난 태조는 그 얘기를 하면서,

"그렇다면 내가 수재들을 죽이고 간을 뽑아 내야 한단 말인가?"

하고 중얼거렸다.

그러자 마황후는 이렇게 말했다.

"신첩이 여기건대, 그 심간이란 수재들이 쓴 글을 말하는 것 같습니다."

그 말이 옳다고 무릎을 친 태조는 즉시 수하에게 명해 학자들의 연구 심득들을 바쳐 올리게 했다. 그래서 마침내 지폐를 순리롭게 발행했다.

조위후 趙威后

제왕은 조위후에게 사자를 보내어 문안을 드리며 편지를 전하게 했다.

그런데 사자가 문안 인사를 하고 편지는 아직 꺼내지 않았는데, 조위후가 물었다.

"올해 농사는 어떻게 되었소? 백성들의 생활은 괜찮소? 그리고 대왕은 여전히 건강하시고?"

그러자 사자는 불쾌한 기색을 내비쳤다.

"소인이 대왕의 명을 받고 왕후께 문안 인사를 왔는데 왕후께서는 대왕의 안부를 먼저 묻지 않고 농사 상황과 백성들을 먼저 물으시니 이건 존비尊卑의 순서를 바꾸어 놓는 것이 아닙니까?"

"무슨 말을 그렇게 하시오. 농사가 잘못되면 백성이 어떻게 잘 살 수 있으며, 백성이 없으면 임금이 어떻게 있겠소? 만약 내가 임금의 안부부터 먼저 물었다면 그것이 바로 본말本末을 도치한 것이 될 것이오. 알겠소?"

그러고는 조위후는 다시 물었다.

"제나라에는 종리자라는 처사處士가 있는데, 지금 생활이 어떻소? 좀 나아졌소? 그 사람은 자기 먹을 것은 걱정하지 않고 남들을 먹이기 위해 애를 쓰고 자기 입을 것은 걱정하지 않고 남들을 입히기 위해 애를 쓰는 사람이오. 이렇게 대왕을 도와 백성을 위하는 사람을 왜 아직까지 진승시키지 않고 있소? 그리고 업영자라는 사람은 잘 있소? 그 사람은 지아비 잃은 과부들과 지어미 잃은 홀아비들을 동정하고 부모 여읜 고아들과 여인, 노인들을 도와주고 가난한 사람들을 도와 살림을 보태 주곤 하는데, 이렇게 임금을 도와 백성들을 기르는 사람을 왜 아직까지도 중용하지 않고 있소? 그리고 북궁의 여자아이 아자도 잘 있는지 모르겠소. 그 애는 자신의 행복한 혼사를 포기하고 집에 남아서 부모를 공양하고 있으니 참으로 천하 만민이 칭송할 만한 현숙한 여자아이오. 그런데 왜 그런 여자아이를 아직도 입궁을 아니 시키고 있는지 모르겠소. 앞에서 말한 두 현명한 신하와 현숙한 여자아이를 조정에서 중시하지 않는다면 제왕이 어떻게 임금의 자태로 만민을 통치할 수 있단 말이오. 그리고 자릉에 있는 자중은 아직도 살아 있는지 모르겠소. 그 사람은 위로는 임금한테 충성하지 않고 아래로는 자기 집을 다스리지 못하고 옆으로는 다른 제후들과 교우하지 않으면서 오로지 백성들을 부려 무익한 일들만 하는 사람인데 이런 사람을 왜 아직까지 죽이지 않고 놔둔단 말이오."

유아 劉娥

유총劉聰의 처는 이름이 유아인데, 유총은 그녀를 특별히 총애하여 황후로 책립하고 그에게 황의전隍儀殿을 지어 주려고 했다. 그러자 정위 진원달이 글을 올려 간했는데, 그 언사가 격렬했다. 유총은 그것을 보고 노해 진원달을 참하려고 했다.

그 일을 안 황후 유아는 비밀리에 칙령을 내려 진원달을 죽이지 못하게 하고는 황제한테 친필로 이런 상주서를 써 올렸다.

"정위의 말은 나라의 흥망과 백성의 복지에 관여된 것입니다. 충신들은 진언을 할 때 자기의 생명과 자기 가족들의 운명을 돌보지 않는다고 합니다. 그러한 충신들의 간언을 폐하께서는 채납하지 않으시고 도리어 충신들을 죽이려고 하시다니요? 폐하의 노기는 전적으로 신첩을 위해 생긴 것이오니 정위를 참하면 신첩이 말을 듣게 되며 천하의 죄가 모두 신첩에게 돌아오게 됩니다. 폐하께서 충신을 살해한 것이 모두 신첩에게서 비롯되었기 때문입니다. 자고로 여자로 인하여 나라가 망한 일이 얼마나 많습니까? 신첩은 매번 그런 역사를 읽을 적이면 마음이 괴로워서 밥도 먹지 못합니다. 그런데 오늘 그런 일이 신첩한테 생길 줄이야 어떻게 알았겠습니까? 앞으로 후세 사람들이 신첩을 어떻게 보겠습니까? 그렇다면 신첩이 무슨 면목으로 폐하를 섬기겠습니까? 그러기에 신첩은 죽는 것으로써 폐하의 색탐을 방지하려고 하오니 바라건대 신첩을 죽여 주옵소서."

유총은 그 상주서를 보고는 신하들에게,

"내가 진정 원달한테 부끄러운 일을 했도다."

하고 말하고는 유아의 상주서를 진원달에게 보이면서 이렇게 말했다.

"밖으로는 경 같은 대신이 보좌하고 안에서는 유후 같은 현처가 보좌하는데, 짐이 이제 무슨 우려가 더 있겠는가."

이방언의 어머니

송나라 재상 이방언의 아버지는 은광에서 돌을 캐던 광부였다. 어떤 사람이 이방언 아버지의 직업을 가지고 이방언을 조롱하자, 이방언은 부끄러워 낯을 들지 못하겠다고 어머니에게 말했다.

그러자 어머니는 이렇게 말했다.

"재상집의 자식이 광부가 되었다면 자랑스러운 일이 아니겠지만 광부 출신의 아버지한테 재상이 된 아들이 있다면 그건 아주 영광스러운 일이 아니냐. 하등 부끄러울 것이 뭐 있느냐. 부끄러울 것이 하나도 없다."

당숙종의 공주

당나라 숙종이 신하들을 불러 주연을 베풀고, 궁녀들에게 녹색 옷을 입히고 간패簡牌를 들려 참장參將 모양의 가면무를 추게 했다.

천보 말년에 번장 아포은이 죄를 입어 참수를 당했는데, 그 처가 궁녀로 들어왔다. 숙종은 그 처도 옷을 갈아입고 가면무를 추게 하려고 했다.

그러자 공주가 말렸다.

"궁중에 춤추는 궁녀들이 많은데 그 여자도 꼭 추어야 되는 이유가 뭡니까? 그리고 가령 아포은이 정말 역모를 한 장령이라면 그 처도 형벌을 받은 사람이기에 법에 의하면, 황상 곁에 가까이 있지 못합니다. 그리고 가령 아포은이 억울하게 죽었다면 어떻게 그 처를 춤추는 궁녀들 속에 넣어 남들의 주흥이나 돕게 한단 말입니까? 소녀의 말이 너무 당돌한지는 모르겠으나 황상께서 재삼 사려해 보심이 좋을 것 같습니다."

숙종은 그 말을 듣고 아포은의 처한테 동정심이 들어, 춤추는 것을 그만두게 하고, 그녀의 죄를 벗겨 주었다.

그 일이 있은 다음부터 사람들은 공주를 더욱 존경했다.

그 공주가 바로 유성劉晟의 어머니이다.

방경백房景伯의 어머니

후위 사람 방경백이 청하 태수로 있을 때, 민간의 한 여인이 자기 아들이 불효한 것을 고발하는 소송장을 들고 찾아왔다.

그러자 방경백의 어머니 최씨는 아들을 보고 이렇게 말했다.

"백성들이 지식이 없어서 그렇게 된 것을 가혹하게 책벌만 해서야 되겠느냐."

그러고는 그들 모자를 불러 자기 방에 같이 재우면서 방경백이 평소 어머니를 어떻게 모시는가를 직접 곁에서 보게 했다. 그랬더니 열흘이 못 되어 그 여인의 아들이 잘못을 시인하면서 어머니를 모시고 집으로 돌아가겠다고 했다.

그래도 방경백의 어머니는 이렇게 말했다.

"그 애가 낮에는 뉘우치는 빛이 보이는 듯하나 실지는 아직 참회하지 못하고 있으니 너무 급히 돌려보내지 말고 얼마 더 남아 있게 하거라."

그래서 한 20일 더 있게 했더니 그 여인의 아들은 이마에 피가 나도록 머리를 땅에 박으며 진정으로 참회했다.

그 여인의 아들은 그 후 이름 있는 효자가 되었다.

육중영의 시녀

당나라 형부 상서 유중영柳仲郢이 운성령으로 부임했을 때, 주인과 의가 맞지 않는 시녀 하나를 팔아 버렸다.

그때 자사 개거원은 서천 대장군의 신분으로 고죽계라는 고장에서 변강을 개척하고 있었는데, 어느 시녀 소개소의 소개를 받아 그 시녀를 사들이게 되었다.

그런데 어느 날, 개거원이 창 밖으로 거리를 내다보니 능라주단을 파는 장사치 하나가 보여 그 장사치를 집 안으로 불러들였다. 그리고 장사치가 가지고 온 비단들을 모두 꺼내 놓게 하고는 이것은 두텁다, 이것은 너무 얇다, 이것은 너무 거칠다, 이것은 너무 가늘다 트집을 잡으며 이것저것 고르기만 했다.

그러는데 그 곁에 서 있던 시녀가 악 소리를 지르며 넘어지더니 중풍에 걸렸는지 인사불성이 되었다. 그래서 개거원은 그 시녀를 도로 시녀 소개소에 메고 가서 물리게 했다.

그런데 그 이튿날 그 시녀는 아무렇지도 않은 듯 일어나 다녔다. 이상하여 다른 사람들이 물어 보니 그녀는 이렇게 대답했다.

"내 비록 노비 출신이지만 그래도 상서님을 모신 적이 있는 사람이에요. 나는 죽어도 그런 좁쌀 같은 사람의 시녀는 되고 싶지 않아요. 그래서 꾀병을 부린 거죠. 꾀병을 부리지 않으면 그들이 나를 물리겠어요?"

그 말이 퍼지자 사람들은 모두 그 시녀의 지조를 칭찬했다.

최경崔敬의 딸, 낙수絡秀

당나라 기주의 부자사 길무吉懋에게는 길욱吉頊이라는 아들이 있었는데, 남궁현 현승 최경의 딸을 며느리로 데려오려고 했다. 그런데 최경은 두 집의 문벌이 너무 차이난다며 거절했다. 그러자 길무는 권세로 최경을 협박했다. 마침내 최경은 겁이 나서 동의했다. 길무는 길일을 택하여 예장들과 가마를 가지고 신부를 데려오러 갔다.

그런데 최경의 처 정씨는 그런 소식을 모르고 있다가 갑자기 들이닥치는 혼사에 그만 놀라서 세상 이런 일이 어디 있느냐고, 아무리 직위 낮은 집이라고 이렇게 억지로 결혼시키는 법이 어디 있느냐고 딸을 안고 울고, 딸도 죽어도 그런 집에는 시집을 가지 않겠다고 침상에서 일어나지도 않고 울었다.

그러자 최경의 작은딸이 어머니에게 말했다.

"지금 아버지 관직이 위험하게 되었는데 이런 것 저런 것 가릴 새가 어디 있어요. 목숨을 내걸고서라도 아버지를 구해야 할 판에, 아버지를 구할 수 있다면 시집이 아니라 종으로 팔려 간다고 해도 나는 가겠어요. 그리고 길씨 집이 명문거족인데, 그런 집에 시집간다고 수치스러운 일은 아니잖아요. 언니가 가지 않겠다면 제가 대신 가겠어요."

그래서 동생이 언니 대신 가마에 올라 시집을 갔다.

그런데 길무의 아들 길욱은 후에 출세하여 재상까지 되었다.

진쯥나라 사람 주백인의 어머니 이씨는 처녀 때 이름이 낙수이다. 주백인의 어머니가 처녀로 있을 때 주백인의 아버지 주준은 안동장군으로 있었다.

한번은 주준이 사냥을 나갔다가 큰비를 맞게 되어 낙수의 집에 묵게 되었다. 그런데 공교롭게 낙수의 아버지와 오빠들은 외출해 집에 없고 낙수와 시녀 둘만 집에 있었다. 그들 둘은 음식을 맛깔스럽게 차려 주준과 그 일행을 잘 대접했다. 그런데 주준이 생각해 보니 집 안이 너무 조용한 것 같아서 그 영문을 알아보려고 내실을 찾아가 엿보았다. 그러다가 내실에 앉아 있는 미녀를 보게 되었다. 주준은 그 처녀를 자기 첩으로 삼을 생각을 했다.

그래서 후에 낙수의 아버지에게 혼삿말을 꺼냈더니 낙수의 아버지도 오빠도 모두 반대였다. 그러나 낙수는 이렇게 말했다.

"우리같이 이렇게 비천한 집에서 딸 하나 내놓는 게 뭐 그리 아깝습니까? 그 집으로 시집가서 행복해질 수도 있지 않습니까?"

그래서 낙수는 주준의 첩이 되어 주의(주백인), 주숭, 주막 이렇게 세 아들을 낳았는데, 세 아들이 모두 출세하여 조정의 이름난 대신이 되었다.

후에 낙수는 아들들한테 이런 말을 했다.

"내가 너희들 집에 첩으로 온 것은 너희 외갓집을 보살피기 위해서였다. 그런데 너희들은 외갓집을 친척으로 생각하고 있지 않으니 이후 내가 너희들한테 무엇을 바라겠느냐?"

그때부터 주준은 외갓집에 다녔고, 따라서 주준의 외갓집 이씨 집안의 성망도 날마다 높아져 갔다.

낙양자樂羊子의 처

낙양자가 한번은 길에서 금 덩어리 하나를 주웠다. 기뻐서 집에 돌아와 아내한테 그 말을 했더니 아내는 이렇게 낙양자를 나무랐다.

"지조 있는 사람은 도천盜泉이라고 이름한 샘물을 마시지 않고, 청렴한 사람은 명분 없는 밥을 얻어먹지 않는 법인데, 하물며 길에서 주운 금을 가져오다니요."

이에 참괴를 느낀 낙양자는 그 금을 도로 길에 갖다 놓았다.

낙양자는 외지에 나가 공부를 하다가 1년도 못 되어 중도에 집으로 돌아와서,

"집 생각이 나 견딜 수가 없어서 돌아왔다."
고 말했다.

그러자 낙양자의 처는 가위를 들고 베틀 있는 데로 가면서 이렇게 말했다.

"이 베는 한 올 한 올 짜서 한 치가 되고 한 치 한 치가 모여 한 자가 되고 한 자 한 자가 모여 한 필이 되는 겁니다. 그런데 내가 오늘 이 베를 짜다 말고 가위로 끊어 버린다면 이전에 짠 것은 모두 폐물이 되고 말지요. 공부도 마찬가지입니다. 중도에 그만두고 이렇게 오시면 여태까지 한 공부는 소용이 없게 되지 않습니까?"

낙양자는 처의 말에 감동되어 결심을 새롭게 다지고 다시 가서 공부했는데, 7년 동안 집으로 돌아오지 않았다.

낙양자가 공부하는 동안 아내는 집에서 부지런히 일하고 부모 공양도 잘했다. 그런데 어느 날, 이웃집의 닭이 낙양자 집 뜨락에 온 것을 시어머니가 잡아 국을 끓였다. 밥을 먹을 때야 그것을 안 낙양자의 아내는 그 닭고기를 보고 눈물을 흘리며 먹지 않았다. 시어머니가 이상해서 왜 그러냐고 묻자 낙양자의 아내는 이렇게 대답했다.

"우리 집이 너무 가난해 남의 닭까지 잡아먹게 되었으니 눈물이 나와 그럽니다."

그 말에 시어머니도 참괴를 느껴 그 닭고기를 먹지 않았다고 한다.

손태학의 처

명나라 가정 연간에 누강 지역에 성이 손씨인 태학(太學. 감생의 존칭)이 있었는데, 그는 한 기생과 정이 들어서 앞으로 죽어도 같이 죽고 살아도 같이 살자는 언약을 했다. 손태학은 그 기생 때문에 집 가산을 다 탕진했다.

얼마 지나지 않아 손태학의 아내가 죽었다. 그러자 손씨 집은 더욱 가난해졌다. 그래서 친구들은 손태학을 추겨서 그 기생을 관가에 고발하게 했다. 그 소식을 들은 기생은 사람을 파해 손태학의 살림을 돕게 하는 한편, 손태학과 한 언약을 잊지 않고 손태학한테로 시집가겠다고 다짐했다.

얼마 지나지 않아서 그 기생이 손태학한테로 시집갔는데, 손태학은 위인이 돈만 잘 썼지 살림은 할 줄 몰라서 기생이 가지고 온 옥비녀나 구슬 같은 보물을 모두 팔아 써 버렸다. 기생이 아무리 부지런히 일해도 겨우 입에 풀칠이나 할 정도였다.

그렇게 10년이란 세월이 지났다. 손태학은 그제야 그 동안 허송세월한 일이 후회되어, 늙었지만 경성에 가 과거 시험을 보려고 했다. 그런데 노비가 있어야 경성에 갈 것이 아닌가? 손태학은 눈물을 흘렸다.

손태학이 진심으로 공명을 이룰 결심을 하고 있다는 것을 안 기생은 평소 앉아서 베를 짜던 그 베틀 아래를 깊이 팠다. 그리고 여태껏 푼푼이 모아 두었던 황금 천 냥을 내놓았다.

손태학은 그래서 뜻대로 상경하여 과거 시험을 치고 급제가 되어 현령으로 부임되었다가 후에는 안찰사까지 되었다. 그래서 생활도 전보다 훨씬 좋아졌다. 그러다가 늘그막에 기생이 권유하자, 벼슬을 그만두고 고향으로 돌아와 만년을 편안하게 보냈다.

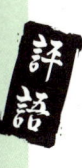

기생은 손태학도 성공시키고 자기도 잘 되었다. 그러니 말하자면 서로 이익을 본 셈이다. 그런데 기생이 그 가난한 10년을 참아 냈다는 것은 보통 일이 아니다.

오생의 기생

진정이라는 곳에 오생이라는 선비가 있었는데, 성정이 호탕하기로 태학에서 이름나 있었다.

그는 한 기생한테 반했는데, 문제는 기생집을 출입할 돈이 없었다. 그 기생도 오생을 좋아했으며 그의 재능을 아깝게 생각했다. 그러던 어느 날, 기생이 오생한테 무슨 재간이 있느냐고 물었다.

오생은 주사위를 잘 논다고 했다.

그러자 그 기생은 빈방을 내어, 주사위를 놀기 좋아하는 객이 오면 오생을 불러다가 주사위를 같이 놀게 했는데, 오생이 늘 이겼다. 오생은 그 돈으로 생활하게 되었다.

기생은 짬이 있으면 오생을 맞아 주면서 시간을 아껴서 공부하라고 권면했다. 후에 오생은 생각을 바로잡고 공부를 열심히 하여 마침내 진사가 되었다. 그래서 그 기생과 결혼할 기쁜 마음으로 기생을 찾아갔는데, 뜻밖에도 그 기생은 이미 세상을 떠나고 없었다. 오생은 슬피 울며 후하게 장례를 치러 주었다.

후에도 오생은 그 기생의 말만 나오면 눈물을 흘렸다.

도간陶侃의 어머니

도간의 어머니 담씨는 예장 신금현 사람인데, 원래는 도간의 아버지한테 첩으로 들어왔다. 그런데 도간을 낳은 후로는 집이 가난해져 담씨가 매일 부지런히 무명을 짜서 생활을 유지했다. 그러면서도 담씨는 아들이 지식과 재능이 있는 친구들을 사귀는 데 쓰는 돈은 아끼지 않았다.

도간은 젊었을 적에 순양현 관청에서 아역으로 있으면서 어시장을 관할했다. 그러다가 어느 날, 그는 절인 물고기 한 마리를 사람을 시켜 어머니한테 보냈는데, 어머니는 그것을 받지 않고 도로 보내면서 "현의 아역으로서 청렴하지 않고 오히려 관가의 돈으로 물고기를 사서 보내다니, 나는 기쁨보다 오히려 네가 더 걱정될 뿐이다"라는 내용의 쪽지를 써 보냈다.

파양의 범규는 효도로 이름이 나서 효렴孝廉으로 추천되었다.

한번은 그가 길을 가다가 눈이 너무 내려 도간의 집에 묵게 되었는데, 도간의 집은 손님을 대접할 형편이 못 되었다. 그러나 도간의 어머니는 범규의 수행과 말들이 많은 것을 보고 도간에게, 자기에게 방법이 있으니 걱정하지 말고 손님을 모시라고 했다.

도간의 어머니 담씨는 머리카락이 땅에 닿을 정도로 치렁치렁하고 윤기 있었다. 도간의 어머니는 그것을 가위로 잘라 쌀 몇 되와 바꾸어 오고 자기가 깔고 자는 볏짚 깔개를 베어서 말을 먹였다. 그리고 집 기둥을 하나 뽑아 패서 아궁이에 불을 지펴 밥을 지은 뒤 정성껏 손님을 대접했다.

사후에 그것을 안 범규는,

"담씨 같은 모친이 있기에 도간 같은 아들이 있다."

고 감탄했다.

범규는 낙양에 올라간 다음 도간을 극력 추천했고, 도간은 드디어 진晉나라 조정의 대신이 되었다.

이여의 어머니

당나라 감찰어사 이여李畲의 어머니는 청렴하고 절개가 있는 사람이었다.

한번은 이여가 봉록으로 탄 쌀을 사람을 시켜 어머니께 보내 왔는데, 어머니가 그 쌀을 보니 규정보다 석 되가 더 많았다. 그래서 그 쌀을 가져온 아역한테 물어 보자 아역은, 어사들이 타는 쌀은 원래부터 이렇게 규정된 수량보다 더 주는 법이라고 했다.

이여의 어머니는 운반해 오는 삯전은 얼마인가 하고 물었다.

그러자 아역은 어사네 집에 운반하여 오는 운반비는 원래 규정대로 받을 뿐 초과한 수량의 운반비는 받지 않는다고 했다.

이여의 어머니는 그 말을 듣고 성이 나서 더 타 온 쌀과 더 주어야 할 운비를 이여한테 보내면서 이여를 꾸짖었다.

그래서 이여와 다른 어사들은 참괴를 느꼈다고 한다.

왕손가往孫賈의 어머니

전국 시기, 제나라의 요치淖齒가 반란을 일으켰다.

시초 왕손가는 제민왕을 따랐는데, 요치가 제민왕을 죽였다. 그러자 왕손가의 어머니는 이렇게 왕손가한테 말했다.

"네가 저녁에 늦게 돌아오면 나는 언제나 문 밖에 나가 서서 네가 오기를 기다렸고, 네가 밤에 나가 들어오지 않아도 나는 잠을 자지 않고 너를 기다렸다. 너는 언제나 임금을 모시느라고 그런다고 했는데, 지금은 임금이 남에게 살해되었는데 너는 어쩔 생각이냐? 그래 아무 타산이 없느냐?"

그 말에 왕손가는 참괴하여 가두에 나가서 큰 소리로 외쳤다.

"요치가 반란을 일으켜 임금을 시살했다. 나와 같이 요치를 죽일 사람은 오른팔 소매를 거두고 어서 나오라!"

그러자 거기에 호응하여 단번에 300명이 자원해 나섰다. 왕손가는 제민왕의 아들을 찾아서 제왕으로 올려 세우고 요치와 싸워 드디어 제나라를 부흥시켰다.

그때 왕손가가 여러 사람을 데리고 요치를 죽이지 않았으면 연나라 악의가 가만 있지 않았을 것이다. 그러면 그때 벌써 제나라는 망했을 것이다.

조괄趙括의 어머니, 시국굉柴克宏의 어머니

전국 시기, 진나라가 조나라를 쳐들어와서 두 나라 군대는 장평에서 대치했는데, 조나라는 진나라의 반간계에 속아서 염파 대신 조사의 아들 조괄을 대장으로 삼았다.

조괄은 실지 작전은 지휘할 줄 모르면서도 입으로는 병법을 논하길 좋아했다. 다시 말하면 지상공론을 잘하는 위인이었다. 그러기에 그의 아버지도 살아 있을 때 자기 아들은 아직 부족함이 많다고 여겼던 것이다.

조괄이 군대를 거느리고 싸움터로 나갈 무렵 조괄의 어머니는 조나라 임금한테 조괄을 보내지 말라고 했다.

조왕이 왜 그러냐고 묻자, 조괄의 어머니는 이렇게 대답했다.

"조괄의 아버지가 장군으로 있을 때 예의를 차려 음식을 친히 대접하는 분들이 열 몇이나 있었고 그분과 교우하는 분들도 100명이 넘었습니다. 그이는 임금님과 왕실에서 상으로 하사하는 물건을 모두 관병들에게 나누어주었으며, 임금의 명령만 떨어지면 집안일은 하나도 상관하지 않고 모든 정력을 나랏일에 바쳤습니다. 그러나 조괄은 그렇지 못합니다. 조괄이 장군이 되자 군관들은 그를 감히 쳐다보지도 못하고 있고, 임금님께서 상으로 하사하는 물건이 있으면 모두 집으로 가져오며, 값싸고 이득을 볼 수 있는 전장이 있으면 그것을 사들이기에 여념이 없습니다. 대왕님께서는 조괄이 그 애 아버지와 같다고 생각하고 계십니다만, 그렇지 않습니다. 그 애는 아버지와 딴판입니다. 그러니 그 애를 보내지 말기 바랍니다."

그러나 조왕은,

"과인이 이미 결정지은 일이니 더 말을 마시오."

하고 조괄 어머니의 말을 듣지 않았다.

그러자 조괄의 어머니는,

"정 그러시다면 앞으로 조괄이 자기 맡은바 소임을 제대로 하지 못했을 적에 이 늙은 것을 책벌이나 하지 말아 주옵소서. 어쨌든 여쭐 말은 이미 다 여쭈어 올렸으니까요."

하고 말했다.

그러자 조왕은 그것은 걱정하지 말라고 했다.

염파 대신 대장군이 된 조괄은 자신만만해하며 염파의 작전 계획을 모두 바꾸었다. 그 결과 싸움에서 대패하고 그 자신도 전사했다.

조괄의 어머니는 조왕한테 이미 한 말이 있었기에 그 연루를 받지 않았다.

후당의 시극굉은 시재용의 아들이다. 말수가 적지만 남을 돕기를 즐겼다. 그러나 자기 집안일은 그다지 관심을 두지 않았다. 그는 금궁경위禁宮警衛로 있으면서도 병법을 담론하는 일 없이 그저 친구들과 술이나 먹고 바둑이나 놀았다. 그래서 많은 사람들은 그가 장수감은 되지 못한다고 인정했다.

후에 오월의 왕이 상주로 쳐들어왔는데, 시극굉이 군대를 거느리고 가서 적을 막겠다고 자원해 나섰다. 그의 어머니도, 자기 아들이 아버지를 닮았기에 가히 장수로 삼을 수 있으며, 만약 그래서 잘못이 있으면 자기가 벌을 받겠다는 상주서를 올렸다.

원종 황제는 그 말을 듣고 시극굉을 좌무위장군으로 임명하여 상주를 구원하게 했는데, 시극굉은 과연 적을 대패시켰다.

진영의 어머니, 왕릉의 어머니

진나라 말기 동양의 젊은 사람들 2만 명이 모여서 현령을 죽이고 진영을 왕으로 올려놓으려고 했다.

그런데 진영의 어머니가 진영에게 이렇게 말했다.

"우리 집은 지금까지 내려오면서 그렇게 큰일을 하신 선조님들이 아직 없지 않느냐. 그런데 네가 갑자기 왕이 되다니, 이건 불길한 징조이지 결코 좋은 일이 아니다. 그러니 남들을 따라가되 왕은 되지 말아라. 그렇게 해서 기의가 성공하면 너는 작위를 얻을 것이고 실패해도 후세 사람들에게 욕먹는 상대는 되지 않을 것이 아니냐."

그래서 진영은 항량을 왕으로 올려놓았다.

한나라 사람 왕릉이 군대를 거느리고 유방한테로 넘어가자 항우는 왕릉의 어머니를 불러 자기 군영 안에 놔두었다.

왕릉은 사자를 보내어 어머니의 상황을 알아보게 했다. 항우는 존경의 표시로 왕릉의 어머니를 동쪽을 바라보고 앉아 있게 하고 극진하게 모시는 척했다.

그런데 왕릉의 어머니는 사자를 왕릉한테 돌려보내면서 눈물을 흘리면서 아들을 꾸짖었다.

"가서 왕릉한테 다른 생각은 절대로 하지 말고 한마음으로 한왕을 잘 섬기라고만 전하게. 앞으로는 한왕의 천하가 될 걸세. 그러니 나 때문에 다른 마음을 절대로 먹지 말고 한왕을 잘 섬기란다고만 알리게."

그리고는 아들의 걱정을 없애기 위해 왕릉의 어머니는 검을 들어 자살했다.

숙향叔向의 어머니

춘추 시기, 진나라 대부 숙향은 신공 무신申公巫臣의 딸을 아내로 맞아들이려고 했다. 그런데 숙향의 어머니는 자기 본갓집 여자들 중에 어느 누구를 골라 며느리로 삼을 생각을 했다.

그러자 숙향은 친척 간의 혼사는 싫다고 했다.
이에 그의 어머니는 이렇게 말했다.
"자령의 처 하희는 남편 셋을 죽이고 임금 하나에 아들 하나까지 죽여 나라를 망쳤는데, 너는 이런 일이 겁나지도 않느냐? 내가 듣건대 천하에 매우 아름다운 여자가 나타나면 반드시 흉한 재화가 뒤따라온다는 말이 있더라. 옛적에 잉씨仍氏라는 여자가 아주 예쁜 딸 하나를 낳아 길렀는데, 그 이름이 현처玄妻였다. 후에 그 미녀를 낙정후기樂正后夔가 얻어서 백봉이라는 아들을 낳아 길렀는데, 이 백봉이 탐욕스럽기가 돼지 같고 흉악하기가 그지없어서 사람들은 그에게 봉돈封豚이라는 별명을 지어 주었다. 그런데 얼마 지나지 않아서 후예后羿가 백봉을 죽였다. 그래서 낙정후기는 후대가 없어졌다. 3대가 망한 일과 진나라 태자 신생이 폐립된 일도 모두 여자 탓이다. 그런데도 너는 미녀를 꼭 얻겠다고 한단 말이냐? 천하의 미녀라도 덕행이 나쁜 여자라면 그것은 오로지 화액을 초래할 뿐이라는 걸 너는 알아야 한다."
그 말에 숙향은 겁이 나서 미녀를 얻을 생각을 감히 하지 못했다. 그런데 진평공이 숙향을 압박하여 신공 무신의 딸을 얻게 했다. 그래서 결혼하여 낳은 아들이 백석이다.
백석을 낳을 적에 숙향의 어머니가 보러 갔다. 그런데 문 앞에 가서 갓난아기의 울음소리를 듣던 숙향의 어머니는 집 안으로 들어가지 않고 도로 돌아왔다.
"울음소리가 늑대나 이리 같으니 심보도 그러하리라. 그러니 우리 집은 이제 망하게 되었다."
숙향의 어머니는 이러면서 끝내 손자를 한 번도 보지 않았다.

엄연년嚴延年의 어머니

한나라 하남 태수 엄연년은 성미가 포악하여 사람 죽이기를 무 자르듯 했다. 그래서 하남 사람들은 그를 백정이라고 불렀다.

어느 날, 그의 어머니가 동해에서 아들을 보러 왔는데, 마침 그가 옥의 죄수들을 죽이는 것을 보게 되었다. 어머니는 놀라서 도정都亭에 머무르며 아들이 있는 부중으로 들어가려 하지 않았다.

그녀는 아들 엄연년을 불러 이렇게 꾸짖었다.

"하늘이 무서워서라도 사람을 함부로 죽여서는 아니 되는데, 너는 어이하여 사람들을 그렇게 함부로 죽이느냐. 늙은 나는 젊은 네가 옥살이를 하는 걸 보기 싫다. 나는 동해로 돌아가겠다. 네가 그 버릇을 고치지 않는다면 나는 동해에다 네 묘지를 택해 놓고 네 비보를 기다리겠다."

그러고는 그의 어머니는 결연히 동해군으로 돌아갔는데, 1년이 지나 엄연년은 사형당했다.

그래서 동해군 사람들은 엄연년의 어머니의 현명함을 칭찬했다.

백종伯宗의 처

춘추 시기, 진나라 대부 백종은 조회가 끝나자 기분이 아주 좋아서 집으로 돌아왔다.

"왜 그렇게 좋아하시죠?"

그 처가 물었다.

"오늘 조회에 내가 한 가지 일을 임금님께 품했더니 대부들이 모두 나를 양처부陽處父의 지혜를 가졌다고 칭찬하지 않겠소."

백종의 대답에 그의 처는 기분이 좋지 않아서 이렇게 말했다.

"양처부는 기실 겉이나 그럴 뿐 실속은 없는 사람인데다가 깊은 생각이 없이 아무 소리나 해서 결국 화액을 당한 사람이 아닙니까? 그런 사람과 같다고 하는데 그렇게 기뻐할 것이 있습니까?"

"그럼 조회에서 생긴 일을 임자한테 말해 줄까? 그러면 왜 기뻐하는지 알 만할 거네."

그리고 조회에서 있었던 일을 얘기했더니 그의 처는 또 이렇게 말했다.

"다른 대부들과 당신은 처지가 다르잖아요. 조정에 대한 백성들의 불만이 하루 이틀인지 압니까? 오래되었지요. 나는 당신에게 그 화가 미칠까 봐 겁이 납니다. 왜 속히 위사 한 사람을 구해서 아들 주리를 보호할 생각을 하지 않는지 모르겠어요."

과연 후에 여러 대부들이 달려들어 백종을 모해하려고 해서 주리는 위사 필양의 보호를 받으며 초나라로 피난했다.

당초에 백종의 처는 백종이 조회를 나갈 때마다 언제나 이렇게 당부하곤 했다.

"도적들이 미워하는 사람은 돈 있는 부자들이고 굶주린 백성들이 미워하는 사람은 백성을 사랑할 줄 모르는 관리들이지요. 당신은 평소 숨김없이 직언하기를 좋아하는데, 그것으로 자초하는 화액을 미리 방비할 줄도 알아야 합니다."

이신성 李新聲

이신성은 한단 사람 이암의 딸이다.

삼국 시기, 위 명제 태화 연간에 장곡이 이신성을 가기家妓로 데려다가 매우 총애했다.

유종간이 자기 아버지의 관직을 이어받자 장곡은 친구인 유종간의 일을 도와주었다.

　그러던 어느 날 이신성이 장곡에게 말했다.

　"지금 천자께서 유종간에게 대장군 병부를 주기는 했으나 그한테 휘황한 공로가 있어서 준 것이 아니라 단지 그 아버지의 관직을 그대로 계승하는 계승권을 주었을 뿐입니다. 그런데 지금까지 유종간은 천자의 은덕에 보답하는 그 어떤 행동도 보이지 못하고 있지 않습니까. 그렇다면 생각해 보세요. 당초 촉한을 토멸하여 대공을 세운 영웅호걸들도 천자의 황은을 오랫동안 입지 못하는데 유종간같이 공 없이 아버지 직위를 계승한 사람이야 더 말할 게 있겠어요. 무릇 정당하지 못한 수단으로 얻은 것들은 마침내 그런 방식으로 잃게 되는 법입니다. 당신께서는 불행하게도 유종간의 수하가 되었는데, 유종간과의 관계를 단절하지 못하겠으면 방법을 대어서라도 어서 군적을 없애고 서쪽으로 피해 가야 합니다. 일시적인 영화에 미련을 두었다가는 당신뿐만 아니라 당신의 골육들도 피못에 쓰러지게 됨을 아셔야 합니다."

　그러고는 슬피 눈물을 흘렸다.

　그러나 장곡은 이신성의 충고를 듣지 않았다. 그러다가 끝내 유종간과 같이 주살당했다.

누비 婁妃

　영왕 주신호가 반란을 일으키려고 할 때 누비는 눈물을 흘리며 말렸다. 그러나 주신호는 그녀의 말을 듣지 않았다.

　후에 패해 수인차에 실려 북으로 압송되어 갈 때 주신호는 압송

옥졸과 지나간 일들을 이야기하다가 통곡하며 이렇게 말했다.

"은나라 걸왕은 총희 포사褒姒의 말을 듣다가 나라를 망쳤지만 나는 누비의 충언을 듣지 않다가 나라를 망치고 이렇게 목숨까지 잃어버리게 되었구나. 이제 후회한들 무슨 소용이 있으리."

후민侯敏의 처

당나라 무측천이 즉위했을 때 어사 중승 내준신이 조정 대권을 쥐고 흔들어서 대신들이 모두 그를 무서워했다. 그런데 상림령 후민은 내준신과 사이가 가까웠다.

어느 날, 후민의 처 동씨는 남편에게 이렇게 권했다.

"내준신은 나라를 해치는 역적인데, 오래 가지 못할 겁니다. 어느 날, 그가 실세하면 그 무리들이 모두 화를 입을 것이니 당신은 지금이라도 그를 멀리해야 할 줄로 압니다."

그 말을 듣고 후민이 내준신을 멀리했더니 내준신은 즉시 불만을 가지고 후민을 배주 무륭현 현령으로 강직시켰다.

이에 후민이 벼슬을 버리고 고향으로 돌아가려고 하자 동씨는,

"그러지 마시고 임지에 가서 임명장을 태수에게 올리고 보세요. 그러나 그 고장에서 오래 있을 타산은 절대 하지 마세요."

하고 말했다. 후민은 배주로 갔는데, 배주 태수에게 자기 명첩을 올릴 때 일부러 격식을 틀리게 썼다. 그것을 본 태수는 성이 나서, 이따위 명함장도 제대로 쓰지 못하는 자를 다 현령으로 내려보냈느냐 욕을 하며 임명장을 깔아 버렸다. 그 바람에 후민이 걱정을 하니 동씨는, 절대로 어디 다른 데로 갈 생각을 하지 말고 추후를 지켜보고 있으라고 했다.

그런데 50일이 지나자 충주에서 도적이 일어 쳐 내려오면서 무릉현 현령과 그 가족을 모두 죽였다.

후민이 만약 제대로 부임했더라면 도적들한테 그렇게 멸살을 당했을 것인데, 요행 그런 일로 제때에 부임하지 못해 목숨을 보존하게 되었다.

후에 내준신은 주살을 당하고 그 무리는 모두 영남으로 추방을 당하는 화를 입었는데, 후민만은 동씨의 말을 들었기 때문에 그에 연루되지 않았다.

왕장王章의 처

한나라 사람 왕장은 젊었을 때 아내와 같이 장안에서 공부했는데, 집이 말할 수 없이 가난했다.

한번은 왕장이 병이 났는데 덮을 이불이 없어서 남의 외양간에 있는 볏짚 검불을 가져다가 덮었다. 절망에 빠진 왕장은 눈물을 흘리면서 집으로 돌아가자고 했다.

그러자 아내가 그를 꾸짖었다.

"지금 조정에 당신보다 학식이 나은 사람이 몇이나 있나요? 그런데 잠시 살림이 어렵고 몸에 병이 났다고 눈물을 흘리며 중도에 포기하겠다는 거예요? 왜 분발해서 기를 쓰고 공부할 생각은 하지 못하세요?"

그래서 다시 마음을 다잡고 공부에 애썼더니 후에 고위직에 오르고 성제 때에는 경성을 다스리는 양경椋京까지 되었다. 그런데 그는 비밀리에 왕봉을 탄핵하는 상주서를 올리려고 했다.

그러자 처가 말렸다.

"높은 자리를 탐내지 마시고 명철보신(明哲保身. 이치에 좇아 일을 처리하여 보신함)하세요. 짚 검불 옆에서 울던 날을 잊었어요?"

그러나 왕장은 계집이 나라 대사를 뭘 안다고 잔소리냐 고집하면서 임금에게 왕봉을 탄핵하는 상주서를 올렸다. 그 결과 왕장 역시 죄를 입어 옥에 잡혀 들어가고 그의 가족들도 연루되어 계하수가 되었다.

그때 왕장한테는 열두 살 난 딸이 있었는데, 야밤에 일어나 울면서 말했다.

"매일 죄인들 번호를 아홉까지 부르더니 왜 오늘은 여덟까지만 부르고 더 부르지 않는지 모르겠어요. 강직하신 아버님이 먼저 잘못되신 것 같아요."

그 이튿날 옥리한테 물어 보았더니 과연 왕장이 이미 죽었다고 했다.

진자중의 처, 황패의 처

초나라 왕은 진자중陳子仲을 재상으로 삼으려고 했다.

진자중이 기뻐서 집에 돌아와 부인한테,

"내가 재상이 되면 우리는 말 네 필이 끄는 수레를 타고 매일 산해진미를 먹을 거요."

하고 말했다. 그러자 처는 이렇게 말했다.

"말 네 필이 끄는 수레에 앉아 다니면 몸이 편하고 산해진미를 먹으면 남보다 호화스럽기는 하겠지만 그런 안일과 허영을 위해 초나라 흥망에 관계되는 중책을 걸머지시겠다는 말씀이세요? 지금 시국이 어떤 줄 아세요? 이렇듯 혼란하고 위험한 시국에 잘못하다가는 호화는커녕 목숨을 잃을까 봐 두렵습니다."

그 말에 진자중은 정신을 차렸다. 그들 부부는 이름을 감추고 초야에 묻혀서 과수원을 꾸렸다고 한다.

한나라의 황패黃覇와 영호자백은 고향 친구이다. 영호자백은 승상이었고 그 아들은 주 관청의 관리였다. 어느 날, 영호자백이 아들을 시켜서 황패한테 편지 한 봉을 가져왔는데, 객이 돌아간 다음 황패는 침상에서 일어나지 않았다. 그것이 이상해서 부인이 그 연유를 물었다.

그러자 황패는 실심한 기색으로 이렇게 대답했다.

"금방 영호자백의 아들을 보니 옷도 잘 입고 얼굴색도 좋고 행동거지가 우아한데, 우리 집 자식들을 보라고. 옷도 너절하고 예의 범절도 잘 모르고 손님 대접도 할 줄 모르지 않느냔 말이야. 영호자백의 아들과 비교하면 이건 봉황새와 까마귀 차이란 말이야. 내가 평소에 자식들을 잘못 가르친 죄도 있겠지만, 여하튼 부끄러워 어디 맥이 나야지."

그러자 그 처는 이렇게 말했다.

"당신께서는 청렴하고 지조가 높아 관록과 영화를 탐내지 않으시더니 오늘 왜 그런 말씀을 하시죠? 비교해 보세요. 영호자백의 부귀와 당신의 청렴을 비교하면 어느 것이 더 지조가 높습니까? 왜 자식들 일로 지금까지 지켜 오던 이념을 잊으시려고 합니까?"

그러자 황패는,

"당신의 말이 옳은 말이오."

하고는 웃으면서 침상에서 일어나 앉았다.

그리고 그들 둘은 그때부터 초양에 은거해 있기로 결정했다.

굴원屈原의 누이

굴원이 초회왕한테 쫓겨났다는 말을 듣고 굴원의 누이는 굴원을 찾아갔다. 그는 굴원의 성격이 너무 강직하다고 나무라면서 마음을 넓게 가지고 너무 고민하지 말라고 타일렀다. 그래서 후에 그 고장 이름을 자귀현姉歸縣이라고 했다.

「이소離騷」에도 '누이는 나를 관심해 재삼 나를 나무랐네' 라는 구절이 있다.

희부기僖負羈의 처

진나라 공자 중이가 조曹나라에 갔을 때의 일이다. 조공공은 중이의 갈비뼈가 날 때부터 하나로 붙어 있다는 말을 들었기에 중이가 목욕을 할 때 그 모습을 지켜보아 치욕을 느끼게 했다.

그런데 조나라 대부 희부기의 처는 희부기에게 이런 말을 했다.

"진공자를 따라온 수종들을 보니 모두 장수감들이에요. 중이는 그들의 보좌를 받아서 앞으로 꼭 진나라로 돌아갈 것이며, 돌아가면 꼭 왕위에 오를 것입니다. 중이가 진나라 왕이 되면 반드시 천하 제후들을 제패하려고 할 것이고 그러면 이전에 자기한테 무례하게 대한 나라들을 가만 놔두지 않을 것이니 우리 조나라도 가만 놔두지 않을 겁니다. 그때 가서 화를 입지 않으려면 우리는 미리 중이와 잘 사귀어야 할 겁니다."

그 말을 듣고 희부기는 중이에게 맛좋은 음식을 가져다 주었는데, 그 음식 안에 남모르게 보옥 하나를 넣어 놓았다. 그런데 중이는 음식은 받았으나 보옥만은 받지 않고 도로 돌려주었다.

그 후 중이가 즉위하여 진문공이 되었는데, 얼마 지나지 않아서 조나라를 쳐들어왔다. 그런데 그는 예전에 자기를 후하게 대접해 준 희부기의 은덕을 생각하여 군대에 명해 희부기가 있는 곳은 치지 못하게 했다.

표모漂母

한신이 출세하지 못했을 때 생활이 극빈했다. 그는 늘 아는 집에 가서 밥을 얻어먹었는데 그래서 남들의 미움을 많이 받았다.

한번은 남창 어느 정장의 집에서 몇 달을 그렇게 얻어먹고 있었는데, 정장의 처는 그가 미워 매일 밥을 일찍 지어서는 한신 모르게 자기들끼리만 먹었다. 그러다가 한신이 들어와도 밥 먹으라는 말 한마디도 하지 않았다. 그런 천대를 받자 한신은 곧장 그 집을 나와 버렸다.

그러던 어느 날, 한신이 성 옆에 있는 강에서 낚시질을 하는데 빨래를 하는 노파(표모)가 한신에게 밥을 가져다 주었다. 그런 뒤로 그 노파는 열흘이나 밥을 가져다 주었다.

한신이 고마워서,

"이 은공은 잊지 않고 꼭 갚겠습니다."

하고 말하자, 노파는 성을 내면서 이런 말을 했다.

"내가 보답을 받자고 이러는 줄 아나. 자네가 불쌍해서 이러는 거지. 사람은 맑고 바르게 생겼다만 사내 대장부가 자기 혼자도 못 먹여 살린단 말인가."

후에 한신은 대장군이 되자 천 금으로 그 노파의 은혜에 백배사례했다.

한고조 유방이나 진평도 출세하기 전에는 모두 형의 집에서 밥을 얻어먹으면서 형수의 미움을 받았다. 그러기에 한신이 정장 처의 미움을 받은 것은 이상하게 생각할 것이 없고, 표모같이 무던한 마음도 세상에 매우 적다고 하겠다.

그런데 문제는 당시 초한의 영웅호걸들은 소하 한 사람을 빼놓고는 유방까지 포함하여 누구도 한신을 알아 주지 않았다. 오로지 소하만이 한신과 얘기하는 중에 한신이 보통 인재가 아님을 알았을 뿐이다. 그렇다면 일개 빨래하는 노파가 굶어 초췌한 한신을 보고 대번 보통 인물이 아님을 알아냈으니, 이 노파의 안목을 가히 천하 제일 혜안이라고 할 수 있겠다. 회음현에는 그 표모를 기념하는 표모 사당이 있는데, 거기에는 '세상에 기이한 사내들은 많지만 예로부터 이런 여인은 없다'라는 주련이 써 있다. 그런데 그 표모 사당이 너무 작아서 흠이다.

유도전도 젊었을 적에 강에서 물고기를 잡아 생계를 유지했다. 그런데 그는 목청이 아주 좋아서 그가 노래를 부르면 지나가던 행인들도 발길을 멈추고 그의 노래에 귀를 기울이곤 했다. 그런데 한 노파가 그를 보고 앞으로 큰일을 할 사람이라고 생각하여 자기 집에 모셔다가 새끼돼지 한 마리를 잡아 대접했다. 그런데 그 돼지고기를 다 먹고도 유도전은 고맙다는 인사가 없었다. 노파는 유도전이 배불리 먹지 못해서 그러나 하여 또 돼지 한 마리를 더 잡았다. 유도전은 후에 잡은 돼지고기도 절반 넘게 먹고서야 그 집을 떠나갔다.

후에 유도전은 예부시랑이 되었다. 그는 그 노파의 아들이 지방 관청에서 작은 관리로 있다는 것을 알고는 그를 월급시켜 등용했다. 노파의 아들이 그 영문을 알 수 없어서 어머니한테 말했더니 어머니는 돼지를 잡아 대접하던 일을 얘기했다.

이 노파의 안목도 표모와 비슷하다.

하무기何無忌의 어머니

진나라 사람 하무기는 야밤에 병풍 뒤에 앉아서 환현을 토벌하는 격문을 작성했다. 낮은 걸상에 앉아서 아들의 모습을 보던 하무기의 어머니는 매우 기뻐서 눈물을 흘리며,

"네가 그렇게 분발 노력하는 걸 보니 정말 기쁘다."

하고 말하면서 그 일을 같이 하는 사람이 누군가 하고 물었다.

하무기가, 유유劉裕를 도와서 그 일을 한다고 하니 어머니는 더욱 좋아하면서 환현이 왜 반드시 패하고 유유와 아들의 일이 왜 성공할 수 있는가 하는 자기의 견해를 말했다.

유유는 후에 남조南朝 송나라의 황제가 되었다.

왕규王珪의 어머니

당나라 때 왕규는 소문 없이 초야에 은거해 있으면서 방현령이나 두여회 같은 사람들과 상종이 깊었다.

그런데 한번은 그의 어머니 이씨가 이렇게 말했다.

"네가 도대체 평소에 어떤 사람들과 내왕하는지 모르겠다. 언제 한번 그 사람들을 집에 모셔 오는 것이 어떠냐?"

그런데 마침 방현령 등이 거기를 지나다가 집에 들렀다. 이씨는 방현령을 보고 놀라며, 며느리에게 즉시 풍성한 음식을 차려 손님들을 대접하라고 했다.

"저런 분들이 도와주면 너는 후에 꼭 잘 될 것이다."

이씨는 기뻐서 아들한테 이렇게 말했다.

이 일은 『신당서新唐書』에도 기록되어 있다.

그런데 또 다른 설이 있다.

왕규의 처가 머리카락을 팔아 손님들을 대접했는데, 좌석에 앉은 영준한 사나이들 중에 수염을 기른 한 젊은 사람을 보고,

"저 젊은이 덕으로 모두들 부귀해질 거다."

하고 말했다.

그 젊은이가 바로 당태종이었다.

두보의 시에도 이 일이 적혀 있다.

반염의 처

당나라 예부시랑 반염은 덕종 때 한림학사로 있었는데, 덕종의 총신을 받아 그 권세가 대단했다.

그러던 어느 날, 경조윤京兆尹이 일이 있어 그를 찾아왔는데 문지기가 들여놓지를 않았다. 그래서 그는 문지기한테 명주 300자를 주고서야 들어왔다.

그 일을 안 부인이 반염에게 말했다.

"당신도 조정의 일개 대신에 지나지 않지 않아요? 그런데 경성을 관할하는 대신도 문지기를 회뢰해야 당신을 찾아볼 수 있게 되었으니 이건 당신이 이미 상당히 위험한 처경에 이르렀음을 말해 주고 있단 말입니다. 머지 않아 무슨 화액이 우리한테 돌아올지 모르겠어요."

그러면서 반염에게 어서 벼슬을 버리고 맹양에 내려가 은거해 있자고 했다.

반염이 호부시랑으로 있을 때에도 부인은 늘 반염을 이렇게 일깨워 주곤 했다.

"그런 학식으로 호부시랑이 되었으니, 나는 언제 무슨 화가 우리한테 미칠지 늘 걱정이에요."

그래서 반염이 그런 걱정을 할 필요가 없다고 재삼 설명하자 부인은,

"그럼 친구들을 한번 우리 집에 모시고 와 봐요. 어떤 사람들인가 나도 좀 봅시다."

하고 말했다.

그래서 하루는 반염이 친구들을 자기 집으로 불렀는데, 부인이 휘장 뒤에서 내다보고는 객들이 간 다음 기뻐했다.

"그들의 학식 또한 당신과 비슷한 것 같군요. 이제는 마음이 놓여요."

그러면서 그녀는 좌석 중간에 앉아 있던 사람은 누구인가 물었다. 반염이 그 사람은 보궐 두여회라고 대답하자 그의 처는,

"그 사람은 다른 사람들보다 특별해요. 그 사람은 앞으로 반드시 명재상이 될 거예요."

하고 말했다고 한다.

신헌영 辛憲英

양탐羊眈의 처 신헌영은 신비의 딸인데, 학식이 있었다.

당초 위나라 때 일이다. 조비는 태자에 오르자 신비의 목을 끌어안으며,

"임자는 지금 내가 얼마나 기뻐하는지 아는가?"

하고 좋아했다.

신비가 집에 돌아가 그 말을 신헌영에게 하자 신헌영은 한숨을 지

었다.

"태자는 나라의 종묘사직을 맡을 사람이니 앞으로의 일이 걱정되지 않을 수 없고, 나라 정사를 보려면 또 조심하지 않으면 안 되는 건데, 아무 근심 걱정 없이 그저 좋아만 하신다니 우리 위나라가 오래 창성할 수 있을지 소녀는 심히 걱정됩니다."

어느 날, 조상曹爽을 죽이려고 작심한 사마의司馬懿가 신헌영의 아우 신창을 불렀다. 성밖으로 나가 조상을 죽이는 일에 가담하라는 것이었다. 신창은 그 일을 어찌했으면 좋을지 결정하지 못했다.

그러자 신헌영이 이렇게 말했다.

"조상과 태부 사마의는 모두 같은 황은을 입었지만, 조상은 지금 혼자서 독단전횡하며 황제한테도 불충하고 있다. 태부가 죽이려는 사람은 오로지 조상 한 사람뿐이니, 너한테는 연루가 가지 않을 것이다."

"그렇다면 내가 성밖으로 나가지 않아도 된다는 말입니까?"

"왜 성을 나가지 않겠니? 너도 성밖으로 나가야 한다. 자기 직책을 다하지 않는 것은 불길한 징조이다. 그리고 다른 한 가지, 사람이란 자기를 중히 여기는 사람을 위해서는 죽음도 달갑게 여겨야 하거늘 왜 성밖을 아니 나가겠느냐?"

그래서 신창도 성밖으로 나갔더니 그날 사마의는 조상을 주살했다.

사후에 신창은 이렇게 감탄했다.

"내가 누님의 말을 듣지 않았더라면 의리가 없는 사람이 되었을 것이다."

그 후 종회가 진서장군이 되었을 때이다.

신헌영이 시조카인 양헌에게 물었다.

"종회는 왜 군대를 거느리고 서쪽으로 진군하려고 하지?"

"촉한을 치러 간다지 않아요."

"종회는 대장군인데 언행이 너무 방자하더라. 조정 대신으로서는 할 수 있는 언행이 아니니 나는 그 사람이 딴마음을 가지고 있지 않는지 모르겠다."

그 후 얼마 지나지 않아 종회가 촉한을 치러 떠나게 되었는데, 신헌영의 아들 양수를 참군으로 데려가려고 했다.

그러자 신헌영은,

"나는 전에 나라 걱정을 했지만, 지금은 오히려 내 집을 걱정해야 하겠다."

고 말했다.

양수는 참군 직무를 그만두겠다는 뜻을 황제한테 표명했지만 황제의 윤허를 받지 못했다.

그러자 신헌영은 아들에게 이렇게 당부했다.

"이왕지사 이렇게 된 바이니, 가야지 별 수가 있느냐. 그러나 매사에 조심해야 하느니라. 그리고 군대에서도 인의와 관후한 마음을 가져야 큰일을 할 수 있다는 것을 잊어서는 안 된다. 명심하거라."

종회는 그 뒤 과연 진나라를 반역했다.

양수는 어머니의 당부를 잊지 않고 시행했기에 무사하게 돌아올 수 있었다.

허윤許允의 처

삼국 시기, 위나라 사람 허윤이 이부吏部에서 군수를 선발할 때 늘 자기 동향 사람들을 선발하여 임용했다. 그래서 명제는 위사를 보내어 허윤을 잡아오게 했다.

허윤이 잡혀갈 때 허윤의 처가 맨발로 뛰어나오며 이렇게 당부했다.

"현명한 임금은 도리로 설득시킬 수 있습니다. 그러나 사정해서는 안 됩니다."

허윤이 황제 앞에 부복하니, 그가 동행 사람들을 선발한 까닭을 명제가 물었다. 그러자 허윤은,

"황상께서는 신더러 인재를 추천하라고 하셨습니다. 신이 알건대, 신이 추천한 동향 사람들은 모두 인재입니다. 신의 말을 믿지 못하겠다면 폐하께서 직접 시험해 보십시오. 그러면 그들의 능력이 그들의 관직에 맞는가 어떤가를 아실 겁니다. 만약 어느 하나라도 그 직무에 해당한 능력을 구비하지 못한 사람이 있으면 신은 어떤 책벌이라도 달갑게 받겠습니다."

하고 아뢰었다.

이에 명제가 그 관원들을 시험해 보니 모두가 그 소임에 걸맞은 능력을 갖고 있었다. 그래서 명제는 허윤을 석방했다.

후에 허윤은 관운이 형통하여 북진장군이 되었다. 그래서 그는 처에게, 이제부터는 무슨 화액을 당할까 봐 걱정할 필요가 없게 되었다고 기뻐했다.

그러자 그 부인은,

"화액이 지금부터 생기기 쉬운데 그건 무슨 말씀입니까?"

하고는 머리를 가로저었다.

그때 허윤과 하후현, 그리고 중서령 이풍 등의 관계가 아주 친밀했다. 그들은 사마사를 주살할 모의를 했다. 그런데 군사를 일으키

기도 전에 다른 일에 연루되어 옥에 갇히게 되었다. 그 부인이 근심하던 그대로였다.

　허윤이 옥에 갇히자 그의 제자가 급히 집으로 뛰어가서 허윤의 처에게 그 소식을 알렸다. 그런데 베틀 위에 앉아 있던 허윤의 처는 놀라는 빛 없이,

"그런 일이 생길 줄 벌써 알고 있었습니다."
하고 말했다.

　허윤의 제자가 허윤의 자식들을 다른 곳으로 피신시키자고 말하자 허윤의 처는,

"애들의 일을 먼저 걱정할 때가 아닙니다."
하고는 아들들을 데리고 묘지로 가서 살았다.

　그러던 어느 날, 대장군 사마사가 종회를 불러 허윤의 집에 가보라고 하면서 만약 그 자식들이 자기 아버지 소리를 입에 내기만 하면 당장 잡아오라고 명했다.

　허윤의 자식들이 그 소식을 어머니한테 알리니 어머니는 이렇게 말했다.

"너희들이 똑똑하다만 아직도 더 배워야겠다. 마음놓고 종회와 진솔한 얘기들을 해라. 그러면 무사할 것이다. 그러나 너무 슬픈 기색은 보이지 말아야 하고 최근 조정에서 생긴 일은 절대 묻지 말아야 한다."

　아들들이 어머니 당부대로 했더니 의심이 많은 대장군 사마사는 도리어 종회의 말을 의심했다.

　그래서 허윤의 두 아들은 죽음을 면했으니 이 모두가 어머니의 지혜 덕이 아니겠는가.

이형李衡의 처

단양 태수 이형은 낭야왕琅琊王과 맞지 않아 여러 번 티격태격할 때가 있었는데, 그럴 때마다 이형의 처는 이형을 말리곤 했다.

그런데 이 낭야왕이 후에 황제가 되었다. 이형은 그만 겁을 먹고 어쩔 줄을 몰라 했다. 그러자 이형의 처가 말했다.

"낭야왕은 명성을 떨치기를 좋아하시는 분입니다. 즉위 초인 지금은 더욱 그러할 겁니다. 그러기에 과거의 알력을 가지고 당신을 죽이려고는 하지 않을 겁니다. 소첩의 생각에는 이럴 때 당신이 먼저 찾아가서 과거에 잘못한 일을 용서해 달라고 비는 것이 좋을 것입니다. 당신이 성의를 보이면 목숨도 살려줄 수 있을 뿐만 아니라 잘하면 더욱 친해져서 화가 복이 될지도 모릅니다."

부인의 말대로 이형이 황제를 찾아가 자기 죄를 말하며 용서를 빌었더니 황제는 흔쾌히 이런 조서를 내렸다.

"단양 태수 이형은 과거 과인한테 잘못한 일들이 있다. 그런데 스스로 찾아와서 죄를 승인하고 법에 의해 책벌을 받겠다고 했으니 이렇듯 자기 잘못을 시인하는 행위는 가히 칭찬할 만한 일이다. 그래서 과인은 이형의 지난 일은 다시 묻지 않고 이형을 의연히 단양 태수로 봉하는 바이다."

욱우庾友의 처

유우의 처는 환온의 아우 환활의 딸인데, 환온이 유희를 죽이니 유우의 목숨도 경각에 달렸다.

그래서 유우의 처가 직접 환온을 찾아갔다. 그런데 문지기가 들여보내지 않았다. 그러자 그녀는 문지기를 보고,

"이 눈 먼 것들아. 내가 우리 백부님을 찾아왔는데 못 들어가게 하다니, 이 집이 우리 백부네 집이다. 이 눈 먼 놈들아!"
하고 욕을 하면서 문지기들을 뿌리치고 집 안으로 들어갔다. 그리고는 웃는 낯을 지으며 환온에게 말했다.

"백부님, 우리 집 사람은 키가 작아서 언제나 남이 손가락질하는데 그런 사람도 도적이 될 수 있다고 보세요?"

그 말뜻을 알아들은 환온은 웃으며 조카딸한테 말했다.

"그래, 내가 그 사람을 어쩌겠다고 하더냐? 나는 죽일 생각을 하지 않았다. 공연히 너희들이 근심하는 거지."

그러면서 유우를 살려주었다.

이문희 李文姬

후한 사람 이고는 파직을 당한 다음 앞으로 더욱 큰 화액이 닥쳐올 것을 미리 알고 아들 둘을 고향으로 내려보냈다.

그때 작은아들 이섭의 나이 열세 살이었다. 그의 누이 이문희는 동향 조백영의 처였는데, 현덕하고 지모가 있었다. 이문희는 아우들 둘이 낙향하자 그 까닭을 알고 남모르게 눈물을 흘리며, 잘못하다가는 이씨 가문의 대가 끊어지기 쉽겠다고 생각했다.

그래서 두 아우와 상론하고는 작은 아우는 다시 경성으로 보낸다고 남을 속이고는 외지로 피난을 보냈다.

과연 얼마 지나지 않아서 조정에서는 이고의 아들까지 잡아들이라는 영이 내려 이고와 다른 아들들은 모두 참수를 당했다. 이문희는 아버지의 문생인 왕성에게 작은 아우를 맡기면서 이렇게 말했다.

"우리 부친은 정의를 지키고 강직하시기에 불행하게도 해를 입었습니다. 오늘 나는 우리 이씨 가문에 하나 남은 후대를 선생에게 맡기니 우리 이씨 가문의 대가 끊어지지 않게만 보살펴 주십시오."

왕성은 감동하여 이섭을 데리고 장강을 따라서 동쪽에 있는 서주로 내려갔다. 그리고는 변성명하여 이섭을 어느 한 술집의 사환꾼으로 넣고, 자기는 가두에서 관상쟁이로 지내면서 겉으로는 서로 모르는 척했다. 그러나 남모르게 이섭을 도와주었다.

후에 이섭은 왕성의 도움으로 공부도 하게 되었는데, 객주집 주인은 이섭이 똑똑하고 보통 인물이 아님을 알고 이섭을 사위로 삼았다.

이섭은 노력하여 경서를 읽었다.

그러는 사이 어느덧 10년이라는 세월이 흘러갔다.

그 사이 조정의 변화도 컸다. 대장군 양기가 주살을 당한 후에도 여전히 적지 않은 사람들이 연루되어 형벌을 받았는데, 그 이듬해 사관이 천자께 상서하여 특사령이 내려졌다. 그리고 당년 억울하게 죽은 대신들의 자손들도 무휼하게 되어 조정에서는 이고의 후대를 찾았다.

그제야 이섭은 자기네 집의 일을 장인에게 솔직히 말씀드리니 장인은 기뻐하며 수레와 돈을 주었다. 이섭은 돈은 사양하고 받지 않았다. 그리고 고향에 돌아와서 누이를 만나 슬피 우니 곁에 있던 사람들도 모두 눈물을 흘렸다.

이문희는 아우한테 이렇게 당부했다.

"아버지는 나라에 충직한 충신이었다. 악독한 양기 때문에 우리 가문은 대까지 끊어질 뻔했는데 네가 이렇게 살아왔으니 이건 신명이 우리를 도운 거다. 이제부터 친구 사귀기를 삼가며 어떤 때든지 양씨 집안을 욕하는 말을 해서는 안 된다. 양씨 집안을 욕하는 건 황상을 욕하는 것이 되기 때문에 또 새로운 화액을 불러올 수 있다. 그 때면 후회막급해진다."

왕좌의 첩

　명나라 도지휘사 왕좌는 금의위 총감이 되고 육송은 부총감이 되었다.
　육송의 아들은 이름이 육병인데, 당시 나이 스물이었다. 왕좌는 그의 재능이 아까워서 자기가 친히 그에게 사법 문서인 원서爰書와 행정 공문인 공이公移를 쓰는 법을 가르치면서,
　"금의위 총감이 되려면 이런 글 재간도 있어야 하느니라."
하고 말했다.
　그때 육병은 왕좌를 아주 고맙게 생각했다.
　후에 왕좌와 육송이 선후하여 죽자 육병이 자기 아버지 직무를 대신하여 금의위 총감이 되었는데, 천자의 신임을 두텁게 얻어서 그 권세가 날로 커졌다.
　왕좌한테는 첩실 소생의 아들이 하나 있었는데, 이자는 매일 술 먹고 도박을 하며 집 살림을 할 줄 몰랐다.
　그런데 의리를 모르는 육병은 그 기회에 왕좌가 아들에게 남겨 준 장원 세 개 중 두 개를 빼앗아 가졌다. 그래도 육병은 만족을 느끼지 못한 나머지 가장 화려한 장원 하나마저 빼앗으려고 했다. 그런데 줄곧 구실을 찾지 못했다. 그는 마침내 왕좌의 아들을 모함하여 해칠 생각을 했다.
　육병은 왕좌의 아들이 악패들과 같이 나쁜 짓을 하고 돌아다닌다는 죄명을 씌워 옥에 가두고는 건달꾼 둘을 꼬드겨 가짜 증인을 서

게 해서는 왕좌의 아들을 죽이려고 했다.

왕좌의 첩도 아들의 일로 연루되어 그때 옥에 갇혀 있었다. 육병과 그의 무리들은 당상에 높이 앉아서 왕좌의 첩과 그 아들을 당하에 꿇려 놓고는 어서 죄를 승인하라고 협박했다.

왕좌의 아들은 이를 악물고 절대 그런 일이 없다고 버텼으나 왕좌의 첩은 아들의 죄장을 말하면서 살려 달라고 이마를 땅에 쪼며 사정했다. 그러자 아들이 어머니를 흘겨보면서 나무랐다.

"그러지 않아도 저 사람들이 나를 죽이려는데 어머니는 무슨 말을 그렇게 합니까? 내가 빨리 죽기를 바라시는 겁니까?"

그러자 어머니도 아들을 보고 성을 냈다.

"죽으면 죽었지 죽는다고 할 말을 하지 못하겠느냐?"

그러면서 육병이 앉아 있는 당상을 손가락질했다.

"네 아버지도 살아생전에 저런 자리에 하루 이틀만 앉아 있지 않았고, 이런 일을 한두 번만 처리한 것이 아니다. 그런데 너 같은 미련한 자식을 낳았으니 내가 뭐라고 말하겠느냐? 이게 하느님의 보응이 아닌지 모르겠다."

그 말에 육병은 그만 낯이 벌개져 남이 볼까 봐 얼른 얼굴을 다른 데로 돌렸다.

그러고는 왕좌의 유산을 더 빼앗을 생각을 하지 못하고 그들 모자를 놓아주었다.

왕기공王冀公의 손녀

송나라 진집중이 재상으로 있을 때 증로공은 황제의 기거를 돌보는 거주居注 벼슬에서 특제特製라는 관직으로 옮기게 되었다.

진집중의 제수는 왕기공의 손녀인데, 그 외갓집이 증로공 집안이었다.

정월 초하루가 되어 왕기공의 손녀가 진집중의 집에 세배를 갔더니 진집중이 물었다.

"증로공이 새로운 관직을 얻었는데 어떻소? 기뻐하시오?"

왕기공의 손녀는 금방 시집와서 아직 본갓집에 가보지 않았기에 그저 이렇게 대답했다.

"외숙부들은 승상님께 감사한 마음뿐이지요. 그런데 태부인께서는 외숙들이 과거에는 급제했지만 재능이 없기에 승상 사돈님께서 특제로 보냈지 그렇지 않으면야 그럴 수가 있느냐고 외숙들을 나무랐습니다."

그 말에 진집중은 아무 말도 하지 못했다.

그런 뒤 얼마 후에 증로공은 황상의 조서를 작성하는 지제호知制誥가 되었다.

원래 진집중은 과거 시험도 치르지 못한 사람인데, 조정의 소홀로 벼슬을 얻게 되고 이어 승상까지 되었던 것이다. 왕기공 손녀의 말에는 그런 일을 빗대어 말하는 뜻도 있었다. 이를 두고 볼 때 왕기공 손녀는 얼마나 기민한가.

원외의 처

후한 원외袁隗의 처는 마융의 딸인데, 이름이 윤이고, 재능이 있었다. 명문거족에서 태어난 그녀는 평소 의복 단장을 아주 중시했다.

막 원외한테 시집왔을 적에 원외는 처에게,

"여인이면 집에서 가무나 잘 하면 되지 옷을 그렇게 화려하게 입어서는 뭘 하겠소?"

하고 말했다.

그러자 그 처는 이렇게 대답했다.

"제가 잘 입는 것은 부모의 사랑 덕인데 그걸 어겨서야 되겠어요. 만약 당신께서 포선鮑宣이나 양홍梁鴻의 절개를 본받으려 한다면 저도 화려한 옷을 벗고 당신이 하라는 대로 할 수가 있어요."

그러자 원외가 또 물었다.

"형제 둘 중에 아우가 먼저 과거에 급제한다면 세상 사람들은 그 형을 비웃을 것이 아니겠소. 이와 마찬가지로 언니보다 동생이 먼저 시집을 가면 언니가 말을 들을 텐데 당신은 어째서 언니보다 먼저 출가했소?"

"우리 언니는 용모가 예쁘고 품덕이 고결하여 당분간 언니한테 맞는 짝을 찾지 못하고 있지요. 언니는 저같이 부모들이 시키는 대로 아무 데나 시집가는 사람이 아니랍니다."

"장인께서는 학식이 연박하시고 문장과 시를 잘 지으시는데, 문제는 장인이 계시는 곳에 늘 회뢰가 성행한다는 소문이 돌고 있는 것이오. 왜 그런지 모르겠소."

그러자 그 처는 이렇게 대답했다.

"공자 같은 성인도 무숙의 훼방을 들었으며, 자로 같은 현인도 백료 같은 자의 모함을 당했으니, 우리 부친께서 소인들의 참언과 훼방을 듣는 것이야 이상할 것이 없지 않아요."

원괴는 끝내 말로서는 처를 이길 수가 없어서 입을 다물었다.

이부인

　한무제의 총애를 받던 이부인의 병이 위중해지자 한무제가 친히 병문안을 갔다.

　그런데 한무제가 온다는 말을 들은 이부인은 얼른 이불을 머리까지 뒤집어쓰고는 한무제한테 말했다.

　"신첩이 병으로 면용이 초췌해져서 폐하를 볼 면목이 없사옵니다. 오로지 신첩의 아들 창읍왕과 신첩의 형제들을 폐하께 맡길 뿐이옵니다."

　"부인의 병이 위중함을 내가 모르는 바가 아닐진대, 어이하여 얼굴 한 번 보여 주지 아니하오?"

　"신첩이 단장도 아니하고 어떻게 폐하를 모실 수 있겠사옵니까?"

　"부인이 얼굴 한 번만 보여 주면 즉시 천금을 하사하고 부인의 형제들에게는 고관대작을 봉해 주겠소."

　"작위를 봉해 주는 일은 폐하의 은덕 여하에 달린 일일 뿐, 신첩의 얼굴과는 상관이 없는 줄로 아옵니다."

　그래도 한무제가 얼굴을 보자고 했는데 부인은 아예 벽쪽으로 돌아누우며 흐느껴 울었다. 한무제는 기분이 상해 거기를 나왔다.

　그러자 이부인의 자매들이 이부인을 나무랐다.

　"황상이 그렇게 말하는데도 왜 얼굴을 보이지 않아요? 그러고도 형제들 일을 부탁하다니 그게 어디 말이 되는 거예요?"

　그러자 이부인은 이렇게 말했다.

　"용모로써 임금을 섬기는 여인이 용모가 없어지면 임금의 사랑도 없어진다는 걸 왜 모르나. 사랑이 없어지면 은정이라는 것도 없어지기 마련이다. 황상이 아직도 나를 잊지 않음은 나의 미모를 아직도 탐하고 계시는 것이다. 그런데 갑자기 나의 초췌한 모습을 보시게 되면 실망하고 혐오를 느끼게 될 것이 아닌가. 그래도 이왕의 은정으로 우리 형제들을 돌볼 것 같은가? 내가 황제 앞에서 얼굴을 보이지 않는 것도 다 우리 형제들 앞날을 위한 것이다."

얼마 지나지 않아 이부인은 죽었다. 그러나 한무제는 그녀를 잊지 못하고 그리워했다.

장설張說의 딸

장설의 딸이 노씨 집에 시집을 간 다음 장설을 찾아와서 자기 시아버지한테 벼슬자리 하나를 달라고 했다. 그러자 장설은 말은 하지 않고 침대를 받들고 있는 거북만 손으로 가리켰다.

그러자 장설의 딸은 집으로 돌아오자마자 자기 남편에게 시아버지가 첨사詹事가 될 것이라고 말했다.

첨사란 동궁의 내외 서무를 보는 관리로, 첨사와 점을 친다는 점사占事가 음이 비슷하다. 그런데 손으로 거북을 가리키는 것은 점치는 일을 형용한 것이기 때문에 장설의 딸은 돌아가서 그렇게 말한 것이다.

호주의 기생

호주의 군수가 손님 여럿을 위해 송별 연회를 베풀었는데, 한 손님이 목과木瓜 하나를 가져왔다. 평소 보기 어려운 물건이라 여러 사람들이 번갈아 그것을 구경했다.

손님 중에 황제의 측근이 그 목과를 들고 보더니,

"이건 궁중에도 없는 과일이다. 궁에 가져다가 황상께 올려야겠다."
하고 말했다.

그러더니 황제의 측근이라는 사람은 얼마 지나지 않아서 그 목과를 가지고 배를 타고 경성으로 떠나갔다. 군수는 그 일로 황제한테 벌을 받을까 봐 걱정되어 주흥이 다 달아났다. 그러자 연회는 흥이 없어 금방 깨지고 말았다.

그때 연회석에서 술을 붓던 기생 하나가 군수한테 다가가더니 이렇게 말했다.

"왜 주연을 그만두시나요? 목과 일로 그러시나요. 그건 너무 걱정하지 마세요. 모르긴 하겠지만 그 목과가 아마 오늘밤을 못 넘어 강물에 들어갈걸요."

기생의 말을 듣고서야 군수는 생각이 퍼뜩 들었다. 목과는 껍질이 아주 얇고 보드랍기에 잘 썩는 과일이다. 그런데다가 여러 사람이 돌려보느라고 이 손이 만지고 저 손이 만졌으니 금방 썩을 것이 아닌가? 그러면 그 측근이 썩은 목과를 어떻게 황제한테 가져다 바치겠는가? 바치지 못하면 목과 일은 입밖에 내지도 못할 것이 아닌가.

그런데 얼마 지나지 않아서 황제의 측근을 호송해 주던 아역이 돌아왔는데, 황제의 측근은 목과가 썩어서 강물에 던지고 갔다고 군수에게 고했다.

군수는 그 기생을 불러서 상을 크게 주었다.

제26절 사내들에게 지지 않는 여인들

규방 밖으로는 나서지 않았지만 세상 사람들의 본보기가 되는 여인들이 역사상 얼마나 많은가. 이런 여인들 앞에서는 사모관대를 한 사나이들도, 갑옷을 떨쳐입은 용사들도 한풀 꺾여 양보하리라.

제양왕후 齊襄王后

진나라 사자가 옥련환玉連環을 제양왕의 왕후에게 바치면서 이렇게 말했다.

"제나라 사람들이 총명하다고 소문나서 이 지혜환智慧環이라는, 옥으로 만든 연환 고리를 바칩니다. 어디 그 고리를 풀어 볼 수 있겠는지 모르겠습니다."

그러자 제양왕의 왕후는 금망치를 가져오라고 하여 옥련환을 내리쳐 산산조각을 내 버렸다. 그리고 진나라 사자에게 말했다.

"어떻소? 우리는 이렇게 옥련환을 풀었소."

남들이 해결할 수 없는 일을 제양왕후는 아주 간단한 방법으로 해결해 버렸다. 그녀는 금방망이로 진나라에서 보내온 옥련환을 내리쳐 박살내 버렸는데, 이는 진나라 왕의 희롱에 강타를 가한 것이다. 그야말로 여성 염상여가 아닐 수 없다.

한나라 때 흉노왕이 여후를 희롱하는 편지를 써 보냈는데, 이것은 한나라로 말하면 크나큰 모욕이었다. 그러나 당시 한나라에는 진평이나 주발 같은 이름 있는 신하들이 있었음에도 불구하고 흉노의 그런 짓을 나무라는 아무런 대책도 강구하지 못하고 오히려 흉노의 비위를 맞추어 주는 회답을 써 보냈다. 어째서 그 많은 한나라 대신들의 지혜가 제양왕후 하나의 지혜보다 못하단 말인가?

제나라 강씨 姜氏, 장후 張后

진晉나라 공자 중이가 제나라로 오자 제환공은 강씨의 딸과 혼인을 시키고 준마 80필까지 주면서 중이를 잘 대접했다. 그래서 중이는 제나라에서 5년 동안이나 있으면서도 진나라로 돌아가 왕위를 가질 생각을 하지 않았다.

그러나 그의 수행들은 모두 제나라는 오래 있을 곳이 못 된다고 여기며, 뽕나무 아래에 모여 수군거리며 앞날의 일을 상론했다. 한 여인이 뽕을 따다가 그 말을 듣고는 강씨한테 알렸다. 강씨는 그 말이 새어나갈까 봐 그 여인을 죽이고 중이에게 제나라로 돌아가야 한다고 권했다.

"인생이 얼마나 길다고 그러오? 안락한 생활을 누리다가 죽으면 그만이지, 왕위를 꼭 가져야 한다는 법이 어디 있소."

중이가 이렇게 말해도 강씨는,

"공자님은 부득이한 상황에서 제나라로 피난 온 몸이 아닙니까. 공자님의 수행 신하들은 모두 공자님을 위해 목숨을 내걸고 싸우는 사람들입니다. 그런데 공자님이 진나라로 돌아가서 왕위를 차지하지 않으시고 여기서 안락한 생활만 하신다면 여태까지 따라다니면서 고생한 수행 신하들에게 미안하지 않습니까. 공자님의 지금 생각에는 신첩도 부끄러움을 느낍니다. 하루 속히 진나라로 돌아가야 합니다. 지금 진나라로 돌아가지 않으면 언제 성공할 날을 바라겠습니까."

이렇게 중이를 타일렀다.

그래도 중이가 말을 듣지 않자 강씨는 조쇠, 구범 등 수행 신하들과 짜고 중이에게 술을 잔뜩 먹여 세상 모르게 취하게 만든 다음 차에 싣고 제나라를 떠났다.

그래서 중이는 후에 이름이 난 진문공이 되었다.

　춘추 시기, 다섯 패왕霸王 중에서 제환공과 진문공의 명성이 가장 높아 천고에 이름이 났는데, 그들이 그렇게 된 데에는 여인들의 공로가 크다. 하나는 딸의 공로이고 하나는 처의 공로이다.

　사마의 처 장씨는 총명하고 지혜가 있었다.
　당초 사마의는 중풍에 걸렸다면서 조조에게 사직서를 냈다. 그런데 어느 날 사마의가 뜰에다 책을 말렸는데, 갑자기 소낙비가 내리기 시작했다. 사마의는 저도 모르게 급히 뛰어나가 책을 걷었다. 그것을 한 시녀가 보게 되었다. 사마의 처 장씨는 그 말이 밖으로 새어나갈까 봐 즉시 시녀를 죽이고 자기가 대신 밥을 지어 날랐다.

송태조의 누이

　송태조 조광윤이 아직 천하를 가지지 못했을 때의 일이다.
　조광윤이 군대를 거느리고 북정北征을 떠나갈 임박인데, 경성 안에서는 조광윤을 황제로 세운다는 요언이 자자했다.
　"밖에 그런 소문이 자자한데 이건 어찌된 영문이냐?"
　조광윤이 집안 사람들에게 물었다.
　그러자 한창 주방에서 밥을 짓던 그의 누이가 들어오면서 이렇게 말했다.
　"사내대장부가 큰일을 하려면 결단성이 있어야 하는 거지 밖에 도는 소문을 집에 들어와 여자들한테 물어 보는 법이 어디 있느냐? 그래 너는 대장군이라는 게 그런 용기도 없느냐?"
　조광윤은 그 말을 듣고 아무런 대답도 하지 못하고 고개를 숙이고 밖으로 나갔다.

 조광윤 누이의 그 말은 조광윤에게 부하들이 옹호하는데, 망설이지 말고 황제가 되라고 격려하는 말이었다. 후에 조광윤은 부하들의 옹호로 황제에 올랐다.

태비太妃 유씨

태비 유씨는 당나라 진왕 이극용의 처이다. 이극용이 황소의 군대를 대패시키고 군대를 거느리고 돌아오다가 변주를 지나게 되었는데, 주온이 주연을 베풀어 이극용을 대접했다. 그러고는 야밤에 이극용을 잡으려고 이극용의 숙소를 포위했다.

다행히 도망쳐 나온 이극용은 자기 영채에 이르러 군대를 모아 주온을 치려고 했다.

그러자 유씨가 말렸다.

"진왕께서 나라를 위하여 도적들을 토멸한 일은 세상이 다 알지만 오늘 주온이 변주에서 대왕을 포위했다는 일은 지금 어느 누구도 모르고 있습니다. 만약 대왕께서 지금 조정의 명 없이 사사로이 군대를 발동하여 주온을 친다면 이후에 그 시비 곡절을 어떻게 천하에 해명하겠습니까? 신첩의 생각에는 군대를 거느리고 조정에 돌아가서 황제에게 품해 주온을 성토하는 것이 더 나을 것 같습니다."

이극용은 유씨의 말을 따랐다. 그 결과 천하 사람들은 모두 주온을 손가락질했다.

당시 태원이 포위되었을 적의 일이다.

이극용은 그때 패했다. 그래서 어떻게 하면 좋을지 고민하고 있는 중인데, 대장 이존신이 찾아와서, 잠시 북방으로 피해 갔다가 그 후

기회가 되면 반격하는 것이 어떤가 하고 말했다.

이극용이 이존신의 말을 유씨한테 하자 유씨는 이존신을 나무랐다.

"이존신 같은 북방 목민의 아들이 성패의 관건이 무엇인지 어떻게 안다고 그 말을 믿습니까? 대왕께서는 늘 왕행유가 성을 지키지 않고 달아났기에 죽었다고 비웃지 않았습니까? 그런데 오늘 그 전철을 밟으시려 함은 웬일이십니까? 전에 달단에 계시면서 고생하시던 일이 생각나시지 않습니까? 하마터면 목숨을 잃을 뻔도 했는데 다행히 난이 일어 남쪽으로 내려온 게 아닙니까? 지금 성만 떠나면 뜻하지 않는 일들이 연달아 생긴다는 걸 알아야 합니다. 생각해 보세요. 패한 병사들이 신심이 동요되었는데, 그래도 대왕을 따를 것 같습니까? 군사들이 없이 북방은 어떻게 가신다고 그러십니까?"

이극용은 유씨의 말을 듣고 북방으로 도망갈 생각을 단념해 버렸다.

부견符堅의 처

부견의 처 장씨는 학식이 있을 뿐만 아니라 시비가 밝았다.

부견이 군대를 발동하여 동진을 치려고 하자 신하들이 극구 말렸다. 그러나 부견은 자기 고집을 버리지 않았다.

그러자 장씨가 권했다.

"신첩이 알건대, 성명聖明하신 군왕은 모두 만물의 자연적인 천성에 따라서 천하를 다스리는 줄로 압니다. 탕왕과 주무왕이 걸과 주를 친 것도 민의를 따른 것이 아닙니까? 민의를 따르면 성공하고 민의를 거역하면 패하는 법입니다. 지금 조정의 신하들과 초야의 백성들이 모두 동진을 토벌하는 시기가 적절하지 않다고 여기고 있는데 유독 폐하 혼자서만 고집하고 계시니 그 이유가 무엇입니까? 신첩은 그 까닭을 모르겠습니다. 상술을 아는 술사들의 말은, 초저녁에 닭이 울면 행군에 불리하고, 개가 무리를 지어 짖으면 집에 상사喪事가 나고, 연고 없이 무기가 떨고 말들이 놀라는 것은 전쟁에 실패해서 돌아오지 못할 징조라고 합니다. 그런데 올해 가을부터 지금까지 밤마다 닭이 울고 개가 짖으며, 마구간의 군마들이 연고 없이 놀라며 불안해하고, 무기고의 무기들도 연고 없이 떠는 소리를 낸다고 하니, 비록 천지신명의 일을 신첩이 예측할 수 없으나 상리常理로 미루어 보아도 길상스러운 징조는 아닌 것 같사오니 폐하께서 재삼 숙고해 보심이 마땅할 것 같습니다."

그러나 부견은,

"전쟁판의 일을 계집들이 뭘 안다고 잔소리냐!"

하면서 기어이 군대를 출동하여 동진을 치러 내려갔다.

장씨도 같이 따라갔는데, 결국 부견이 대패하자 자살하고 말았다.

육지원劉智遠의 처

유지원이 진양에 이른 다음 백성들의 토지를 빼앗아서 장령들에게 상으로 나누어주려고 했다. 그러자 부인이 말렸다.

"폐하께서는 하동을 근본으로 천하를 가졌는데 즉위하자마자 백성들에게 은혜는 베풀지 못하고 도리어 백성들의 토지를 앗아서야 되겠습니까? 모르긴 해도 금방 즉위하신 천자로서 마땅히 해야 할 일이 아닌 것 같습니다. 그러지 마시고, 국고에 있는 재물로 삼군을 포상하시는 것이 더 좋지 않을까요? 비록 그 상이 많지는 못하겠지만 백성들의 원망은 듣지 않을 겁니다. 일국의 임금은 민의에 따라서 백성들에게 복을 마련해 주어야 한다고 신첩은 알고 있습니다."

유지원은 결국 부인의 말을 좇았다. 그랬더니 조야가 모두 좋아했다.

이경양의 어머니

당나라 사람 이경양의 어머니 정씨는 성격이 엄하고 처사에 과단성이 있었다.

이경양이 출세하여 영달을 누리게 되었을 때 그의 어머니는 벌써 머리가 반백이 되었다. 그러나 아들이 조금만 잘못해도 어머니의 매를 맞았다.

이경양이 절서 관찰사로 내려갔을 때의 일이다. 부장 하나가 이경양의 명을 거역했다. 매우 노한 이경양은 부장을 채찍으로 후려갈겼는데, 생각 밖으로 이 부장이 그만 죽었다. 군사들은 그 말을 듣고 격분하여 병변을 일으키려고 했다.

이경양의 어머니는 그 말을 듣고 대청에 나와 앉아 이경양을 불러 뜰 아래 세우고 엄하게 꾸짖었다.

"천자님께서 너한테 군권을 주어 군사를 이끌게 했는데 너는 일개인의 호악好惡으로 사사로이 형벌을 가하고 더구나 무고한 장령을 마음대로 죽였으니, 이렇게 군사를 다스리는 법이 어디 있단 말이냐? 만일 이로 하여 병란이 일어난다면 너는 조정의 기대를 저버리는 것이 된다. 그러면 나인들 죽어서 무슨 면목으로 지하에 있는 너의 선조를 대하겠느냐!"

그러고는 좌우를 시켜 이경양의 웃통을 벗기고 채찍으로 그 등을 내리치자 좌우 부장들이 모두 감동하여 무릎을 꿇고 이경양을 위하여 사정했다.

그러나 이경양의 어머니는 한동안 아들한테 매를 치게 하고서야,
"이번 한 번만은 용서하겠으나 다음에도 이러면 용서가 없다."
고 호령하고는 매를 그만두게 했다.

그로써 군심이 수습되었다.

정씨라는 여인이 청상과부가 되어 아들 하나를 길렀는데 살림이 아주 가난했다. 정씨는 자기가 직접 아들에게 글을 가르쳤다. 그런데 어느 날, 집의 바람벽이 무너졌는데, 바람벽 속에서 숱한 돈이 나왔다. 그러자 정씨는 하늘을 우러러 이렇게 기도를 드렸다.

"제 힘으로 벌지 않은 재물은 오히려 재액을 불러온다는 걸로 저는 알고 있습니다. 하늘이 우리 집이 가난함을 불쌍히 여기신다면 우리 아들을 보우하여 학업을 이루도록 해주십시오. 이 돈은 만질 수가 없습니다."

그리고 그 돈을 다시 땅에 묻어 놓았다고 한다.

이 정씨도 견식이 있는 여인이다.

이경양의 아우 이경장은 여러 번 관직을 파면당하여 결국 고향으로 돌아와 살다가 죽었다. 이경장이 파직을 당할 적마다 그의 어머니는 아우 일을 도와주지 않는다고 이경양을 때리곤 했다. 그러나 이경양은 아우에게 새로운 관직을 주기 싫어했다.

"조정에서 관리를 등용하는 데는 원칙이 있는 법인데 내가 어떻게 그 원칙을 어기고 사사로이 아우를 올려놓는단 말입니까?"

이것이 이경양의 태도였다.

정의를 표방하는 사람들이라면 이경양의 이 말을 깊이 생각할 필요가 있

지 않겠는가?

양창楊敞의 처

대장군 곽광과 장안세는 창읍왕을 황제로 세울 일을 상의하고는 전연년을 보내어 승상 양창에게 알렸다.

그 말을 들은 양창은 놀라서 식은땀을 흘리며 어쩔 줄을 몰라서 말을 얼버무렸다.

전연년이 일어나서 갱의실에 옷을 바꿔 입으러 들어가자 양창의 부인이 내실에서 급히 뛰쳐나와 양창에게 소곤거렸다.

"이건 나라 대사 중에도 막중한 대사인데 왜 어물거리세요. 대장군이 이미 다 상의해 놓고 대사농을 보내어 알리는 판인데, 어서 대장군과 동심협력해 일을 성사시키겠다고 말씀을 해야지, 무슨 큰 화를 입지 못해 그렇게 어물거리세요?"

그리고 전연년이 갱의실에서 나오자 그녀가 먼저 전연년에게, 창읍왕을 세우는 일을 자기네도 적극 협력하겠다고 말했다.

거성의 한 여인

거성의 한 여인은 남편이 임금한테 살해되어 과부가 되었다. 그녀는 나이가 많아서 오로지 무명을 짜서 호구를 했다. 그런데 자잠이 군대를 거느리고 와서 거성을 공격했다. 늙은 과부는 무명실 꾸러미들을 성밖으로 집어던졌다. 군사들이 그것을 주워서 자잠에게 바치자 자잠은 군사들을 시켜 그 실로 밧줄을 꼬게 했다. 그리고 야밤을 타서 그 밧줄을 타고 여덟 명이 먼저 성을 올라갔다. 이내 밧줄이 끊어져서 더 올라가지 못했는데, 이미 성을 올라간 군사들은 성 위에서 함성을 지르고 성을 오르지 못한 군사들은 성 아래에서 함성을 지르자 거성에 있던 임금은 성 서쪽 문으로 도망쳤다.

 한 과부의 가슴에 맺힌 원한이 거나라를 멸망시켰으니 한 사람의 생명이라도 그렇게 마음대로 해칠 것이 아닌가 보다. 당당한 일국의 임금이 과부 하나의 마음도 달래 주지 못해 도리어 과부한테 복수를 당했으니 이 임금을 어떻다고 해야 하겠는가? 그리고 늙은 과부도 이런 복수심이 있거늘 하물며 다른 사람이야 어떻다고 해야겠는가?

맹창孟昶의 처

진晉나라 맹창의 처 주씨와 맹창의 제수는 이종형제간이었다. 두 집은 재산이 많은 부호들이었다.

당초 환현은 맹창을 인재로 보고 중용하려고 했는데 유매가 반대하는 바람에 그만두었다. 그래서 맹창은 그 좋은 기회를 놓친 것을 늘 애석하게 생각했다. 그러나 후에 유유劉裕가 군사를 일으켜 환현을 성토하려고 맹창을 찾아가 말했더니 맹창은 즉시 동의해 나서면서 심지어는 자기 집 재산을 다 내어 군비를 댈 생각까지 했다.

맹창의 처는 보통 여인이 아니라 견식이 있는 여인이었다. 그래서 맹창은 자기 여인과 그 일을 상론했다.

"그때 유매가 환현한테 참언하지 않았으면 내가 도적으로 윤락된 지 오래일 걸세. 환현과 내왕을 끊기를 잘했지. 비록 그 때문에 부귀는 이루지 못했어도 앞으로라도 큰일을 할 수 있게 되었거든."

"문제는 시부모님들이 아직 계시지 않습니까? 당신이 큰일을 하시겠다는 걸 일개 여자가 막을 수는 없겠지만, 그러다가 만에 하나 실패하면 어쩌겠어요? 제 생각에는 다른 생각은 마시고 양친 부모님을 잘 모시는 것이 더 좋겠어요."

맹창은 더 말하지 않고 일어섰다. 그러자 주씨는 남편이 이미 결단을 내렸다고 생각하고 이렇게 말했다.

"당신은 지금 가산을 모두 털어 군자금을 마련할 생각만 하고 계시죠?"

그러면서 주씨는 안고 있는 딸애를 가리켰다.

"정말 필요하다면 저는 이 딸애도 팔 수 있어요. 제가 재산이 아까워서 그러는 것이 아니에요."

그러고는 집안의 재산을 모두 남편에게 맡겼다. 다른 사람들한테는 다른 용도가 있어서 그런다고 속였다.

맹창 등이 거사할 대목에 이르러 주씨는 자기 동서이자 이종동생인, 맹개의 처에게 이런 말을 했다.

"어젯밤 꿈에 큰 거미들이 많이 보이더라. 그래서 나는 오늘 집을 청소하면서 붉은색 물건들을 모두 걷어 건사했다. 거미들은 붉은색을 좋아하지 않는단 말이다. 한 이레 동안 지나서 다시 내놓을 셈이다."

그러자 맹개의 처도 주씨의 말을 믿고 집에 있는 붉은 의복과 휘장 같은 것을 모두 걷어 주씨한테 건사해 달라고 주었다.

주씨는 그것으로 남모르게 수십 명이 입을 군복과 덮을 이불을 만들어 맹창한테 보냈다.

일이 성사될 때까지 집안 사람들은 주씨가 그런 일을 한다는 것을 누구도 모르고 있었다.

 주씨가 얼마나 걸출한 여인인가는 그 남편 맹창도 완전하게 알지 못했을 것이다.

등만鄧曼

노환공 13년, 초나라 대부 굴하屈瑕가 군대를 거느리고 나羅나라를 치러 가는데, 두백비가 전송을 하고는 돌아오다가 마차부한테 이렇게 말했다.

"굴하는 이번에 패하기 쉽다. 길을 걸을 때 다리를 그렇게 높이 드는 것만 봐도 그 마음이 보통으로 들뜨지 않았단 말이네."

그러고는 초왕에게 구원군을 증파할 것을 요청했다.

초왕은 대답을 하지 않고, 내궁으로 들어가 그 일을 부인 등만에게 상론했더니 등만은 이렇게 말했다.

"두백비는 진정으로 원군을 요청한 것이 아닙니다. 오로지 백성을 성심으로 사랑하고 관리들을 은정으로 다스리며 더욱이 굴하 같은 사람의 오만과 방종을 잘 단속하라고 임금님께 암시했을 뿐입니다. 굴하는 포소의 싸움에서 큰 공을 세운 다음부터 자기의 재능을 따를 사람이 없다고 우쭐거리고 있습니다. 그러기에 오늘 군대를 거느리고 나나라를 치러 가면서도 그런 교만으로 적을 경솔히 대하는 태도를 보였을 겁니다. 대왕께서 만약 그를 엄하게 단속하지 않는다면 그 군대는 방비 없는 군대나 다름이 없게 될 겁니다. 그러기에 천만 적을 경솔히 대하지 말라고 굴하를 단속해야 합니다. 굴하가 지금 초나라의 모든 군대를 거느리고 나갔다는 것을 두백비가 모르고 원군을 보내라고 하겠습니까?"

그제야 초나라 왕은 문제의 심각성을 크게 깨닫고 급히 사람을 보내어 굴하를 도로 불러오게 했다. 그러나 이미 늦어 굴하를 끝내 따라잡지 못했다.

굴하는 그 후 적을 경솔히 대한 탓으로 싸움에서 대패했다. 굴하는 어느 황폐한 골짜기에서 목이 졸려 죽었다.

세씨 洗氏

남북조 시기, 고량高凉 지방의 세씨는 대대로 내려오면서 10만여 호의 토족들을 다스리는 만인의 큰 추장이었다. 세씨에게는 딸이 하나 있었는데, 영리하고 지모가 있었다. 나주 자사 풍요는 그 딸을 자기 아들 풍보와 결혼시켰다.

그때 풍요는 명색이 그 지방 자사였지만 당지의 토족들은 그의 지휘를 듣지 않았다. 그런데 풍요의 며느리로 들어온 세씨는 자기네 토족 사람들을 당지의 풍속으로 엄하게 단속하기 시작했으며, 일단 법을 위반하면 자기 친척들도 사정을 봐주지 않았다. 그래서 풍요는 정사를 제대로 펼 수 있었다.

그런데 고주의 자사 이천사가 사람을 보내어 풍보를 고주로 불렀다. 그런데 고주로 가려는 풍보를 세씨가 말렸다.

"가지 마세요. 생각해 보세요. 전에 조정에서 대성을 구원하라고 이자사에게 명했을 때 그는 병을 빙자하고 응하지 않았잖아요. 그런데 지금 무기도 충족하게 만들어 놓고 병사도 많이 모아 놓고서 당신을 부르는 데는 무슨 음모가 있기 쉽지요. 당신을 인질로 잡아 놓고 당신의 군사를 자기들이 사용하려고 그러는 것이 아닐까요? 그러니 서두르지 마시고 한동안 가만히 사태를 지켜보세요. 그리고 어떻게 하겠는가를 결정하시는 것이 좋을 거예요."

과연 며칠이 지나자 이천사가 반란을 일으키고 수하 대장 두평로를 파해 남양으로 쳐들어갔다. 남조의 진무제는 주문육을 파해 그를 막았다.

그러자 세씨는 풍보한테 이렇게 말했다.

"두평로는 관군과 싸우기에 당분간 고주로 돌아오지 못할 것이고, 이천사도 고주에서 두평로를 지원하지 못할 거예요. 그러나 당신이 군대를 거느리고 가면 이천사는 반드시 나와서 싸울 겁니다. 그러기에 우리는 꾀를 써야 합니다. 먼저 선물을 많이 보내면서 겸허한 언사로 '내가 감히 군대를 거느리고 갈 수가 없어서 제 처가 대행하여 군대를 거느리고 가기로 했습니다' 하고 알리면 그는 기뻐서 방비를 하지 않을 거예요. 그리고 내가 군사 천여 명을 조개 파는 장사치로 가장하여 군영 앞까지 데리고 갔다가 일시에 돌격해 들어가면 단번에 그를 격파할 수 있을 겁니다."

풍보가 세씨의 말을 따랐더니 이천사는 정말 방비를 하지 않았다. 그러다가 세씨가 군대를 거느리고 돌격해 들어가자 그만 혼이 나서 도망쳐 버렸다.

세씨는 진패陳覇를 공석이라는 곳에서 만나 보고 집에 돌아와 이렇게 풍보한테 말했다.

"진도독은 기질이 비범한데다가 민심을 깊이 얻고 있습니다. 그러기에 반드시 도적 무리를 평정할 겁니다. 우리는 진도독을 전적으로 지지해야 합니다."

풍보가 죽은 다음 영남 지역에 큰 난이 일어났는데, 세씨가 진력하여 영남 지역 각 민족을 안무하고 신속히 안정을 회복했다. 당지의 백성들은 그녀를 성모라고 불렀다.

수문제 때 번주의 총관 조눌이 포악하고 탐욕스러워서 각 부족들이 반란을 일으켰다. 그러자 세씨는 수문제에게 상서하여 조눌의 죄장을 일일이 열거하면서 각 부족의 반란을 어떻게 안무해야 하는가를 진언했다.

수문제는 조눌을 잡아 징치하고 세씨에게 명해, 도망갔거나 반변한 부족들을 안무하게 했다. 세씨는 천자의 조서를 수레에 싣고서 조정의 사신으로 자칭하며 열 몇 개 주를 돌아다니면서 각 부족을 안무했다. 이르는 곳마다 토족들은 세씨의 말을 듣고 다투어 조정에 귀순했다.

그녀가 죽은 다음 조정에서는 '성경부인誠敬夫人'이라는 익호를 내려 주었다.

백근白瑾의 처

명나라 사람 백근의 처는 산음 갈씨의 딸이다.

백근은 줄곧 신체가 허약했다. 그러나 갈씨는 그를 격려하여 공부에 진력하게 했다. 백근은 헌종 성화 연간, 과거 시험을 쳐서 진사로 급제하고 분이현 현령으로 임명되었다. 갈씨도 남편을 따라서 부임지로 갔는데, 백근은 그 이듬해에 병에 걸려 침상에서 오랫동안 일어나지 못했다. 다행히 그래도 그 동안 모아 놓은 몇 천 냥 은자가 있어서 생계는 쪼들리지 않았다.

이때 인근 현에서는 큰 재황이 들어 기민들이 무리를 지어 부호들을 털었다.

분이현은 현을 지킬 수 있는 성곽이 없었다. 현아의 대소 관원들은 도적의 무리들이 쳐들어올까 봐 모두 식솔을 데리고 피난을 갔다. 그러나 갈씨만은 피난을 가지 않고 가인들을 데리고 담장을 더 높이고 대문을 더 굳게 하고는 남편은 내실에 모시고 은자는 늪 속에 파묻었다. 그리고 남편의 관복을 입고 현아에 나가서 폭민들이 오기를 기다렸다.

폭민들이 성안에 들어오자 갈씨는 그들을 열성적으로 대하는 양을 보이며 그들에게 집에 있는 의복과 장식품을 다 내주었다. 폭민들은 그 물건들에 특별한 표식이 있는 줄도 모르고 기분이 좋아서 돌아갔다.

후에 관가에서는 그 물건들에 표시해 놓은 것에 근거하여 허다한 폭민들을 잡아들였다.

주서朱序의 어머니

동진 때 부견은 대장군 부비를 파해 군대를 거느리고 가서 양양을 포위 공격하게 했다.

양양을 지키는 장군 주서의 어머니는 부견의 군대가 온다는 말을 듣고 직접 성을 돌아보았는데, 성의 서북쪽이 약해 먼저 적의 공격을 받을 것 같았다. 그래서 시녀 100여 명과 성안에서 요역을 하는 여인들을 지휘하여 그 안에다가 길이가 20여 장이 넘는 내성을 하나 더 쌓았다.

후에 부견의 군대는 과연 성 서북쪽을 먼저 공격했는데, 낡은 성이 무너지자 군사들은 새로 쌓은 성에 의지하여 적을 막아냈다.

그래서 양양 사람들은 그 내성을 부인성이라고 이름했다.

당나라 평양소공주 平陽昭公主

당나라 평양소공주는 대목황후 소생인데, 커서 시소紫紹에게 시집갔다.

시초 이연이 군사를 일으킬 적에 시소가 공주에게 물었다.

"장인께서 경성을 공격하시는데, 내가 도와 드려야 하지 않겠소? 그런데 당신을 데리고 갈 수는 없을 것 같은데, 이 일을 어떻게 하면 좋겠소?"

"걱정 마시고 먼저 가세요. 저도 계획이 있어요."

공주는 이렇게 말하면서 남편을 보냈다.

시소는 지름길로 하여 병주로 갔는데, 공주는 곧바로 호주로 갔다. 공주는 가산을 털어서 남산에 망명해 있는 무리 몇 백 명을 모으고, 하인 마삼보를 보내어 적장 하반인을 투항시켜 한 갈래 위무당당한 군대를 만들었는데, 인근의 사람들이 연속 참군하여 마침내 7만여 명으로 확대되었다. 이 군대는 군기 또한 엄명하여 관중 지대에서 위망이 대단했다.

고조 이연이 황하를 건넌 후, 시소가 수백 기를 거느리고 남산으로 해서 공주를 찾아오니 공주는 7만 정병을 거느리고 위북까지 나와서 남편을 맞았다.

경성 사람들은 공주의 군대를 낭자군이라고 불렀다.

이간李侃의 처

당나라 건중 말년, 이희렬은 변주를 공점하고 나아가서 진주를 공격하려고 계획했다. 그런데 당시 항성을 지키고 있던 이간은 성을 버리고 도주하려고 했다. 그러자 이를 본 이간의 처가 이간을 꾸짖었다.

"적들이 쳐들어오면 마땅히 죽음으로 성을 사수해야 마땅하지 달아난단 것은 무슨 말씀이세요. 성이 깨어지면 죽기밖에 더 하겠어요. 제 생각으로는 군사들에게 상만 많이 주면 성을 반드시 지켜 낼 것 같아요."

이간은 그 말에 용기를 얻어 전 성의 관리들과 백성들을 모아 놓고 이렇게 말했다.

"나는 이 현의 현령이지만 임기가 끝나면 떠나가는 사람이오. 그러나 당신들은 나와 같지가 않소. 여기서 나서 여기서 자라고 여기서 살 사람들이 아니오. 조상의 묘지와 가산들도 모두 여기 있지 않소. 그런데 성을 지키지 않으면 어떻게 되겠소. 우리 모두 힘을 합쳐 결사적으로 성을 지킵시다."

모든 사람들이 그 말을 듣고 감동하여 눈물을 흘렸다.

이간이 말을 이었다.

"무릇 스스로 나서서 돌이나 기와로 적을 때려눕히는 사람한테는 상으로 돈 천 전을 주고 칼이나 활로 적을 죽이는 사람한테는 상으로 돈 만 전을 주겠소."

그러자 용사 수백 명이 호응해 나섰다. 이간은 군사들을 거느리고 올라가 성을 지키고 그의 처는 밥을 해 날랐다.

이간은 적장에게 사람을 보내어 성안 사람들의 결심을 전했다.

"항성 사람들은 모두 결사적으로 성을 사수하기로 맹세했다. 성이 깨어지더라도 너희들한테 항복할 사람은 하나도 없다. 그런 줄 알고 헛고생하지 말고 어서 물러가라."

후에 싸움에서 이간은 그만 활에 맞아 성에서 내려오게 되었다. 그것을 본 부인이 노해 이간을 꾸짖었다.

"이런 때에 성을 내려오면 누가 성을 지킨단 말입니까? 침상에 누워 죽느니 성 위에서 싸우다가 죽는 것이 더 낫지 않습니까."

그래서 이간은 아픔을 무릅쓰고 성으로 다시 올라가서 군대를 지휘했다. 그 바람에 군대의 사기가 다시 올라가 적들은 성을 깨칠 방법이 없었다. 적들은 하는 수 없어서 군대를 거느리고 물러갔다.

안공인 晏恭人

송나라 영화 사람 안씨는 증씨 집에 시집왔는데, 남편이 죽은 다음 홀로 아이를 키우면서 재가하지 않았다.

그런데 소정 연간에 그 고장에서 도적이 일었다.

안씨는 산을 등지고 산채를 세우고 소작민들을 모아 놓고 이렇게 말했다.

"너희들은 모두 우리 증씨 집안 덕으로 생계를 이어왔지 않느냐? 지난날 주인의 은정을 봐서라도 진력하여 도적을 막기 바란다. 만일 적들이 우리 산채 안으로 쳐들어온다면 먼저 나를 죽여 다오. 나는 죽어도 놈들한테 모욕당하지는 않겠다."

그러고는 집에 있는 가산을 전부 하인들과 소작민들에게 나누어 주었다.

그러자 모두들 감심하여 있는 힘껏 용감하게 싸웠다. 안씨는 친히 북을 두드리고 시녀들은 징을 두드리고 남자들은 피 흘리며 싸워서 끝내 도적들을 물리쳤다.

도적들이 물러간 다음 집 식솔들을 데리고 안씨를 찾아오는 사람들이 상당히 많았다.

안씨는 자기 집의 양곡을 퍼내어 그들을 구제하면서 산채를 다섯 개나 늘렸다. 그리고 이 다섯 개 산채가 서로 호응하면서 싸우니, 도적들은 시종 그들을 어쩌지 못했다.

안씨의 덕으로 수만 사람의 목숨이 보존되었다.

그 말을 들은 황제는 안씨를 공인으로 봉하고 의관을 하사했다. 공인이란 사품관四品官의 부인들에게 주는 칭호이다. 그리고 안씨의 아들에게는 승신랑이라는 벼슬을 주었다.

두량竇良의 딸

당나라 때 이희렬은 변주를 공점하고는 원변주 참군 두량의 딸을 강제로 데려다가 첩으로 삼았다. 떠나갈 때 두량의 딸은 아버지에게 이렇게 말했다.

"아버님, 너무 상심하시지 마세요. 제가 이 원수를 반드시 갚을 거예요."

두량의 딸은 이희렬의 수하에 있는 진선기라는 장령이 정직하고 용감하다는 말을 듣고 이희렬에게 말해 그를 중용하게 했다. 그리고 이희렬 본처의 성도 두씨임을 알고는 그 본처와 자매처럼 지내겠다고 이희렬에게 말했다. 그러자 이희렬은 매우 좋아하면서 두량의 딸을 조금도 경계하지 않았다.

후에 이희렬이 중병에 걸리자 두량의 딸은 기회를 보아서 진선기의 처에게 이렇게 말했다.

"이희렬은 세력이 크기는 하지만 언젠가는 망하고 말 겁니다. 그러면 당신들은 어떻게 할 셈이죠?"

진선기의 처가 그 말을 남편에게 얘기했더니 진선기는 그 말뜻을 깨닫고 의생에게 뇌물을 먹여 이희렬을 독살했다. 그런데 이희렬이 죽자 그의 아들이 다른 장수들을 죽이고 왕이 되려고 아버지가 죽은 사실을 남에게 알리지 않고 비밀에 봉했다.

그런데 어떤 사람이 마침 복숭아를 바쳤다. 두량의 딸은 그 복숭아를 여러 장수들에게 나누어줌으로써 자기 집안이 편안하다는 것을 표시하자고 했다. 그리고 남 모르게 색천으로 가짜 복숭아 하나를 만들고 그 안에 밀함密函 하나를 써넣어 다른 복숭아들 속에 섞어 넣었다. 그러고는 진선기의 집에 가져가게 했다.

진선기는 그 가짜 복숭아를 잘라 보고서야 이희렬이 이미 죽은 줄 알고 군사를 거느리고 이희렬 집으로 쳐들어가서 두량의 딸을 제외한 이희렬의 집 식구 일곱을 모조리 죽였다.

그리고 그 일을 당나라 조정에 알리니, 당나라 황제는 조서를 내려 진선기를 회서 절도사로 봉했다.

왕취교王 翠翹

왕취교는 임치성의 기생이다. 본명은 마교아인데, 비파를 잘 타고 노래를 잘 불렀다. 그녀는 꾀를 써서 기생집 포모의 손아귀에서 벗어나 왕취교로 변성명하고 해변가에 와서 살림을 했다.

그런데 왜구가 쳐들어와서 그녀를 잡아갔다. 왜구의 채주寨主 서해는 그녀를 총애하여 부인으로 존대하면서 그녀의 말이라면 무조건 다 들었다. 왕취교는 겉으로는 서해를 적극 도와주는 척했지만 실은 서해의 일을 방해하면서 속으로는 그 손아귀에서 벗어나 고향으로 돌아가 편하게 살 생각을 늘 하고 있었다.

후에 조정의 독부督府에서는 화로인을 보내어 서해에게 귀순하라고 타일렀다. 그러나 서해는 도리어 화로인을 잡아서 죽이려고 했다.

그러는 것을 왕취교가 말렸다.

"귀순하기 싫으면 귀순하지 않으면 되는 거지, 관가에서 보낸 사자는 왜 죽여요? 사자가 무슨 상관이 있나요."

그리고 친히 화로인의 결박을 풀어 주고 많은 금과 폐백을 주면서 위안의 말까지 했다. 기실은 암시해 주는 것이었다.

화로인도 해변가에 집이 있었기에 왕취교를 알고 있었다. 그는 이채주의 부인이 마음이 좋은 여자 같다고 생각했다.

군영으로 돌아온 화로인은 독부한테 이렇게 말했다.

"해적들이 완고하여 일시 귀순시키기는 어려울 것 같지만 해적의 괴수가 총애하고 있는 그 왕부인이라는 여인은 딴마음을 갖고 있는 것 같습니다. 그 여자를 통해 일을 성사시킬 수 있을지 모르겠습니다."

"그럼 네가 말한 대로 한번 해보지."

독부는 이렇게 말하고 나중군을 또 보내어 계속해서 귀순을 권하는 한편 비밀리에 왕취교한테 금은 주보를 잔뜩 보냈다.

왕취교는 매일 밤, 지금 형세가 나날이 떨어지고 있으니 하루라도 빨리 관군한테 귀순하는 것이 상책이라고, 지금 귀순하면 관직도 얻을 수 있고 그러면 우리 부처 둘이 부귀영화를 누리지 않겠느냐고 서해를 꼬드겼다. 그래서 서해는 끝내 귀순하기로 결정했다.

그러나 독부에서는 비밀리에 군대를 출동하여 서해의 영채를 포위했다.

왕취교의 말만 믿고 아무런 방비를 하지 않고 있던 서해는 관군이 갑자기 쳐들어오는 바람에 싸움 한 번 제대로 해보지도 못하고 목이 달아났다. 왕취교도 생포되고 왜구들은 전부 섬멸되었다.

독부는 경축 연회를 크게 벌였다. 그들은 술을 먹으면서 왕취교에게 노래를 부르게 했다. 독부는 술에 취해 내려와서 왕취교를 끌어안으며 희롱까지 했다.

이튿날 술이 깬 독부는 간밤의 일이 몹시 후회되었다. 그러나 서해의 무리를 섬멸하는 데 큰 공을 세운 사람이 왕취교이기에 그녀를 죽일 수는 없었다. 그래서 그는 왕취교를 영순에 있는 추장의 첩으로 주기로 했다.

왕취교는 전당강을 건너면서 장탄식을 했다.

"서해가 그렇게 나를 사랑했지만 나는 나라를 위해 그 정을 끊어버렸다. 그런데 이제는 나를 또 토족의 추장한테 첩으로 보낸단 말인가. 이렇게 살아서야 무엇하겠는가."

그러고는 밤에 강물에 몸을 던져 자살했다.

손익孫翊의 처

손익이 단양 태수로 있을 때, 당시의 도독 규란, 부승部丞 재원, 그리고 친신 변홍 등은 손익에 대하여 불만이 많았다.

그러던 어느 날, 기회를 이용하여 변홍이 뒤에서 손익을 찔러 죽이고 산속으로 달아났다. 손익의 처는 무사들을 모아 변홍을 끝내 잡아 죽여 버렸다.

그런 일이 있은 다음부터는 규란이 군부에 들어와 모든 권력을 쥐고 손익의 시위들은 물론 손익의 첩들과 시녀들까지 자기가 차지했으며, 결국 손익의 처 서씨까지 차지하려고 했다.

서씨는 거절하면 죽임을 당할 것 같아서 규란을 이렇게 속였다.

"월말에 소첩이 제사를 지내고 상복을 벗은 다음에 도독을 섬기게 해주세요."

규란이 허락하자 서씨는 손익의 수하 장령들이었던 손고, 부영, 고영 등에게 몰래 사람을 보내어 자기의 처지를 알렸다. 그러자 그들 셋은 규란을 죽이고 복수하겠다고 눈물을 흘리면서 맹세했다.

월말이 되어 서씨는 제사를 지내고 목욕을 하고 옷을 갈아입었다. 그리고 내실에 들어가 휘장을 내리고 아주 기뻐하는 듯한 기색을 지으며 규란을 기다렸다. 그 광경을 몰래 엿본 규란은 아주 기뻐하면서 서씨를 조금도 의심하지 않았다. 서씨는 사전에 손고와 부영 그리고 시녀들을 내실에 매복시키고 있었다.

규란이 들어오자 서씨는 웃으며 일어서서 마주 다가갔다. 그러다가 갑자기 고함을 질렀다. 그러자 손고와 부영이 뛰쳐나오면서 규란을 잡아 결박했다. 다른 사람들은 재원을 잡았다.

서씨는 상복을 다시 입고 규란과 재원의 수급을 제단에 올려놓고 손익에게 제사를 지냈다.

신도희광 申屠希光

송나라 신도씨는 장락 여자인데, 동한 시대의 맹광을 숭배했기에 이름을 희광이라고 했다. 희광은 본디 시도 잘 지었는데, 복건의 수재인 동창한테 시집을 간 다음부터는 시를 짓지 않고 매일 집안일만 했다. 살림이 곤궁했지만 그녀는 원망 한 마디 없이 낙관적으로 살았다.

그런데 이 군에 방육일이라는 토호가 살았다. 그는 희광의 미모에 반해 희광을 앗으려고 했다. 그는 우선 동창을 모함하여 관가에 고발하고 암암리에 관원에게 뇌물을 먹여 동창의 온 가족을 사형에 처한다는 말을 돌리게 했다. 그리고 관아를 부지런히 드나들면서 동창을 위해 적극적으로 사정하러 다니는 가상을 보였다. 결국, 관아에서는 동창 하나만 죽이고 그의 처와 다른 사람들은 모두 석방시켰는데, 일이 그 정도로 된 것은 모두 방육일의 덕이라고 사람들은 오인하게 되었다.

동창이 죽은 다음 방육일은 심복을 동씨 집에 보내어 희광을 강제로 끌어오게 했다. 방육일의 음모를 완전히 알게 된 희광은 겉으로는 방육일의 말대로 하겠다고 대답하고는 먼저 아들을 남모르게 동창의 친구 집에 보냈다. 그러고는 매우 날카로운 비수 하나를 몸에 지니고는 방육일을 찾아가서, 남편의 장례를 잘 끝내 주면 정식으로 방육일과 혼사를 치르겠다고 말했다.

방육일은 기뻐서 즉시 사람을 보내어 동창의 장례를 잘 치르게 했다.

장례가 끝나자 희광은 화장을 곱게 하고 방육일과 함께 동방으로 들어갔다.

그런데 방육일이 옷을 벗고 침대 위에 올라가 신부를 끌어안는데 날카로운 칼이 그의 가슴을 푹 찔렀다. 방육일은 아무 소리도 하지 못하고 죽어 버렸다. 희광은 따라온 방육일의 심복 둘까지 연이어 칼로 찔러 죽였다. 그러고는 방육일이 간밤에 갑작스럽게 급병이 나서 죽었다고 하면서 방가 집 사람들을 하나하나 불러들였다. 그리고 하나하나 죽여 버렸다. 그래서 하룻밤 사이에 방육일 가문을 몰살시켰다.

희광은 방육일의 머리를 베어서 남편의 무덤 앞에 갖다 놓고 제를 지냈다.

그 이튿날 희광은 마을 사람들을 전부 모아 놓고 이 일을 전부 얘기하고는,

"이제 나는 남편을 따라 갑니다."
하고 목을 매어 자진했다.

이것은 송흠종 정강 2년의 일이다.

측씨네 노복의 처

양나라 말년 양주의 군무를 관장하던 추경온이 서주로 전근이 되어 군무를 맡아보게 되었다.

그러자 그 집의 노복 중에 주먹깨나 쓰는 노복 하나는 자기 처를 데리고 나귀를 타고 서주 추경온의 집으로 갔다.

그런데 소택지 하나를 지나다가 그 노복이 갑작스레 소리쳤다.

"이놈들아! 왜 한 놈도 보이지 않느냐? 녹림호걸들이 출몰하는 곳이라더니 오늘은 왜 한 놈도 보이지 않느냐? 그래 나하고 해 볼 놈이 없단 말이냐!"

그러자 도적들 대여섯 명이 수풀 속에서 뛰쳐나오더니 한 놈이 노복의 허리를 뒤에서 안고 턱을 치고는 칼로 노복의 목을 푹 찔렀다.

그런데 곁에서 그 광경을 보던 노복의 처는 이상하리만치 얼굴에 놀라는 빛이 없이 오히려 기뻐 소리쳤다.

"잘했어요. 정말 잘했네요. 여러분이 오늘 내 원수를 갚아 주었어요. 나는 본디 양가집 여인인데 이 자가 나를 빼앗아 갖고 여기로 끌어왔지요. 난 이제 살아났어요. 정말 고마워요. 아마 이걸 보고 신명이 보우한다고 하는가 봐요."

그 말을 믿은 도적들은 마음놓고 여인을 데리고 남쪽으로 갔다. 한 5, 60리를 걸어가니 호성 북쪽 고달장이라는 곳에 이르렀다. 퍽이나 큰 마을인데, 마을 밖에 무기와 갑옷들을 모아 놓은 곳이 보였다. 그 부근을 순라하며 지키는 병사들의 무기나 갑옷 같았다.

　도적들은 마을 밖에서 쉬기로 했다. 그런데 좀 있다가 여인이 일어서더니 말이 없이 마을 안으로 들어갔다. 도적들은 이 여인이 밥을 얻으러 마을 안으로 들어가는가 보다 생각하고 달리 의심하지 않았다.

　그런데 여인은 그 마을 이장을 찾아가서 도적들한테 남편이 살해당한 일을 고발했다. 그러자 이장은 은밀히 군사들에게 알려 그 도적 무리를 곧 에워싸고 붙잡았다. 그중 한 놈은 요행히 달아나고 다른 도적들은 모두 잡혀 장거리에 끌려나가 참수를 당했다.

　그 여인은 양양으로 돌아가서 여승이 되었다.

사소아 謝小娥

　사소아는 예장의 어느 상인의 딸로, 여덟 살에 어머니를 여의었다. 부친은 그녀를 역양의 단씨 집에 주기로 약속을 했는데, 두 집은 늘 같은 배를 타고 다니면서 장사를 했다.

　사소아는 열네 살이 되어 정식으로 시집갔는데, 얼마 지나지 않아서 아버지와 남편이 도적들한테 살해당했을 뿐만 아니라 두 집의 친구들까지도 도적의 해를 입었다. 사소아도 중상을 입고 강물에 빠졌는데, 마침 지나가던 상선 하나가 건져 주어 요행히도 목숨을 건졌다. 의지할 곳이 없게 된 사소아는 유리걸식을 하며 다니다가 상원현 묘과사妙果寺에 가서 여승이 되었다.

　아버지가 도적들에게 살해된 후, 소서아는 꿈을 꾸었는데, 꿈속에 나온 아버지는 이런 말을 했다.

　"나를 죽인 자는 차중원 문동초車中猿 門東草이다."

며칠이 지나서 남편이 또 꿈에 나타나 이렇게 말했다.

"나를 죽인 놈은 화중주 일일부禾中走 一日夫이다."

사소아는 그 말이 무슨 말인지 알 수 없어서 그 글을 무명천에 써 여러 사람들을 찾아다니면서 물어 보았는데, 몇 년이 지나도록 그 말을 풀이해 내는 사람을 찾지 못했다.

당헌종 원화 8년, 강서 이공좌가 벼슬을 버리고 건업으로 와서 와관사瓦官寺를 유람했다. 절의 승인 하나가 사소아의 불행을 이공좌한테 말했더니, 이공좌는 손가락을 허공에 대고 이리 긋고 저리 그으며 한동안 무슨 궁리를 골몰히 하다가 급히 동자를 시켜 사소아를 불러왔다. 그는 사소아한테 이렇게 말했다.

"여승의 아버지를 죽인 사람의 이름은 신란申蘭이고 여승의 남편을 죽인 사람의 이름은 신춘申春일 거요. 차중원車中猿의 차중車中은 차車 자의 중간이라는 말이니 차車 자의 중간은 신申 자가 아니고 무엇이오? 그리고 신申은 그 띠가 원숭이 띠지요. 그리고 초두 아래 문門 자에, 문門 자 아래 동東 자이면 그게 난초라는 난蘭 자란 말입니다. 그리고 화중주禾中走란 곡식 밭 속을 걸어간다는 말이니 밭 전田 자, 복판을 걸어가면 신申 자가 아니오? 그리고 일일부一日夫라고 했으니 부夫 자 위에 일一 자 하나를 긋고 그 밑에 날 일日을 쓰면 봄 춘春 자가 아니오? 그러니 보살의 부친과 남편을 죽인 자의 이름은 신란과 신춘이 틀림없소이다."

사소아는 그 말을 듣고 통곡하면서 이공좌한테 재삼 고두사배를 했다. 그리고 옷에 신란, 신춘 두 자의 이름을 써 기억하고는 죽어도 이 원수를 갚으리라 맹세했다.

그 후부터 그녀는 사나이로 변장하고 남의 집에서 머슴을 살았다. 1년이 지나 하루는 그녀가 순양을 갔는데, 한 집에서 머슴을 고용하는 광고 하나가 나붙었다. 그래 그 집을 찾아갔더니 뜻밖에도 주인 이름이 신란이었다. 사소아는 이가 갈렸지만 참고 그런 내색을 일절 하지 않았다.

신란 집에서 하인 노릇을 한 지 어느덧 2년이 지났다. 그 동안 사소아는 일을 잘하여 신란의 신임을 얻었고 그 집이 재물과 지출을 모두 관할하게 되었다.

신란의 아우 신춘은 강북에 따로 점포를 꾸리고 있었는데, 둘은 사이가 좋았다. 하루는 아우 신춘이 큰 잉어 한 마리와 술을 사 들고 신란을 찾아왔다. 그들 형제는 다른 도적들과 같이 밤이 깊도록 술을 마셨다. 그러다가 다른 도적들은 흩어지고 신춘은 취해서 내실에 쓰러지고 신란도 취해 뜰에 쓰러졌다.

사소아는 먼저 신춘이 쓰러져 자는 내실의 문을 밖에서 잠그고 뜰로 나가서 신란이 차고 있는 패도를 뽑아서 신란의 목을 베었다. 그리고 이웃을 불러서 내실에 있는 신춘을 잡았다.

그리고 정리해 보니 여태까지 놈들이 빼앗은 재물이 구천만 금에 달했다.

사소아는 신란과 신춘의 수하 수십 명의 이름도 일일이 기억했다가 모두 죽여 버렸다.

순양 태수는 사소아의 효성을 칭찬하여 살인죄를 면죄시켜 주었다.

후에 사소아는 삭발하고 여승이 되었다.

여모呂母

왕망이 정권을 잡았을 적에 낭아 해곡이라는 곳에 여씨라는 여인이 있었는데, 현리로 있던 아들이 작은 죄로 그만 현령한테 죽임을 당했다.

여씨는 그 포악한 현령을 죽이고 아들의 원수를 갚으려고 했다.

그녀는 부유한 본갓집 덕으로 객줏집을 꾸리고 술을 팔면서 칼과 의복들을 사들였다. 그리고 돈이 없는 젊은 사나이들에게는 늘 외상 술을 주었다. 그들의 의복이 남루하면 원인 여하를 묻지 않고 새 옷을 주었다.

몇 년 동안 그녀는 이렇게 하여 가산을 거의 다 썼다. 그녀의 도움을 늘 받아 온 사람들은 그 은덕을 어떻게 해서라도 갚을 생각을 했으나 어떻게 해야 갚을 수 있는지 알 수 없었다.

그런데 그 여인이 통곡하면서 말했다.

"무슨 큰 이득을 보겠다고 그 동안 당신들을 도와 드린 것은 아닙니다. 한 가지 바라는 것이 있다면 내 아들이 포악한 현령에게 억울하게 죽었으니 이 늙은 것을 불쌍하게 여기신다면 그 원수를 갚아 주실 수 있겠는지 모르겠습니다."

그러자 그들은 모두 그 포악한 현령에 대해 불평을 토로하면서 여씨 노파를 위해 원수를 갚아 주겠다고 맹세했다. 그러고는 몇 천 명을 모아 여씨 노파를 장군으로 내세우고 해곡 관청을 쳐들어갔다. 그들은 포악한 현령을 잡아서 그 죄상을 공포했다. 다른 관원들은 무서워서 벌벌 떨었다.

그러자 여씨 노파는 이렇게 말했다.

"포악한 현령 때문에 우리 아들은 억울한 죽음을 당했다. 살인한 자는 죽음을 당해야 마땅하겠지만 다른 사람은 상관이 없으니까 두려워할 필요가 없다."

그러고는 현령의 목을 베어 아들의 묘 앞에 놓고 제를 지냈다.

여씨 노파를 도와 현령을 죽인 사람들은 후에 모두 유분자劉盆子를 따랐는데, 유분자는 후에 후한의 광무제를 따랐다.

이기李寄

광동과 복건의 인접지에는 용령이란 산이 수십 리 이어져 있는데, 산 북쪽 조습한 곳에서 길이가 일곱 내지 여덟 장이나 되고 굵기가 한 장이나 되는 구렁이 한 마리가 늘 출몰하곤 했다. 그런데다가 미신을 믿는 당지 토인들이 여러 가지로 말을 만들어 퍼뜨리는 바람에 사람들은 더욱 공포를 느꼈다.

당지의 도위都尉는 늘 소와 양을 잡아 놓고 구렁이한테 제사를 지내면서 사람들을 많이 잡아먹지 말아 달라고 빌었다.

그런데 어떤 무당이, 꿈에 구렁이가 나타나서 열두세 살 난 처녀를 잡아먹겠다고 말했다고 했다. 그 말을 듣고 도위는 사생아나 죄인의 딸을 끌고 가 8월 제사 때 구렁이 굴 앞에 갖다 놓곤 했다. 그러면 구렁이가 밤에 나와서 그 처녀를 통째로 삼켰다. 해마다 이렇게 처녀들을 바치는데, 벌써 아홉 명이나 구렁이 밥이 되었다.

다시 구렁이한테 제사를 지내는 날이 다가왔다. 그런데 아무리 찾아다녀도 구렁이한테 바칠 처녀를 찾을 수 없었다. 그런데 장락현 이연의 여섯 딸 중에 가장 어린 딸인 이기가, 자기가 구렁이의 제물이 되겠다고 자진해 나섰다. 그러나 부모는 동의하지 않았.

그러자 이기는 이렇게 말했다.

"우리 집에는 아들은 하나도 없고 딸만 여섯이나 되는데, 부모들 공양도 제대로 하지 못하고 집안 가산만 앉아서 없애고 있으니 이렇게 살아서는 또 뭘해요. 이렇게 그냥 살 바엔 차라리 죽는 편이 더 낫지요. 몸을 판 돈이 얼마 되지는 않겠지만 그것으로 조금이라도 살림 보탬이 되면 그것도 좋은 일이 아니겠어요?"

이기가 고집하는 바람에 부모도 어쩔 수가 없었다.

이기는 날카로운 검 하나를 구해 사냥개 한 마리를 데리고 도위부로 갔다. 8월 초가 되어 구렁이 제를 지내고 나서 이기는 구렁이 굴 앞에 왔다. 그녀는 겉에 꿀을 바른, 크기가 몇 되斗씩 되는 큰 쌀떡을 구렁이 굴 앞에 놔두었다.

밤이 되자 구렁이 한 마리가 굴에서 나오는데 대가리가 집채만큼 크고 두 눈이 2자 넓이 거울 같았다. 구렁이는 구수한 떡 냄새를 맡자 떡부터 정신없이 통째로 삼키기 시작했다. 그러자 이기는 사냥개를 풀어 주었다. 사냥개가 구렁이를 덮치자 이기도 달려들어 검으로 구렁이를 내리찍었다. 구렁이는 끝내 이기한테 죽고 말았다.

이기가 구렁이 굴에 들어가 보니 처녀들의 해골 아홉 개가 그대로 있었다. 그 해골들을 모두 굴 밖으로 내오면서 그녀는 이렇게 말하면서 개탄했다.

"모두 담이 작아서 이렇게 죽었구나. 불쌍하다."

그리고 천천히 집으로 돌아왔다.

이기가 그 큰 구렁이를 잡은 소식을 듣고 월왕은 이기를 황후로 삼았으며 이기의 아버지는 장락현 현령으로 봉했다. 이기의 어머니와 자매들한테도 각각 상을 내려 주었다.

그 후부터 그 지역에서는 요귀들의 작간이 없어졌다고 한다.

홍불녀 紅拂女

수나라 때 양소가 서경을 지키고 있었는데, 이정李靖이 평민 신분으로 양소를 만나러 갔다. 그런데 양소는 의자에 앉아서 거만한 태도로 이정을 만났다. 이정은 양소에게 허리를 굽혀 공손히 인사를 한 다음 이렇게 말했다.

"천하가 바야흐로 어지러워져 영웅들이 사방에서 일어나고 있는 이때 나라의 중임을 맡은 대신이신 양공께서는 마땅히 현사들을 공경하게 대하고 호걸들을 끌어들여 심복으로 삼아야 하겠거늘 어이하여 그렇게 의자에 앉은 채로 손님을 맞이할 수가 있습니까?"

양소는 그 말을 듣고서야 비로소 태도가 변했다. 당시 양소 곁에는 시첩들이 여럿 서 있었는데, 그중에 홍불紅拂, 즉 붉은색이 나는 먼지 털개를 쥐고 있던 한 시첩이 가장 아름다웠다. 그런데 이 아름다운 시첩이 이정의 일거일동을 유심히 지켜보고 있었다.

이정이 작별 인사를 하고 나오는데, 그 여자가 층계까지 따라나와서 아역 하나를 불렀다.

"어서 가서 저 손님이 지금 어디에 머무르고 있으며 과거에서는 몇 등을 했는가를 알아 와요."

이정이 아역에게 말하는 것을 들은 그 시첩은 묵묵히 도로 집 안으로 들어갔다.

그런데 이정이 여관에 들어서 잠을 자는데, 야밤에 문 두드리는 소리가 났다. 그리고 누군가 가만히 이정의 이름을 부르는 것이었다. 그래서 이정이 문을 열고 보니 뜻밖에도 자주색 옷을 입고 머리에 사모紗帽를 쓴 한 사람이 손에 자루 하나를 들고 문 밖에 서 있었다. 이정은 누구인지 자세히 물어서야 낮에 양소 집에서 보았던, 그 홍불을 들고 있던 시첩임을 알고는 급히 집 안으로 맞아들였다.

여인은 집 안에 들어와 도포와 사모를 벗더니 이정에게 사뿐히 절을 했다.

이정은 급히 맞절을 하고는 여인이 온 사유를 물었다. 여인은 이렇게 대답했다.

"제가 양공을 모신 지 오래되어서 천하의 적지 않은 호걸들을 눈으로 보았습니다만, 지금까지 나으리 같은 분은 처음입니다. 그래서 이렇게 당돌하게 찾아왔지요."

그 말을 듣고 이정은 양소가 어떤 사람인가 물었다. 여인은 이렇게 대답했다.

"그분은 아무런 학식도 없는 분이에요. 많은 시녀들이 그분한테 실망하여 떠나가 버렸는데, 그분은 그런 걸 관계도 하지 않지요. 이건 모두 사실이에요. 정말이에요."

이정이 그녀의 성씨를 물으니 그녀는 자기 성이 장씨라고 했고 집안의 맏딸이라고 했다. 이정이 보니 그녀의 행동과 말 그리고 용모가 선녀 같았다.

이정은 홍불녀가 자기를 찾아온 것이 기쁘기도 하고 두렵기도 하여 문 밖을 여러 번 내다보았다. 그래서 인기척이 없음을 확인하고서야 비로소 홍불녀와 같이 잠자리에 들었는데, 며칠 후에 홍불녀를 찾는다는 풍문이 돌았다. 이정은 거기에 오래 있다가는 불길한 일이 생길까 해서 홍불녀와 같이 말을 타고 성을 나와서는 태원으로 향했다.

두 사람은 영우라는 고장을 지나다가 여정에 몸이 고단하여 객점에 들었다.

어느 날, 주방에서는 고기를 삶는 냄새가 구수하게 나고 방 안에서는 홍불녀가 치렁치렁 긴 머리를 빗고 있는데 객손 하나가 객점 문 앞에 나타났다.

보통 키인 그 남자는 구레나룻이 시꺼멓고 절름발이 나귀 하나를 타고 왔다. 그는 먼저 나귀한테 여물을 먹여 놓고 객점으로 들어와서 말도 없이 베개를 베고 번듯이 누워서 홍불녀가 머리 빗는 모양을 거슴츠레하게 지켜보는 것이었다.

이정이 한마디 하려는데, 홍불녀가 손사래를 하며 그러지 말라고 제지했다.

그러고는 천천히 머리를 다 빗은 다음 옷매무새를 매만지고 그 객손의 앞으로 가서 성씨를 어떻게 쓰느냐고 물었다. 그러자 그는 그냥 침대에 번듯이 누운 채로 자기 성은 장씨라고 퉁명스럽게 말했다.

"정말 장씨예요? 저도 장씨인데, 그럼 내가 누이동생이 되나."

홍불녀는 이렇게 말하고는 형제들 중에 몇째인가 물었다. 그 자는 또 퉁명스럽게 셋째라고 대답했다.

"그럼 셋째 오빠라고 부를까요?"

그제야 홍불녀는 이정을 불러다가 그 구레나룻을 셋째 오빠라고 부르면서 대면시켰다. 이정은 그 구레나룻한테 공손히 인사했다. 이렇게 되어 셋은 앉아 한담을 나누는데, 구레나룻이 이정에게 주방에서 삶는 고기가 무슨 고기인가 하고 물었다. 이정이,

"양고기인데 이제는 거진 물렀을 겁니다."

하고 대답하자 구레나룻은 배가 고파 죽겠다고 했다. 그래서 이정이 사 온 호떡을 꺼내 놓자 구레나룻은 그 양고기를 어서 가져오라고 해서는 허리춤에서 비수 하나를 꺼내어 고기를 썰었다.

그러고는 셋이 둘러앉아 술도 먹고 고기도 먹고 떡도 먹는데, 그 구레나룻은 술안주는 그래도 자기가 가지고 온 술안주가 제일이라면서 가죽 자루 속에서 사람 머리 하나와 사람의 염통과 간을 내놓았다.

그는 사람 머리는 가죽 주머니 안에다 도로 넣고 염통과 간을 칼로 썰며 이정에게 먹어 보라고 권했다. 그러면서 이렇게 말했다.

"이런 배은망덕한 놈은 천하에 없을 거야. 내가 10년을 찾아다녔지. 그래서야 비로소 이 놈의 머리를 베었단 말이야. 그런데 내 하나 물어 봄세. 임자는 아무리 봐도 백면서생인데 어떻게 저 같은 절세미인을 달고 다니지?"

이정은 속일 수가 없어서 홍불녀를 만나게 된 경과를 그대로 얘기했더니 구레나룻은 너털웃음을 웃었다.

"임자 재간만으로는 저런 절세미인을 얻을 수 없을 텐데……. 그래 앞으로는 어떻게 할 셈이지?"

"잠시 태원에 가 있다가 볼 셈입니다."

"그럼 같이 갑세. 나도 태원에 가려고 하네. 천문을 보는 술사들 말은 태원 상공에 심상치 않은 구름이 떠 있다고 하는데, 정말 그런가 내가 한번 가볼 셈이네."

그러자 이정은 자기는 이세민을 찾아가 볼 생각이라고 말했다. 그래서 둘은 태원 분양교에서 만나기로 약조하고 구레나룻은 나귀를 타고 먼저 떠났다.

이정과 구렛나룻은 약정한 날짜에 태원 분양교에서 기쁘게 만났다. 이정은 구레나룻을 상술을 잘 보는 술사라고 이세민에게 소개하여, 그들 둘이 이세민을 배견했는데, 구레나룻은 이세민의 상을 보고 진짜 천자의 상이라고 내심 아주 놀라워했다. 그는 그만 자기의 꿈이 가망없음을 알고 풀이 죽어 집으로 돌아가 버렸다.

후에 그 구레나룻은 이정과 홍불녀를 자기 집으로 불러 자기 처를 대면시키고는 주육으로 대접했다. 그리고 자기 집 재산을 모두 팔아 바꾼 돈 스무 수레를 이정에게 주면서 이세민을 도와 공을 이루고 나라를 세우라고 부탁했다. 그리고 그는 처와 함께 군복을 입고 말을 타고 하인은 하나만 데리고 어디론지 바람같이 떠나가 버렸다.

후에 이정은 이세민을 보좌하여 천하를 통일하고 위국공이 되었다.

심양沈襄의 첩

명나라 금의위 경력(經歷. 관명) 심련은 승상 엄숭을 비판하다 재산을 모두 몰수당하고 겨우 목숨만 살아남았다.

당시 총독 양순과 순안사 노해는 모두 엄숭의 친신들이었다. 엄숭은 그 둘에게 이렇게 지시했다.

"자네 둘이 그 자를 없애 버리기만 할 수 있다면 공로에 따라 후작이나 경卿을 봉해 주도록 하겠네."

이에 양순과 노해는 심련을 적당 백련교의 일원으로 몰아 참수했다.

그 공으로 양순은 아들이 금의위 천호가 되었을 뿐인데, 노해는 오품 경사卿寺로 진승이 되었다. 양순은 그것이 못마땅하게 생각되었다.

'승상은 왜 이런 차별을 하는가? 내가 심련을 잡아죽이는 데 진력하지 않았다고 그러는가?'

이런 생각을 한 양순은 승상 엄숭한테 더 잘 보이려고 다시 영을 내려 심련의 두 아들도 죽이고 심련의 손자 심양도 체포했다. 옥에 갇힌 심양의 목숨은 경각에 달려 있었다.

그런데 마침 양순과 노해 이 두 간신이 탄핵을 당해 그 둘을 잡아 단단히 치죄하라는 황제의 어명이 내렸다. 이렇게 되어서야 심양은 다행히 죽지 않고 살아남아 변강 수변守邊으로 정배를 가게 되었다.

그런데 애첩 하나가 같이 따라가겠다고 하기에 데리고 떠났는데, 중도에 엄숭이 자객을 보내어 심양을 죽이려 한다는 소식을 듣게 되었다. 겁이 난 심양은 도망을 가려고 했지만 데리고 온 첩을 떼어놓지 못해 망설였다.

그러자 첩이 말했다.

"당신은 심씨 집안에 하나밖에 남지 않은 후대인데 잘못되면 어쩌겠어요? 내 근심은 마시고 어서 도망가세요."

그래서 심양은 자기를 호송하는 아역들한테,

"성안에 있는 연씨라는 집에 받을 돈이 많은데, 가서 받아 와야 하겠다. 받아 오면 너희들한테도 물론 나누어주겠다."

하고 말했다. 아역들은 심양의 첩이 자기들 손에 있으니 심양이 달아나지는 못할 것이라고 믿고 심양의 요구를 들어주었다.

그런데 심양이 가서 돌아오지 않았다.

아역들이 그 연씨 집에 가서 물어 보니 연씨 사람들은 심양을 본 적도 없다고 했다.

아역들이 돌아와 그 일을 심양의 첩에게 말하자, 심양의 첩은 대뜸 아역 한 명의 멱살을 잡고 늘어지면서 통곡을 했다.

"아이고 내 남편이 죽었구나. 이놈들아, 내 남편을 내놓아라. 우리 부부 둘이 환난을 같이하며 한시라도 떨어진 적이 없는데 남편이 나가 들어오지 않다니, 분명 엄숭의 사촉을 받은 너희들이 내 남편을 죽인 것이다. 어서 내 남편을 내놓아라."

그러는 바람에 구경꾼들이 숱하게 모였다. 그러나 구경꾼도 말만 들어서는 누가 옳고 그른지 알 수가 없었다. 그래서 감사한테 달려가 고발했더니, 감사는 엄숭이 살해한 것이라고 의심했다. 그러나 증거가 없었다. 그는 하는 수 없이 심양의 첩은 잠시 여승의 암자에 가 있게 하고 호송 아역들을 재촉하여 기한 내로 심양을 찾아내라고 호령했다.

호송 아역들이 여러 곳을 찾아다녔지만 심양은 그림자도 보이지 않았다. 그런데 감사의 재촉은 날로 심해졌다. 호송 아역들은 그 일로 몇 번이나 채찍에 얻어맞았는지 모른다. 마침내 그들은 하는 수 없이 심양의 첩에게 매달려 애걸했다. 심양이 제 발로 도망쳤는지 모르겠다고 한마디만 감사한테 말해 주면 자기네가 살 수 있을 테니 제발 좀 그렇게 해 달라고 빌었다. 그러나 그것도 안 되자 어느 날 밤 그들은 어디론지 달아나 버리고 말았다.

후에 엄숭도 끝내 탄핵을 당했다.

그때야 심양은 조정에 자기 집안이 억울하게 누명을 뒤집어쓴 일을 상소할 수 있었다. 조정에서는 양순과 노해를 옥에 넣고 치죄하고, 심양과 그 첩은 다시 만나게 되었다.

심양은 애명이 소하小霞이다. 후에 초 땅 심진이 심양 첩의 일을 책으로 썼는데, 그 책의 이름이 『심소하첩전沈小霞妾傳』이다.

읍재邑宰의 첩

명나라 만력 연간에 정사가 어지러워지고 사무 효율이 아주 느려져 죄인들이 판결을 받지 못하고 옥에서 늙어 죽는 일이 비일비재했다.

북방에 읍재라는 사람 하나가 무슨 일에 연루되어 억울하게 옥에 갇혔는데, 아무리 기다려도 자기 무죄를 변해할 기회를 주지 않았다. 세월은 자꾸만 가고 몸은 해마다 늙어 가는데 이러다가 잘못하면 그대로 옥에서 늙어 죽을 것만 같았다. 그러면 다른 것보다도 자기 가문을 이어갈 후대 하나 없는 것이 원통했다.

그래서 그는 사람을 시켜서 집의 가산을 몽땅 팔아 감옥 곁에다가 집 하나를 사고 첩 하나를 들인 다음 전옥典獄에게 뇌물을 든든히 먹여서는 남모르게 옥문을 드나들며 첩과 동거를 했다.

그런데 읍재한테는 조카 하나가 있었는데, 이놈이 읍재의 돈을 도적질하여 도박을 하다가 순좌巡佐한테 잡혔다. 순좌가 의심스러워 그 돈이 어디서 난 돈인가 따져 묻자 이 못난 것이 돈의 출처를 그대로 모두 불었다. 그러면서 자기 숙부한테 청노새 한 마리가 있는데, 숙부가 옥에서 나오면 그 청노새를 타고 첩 집으로 간다, 믿지 못하겠으면 어디 따라가 보라고까지 했다.

순좌가 그 말대로 읍재가 탄 청노새를 따라가 보니 과연 읍재는 첩의 집으로 들어가는 것이 아니겠는가.

그러던 어느 날, 읍재가 첩의 집에 와서 밥을 먹는데 갑자기 한 무리 순좌들이 뛰어들었다. 읍재는 놀라서 젓가락을 떨구며 일어났다.

그러나 첩은 놀라는 빛이 하나도 없이 태연히 일어나며 물었다.

"무슨 일이세요? 우리 남편이 무슨 원수를 졌나요?"

순좌는 그런 일은 없다고 했다.

"피차간 원수진 일이 없다면 좋아요. 그렇다면 무슨 바라는 것이 있을 텐데 저하고 말씀하세요. 이 집의 재산은 모두 제가 관할해요. 돈이 필요하면 저를 따라오세요. 기분 좋게 해 드릴 테니까요."

순좌들은 그 첩의 예쁜 용모와 달콤한 말소리에 끌려 순좌 하나만 남겨 읍재를 지키게 하고는 모두 떠들며 첩의 내실로 들어갔다. 첩은 천정을 가리키면서,

"금 덩어리는 모두 저 위에 있어요."

하고 말하고는 사다리를 올라갔다.
 순좌들은 사다리 아래에서 읍재의 첩을 올려다보면서 희롱하며 왁자지껄 떠들었다. 그러나 읍재의 처는 성 한 번 내지 않고 방실방실 웃는 얼굴로 함 하나를 내려놓았다. 함 안에는 금이 가득했다.
 "이것뿐인지 아세요? 또 있어요, 이것 보세요."
 첩은 또 큰 상자 하나를 내려놓았다. 그 안에도 금이 가득했다.
 순좌들은 환성을 지르며 달려들어 그 금들을 다투어 가졌다. 안에서 금들을 가지느라고 왁자지껄하는 소리가 들려오자 읍재를 지키던 순좌는 가만히 있을 수가 없었다. 그러고 있다가는 자기만 밑질 것 같았다. 그래서 그도 내실로 들어갔다. 그 사이를 틈타 읍재는 얼른 달아났다.
 순좌들이 금들을 나누어 가지고 기분이 좋아서 외실로 나오다 보니 읍재가 보이지 않았다. 잘못하면 큰일이 나 주머니에 들어간 금을 다시 내놓을지 모르겠다고 생각한 그들은 부랴부랴 그 집을 떠나가려고 했다.
 그런데 그때, 읍재의 첩이 그중 몸이 약한 한 순좌의 멱살을 갑자기 잡고 늘어지면서 고함을 질렀다.
 "강도 잡아요! 강도들이 금을 앗아가요! 강도 잡아요!"
 그러자 다른 순좌들이 달려들어, 어서 놓지 못하겠느냐고 그녀를 때렸다. 그녀는 맞아서 이가 부러지고 피투성이 되었으나 손을 놓지 않고 목청을 다해 고함을 질렀다. 그래서 놀란 이웃들이 뛰어왔다.
 그 바람에 순좌들이 도망치는데, 이웃들은 그중 순좌 하나를 끝내 붙잡았다. 그들은 읍재의 첩이 잡은 순좌까지 끌고 순성어사巡城御使한테로 갔다.
 읍재의 첩이 순좌들의 탐욕과 음심을 고발하면서 빼앗긴 금이 얼마라고 하니 순좌 둘은 속일 수가 없어서 자기 동료들의 이름을 모두 댔다. 그래서 어사가 급히 그자들을 전부 잡아들이니 다행히 금들이 아직 그자들의 몸에 전부 남아 있었다.

순좌들은 죄인을 잡으러 갔던 것이라고 변명했다. 그런데 어사가 사람을 옥에 보내 알아보았더니 읍재는 옥에 그대로 앉아 있었다. 그러자 순좌는 할 말이 없게 되었다. 그들은 이구동성 모두 읍재의 조카가 나쁜 놈이라고 하면서 모든 죄를 읍재의 조카에게 미루어 버렸다.

어사는 읍재의 조카를 잡아다가 옥에 처넣었는데, 옥졸들의 매에 못 이겨 그만 죽고 말았다.

읍재의 첩은 금을 도로 다 찾았으나 그 일로 중병에 걸려 며칠 지나지 못해 숨을 거두었다.

최간崔簡의 처

후위 시기, 당등왕唐藤王은 음욕이 대단하여 수하 관원들의 처 중에 조금만 자색이 있어도 왕비가 부른다고 왕부에 불러들여 간음하곤 했다.

당시 전첨典簽 최간의 처 정씨는 금방 경성에 들어왔는데, 당등왕이 사람을 보내어 정씨를 불렀다. 최간은 정씨를 들여보내지 않으려고 했지만 당등왕의 위세가 두려워서 하는 수 없이 대답은 했다. 그러나 처가 들어가서 당등왕한테 능욕을 당할 일을 생각하니 가슴이 찢어지는 듯했다.

그런데 정씨는,
"너무 근심하지 마세요. 저한테 방법이 있어요."

하고 남편을 위안했다.

왕부의 사람은 정씨를 한 누각으로 데리고 갔는데, 당등왕이 벌써 와서 기다리고 있었다. 당등왕은 정씨를 보자마자 달려들어 끌어안으려고 했다.

정씨는 새된 소리를 지르면서,

"왕이 이런 행실을 할 수 있느냐? 너는 필시 왕부의 종놈이렷다."

하고 욕을 했다. 그러면서 신을 벗어 왕의 이마를 때리고 손으로 왕의 낯을 마구 후벼 피투성이로 만들어 놓았다.

그 소리에 놀라 무슨 영문인가 하고 왕비가 누각으로 달려왔다.

그래서 정씨는 무사하게 집으로 돌아왔다.

당등왕은 남 보기가 부끄러워서 열 며칠이나 사무를 보러 나오지 않았다. 최간은 매일 왕부 문 앞에 나가 서 있었다.

며칠이 지나서야 당등왕이 최간을 불렀다. 최간이 당등왕한테 사죄하자 당등왕은 더욱 참괴하여 다른 관원의 처들도 놓아주었다.

당등왕한테 불려 간 다른 관원들의 처들은 모두 부끄러워 사람들을 대하지도 못했다.

낲자

송나라 소흥 연간에 동경왕 우신감이 도니사濤泥寺에서 연회를 차리고 손님들을 대접했는데, 밤이 깊어 연회가 결속될 때 주인은 이미 인사불성이 되었다.

그런데 얼마 안 되어 도적들이 왕부에 기어들었다. 그들이 왕부의 수위들과 시녀들을 묶어 놓는데, 한 시녀가 소리를 질렀다.

"나는 창고 열쇠를 가지고 있지 않아요. 열쇠는 남자가 가지고 있어요."

그러자 남자라는 시녀가 즉시,

"열쇠는 내가 가지고 있으니 주인님은 깨우지 마세요."

하고 말하고는 열쇠를 도적에게 넘겨주었다. 그러고는 탁상에서 촛불을 가져다가 길까지 비추어 주었다. 도적들은 창고를 열고 그 안에 있는 금은보화와 기명, 그리고 좋은 술들을 모두 가지고 가 버렸다.

주인은 그 이튿날 깨어나서야 간밤에 자기네 집에 도적이 들었다는 것을 알고는 관가에 보고했다. 그런데 남자가 남모르게 동경왕한테 말했다.

"도적들은 모두 흰옷을 입었는데, 간밤에 제가 촛불을 들고 길을 비추어 주는 척하면서 그자들의 옷에 촛농을 떨구어 놓았어요. 흰옷에 그런 표적이 있는 자들을 잡아들이면 됩니다."

그래서 그 도적들을 모두 잡았다고 한다.

이 일은 『현혁편賢奕編』이라는 책에 기록되어 있다.

신복

어떤 집에서 신부를 맞아들였다.

그런데 그날 밤에 도적이 그 집의 바람벽을 뚫고 들어가려다가 그만 그 집의 기둥 밑을 잘못 파서 기둥이 넘어지면서 도적의 머리에 부딪쳤다. 그 바람에 도적은 그 자리에서 즉사했다.

신혼 부부가 기둥 넘어가는 소리에 놀라 깨어나서 촛불을 켜 들고 다가가 보니 이웃집 사내가 그렇게 되었는지라 신랑은 이 일이 어찌 된 일인가 겁이 나서 벌벌 떨기만 했다.

그러자 신부는 "두려워할 것도 많네요" 하면서 신랑더러 빈 상자 하나를 가져오라고 해서는 이웃 사람 시체를 그 상자 안에 넣어서 이웃집 문 앞으로 가져갔다. 그러고는 가만히 문을 두드리고는 얼른 피해 집으로 돌아왔다.

이웃집 도적의 아내가 나와 대문을 열어 보니 상자 하나가 있기에 그는 자기 남편이 도적질한 물건을 가져다 놓고 또 어디 다른 곳으로 갔는가 보다 해서 기뻐하며 그 상자를 집 안으로 들여놓았다.

그런데 며칠이 지나도 남편이 돌아오지 않자 그 아내는 이상한 생각이 들어 그 상자를 열어 보았다. 그제야 상자 안에 들어 있는 것이 값진 물건이나 돈이 아니라 자기 남편인 것을 알았지만, 도대체 누가 죽였는지 알 수가 없었다. 그렇다고 자기네가 한 일이 있는지라 관가에 고발도 하지 못했다. 도적의 아내는 울기만 하면서 남편을 남모르게 파묻고 타향으로 이사를 갔다.

요양의 여인들

요양 동산의 어느 민가에 도적이 쳐들어왔다. 그런데 집에는 사내들이 없고 여인들만 서넛이 있었다.

뜰까지 들어온 도적들은 집안의 상황을 알 수 없어서 마당에서 머뭇거리다가 집 안에 대고 활을 쏘았다. 그러자 집 안에 있는 여인들은 그 화살을 주워서, 둘은 노끈을 팽팽히 쥐고 하나는 화살을 거기에 먹여 활시위 당기듯 해서는 밖으로 내쏘았다.

이렇게 몇 번 내쏘니 화살이 떨어졌다. 그래도 도적들은 물러가기를 않았다. 집 안에 있는 여인들은 꾀 하나가 문득 생각나서 큰 소리로,

"어서 화살을 가져오지 못하고 뭣하느냐, 어서!"

하고 소리를 지르고, 하나는 겨릅대를 한 단 가져다가 소리나게 땅바닥에 탁 내려놓았다. 그 소리는 화살단을 내려놓는 소리와 같았다.

도적들은 그 소리에 놀라며,

"아직도 화살이 많구나. 그럼 쳐들어가기 어렵겠는데."

하고 머리를 가로 흔들더니 물러가 버렸다.

이성량李成梁의 부인

전하는 말에 의하면, 원수 이성량의 부인은 원래 요양 민가의 처녀였다고 한다.

여기에는 이런 이야기가 있다.

그때 요양의 백성들은 도적이 늘 쳐들어와 노략질해 가기에 우물을 깊이 파고 재산을 그 우물에 감추어 놓았다.

그런데 어느 한 집에서는, 다른 식솔들은 모두 도적을 피해 다른 데로 가고 딸애 하나만 우물 안에 남겨 두어 거기 있는 재산을 지키게 했다.

어느 날, 도적 둘이 그 집에 뛰어들었다. 그 집 재산을 찾는 중에 그들은 우물 안에 사람이 있는 것을 발견했다. 그래서 도적 하나가 밧줄을 타고 우물 속으로 내려왔는데, 처녀 하나가 우물 안에 있는 것을 보고는 기뻐서 위에 있는 도적에게, 어서 처녀를 끌어올리라고 소리쳤다. 그러고는 우물 안에 있는 재물을 정리했다.

우물 위로 올라온 처녀는 도적이 우물 안을 들여다볼 때 그 도적의 등을 있는 힘껏 탁 밀었다. 그 바람에 그 도적도 우물 안으로 떨어졌다. 처녀는 얼른 밧줄을 끌어올리고 우물 입구를 뚜껑으로 든든히 막은 다음 도적이 대문 밖에 매어 놓은 말을 타고는 달아났다.

며칠 뒤에 도적떼가 물러가자 처녀의 부모가 집으로 돌아왔다. 처녀가 그간의 일을 부모한테 말해 부모가 우물 뚜껑을 열어 보니 두 도적은 이미 숨이 끊어져 있었다. 그들은 두 도적의 목을 베어 관가에 가져다 바쳤다.

당시 군대에 있던 이원수는 그 처녀의 얘기를 듣고는 감탄하면서 그 처녀를 아내로 맞아들였다.

후에 이원수의 부인은 나라의 일품부인이 되었다고 한다.

서언

　부정의 지혜란 교사狡詐하거나 비속한 지혜를 말한다.
　정당한 지혜는 본래 비속한 지혜가 아니지만, 왕왕 교사하거나 비속한 지혜에 속고 지는 때가 있다. 그러므로 정당한 지혜로써 부정의 지혜를 이기려면 교사하거나 비속한 지혜를 잘 알 필요가 있다.
　그리고 교사하거나 비속한 지혜도 그것을 옳게 잘 사용하면 정당한 지혜의 일부분으로 변하게 할 수도 있다. 태산의 높이는 한 줌의 모래도 버리지 않아서 이루어진 것이고, 장강의 거센 흐름도 작은 시냇물들이 모여 이루어진 것이다. 그러기에 계명구도雞鳴狗盜의 잔재간만 있어도 맹상군의 상빈이 될 수 있어, 맹상군을 진나라 손에서 구해 낼 수가 있었다. 그러기에 교사하거나 비속한 지혜라도 그것을 바르게 이용하면 태산 강하와 같은 지혜로도 만들 수 있다.
　이런 의미에서 나는 이 부정의 지혜를 이 책의 결미로 삼는 바이다.

10부
부정의 지혜

제27절 간교한 지혜

영웅도 사람들을 속일 수 있고 도적들한테도 의리가 있는 법이다. 사람들의 지혜도 날로 깊어지지만 간교함도 날로 노련해진다. 간교한 사람은 작게는 남을 속여 재물을 가지지만 크게는 나라도 도적질할 수 있다. 그러기에 그런 사람을 이기지 못하겠다면 그런 자를 멀리 피하는 것이 상책이리라.

여불위 呂不韋

진나라 태자의 희비 화양부인은 아들이 없었는데, 태자의 다른 희비인 하희가 낳은 아들의 이름은 이인이었다. 이인은 조나라에 인질로 와 있었는데, 진나라가 연이어 조나라를 치곤 하는 바람에 이인은 조나라에서 천시를 받아 처지가 몹시 어려웠다.

그런데 이때 양적陽翟의 대상인인 여불위가 한단에 왔다. 이인의 그런 사정을 안 여불위는 이인을 이용하면 앞으로 굉장한 돈을 벌 수 있다며 좋아했다.

그는 이인을 찾아가서 이렇게 말했다.

"공자는 스물이나 넘는 형제들 중에 겨우 중간밖에 아니 갑니다. 그러니 지금 태자께서 왕으로 즉위하셔도 공자는 태자 자리를 이어 받을 수가 없지 않습니까? 그렇다고 방법이 전혀 없는 건 아니지요. 태자께서 지금 가장 총애하시는 화양부인께서는 아들이 없지 않습니까? 소인이 비록 크게 부유하지는 못하지만 황금 천 근을 내서 진나라로 들어가 화양부인을 설복하여 공자님을 적사(嫡嗣. 대를 이을 후임자)로 만들겠습니다. 어떻습니까?"

"글쎄, 그렇게만 되면 얼마나 좋겠소. 그러면 진나라를 우리 둘이 반분하여 함께 부귀영화를 누릴 게 아니오."

이인은 물론 좋아했다.

여불위는 선물을 잔뜩 가지고 진나라로 들어가서 먼저 화양부인의 언니를 만났다. 그는 이인이 얼마나 현명하고, 그를 찾아오는 빈객들도 얼마나 많은지 모르며, 태자님과 화양부인을 얼마나 그리는지 밤이면 늘 울기까지 한다고 이인을 잔뜩 추켜세우면서 가지고 온 선물들을 화양부인에게 전해 달라고 했다.

그런 후 여불위는 화양부인 언니의 소개로 화양부인을 만나서 또 이렇게 이야기했다.

"부인님은 태자님의 총애를 한 몸에 독차지하고 있지만, 문제는 뒤를 이을 아들이 없지 않습니까. 그런데 이인은 또 그 많은 형제들 중에 겨우 중간밖에 안 되기에 자기 앞날을 몹시 걱정하고 있습니다. 그러니 이때 이인을 부인님의 적자로 삼으시면 부인은 없던 아들이 있게 되고 이인은 앞으로 없던 나라를 가지게 될 게 아닙니까. 그러면 부인님은 종신 진왕의 총애를 독차지할 수 있게 될 겁니다."

부인이 듣고 보니 좋은 일이라 적당한 기회에 태자한테 말해 이인을 자기 적자로 확정하고는 여불위에게 명해 많은 보물을 이인에게 갖다 주게 했다.

그 후 한단이 포위되자 조나라 사람들이 이인을 죽이려고 해서 이인은 진나라로 도망쳤다. 그런데 그는 화양부인을 배견할 때 일부러 초나라 복색을 하고 들어갔다. 그것을 본 화양부인은,

"내가 초나라 사람인 줄을 어떻게 알고 초나라 복색을 했느냐? 효자로다."

하고 좋아하면서 이인의 이름을 자초로 고쳐 주었다.

이인이 조나라 한단에 있을 때의 일이다. 여불위는 예쁜 여인들을 여럿 데리고 살았는데 그중 가장 예쁜 여인의 배에 태기가 있었다.

그런데 어느 날 여불위 집에 와 술을 먹던 이인이 그 여인을 보고는 첫눈에 반해 자기한테 넘겨 달라고 사정했다. 여불위는 처음에는 성을 내는 척했으나 후에는 못 이기는 척하고 그 여자를 이인에게 주었다.

1년이 지나 그 여인이 아들 하나를 낳았는데, 이름을 정政이라고 했다.

이인이 즉위하여 그 애를 태자로 삼았으니 그 애가 커서 후에 진시황이 되었다.

진서산 평어

진나라는 효공 때부터 소왕昭王에 이르기까지 그 세력을 매일같이 확장했는데, 마침내 다른 다섯 나라들이 백만 병력을 모아 진나라 세력을 막으려고 했지만 막지 못했다. 그러나 여불위는 오로지 여인 하나를 갖고 아주 수월하게 진나라를 모두 차지했으니 여불위야말로 대상인이자 세상에 없는 큰 도적이다.

진걸陳乞

춘추 시기, 제나라 진걸은 공자 양생을 제나라 임금으로 올려놓으려고 했는데 고장高張과 국하가 반대하는 것이 두려웠다.

그래서 그는 고장, 국하와 동당인 것처럼 가장하고 매일 조회로 나갈 때면 그들 둘과 같이 한 수레를 타고 가면서 다른 대부들을 비난했다.

"그것들은 모두 오만 무례한 것들이지요. 앞으로 두 분의 말을 그들이 들을 줄 압니까. 글쎄, 그들이 뭐라고 말하는지 아세요? 두 분이 임금님 총신을 얻으면 자기네들을 억압할 것이니 아예 일찍 없애자고 한단 말이에요. 그런데 두 분께서 미리 방비가 없어서야 되겠어요? 제일 좋은 방비가 뭡니까? 그들을 죽여 버리는 것이지요. 서둘러야지 지체했다가는 낭패를 봅니다."

조회를 보러 궁으로 들어갈 때도,

"저 이리 같은 것들이 제가 두 분의 곁에 서 있는 걸 보면 저를 당장 죽이지 못해 이를 갈 것이 분명합니다. 그러니 저는 제 자리로 가겠습니다."
하고는 그들과 헤어지곤 했다.

그런가 하면 고장과 국하가 보이지 않는 데서는 여러 대부들에게 이렇게 고장과 국하를 비난했다.

"고장과 국하는 임금의 총신을 믿고 여러분을 해치려고 하고 있어요. 그들이 뭐라고 말하고 있는지 아세요? 글쎄, 이런 말을 다 한답니다. 우리 제나라가 재난이 이렇게 많은 것은 모두 대부들 탓이다. 그들을 없애야 임금님이 무사할 수 있다. 이렇게 말한답니다. 지금 그들은 준비를 다 해 놓고 있는데, 왜 선손을 써서 그 둘을 죽일 생각을 하지 않습니까? 그러다가 불이 발등에 떨어진 다음에는 후회해도 만무 소용입니다."

대부들은 모두 진걸의 말을 믿고 분개했다.

그해 6월에 진걸은 대부들을 연합하여 군대를 거느리고 제나라 궁전으로 진군했다.

그 소식을 미리 안 고장이 국하와 같이 제유공을 만나 보고 군대로써 진걸을 막았는데, 결국 고장과 국하가 패하고 말았다. 고장과 국하는 노나라로 달아났다.

그때 제경공은 작은 아들 도茶를 총애했다. 제경공이 도를 태자로 올려 세우자고 진걸과 상론하니 진걸은 선뜻,

"임금님 생각이 그러시다면 신은 오로지 복종할 뿐입니다. 도를 태자로 올려놓도록 하겠습니다."
하고 대답했다.

그리고 궁을 나오는데, 양생이 진걸의 옷자락을 붙들었다.

"나를 태자로 세우려던 일을 그만두었다면서요?"

그러자 진걸은 주위를 돌아보고 은밀히 이렇게 말했다.

"만승지국의 임금이 장자를 폐하고 막내아들을 세우겠다는데 내가 어찌하겠습니까. 그런데도 부득부득 장자를 세자로 내세우겠다면 임금은 장자를 죽이기 마련입니다. 그래서 저는 공자를 살리기 위해 공자를 세자로 올려놓아야 한다는 말을 입밖에 내지 않았습니다. 하여튼 지금 이대로 여기 있다가는 언제 목숨을 잃을지 모를 일이니, 당분간은 제나라를 떠나 어디 다른 데로 피해 가 계시는 것이 좋겠습니다."

그 후 제경공이 죽자 도를 임금으로 올려놓았는데, 진걸은 사람을 보내어 양생을 자기 집으로 데려왔다.

제경공의 장례가 다 끝난 어느 날, 여러 대부들이 모두 조회에 나왔을 때 진걸은 이렇게 말했다.

"저희 집에 어머니 제단을 세웠는데, 여러분이 같이 가서 제를 지내 주었으면 고맙겠습니다."

그래서 대부들이 진걸의 집으로 가는데, 길 중간에서 힘 좋은 장사가 진걸의 명을 받고 굉장히 큰 나무상자 하나를 한 손으로 번쩍 추켜드는 것이었다. 여러 대부들이 그 신력을 보고 놀라 눈들이 휘둥그레지는데, 진걸의 집 대문이 열리더니 또 난데없이 공자 양생이 나타나지 않겠는가?

그런데 이때 진걸이 외쳤다.

"이분이 제나라 임금이다!"

어쩔 수 없는 상황에서 대부들은 부득불 공자 양생을 임금으로 모시고 부복하여 만세를 불렀다.

진걸은 즉시 군대를 몰고 가서 도를 죽였다.

대부들과 널리 교제하는 진걸의 행위를 보면, 진걸은 자기가 왕이 되려는 야심을 가지고 있었다. 그러나 고장과 국하가 있기에 감히 그 야심을 드러내지 못했다. 그러나 국하와 고장을 없앤 다음에야 진걸은 장애물이 없어졌으므로 자기 마음대로 할 수 있었다. 그러기에 도를 시살하고 양생을 올려놓은 것은 기실 진걸이 왕이 되려는 야심을 실현하는 첫걸음에 불과하다. 도를 죽였는데 양생을 죽이지 못하겠는가?

중국 역사상 남북조 시기에 이렇게 임금을 죽이고 올려놓고 하는 일들이 수없이 나타났는데, 그런 일의 선조는 진걸이라고 할 수 있겠다.

서온徐溫

장호와 서온이 병변을 일으켜 정도사 양옥을 살해할 음모를 꾸미는데, 서온이 먼저,

"우리가 동시에 좌우 아군牙軍을 모두 출동시킨다면 지휘를 통일하기 어려울 테니 내가 지휘하는 우아군부터 출동시키는 것이 어떻소?"

하고 묻자 장호는 동의하지 않았다. 서온은 그러면 일이 생각대로 된다고 생각하고,

"정 그러면 공의 좌아군을 먼저 출동시키시오."

하고 장호에게 내맡겼다.

장호가 좌아군을 거느리고 병변을 일으켰는데, 결국은 실패하고 말았다. 그러니 붙잡힌 것은 모두 좌아군이었다.

서온의 우아군은 움직이지 않았기에 사람들은 서온이 그 음모에 가담했던 것을 줄곧 모르고 있었다.

순백옥 荀伯玉

　어떤 사람이 소도성蕭道成의 용모가 천자의 용모라고 말해서 남조의 송나라 황제는 기분이 좋지 않았다. 그래서 소도성을 황문시랑으로 옮겨 놓았다. 임금의 칙명이라 소도성은 마음이 내키지는 않았지만 어쩔 수가 없었다. 그런데 순백옥이 그에게 방법을 대주었다.
　"남모르게 기병 얼마를 파해 위나라 변경을 소란스럽게 하시오. 그러면 일이 뜻대로 될 겁니다."
　소도성이 그 말대로 했더니 위나라에서는 과연 기병들을 변경에 대거 집중시키고 방비를 강화했다.
　송나라 황제는 소도성이 원래 직을 뜨자마자 변강이 불안해진다는 말을 듣고는, 얼른 전근령을 취소하고 소도성을 원래 직에 그대로 놔두었다.
　소도성은 후에 남조 제나라의 황제 고제高帝가 되었다.

고환

　북위의 고환이 군사를 일으켜 이주조를 반란할 계획을 세웠다.
　그는 먼저 민심을 얻기 위해 이주조가 육진六鎭 사람들을 계호契胡의 부속으로 정배 보낸다는 내용의 공문을 위조하여 밑에다 돌렸다. 공포와 불만 속에 아래에서는 이주조를 죽일 놈이라고 욕했다.
　그런 다음 고환은 병주幷州의 병부를 위조하여 보락계를 토벌한다고 군사 만 명을 징발했다. 그런데 출발 직전에 손등과 도독 위경춘이 나와서 병사들을 닷새만 더 머물러 있게 해 달라고 사정했다. 그래서 두 번이나 그렇게 출발을 연장했다. 물론 이것은 사전에 고환과 짜고 한 연극이었다. 결국 고환은, 자기도 군사들을 그런 데로 내

보내기 싫지만 군령이 그러니 할 수 없다고 하면서, 눈물을 흘리면서 친히 교외까지 나와 군대를 전송했다. 그러자 군대도 눈물을 흘리는데, 그 곡소리가 온 들판에 진동했다.

그러자 고환은 이것이 기회라고 판단하고 군사들에게 이렇게 말했다.

"우리는 모두 고향을 떠나 타관 객지에 와 있는 사람들이오. 우리들의 정은 형제와 같소. 그런데 이주조 같은 자는 우리들의 마음을 하나도 알아주지 않고 여전히 우리를 싸움판에 내몰고 있단 말이오. 지금 우리는 그들이 시키는 대로 서쪽으로 가도 전쟁판에서 살아오지 못하고 여기 있어도 기한을 어겼기에 국법에 의해 죽음을 당할 거요. 만에 하나 죽지 않는다고 해도 호인의 부속으로 정배를 가게 될 것이니 그럴 바에는 살아서 무엇하겠소. 여러분들, 어떻게 하겠소? 그냥 이러고만 있겠소?"

"싸웁시다. 이주조와 싸웁시다. 싸우는 길밖에 다른 길은 없습니다."

군사들이 분개해서 이구동성으로 외쳤다.

"그러면 이 긴급한 상황에서 여러분은 수령 한 분을 추천하시오."

고환이 이렇게 말하니 모두 고환을 자기들 수령으로 올려놓았다.

그러자 고환은 군사들에게 말했다.

"우리는 모두 한 고향 사람들이지만 군율이 없어서는 안 된다고 생각하오. 발갈영이 백만 군대를 가지고서도 왜 망했소? 군율이 없었기 때문이 아니오? 여러분이 나를 수령으로 추대한 이상 내가 반포한 군령을 반드시 따라야 하오. 그렇지 않으면 나는 여러분의 수령이 될 생각이 없소."

그러자 군사들은 모두 고개를 숙이며 군령에 복종하겠다고 다짐

했다.
 고환은 소를 잡아 병사들을 호궤하고 나서 군사를 거느리고 업주를 쳐들어갔다.

반승 潘崇

 춘추 시기, 초나라 성왕이 상신을 태자로 세우려다가 후에는 마음이 변해 공자 직을 태자로 세우려고 한다는 소문이 돌았다.
 그런데 그 소식이 확실한지 어떤지 알 수 없어 상신이 자기 스승인 반승에게 그 말을 했더니 반승은 이렇게 알려주었다.
 "공자의 고모 강북을 집에 청해 대접하십시오. 그리고 일부러 건방지게 행동하십시오. 그러면 알 도리가 있을 겁니다."
 그래서 상신이 스승 반승의 말대로 했더니 고모 강북이 성을 내면서 상신을 욕했다.
 "이 버르장머리 없는 건방진 놈아. 그러니 오빠가 너를 폐하고 직을 태자로 세우려고 하지."
 그제서야 그 소문이 결코 뜬소문이 아님을 상신은 확인하게 되었다.

조조 曹操

 조조는 군영에 식량이 거의 떨어지자 군수관을 은밀히 불러 이를 어떻게 해결하면 좋겠는가를 물었다.
 그러자 군수관은,
 "쌀되를 작게 만들어서 쌀을 내주면 군사들은 식량 배급이 여전한

가 하고 동요하지 않을 겁니다."
하고 대답했다.

그래서 조조는 그렇게 하라고 허락했는데, 며칠이 지나지 않아서 조조가 군대의 식량 배급을 속인다는 말이 군대 내에 돌았다. 그러자 조조는 군수관을 불러서,

"내가 임자 물건을 하나 빌려야 하겠네. 그래야 군심을 수습할 것 같네."

하고 말하고는 군수관의 머리를 베어서 군대 내에 돌리며, 군수관이 쌀되를 작게 만들어 군량을 탐오했기에 죽였다고 했다.

이렇게 조조는 군사들의 불만을 해소시켰다.

조조는 언제나 다른 사람들에게 이렇게 말했다.

"내가 잘 때는 절대 내 곁에 오지 말라. 나는 꿈결에 나도 모르게 곁에 오는 사람을 찔러 죽이는 습관이 있다."

그러면서 하루는 잠을 자는 척하다가 다가와 이불을 덮어 주는 한 친신을 검으로 찔러 죽였다. 그러고는 다시 자는 척하다가 일어나서

조조(曹操 155-220) 자는 맹덕孟德, 패국沛國 초 땅 사람으로, 20세에 효렴이 되었다. 황건의 난을 진압하는 과정에 세력이 커져 원소와 원술 등 북방의 할거 세력들을 없애고 북방을 통일하여 위나라를 세웠다. 수십만 대군으로 남하하여 남방을 통일하려고 했으나 적벽 싸움에서 촉오蜀吳 연합군에게 격패당하여 끝내 소원을 이루지 못했다. 소설 『삼국지』에서는 간신으로 묘사되고 있지만 중국 역사상에서는 삼국 시기 걸출한 정치가와 군사가로 인정받고 있다.

는,

"아니, 누가 내 시종을 찔러 죽였단 말인가?"

하고 놀라는 척했다.

그 다음부터 조조가 잠을 자면 누구 하나 곁에서 얼씬거리지 못했다.

조조는 남이 자기를 모해할까 봐 늘 이런 말을 했다.

"누가 나를 해치려고 하면 나는 예감이 있어서 가슴이 떨리곤 한다."

그는 그 말을 남에게 증명하기 위해 친신 하나를 불러서 이렇게 말했다.

"조금 있다가 네가 나를 칼로 찌르러 오는 척해라. 그러면 나는 그럴 줄 이미 알았다고 하면서 너를 잡게 하겠다. 내가 시켰다는 말만 내지 않으면 누구도 너를 죽이지 못하게 할 뿐만 아니라 남모르게 너한테 상을 후하게 주겠다."

친신은 그 말을 정말로 믿고 아무런 우려도 없이 조조 방에 칼을 들고 들어갔다가 조조가 자객 잡으라는 소리에 그만 잡혀 그 즉시 목이 떨어지고 말았다. 그런 일이 있은 다음부터 조조의 수하들은 조조의 예감이 보통이 아니라고 생각했으며, 조조를 죽이려는 사람들도 감히 어쩌지 못했다.

전영田瓔, 육근劉瑾

전국 시기, 전영이 제나라 승상이 되자 누군가 제왕齊王에게 이렇게 말했다.

"대왕께서는 며칠 시간을 내어서 한 해 동안 나라의 각종 재정 세수들에 관한 보고를 관리들한테서 들어야 합니다. 그래야 어떤 관리가 충신이고 어떤 관리가 간신인지 알 수 있습니다."

제왕은 그 말이 일리가 있다고 여겼다.

전영도 그 말을 듣고서는 즉시 제왕한테 그런 보고를 들어야 한다고 말했다. 제왕이 그렇게 하자고 대답하자, 전영은 대소 관원들을 모두 궁에 집합시켜 각종 지출을 자세하게 작성한 뒤 순서대로 들어가서 왕한테 보고하게 했다. 그러자 제왕은 그 보고를 듣고 있는 것이 점점 싫증났다. 그런데 보고는 점심을 먹은 뒤에도 계속되었을 뿐만 아니라 저녁을 먹을 때까지도 끝나지 않았다. 밤에도 보고는 계속되었다.

전영은 제왕에게 말했다.

"이건 각 관원들이 1년 내내 성실하게 일해 온 장부들입니다. 대왕께서 피곤을 무릅쓰고 온종일 들으시니 관원들이 얼마나 좋아하는지 모릅니다. 대왕님의 그런 정신에 관원들의 사기가 높아지고 있습니다."

그런데 제왕은 얼마 지나지 않아서 쿨쿨 잠들어 버렸다.

제왕은 그런 권태로운 보고를 몇 번 듣고는 그 다음부터는 듣기조차 싫어서 조정의 대소사를 전부 전영한테 맡겨 처리하게 했다.

명나라 환관 유근은 나라 정사를 자기 손에 넣기 위해 이런 수단을 썼다.

그는 먼저 잡기예인, 즉 광대들을 궁에 불러 황제 무종 앞에서 광대놀이를 하게 했다. 그러고는 무종이 광대 구경에 정신이 팔렸을 때 각 관원들이 상주서를 올려 결재하게 했다.

그러자 무종은 시끄러워서 버럭 성을 냈다.

"정말 성가시구나. 그런 사소한 일들을 가지고 와서 시끄럽게 굴다니, 어서 그자들을 쫓아내지 못하겠느냐."

이런 일을 몇 번 반복한 다음 조정의 대소사는 모두 무종한테 품하지 않고 유근이 맡아 처리하게 되었다.

조고趙高, 이임보李林甫

진이세는 조고의 건의에 따라 조정의 모든 일을 조고한테 맡기고 대신들을 만나지도 않았다.

이 일을 승상 이사가 좋지 않게 생각한다는 말을 듣고, 조고는 이사한테 문병을 가서 이렇게 말했다.

"관동 지방에 도적이 창궐하고 있는데, 황상은 민부들을 동원하여 아방궁을 짓고 있으니 걱정입니다. 제가 간하려고 해도 관직이 비천한 데다가 이런 일을 간하는 것은 승상의 일이 아닙니까. 승상께서 한번 간하시는 것이 어떻겠습니까?"

그러자 이사는 이렇게 대답했다.

"나도 그런 생각을 가진 지 오래입니다만, 황상께서 만나 주어야 만나지요. 황상을 만날 수 없으니 어떻게 간언을 드린단 말씀이오? 언제 황상께서 여가가 계시는지 모르겠소이다."

"승상께서 그런 생각이 계신다면 황상께서 언제 여가가 있는지는 제가 알아서 알려 올리지요."

그런 일이 있은 다음, 조고는 진이세가 궁녀를 끌어안고 한창 재미나게 놀 때 사람을 보내어, 황상이 만나자고 한다고 이사를 불렀다.

이사가 급히 궁으로 달려와서 황제를 만나려고 하니 황제 진이세는 크게 화를 냈다. 그런데다가 조고가 이사가 역모를 한다고 참언했다. 진이세는 그 말을 듣고 이사를 감옥에 넣고 마침내는 이사의 삼족을 멸했다.

당나라 형주 상서 이적지는 성격이 강하고 정직한 사람이었다.
이임보는 이적지를 해치려고 이런 꾀를 썼다.
하루는 이임보가 이적지한테 이렇게 말했다.
"화산에 금이 매장되어 있는데 그것을 캐내면 나라 재정에 큰 보탬이 되지 않겠소."
그러자 이적지는 그 말을 정말로 믿고 당현종에게 화산에 금광이 있다는 말을 했다. 그래서 현종이 이임보한테 물으니 이임보는 이렇게 대답했다.
"신도 그 일을 알고 있었습니다. 그러나 화산이 어떤 산입니까? 왕기王氣가 있는 폐하의 본명산本命山인데 어떻게 함부로 팔 수가 있습니까. 그래서 신은 이때까지 그 말을 입밖에 내지 않고 있었습니다."
그 일이 있은 다음부터 현종은 이임보를 진정한 충신으로 간주하고 이적지를 멀리하기 시작했으며, 조정 정사를 이임보한테 맡겨 처리하게 했다. 이로 하여 조정은 날로 어수선해졌다.

천보 초년에 현종이 이임보를 불러 물었다.
"엄정지가 지금 어디 있는지 모르겠군. 그 사람은 중히 쓸 만한 인재인데……."
그때 엄정지는 강주 자사로 있었다.

궁을 나온 이임보는 엄정지의 아우 엄손지를 찾아가서 엄정지의 재간을 칭찬하면서 지난날의 우정을 이야기하고, 특별히 관심 있는 양을 보이면서, 엄정지는 후에 반드시 높이 될 것이라고 말했다. 그리고 또 이렇게 말했다.

"황상께서 형님에게 아주 관심이 많으신데, 왜 이유를 만들어 형님을 경성으로 데려오지 못하오? 경성에 와야 황상을 자주 뵐 수 있을 거요. 황상을 자주 뵈어야 중용을 받을 것이 아니오."

그 말을 아우가 엄정지한테 하니 엄정지는 정말 이임보가 시키는 대로, 병이 있어 경성에 돌아가 치료해야겠다는 상주서를 올렸다.

그런데 이임보는 엄정지의 상주서를 현종한테 보이면서 이렇게 거짓말을 했다.

"이것 보세요. 엄정지는 늙고 병들어 있습니다. 그러니 어쩌겠습니까? 아까운 인재이지만 별 수 있습니까. 한직閑職이나 주어서 병이나 치료하게 해야 되지 않겠습니까."

현종은 그 말을 듣고 장탄식을 하고는 엄정지에게 첨사라는 한직을 주고는 동경에서 병 치료를 하라는 칙지를 내렸다.

엄정지는 그 후에도 시종 중용을 받지 못하고 있다가 정말 병이 났다.

한번은 현종이 근정루에서 발을 드리우고 악공들의 풍악을 듣고 있는데, 병부 시랑 노순이 말을 타고 그 앞을 지나갔다. 현종은 노순이 말이 적고 온순하다고 칭찬했다.

그런데 그 이튿날, 이임보는 노순의 아들을 불러 이렇게 말했다.

"자네 엄친이 명성이 높아서 황상께서는 교주와 광주 일대를 맡기시려고 하더군. 그런데 거기가 너무 멀단 말이야. 임자 엄친이 가기 싫으면 연세 많다는 핑계로 가지 않겠다고 하게. 그러면 가지 않을 수도 있을 걸세."

노순은 이임보의 말을 정말로 믿고 그런 상주서를 올렸더니 결국은 화주 자사로 강직되고 다시는 중용을 받지 못했다.

석현 石顯

한나라 석현은 조정의 권세를 틀어쥐고 독단 전횡하면서도 늘 황제가 좌우 신하들의 말을 듣고 자기를 배척할까 봐 염려되어 황제 앞에서 늘 충성을 표명하면서 황제의 눈치를 살폈다.

석현은 늘 칙명을 가지고 각 관아를 다니면서 일들을 시키곤 했는데, 한번은 황제에게 이렇게 말했다.

"신이 밑에 내려갔다가 돌아오면 오야가 지날 적이 많은데, 그때면 궁문이 닫혀 있곤 합니다. 그러하오니 신이 황상의 칙명으로 궁문을 열게 할 수 없겠는지 모르겠습니다."

그러자 황제는 그것을 윤허했다.

그날 밤 석현은 일부러 오야에야 궁으로 돌아와서 황제의 칙명이 있다고 하면서 궁문을 열고 입궁했다. 그랬더니 누군가가 석현이 칙명을 날조하여 궁문을 열고 들어갔다고 석현을 탄핵하는 상주서를 올렸다.

황제가 그것을 보고 웃으면서 석현에게 넘겨주자 석현은 눈물을 흘리면서 하소연했다.

"보십시오. 폐하께서 신을 믿고 중책을 맡겼는데 허다한 대신들이 신을 질투하면서 신을 해치려고 합니다."

그래서 황제는 석현은 충신인데 다른 대신들이 공연히 시기한다고 생각하고, 석현을 더욱 믿고 총애했다.

남도행 藍道行

명나라 세종 때 도사 남도행은 길흉화복 점을 잘 쳐 황제의 총애를 받았다.

그런데 한번은 세종이 환관 하나를 파하여 밀봉한 서한 하나를 신단 앞에 가져다가 불사르게 했다. 그러고는 그 서한의 내용을 남도행에게 물었더니 남도행은, 환관의 몸이 부정하여 신명의 감응이 없어 알 수 없다고 대답했다.

후에 세종은 또 환관을 시켜 밀봉한 서한을 제단에 가져가 불사르게 했는데, 이번에 환관은 그 서한을 자기가 불사르지 않고 남도행이 직접 불사르게 했다. 그런데 남도행은 세종의 서한은 살짝 감추고 자기가 미리 위조해 가지고 있던 서한을 대신 불살랐다. 그러니 서한의 내용을 모를 리가 있겠는가. 황제가 묻자 그는 척척 대답했다.

그래서 세종은 남도행을 진짜 신하로 알았다.

엄숭 嚴嵩

명나라 이서인이 왕이 되어, 너무나 포악하게 놀았기에 어사들의 탄핵을 여러 번 받았다. 이서인은 황금 10만을 엄숭에게 뇌물로 먹여서야 그 죄를 벗게 되었다.

엄숭이 파직을 당한 다음 이서인은 군사 10명을 보내어 그 금 10만을 도로 내놓으라고 협박했다.

엄숭은 풍성한 주육으로 그 군사들을 대접하면서 목소리를 낮추어 이렇게 말했다.

"기실 내가 받은 것은 10만이 아니라 5만이야, 5만. 그것도 절반은 그 일을 봐주는데 다 써 버렸으니 남았으면 얼마나 남았겠는가. 지금 내가 이 처지가 되었으니 2만만 받아 가게, 안 되겠나?"

그러고는 황제가 하사한 어용御用 표적이 있는 금 덩어리를 그 군사들에게 주었다.

군사들이 그 집을 떠나가자 엄숭은 즉시 관가에다, 강도들이 자기네 금 2만을 강탈하여 달아났는데, 즉시 따라가 잡으면 잡을 수 있다고 고발했다.

관가에서는 즉시 군대를 풀어 그 군사들을 잡아들이고 금을 몰수한 다음 그들을 강도로 오인하여 모두 죽여 버렸다.

길온 吉溫

이적지는 병부상서로 있으면서 이임보와 마음이 잘 맞지 않았다. 이임보는 이적지를 해치려고, 불법적으로 병부 관리들을 선발했다는 죄목으로 병부 관원 60명을 나포하여 경조윤에 넘겨 심문하게 했다. 그런데 여러 날이 되어도 아무런 진척이 없었다. 그래서 경조윤은 법조 길온을 파견하여 심문하게 했다.

길온은 나포해 온 병부의 관원들을 뜰에 세워 놓고 먼저 죄가 중한 죄인 둘을 끌어다가 때리고 누르고 주리를 틀며 갖은 잔혹한 고문을 다 가했다. 그 비명 소리에 병부 관원들은 저마다 부들부들 떨었다.

병부의 관원들은 길온의 고문 방법이 잔혹하다는 것을 익히 들어 알고 있는 데다가 그 몸서리나는 고형을 직접 보기까지 했기에 모두들 겁이 나서 부들부들 떨면서 없는 죄도 있다고 자인했다. 주온은 이렇게 상처 하나 내지 않고 잠깐 사이에 모든 심문을 끝냈다.

양호 陽虎

춘추 시기, 양호가 반란을 일으켰다가 실패했다. 노나라 사람들은 사방 성문을 닫고 양호를 수색했다.

양호가 포위를 뚫고 한 성문으로 달려가자 성문지기가,

"온 나라 사람들이 그대를 잡지만 나는 살길을 열어 주겠네."

하면서 성문을 열어 주었다. 그런데 성문을 나간 양호는 돌아서며 그 성문지기를 찔러 부상을 입히고 달아났다.

"세상에 저런 배은망덕한 놈이 다 있나. 생면부지지만 불쌍하여 살려주었더니 오히려 나를 찌르고 달아난단 말이냐."

성문지기는 양호를 욕했다.

그러다가 얼마 후에야 그는 양호가 왜 자기를 찌르고 달았는가를 알게 되었다.

양호가 달아났다는 소식을 들은 노나라 임금은 대노하여 성문을 지키는 관원과 군사들을 모조리 잡아들여 책임을 추궁했는데, 그 성문지기는 몸에 상처가 있기에 의심을 받지 않았을 뿐만 아니라 용감하게 싸웠다고 상까지 주었다.

곽순 郭純, 왕수 王燧

동해에 곽순이라고 하는 효자가 있었는데, 어머니가 세상을 떠 그가 곡을 할 때 그 집 위에 수많은 새들이 모여들곤 하여 일시 미담이 되었다.

그 일이 관가의 조사를 거쳐 황제께 상주되자, 황제는 여문閭門 앞에 기를 세워 그 일을 표창하게 했다.

후에 누군가가 그의 집 위에 새들이 모여드는 원인을 알아보았더니, 곽순이 곡을 할 때면 언제나 떡 조각을 뿌려 놓곤 해서 새들이 그것을 쪼아먹으러 모여들었던 것이었다. 그런 일이 여러 번 있은 다음에는 모이를 뿌리지 않아도 곡소리만 나면 새들이 날아오곤 했다.

그러므로 새들이 곽순의 통곡 소리에 감동하여 모여드는 것은 절대 아니었다.

하동에 왕수라는 효자가 있었는데, 그 집은 고양이가 강아지에게 젖을 먹이고 암캐가 고양이 새끼에게 젖을 먹인다고 했다. 관가에서는 그 말을 듣고 깃발을 주며 표창을 했다.

그런데 후에 왕수에게 알아보았더니, 개와 고양이가 동시에 새끼들을 낳았기에 그렇게 바꾸어 먹여 보았는데 그것도 오래되니 습관이 되었다고 했다.

그러니 이것과 효성이 도대체 무슨 상관이 있는가?

정위, 조한曹翰

북송 때, 정위가 애주로 강직이 되었는데, 집은 그냥 낙양에 있었다.

그는 자기 집에 전할 가서 한 봉을 하인을 시켜 낙양 군수 유엽에

게 보내면서,

"유엽이 요속들을 접견할 적에 이 편지를 올려야 하느니라. 명심해라."

하고 신신당부했다.

그래서 하인은 그 명대로 유엽이 다른 관원들을 접견할 때 정위의 편지를 올렸다.

그러니 그 편지를 유엽이 몰래 정위네 집에다가 전할 수가 있는가. 유엽은 그 편지를 황제에게 바쳤다. 황제가 그 편지를 개봉해 보니, 편지의 내용이 글자마다 자기를 자책하는 내용인데다가 황제의 은총을 회고하면서 집 사람들에게 조정에 충성하라고 훈계하는 뜻이 절절한지라 황제는 측은한 생각이 들어 정위를 다시 뇌주 자사로 옮겨 놓았다.

북송 때 조한이 여주로 좌천되어 갔다.

한번은 태종의 사신이 여주를 경유하게 되었는데, 조한이 사신을 보고 눈물을 흘리면서 말했다.

"여주에 오니 살림이 곤궁해져 못살겠습니다. 이 보퉁이 안에 전에 입던 옷 한 벌이 있는데, 전당포에 가져다가 얼마라도 돈을 보내주시오."

사신은 경성으로 돌아가 그 일을 말하며 그 보퉁이를 황제께 올렸다. 황제가 보퉁이를 풀어 보니 그것은 옷이 아니라 하강남도下江南圖라고 하는 그림 족자였다. 그 그림을 보자 황제는 조한이 자기를 따라 강남을 평정하던 지난날이 생각나서 측은지심이 생겼다. 그래서 조한을 다시 경성으로 불러들였다.

진회 秦檜

남송 진회가 조정을 쥐고 흔들 때 전국 각지에서 들어오는 공품들은 먼저 재상부를 거쳐서야 황궁으로 들어가곤 했다.

어느 날, 진회의 노친인 왕부인이 내궁에 들어가니 태후가, 요즈음은 큰 미자어를 보기 힘들다고 원망 삼아 말했다.

그러자 왕부인은,

"그건 우리 집에 있어요. 내일 100마리를 태후님께 보내 올리겠어요."

하고 대답했다.

그리고 집에 돌아와 진회한테 그 일을 얘기했더니 진회는 왜 그런 말을 했느냐고 왕부인을 나무랐다.

그러고는 그 이튿날 청어 100마리를 궁 안에 들여보냈다. 그러자 태후가 그것을 보고 박장대소했다.

"글쎄, 그 여자가 허튼소리를 한다고 했지. 궁 안에도 없는 것이 재상 집에 어떻게 있다고 그런 허튼소리를 한단 말인가."

정후가 동궁의 관원인 중사로 있을 때 진회와 내왕이 잦았다.

그런데 어느 날, 진회가 불러서 정후가 재상부로 갔는데, 하인이 나와 그를 내실로 데리고 들어갔다. 내실은 시설이 아주 간소했다. 탁상에는 오로지 청담색에 자색 변두리를 한 책이 하나 있었는데, 그 책에는 성인이 천문을 담론한 내용들이 기록되어 있었고, 책의 마지막 쪽에는 '학사류공진사學士類貢進士 진훈秦壎 정모'이라는 글자가 씌어 있었는데, 그 글씨가 달필이었다. 진훈은 진회의 손자 이름이다.

정후는 자기도 모르게 거기 앉아 그 책을 펼쳐 읽어 내려갔는데,

시간이 퍽 오래되었는데도 웬일인지 진회가 나오지 않았다.

저녁이 되었는데도 진회가 나오지 않아서 정후는 하는 수 없이 그 곳을 떠났다. 오는 길에 아무리 생각해도 그는 진회가 왜 불렀는지 알 수 없었다.

그러다가 며칠 후에 정후는 과거 시험을 치는 일을 주관하게 되었다. 그제야 그날 진회의 내실에 들어갔던 일이 떠올라 문득 크게 깨닫는 바가 있었다. 그래서 정후는 그날 진회의 내실에서 본 책에 근거하여 과거 시제를 냈더니 과연 진훈이 장원급제를 했다. 그 책에 씌어 있던 글의 문체가 바로 진훈에게 가장 익숙한 문체의 이름이었다.

이도고 李道古

아첨술에 능한 이도고는 늘 조정의 고관대작들과 술도 같이 먹고 바둑도 같이 놀고 노름도 같이 했는데, 노름 때마다 매번 일부러 져주면서 상대방한테 숱한 돈을 잃곤 했다. 그래서 탐욕스러운 대신들이 그와 상종하기를 좋아했다. 그래서 그는 인맥이 아주 넓었다.

추노인

오주에 있는 성이 추씨라는 노인은 꾀가 많은 늙은이였다.

왕씨 성을 가진 한 부자가 복수를 하느라고 이을이라는 사람을 밤에 죽였는데, 일이 탄로나서 옥에 갇혔다.

왕씨는 추영감한테 보물을 많이 주겠으니 어떻게 해서라도 자기를 살려 달라고 애걸했다.

추영감은 왕씨한테서 은 100냥을 받아내어 남경으로 갔다. 그는 남경에서 감옥의 죄인을 다스리는 서공이라는 관리를 사귀었는데, 여러 가지 방법으로 그와 아주 친해졌다. 그러던 어느 날, 추영감은 서공의 집에서 묵게 되었다. 그는 가지고 간 은자를 서공에게 남모르게 주면서 자기 처남 왕씨가 억울하게 옥에 갇혀 죽게 되었으니 살려 달라고 청을 드렸다.

"글쎄, 말을 들어 보니 도와 드려야겠는데, 그는 우리 남경 사람이 아니고 소주 사람이니 내가 도와주기 어렵단 말이오."

서공이 난감한 기색을 보이자 추영감은 이렇게 말했다.

"내가 방법 하나 알려 올릴까요? 어제 해적 20명을 잡아왔지 않습니까? 그중에 둘은 소주 사람이 아닙니까? 그들 둘은 아무래도 죽일 놈들이 아닙니까? 그러니 그들 둘이 이을을 죽였다고 승인하라고 하십시오. 그렇다고 하여 그들이 한 번 죽을 걸 두 번 죽는 법은 없을 것이니까 그들도 그렇게 할 겁니다. 그러면 우리 처남은 살아나는 것이지 뭐예요. 아주 쉬운 일이지요."

서공은 그렇게 하겠다고 동의했다.

그런 다음 추영감은 남모르게 그 해적 둘의 처를 찾아가서, 그녀들이 남편에게 권해 이을을 죽였다고 자백만 하면, 두 집의 살림살이를 자기네가 맡아서 종신 잘 살게 해주겠다고 말했다. 해적의 처들이 생각해 보니 남편은 아무래도 죽을 건데 그럴 바에는 이것이 낫겠다 싶어 그렇게 하겠다고 대답했다.

해적들을 심문하는 날이 되어 서공이 그 두 해적을 끌어내다가,

"이놈들, 네 놈들이 소주에서도 살인한 일이 있지 않느냐?"

하고 호령하자 두 해적은 즉시 자기네가 어느 달 어느 날 이을의 집에서 이을을 죽이고 재물을 가져갔다고 자백했다.

추영감이 그 자백서를 가지고 소주로 돌아와서 왕씨의 아들을 시켜 관가에 하소연하자 왕씨는 드디어 석방되었다.

그런데 전하는 말에 의하면 왕씨가 옥에서 나와 집으로 오는데 문앞에서 이을의 혼귀를 만나 놀라서 죽어 버렸다고 하는데 정말인지 모른다.

꾀 많은 대리 소송쟁이

옛날 절강 중부에서 한 아들이 아비를 때려 아비의 앞니가 다 부러졌다. 아비는 부러진 이를 갖고 관가로 와서 불효막심한 아들을 고발했다.

이에 아들은 전문 소송을 대리해 주며 밥을 먹는 대리 소송쟁이를 찾아가서, 은자 100냥을 드리겠으니 어떻게 살아날 방법을 대 달라고 애걸했다. 그러자 대리 소송쟁이는, 어려운 일이라고 고개를 저었다. 그러나 그 아들은 은자를 더 주겠으니 어떻게 해서라도 방법을 대 달라고 사정했다. 그제야 대리 소송쟁이 영감은 자기한테 사흘 여유를 주면 방법을 생각해 보겠다고 했다.

그런데 이틀이 되어 대리 소송쟁이는 영감의 아들을 불렀다. 그는 다른 사람들을 다 물리치고 이렇게 말했다.

"내가 방법 하나를 생각해 냈단 말이네. 이리 가까이 오게. 귀 좀 빌리세."

그 아들이 기뻐서 그 대리 소송쟁이 말을 들으려고 귀를 가져가는데 갑자기 귀가 따끔했다. 대리 소송쟁이 영감이 그 아들의 귀를 물어 절반이나 끊어 버렸던 것이다. 피가 흐르는 귀를 움켜쥐며 그 아들은 비명을 질렀다. 그러자 대리 소송쟁이 영감이 손사래를 쳤다.

"이게 방법이네. 이 떨어진 귀가 보배라네. 이걸 잘 보관했다가 법정에 나가 내보이게."

며칠 후 법정에서 그 아들을 불렀다.

아들은 떨어진 귀를 가지고 가서, 자기 귀를 물어뜯다가 아버지 앞니가 부러진 것이지 자기가 때려서 그렇게 된 것이 아니라고 변명하면서 떨어진 귀를 보였다.

판관이 생각해 보니 그 말이 일리가 있었다. 아들이 제 귀를 제 혼자서 물어뜯을 수는 없는 것이 아닌가? 그런데 그 아비는 나이가 많으니 이가 튼튼하지 못할 것이요, 그런 튼튼하지 못한 이로 아들 귀를 물어뜯으려고 했으니 앞니가 떨어질 수밖에 더 있는가?

그래서 판관은 그 아들을 무죄 석방시켰다고 한다.

토호 장씨

북경성 밖에 장씨라는 토호가 살았는데, 재산이 많았다. 그는 그 많은 재산으로 경성 안에 있는 무뢰한들을 기르며 착한 사람들을 억눌렀다.

그런데 어느 날, 이 토호가 생각해 보니, 자기 수하에 다른 잡다한 인간들은 다 있는데 유독 거지가 없었다. 그래서 공지 하나를 얻어서 집 한 채를 짓고는 거지들을 재우고 먹이고 했다. 그리고 돈도 얼마씩 쥐어 주곤 했다. 그러자 거지들이 감지덕지하여 언제 기회가 있으면 이 토호의 은공을 갚아야 하겠다고 생각했다.

그러던 어느 날, 토호가 거지들에게 빚진 집들을 찾아가서 빚을 받아 오라고 했다. 그래서 거지들이 우루루 몰려가서 소리치니 빚진 집들에서는 시끄러워 견딜 수가 없었다. 그들은 거지들의 성화에 견디지 못해 서둘러 토호의 빚을 갚았다.

　얼마 후, 토호는 어느 사람이 벼슬자리를 얻으려고 한다는 말을 듣고 그 집을 찾아가서 자기가 중개를 해주겠다고 했다. 그런데 그 집에서는 그것을 거절했다. 그러자 토호는 거지들을 시켜 밤낮 그 집에 가서 소란을 피우게 하는 한편, 다른 사람 하나를 그 집에 보내어 거지들 소란을 막으려면 토호 장씨가 나서야 다른 사람은 안 된다고 말하게 했다.

　그래서 그 집에서 하는 수 없이 토호 장씨를 불러 모셨더니, 토호 장씨 호령 한 마디에 거지들은 모두 흩어져 달아나 버렸다. 그것을 본 집주인은 이 토호 장씨가 보통 사람이 아니라고 감복하고, 벼슬을 얻게 좀 도와 달라고 사정했다. 토호 장씨는 그 일은 문제없으니 돈만 넉넉히 내라고 했다. 토호 장씨는 그 사람한테 벼슬을 얻어 준다고 하면서 얼마나 많은 돈을 떼어먹었는지 모른다.

　후에 토호 장씨는 또한 전당포 주인을 해쳤다. 토호 장씨는 사람 하나를 시켜서 고의로 그 전당포에 용포 하나를 저당 잡혔다. 그 사람은 전당포에 가서 태연한 기색으로 전당포 주인에게 당부했다.

　"돈 쓸 데가 급히 있어서 잠시 맡겨 두는 것이니 저녁에는 찾아가겠소. 그러니 영수증을 뗄 것 없이 그저 말코지에 걸어만 두시오."

　그러자 토호는 사람을 관가에 보내어 전당포에서 용포를 훔쳤다고 고발했다. 관가에서 나와 보니 전당포에 용포 하나가 걸려 있는지라 어디서 났느냐고 캐어물었다. 전당포 주인은 남이 저당 잡힌 것이라고 했지만 그것을 증명할 표증이 없고 그 사람의 이름도 대지 못했다. 전당포 주인은 입이 열 개라도 변명할 수가 없었다. 그래서 용포를 훔쳤다는 죄명으로 사형을 당했다.

　그런데 1년이 지나 토호는 다른 일에 연루되어 옥에 잡혀 들어갔다. 그러자 전당포 집 아들이 토호의 죄를 일일이 열거하면서 자기 아버지가 억울하게 죽었다고 상소했다.

그래서 토호는 사형을 언도받아 무거운 칼을 목에 쓰게 되었는데, 그 칼이 바로 1년 전에 죽은 전당포 주인이 썼던 칼이었다. 그 봉인 딱지에 쓰였던 죄인의 이름은 아직까지도 남아 있었다.

그 이름을 보자 토호는 기절하여 죽었다고 한다.

교생광

명나라 만력 연간에, 교생광이라는 자가 책을 써서 요언을 산포했기에 참수를 당했다. 그 소식을 들은 경성 사람들 중에 기뻐하지 않는 사람이 없었다.

교생광은 간교한 자였다. 그의 꾀에 걸려 해를 입은 사람들이 한 둘이 아니었다.

한번은 이런 일이 있다.

어떤 부자가 조정 권세가에게 아첨하느라고 그 권세가에게 옥잔 한 쌍을 선사하려고 했다. 하지만 구하지 못해 교생광한테 부탁했는데, 사흘이 지나서 교생광이 옥잔 한 쌍을 가지고 왔다. 그러면서 이 옥잔 한 쌍의 값이 원래는 100냥인데 50냥만 내라고 했다. 그래서 그 부자는 기쁘게 50냥을 내고 그 옥잔 한 쌍을 샀다.

그런데 며칠이 지나서 아역 하나가 서로 다투는 두 사람을 그 부자한테로 데리고 왔다. 부자가 보니 한 사람은 교생광이고 다른 한 사람은 환관 복색을 했는데, 교생광이 부자를 보고 이맛살을 찌푸리며 말했다. 저번에 판 옥잔 한 쌍은 기실은 궁중의 보물인데 이 환관이 훔쳐다 파는 것을 샀다는 것이다. 그런데 지금 그 일이 들통났기에 그 옥잔 한 쌍을 제대로 가져다 놓지 않으면 모두 다 목이 떨어지는데, 이 일을 어찌하겠는가 했다.

그런데 그 옥잔 한 쌍은 이미 권세가에게 선사하여 부자한테는 있지 않았다. 그러니 큰일이 아닌가? 잘못하면 부자도 봉변을 당할 것이다. 그래서 부자는 교생광에게 무슨 방법이 없겠는가 하고 물었다.

교생광은 차마 입이 떨어지지 않는다는 듯 한동안 말을 하지 못하더니, 방법은 오로지 한 가지가 있는데, 환관과 아문의 관원에게 뇌물을 주어야 무사할 수 있다고 말했다. 부자는 울며 겨자 먹기로 그렇게 하지 않으면 안 되었다. 그 결과 부자는 은 천 냥을 넘게 썼다.

나중에야 교생광이 다른 두 사람과 짜고 부자를 속인 것이고, 부자가 낸 은자는 셋이 나누어 가졌다는 사실을 알았지만 그때는 교생광이 이미 죽었으니 어디 가서 그 돈을 찾는단 말인가?

영가의 사공

호주에 집이 있는 장사치 하나가 영가에 와서 부호 왕생과 장사 흥정을 했다. 그런데 흥정을 채 마무리짓지도 않고 왕생이 억지로 물건들을 저울로 달았다.

장사치가 이런 법이 어디 있느냐고 안 좋은 소리를 했더니 왕생이 벌컥 성을 내면서 장사치를 밀쳤는데, 장사치는 넘어지면서 문설주에 머리를 박고 그만 인사불성이 되었다. 그래서 왕생은 급히 장사치를 업어 응급 조치를 했다. 그래서 장사치는 요행히 살아났다.

왕생은 사과하고 맛 좋은 음식을 차려서 대접하고 비단 몇 필을 선사했다.

그러자 장사치는 다른 말을 아니하고 왕생의 집을 떠나서 강을 건너려고 나룻배를 탔다. 사공이 장사치가 지고 있는 비단을 보더니 어디서 산 비단인가 하고 물었다. 장사치는 자기가 비단을 얻게 된 사연을 그대로 다 얘기하고 나서,

"자칫했으면 객지 귀신이 될 뻔했습니다."
하고 말했다.

그런데 장사치가 그 말을 할 때 강물 위에 시체 하나가 떠오르는 것이 보였다. 사공은 꾀 하나가 떠올라서 장사치한테서 그 비단 필을 사고 비단을 담았던 참대 광주리도 가졌다.

장사치가 배에서 내려 자기 갈 길을 간 다음, 사공은 배를 타고 그 시체를 건져 왕생의 집 부근으로 가져왔다. 그러고는 급히 왕생의 집 대문을 두드렸다. 그리고 먼 곳을 허둥지둥 달려온 양 숨을 가쁘게 내쉬면서 말했다.

"오늘 오후 호주 사람 하나를 배에서 만났지요. 이 집 나으리한테 죽다 살아난 그 사람 말입니다. 그 사람이 이 집 나으리를 고발하겠다고 나를 끌고 관가로 가며 야단을 쳤는데, 관가에 채 못 가서 그만 숨졌습니다. 이 비단 필과 참대 바구니를 보시면 아실 겁니다."

왕생의 집 사람들은 이 사공이 그 일을 관가에 고발할까 봐 겁이 났다. 그러면 자기네는 영락없이 살인죄를 뒤집어쓰게 되지 않는가? 그래서 얼른 금 200냥을 주어 사공의 입을 막고 그 시체는 사공더러 수림 속에 파묻어 버리게 했다.

그리고 사공이 또 와서 협잡을 할까 봐 아예 먼 곳으로 이사를 했다.

그런데 후에 그 집의 노복 하나가 그 일을 어떻게 알았다. 그도 왕생을 협박하여 돈을 빼앗으려고 했다. 그러다가 생각대로 되지 않자

관가에 왕생을 고발했다. 왕생은 그 시체를 묻은 곳을 알지 못하기에 아무리 고문해도 제대로 대지 못했다. 왕생은 고문에 맞아 죽었다.

그 이듬해 호주의 그 장사치가 토산물을 가지고 왕생한테 인사를 왔다가 그 일의 진상이 밝혀졌다. 왕생의 집 사람들이 그 노복을 잡아 관가에 바치자 관가에서는 그 사공마저 잡아들여 함께 목을 베었다고 한다.

손삼 孫三

임안성 외서항에 손삼이라는 수육을 파는 영감이 하나 살았는데, 그는 매번 집 문을 나설 적마다 부인에게 신신당부했다.

"고양이를 잘 지키게. 온 경성에 그런 고양이는 없으니까. 절대 남에게 보여서는 안 된단 말이네. 그러다가 남들이 훔쳐 가면 나는 다 산 줄 알게. 자식 하나 없이 늙어 가는데, 그게 내 자식이네. 알겠소?"

손삼이 매일 그 말을 되풀이하기에 이웃 사람들 모두가 그 일을 알게 되었다. 그래서 그 고양이가 도대체 어떤 고양이인데 그 영감이 그러는가 싶어 이웃 사람들은 상당한 호기심을 가지게 되었다.

그러던 어느 날, 그 집 고양이가 어떻게 된 일인지 사슬을 끊고 뛰쳐나왔다. 그러자 손삼의 부인이 급히 뒤따라 나와서 그 고양이를 붙잡아 들여갔다. 그런데 보니 고양이 털이 온통 불같이 빨간색이었다. 모두들 그 고양이 털이 참 희한하다고 혀를 찼다.

그 일을 안 손삼은 고양이도 잘 지키지 못하는 여편네라고 부인을 욕하고 때렸다.

그런데 그 소문이 한 입 건너 두 입 건너 궁중 환관의 귀에까지 들어갔다. 환관은 귀한 선물을 숱하게 가지고 와서 손삼에게 그 고양이와 바꾸자고 했다. 그러나 손삼은 말을 듣지 않았다.

그러자 환관은 더욱 속이 달아 네다섯 번을 찾아왔고, 그제야 손삼은 겨우 고양이를 한번 보여 주기는 하겠다고 대답했다. 그런데 고양이를 보고 난 환관은 고양이를 가지고 싶은 욕심이 불같이 일어서 견딜 수가 없었다. 그래서 마침내는 그 고양이 한 마리를 30만 전을 주고 가져갔다.

손삼은 고양이를 팔고는 한숨을 쉬고 눈물을 흘리면서 고양이를 제대로 간수하지 못한 부인을 원망했다.

그런가 하면 고양이를 사간 환관은 고양이를 좀더 길들여 황제한테 바칠 생각을 했다.

그런데 이상하게도 고양이의 털 색이 점점 옅어지더니 반달이 못 되어 온통 흰색이 되어 버렸다. 성이 난 환관이 손삼을 찾아갔더니 손삼은 어디로 이사를 갔는지 그림자도 보이지 않았다.

그 고양이 털빛은 손삼이 말띠를 염색하는 방법으로 특별히 염색한 것이다. 부인에게 매일 당부하고 부인을 나무란 것은 기실 남들의 호기심과 주의를 끌기 위한 방법에 불과했다.

철우도인 鐵牛道人

송나라 소흥 연간에 도사 하나가 철우라고 하는 소 한 마리를 끌고 다니면서 문전걸식을 했는데, 그는 스스로 철우도인이라고 자칭했다.

철우도인이 어느 집에 가서 밥을 얻는데, 그 주인이 밥을 주면서 물었다.

"그 철우가 다른 소와 다른 점이 있습니까?"

"이 철우는 수박 씨만한 금똥을 쌉니다."

철우도사의 말에 주인은 욕심이 동해 그 소를 팔지 않겠는가 하고 물었다. 도사는 팔지 않는다고 하다가 주인이 사정하자 그러면 하룻밤만 빌려 보여줄 수는 있다고 했다.

도사는 밀실을 하나 마련하게 하고는 철우를 그 안에 몰아 넣었는데, 그 이튿날 문을 열어 보니 과연 철우가 수박 씨만한 금똥을 여러 알 싸 놓았다.

그렇게 구경을 시키고 나서 도사는 철우를 끌고 가 버렸다. 그러자 주인은 그 소를 살 마음이 부쩍 동했다. 주인은 그 소를 사려고 도인을 찾아 떠났다. 그는 여러 곳을 찾아다녀서야 겨우 그 도사를 찾았는데, 도사는 그 소를 팔지 않는다고 고집이었다. 그러다가 하도 주인이 사정하자 못 이기는 척하면서 1년 동안 철우가 싸는 금똥만큼 값을 내라고 했다.

주인은 달라는 대로 돈을 주고 철우를 사 왔다. 철우는 처음 며칠은 그래도 매일 금똥을 쌌는데, 얼마 지나지 않으면서부터는 보통 소똥만 쌌다. 금은 한 알도 싸지 않았다.

그래서 철우를 검사해 보았더니 소꼬리에 자그마한 구멍이 하나 있을 뿐 다른 이상한 데는 하나도 없었다.

그런데 후에 이런 말이 돌았다.

"그 철우가 금똥을 싼다는 건 모두 허황된 거짓말이다. 사전에 도사가 그 집 시녀를 매수하여 그런 짓을 했던 것이다."

그래서 주인은 그 시녀를 찾았는데, 시녀는 어디로 달아났는지 찾을 수 없었다.

이 이야기는 조관원이 쓴 『취일록就日錄』이라는 책에 기록되어 있다.

 철우가 정말 금똥을 싼다면 도사가 왜 문전걸식을 하고 다니겠는가? 그러니 그것이 거짓말임이 분명한데도 그 집 주인은 탐욕에 눈이 어두워졌는지 그 간단한 상리도 모르게 되었다.

경성의 가짜 환관

명나라 가정 연간에, 어떤 서생이 과거에 급제한 뒤 남아서 임직을 기다렸는데 아무리 기다려도 소식이 없었다. 그러다 보니 집을 떠나온 지 오래되어 돈이 대부분 떨어졌다. 그래서 그는 돈을 꾸려고 한 친구를 찾아갔다.

그런데 며칠이 지나서 그 친구가 알려주기를, 환관 하나가 500금을 꾸어 주겠다고 대답했단다.

그러나 벼슬을 얻으려면 적지 않은 돈을 찔러 주어야겠는데, 500금으로는 아직도 많이 모자란다고 서생은 말했다. 그러자 그 친구가 말했다.

"돈을 많이 꾸려면 먼저 귀한 물건들을 사례로 선사하는 법이네. 더욱이 그 환관은 정을 중시하는 사람이란 말이네. 그러니 그 환관 환심만 사면 돈은 얼마든지 꿔 쓸 수 있단 말이네."

그 말을 듣고 서생은 큰마음을 먹었다. 비록 돈은 다 떨어져 가지만 남아 있는 돈에다가 가지고 온 금은 기명器皿들과 의복들을 팔면 100금은 모을 수가 있었다. 그것을 주고 한 천 금을 꾸면 그 천 금으로 큰 벼슬을 얻을 수 있고 그러면 일생의 부귀영화를 누릴 수 있지 않느냐. 그래서 있는 것을 모두 팔아 모아서 선물을 준비했다.

그래서 쌍방이 만날 날을 약정하여 서생이 환관의 집으로 찾아갔더니 고대광실 높은 집에 종들과 시녀들도 모두 옷이 화려했다. 그리고 창고에는 쌀 마대들이 산더미같이 쌓여 있었는데, 마대들마다 모두 어용御用이라는 글들이 써어 있었다.

서생이 한동안 기다려서야 주인인 환관이 나타났는데, 보니 동자들 둘이 부축하는데도 그 뚱뚱한 몸을 이기지 못해 겨우 걸어나왔다. 서생이 환관에게 선물을 올리자 환관은 웃는 기색으로 서생한테 800금을 꾸어 주겠노라고 대답했다.

그런데 곁에 있던 시종이, 지금은 날이 어두웠으니 돈은 내일 와서 가져가라고 했다.

환관의 집을 나온 서생이 기뻐서 싱글벙글하는데 친구가, 내일 아침은 좀 일찍 와서 돈을 가져가라고까지 했다.

그런데 그 이튿날 서생이 환관 집을 가니 집에는 사람의 그림자 하나 없었다. 그리고 창고 안에는 흙들이 흘러나오는 마대들이 몇 개 보일 뿐이었다.

그러다가 서생은 그 집의 진짜 주인을 만나게 되었는데, 그 집주인의 말이 이러했다.

"어제 환관이라고 자칭하는 사람 하나가 우리 집을 한나절 빌렸습니다. 그 사람이 어떤 사람인지는 나도 모릅니다."

서생이 돌아와 그 친구를 찾았는데, 그 친구도 어디로 달아났는지 보이지 않았다.

그제야 서생은 크게 속았다는 것을 알았다.

경성의 사기꾼

경성의 사기꾼들은 사기술이 뛰어나기로 정평이 나 있다.

한 사기꾼은 돈 1전으로 100금을 사기친 일이 있다.

어느 날, 그는 놀이터 구경을 다니는 귀족들처럼 화려한 옷을 입고서, 말들을 팔고 사는 마장으로 갔다. 그는 마장 어구에서 의자를 파는 한 장돌뱅이한테 돈 1전을 주면서, 좀 있다가 자기가 마장 안으로 들어가서 말 흥정을 하면 의자를 가지고 거기로 와서 기다려 달라고 했다.

장돌뱅이는 돈 1전을 얻었는지라 그렇게 하겠다고 대답했다.

그러고는 그 사기꾼은 마장 안으로 들어가서 말 임자한테 말했다.

"내가 상등 말 한 필을 사려고 하는데, 사기 전에 내가 한번 타 봐야겠소. 타 보고 마음에 들면 내가 와서 돈을 치르겠소."

말 임자가 보니 귀공자 복색인 데다가 하인인 듯한 사람이 의자를 가지고 곁에 서 있기까지 하는지라 별로 의심하지 않고 말고삐를 넘겨주었다. 말에 냉큼 올라 탄 사기꾼은 채찍질 한 번에 마장 밖으로 말을 몰아 쏜살같이 달려나갔다. 말 임자는 하인이 의자를 가지고 여기 있는데야 네가 어디로 달아나겠느냐, 마음이 든든하여 기다리는데 말을 타고 나간 놈은 시간이 오래되었는데도 돌아오지 않았다. 이거 뭔가 잘못되었는가 싶어 의자를 갖고 있는 하인에게 물어 보았더니 자기는 하인이 아니라 의자 파는 장사치란다. 그제야 말 임자는 속은 줄 알고, 아이고 도적 잡아라 소리치며 쫓아 나갔다.

사기꾼은 말에 채찍질을 하며 달려가다가 한 비단 파는 점포에 이르러 말은 밖에 매어 놓고 안으로 들어갔다. 그는 점포 주인에게 또 이런 거짓말을 했다.

"나는 태감집에서 일하는 도지기인데, 지금 급한 일이 생겨서 비단 여러 필을 써야 하겠소. 저 말을 저당 잡혀 놓겠으니 저 말 값만큼 비단 필을 내주시오. 사후 즉시 비단 값을 가지고 와 말을 찾아가겠소."

점포 주인이 보니 보통 말이 아니라 상등의 준마라 사기꾼의 말을 믿고 달라는 만큼 비단 필을 재어 주었다.

사기꾼이 비단 필을 지고 간 지 얼마 지나지 않아서 말 임자가 종적을 따라서 점포를 찾아왔다. 그래서 점포 주인과 말 임자는 말 한 필을 두고 서로 자기 것이라고 싸움이 붙었다. 그러다가 둘이 싸우며 관청까지 갔는데 관가에서도 그 일을 재판할 수가 없었다. 마침내 관가에서는 그 말을 팔아서 그 돈을 둘이서 나누어 가지라고 했다.

사기치는 노파

명나라 만력 연간에 항주 북문 밖에 예순이 다 된 영감이 하나 있었다. 부인은 이미 죽고 아들 둘은 색시들을 얻었는데, 그 며느리 둘은 인물도 곱거니와 마음씨도 고와서 시아버지한테 효성이 지극했다.

그런데 어느 날, 웬 노파 하나가 그 집 문 앞에 와서 아침부터 점심때까지 마치 누구를 기다리는 것처럼 먼 데를 보며 서 있었다. 영감이 이상하여 여러 번 드나들며 고개를 기웃거리다가 며느리를 시켜서 왜 그렇게 서 있느냐 물어 보았다.

그랬더니 노파가 말했다.

"아들놈이 불효 자식이어서 관가에 고발하러 가던 참인데 같이 가기로 한 시녀가 오지 않아서 그 애를 기다리던 중이지요. 이제는 점심때가 다 지나 배도 고픈데 왜 오지 않는지 모르겠군요."

그러자 며느리는 노파의 처지가 불쌍해서 집 안으로 모셔다가 점심을 대접하고 집에 앉아서 기다리게 했다. 그들 둘은 아주 재미나게 이야기를 했다. 그런데 저녁이 되도록 노파의 시녀는 오지 않았다. 날이 어두워 그 집 며느리는 노파를 자기 집에 재웠다.

이렇게 노파는 그 집에 열흘이나 머무르게 되었는데, 노파는 꽤 부지런한 사람이어서 앉아 있는 틈이 없이 집안일을 거들어 주었는데, 음식 솜씨도 좋았거니와 바느질도 잘했다. 영감의 두 며느리는 그 노파에게 정이 들었다. 그들 둘은, 이 노파가 영감 없는 과부인데다가 아들까지 불효자라고 하니 그럴 바에는 자기 집 시아버지와 맺어 주자고 의견을 모았다.

그래서 시아버지를 열심히 설득하여 길일을 택해 영감과 노파를 성혼시켰다.

그런 뒤 열 며칠이 지나서야 노파의 아들과 시녀가 찾아와 무릎을 꿇으며 잘못을 빌었다. 노파가 노발대발 아들과 시녀를 욕하는 것을 곁에 있는 사람들이 겨우 말리고 노파의 아들에게 술대접을 하니, 노파의 아들은 그 집 영감을 계부로 모시고 절을 하면서 이제 어머니가 편하게 되었다고 좋아했다.

그렇게 되어 두 집끼리 서로 내왕을 하며 사는데, 서너 달이 지나서 노파의 손자가 오더니 자기 집에 약혼 술을 마시러 가자고 청했다. 그러자 노파가 하는 말이,

"며느리 둘이야 집안일을 놔두고 어떻게 가겠냐. 영감하고 아들 둘 그리고 나 이렇게 넷만 갔다 오지."

네 사람은 노파의 아들네 집에 가서 잔뜩 취해서 돌아왔다.

그리고 한 달이 지났는데 또 노파의 손자가 와서, 이번에는 결혼

식이니 두 숙모들이 꼭 가셔야 된다고 했다.

영감의 두 며느리들은 웃으며 가겠다고 대답했다.

그날이 되어 영감 집 두 며느리는 친구들 집에서 수식과 장신구 그리고 화려한 의복들을 빌려 입고 곱게 성장을 하고 노파네 아들 집으로 갔는데, 문밖에서 그들을 맞는 노파의 며느리는 누런 얼굴에 병색이 완연했다.

오후 3시가 되어 노파의 아들이 영감의 두 며느리더러 신부를 데리러 갔다 오라고 요청했다. 그 고장 풍속이 그렇다는 것이다.

그러자 곁에 있던 노파가 아들을 나무라는 척했다.

"네 아내가 병은 있지만 이제는 시어머니가 되는 날이 아니냐. 마땅히 그 사람을 보내야지 왜 두 제수를 고생시키려고 하느냐."

그러자 노파의 아들이 말했다.

"그런 다 죽어 가는 꼴을 해서 어딜 갈 수 있다고 그러세요. 두 제수님께서 이왕 온 바에 조카 일생 대사를 위해 수고 좀 해주세요."

그러자 노파는 며느리도 꼭 따라가야 한다고 했다.

그렇게 되어 노파와 노파네 집 며느리 그리고 영감네 두 며느리 이렇게 넷이 신부를 맞으러 배를 타고 떠나갔다. 그런데 아무리 기다려도 그들이 돌아오지 않았다. 그러자 노파의 아들은 이게 도대체 어떻게 된 영문인가, 내가 가보자 하고 배를 탔는데, 노파의 손자도 자기도 따라가 보겠다고 배에 올랐다.

그 이튿날 날이 밝아 영감네 부자가 아무리 그들을 찾아다녀도 그들을 찾을 수 없었다. 그런데다가 후에 알고 보니 그 집도 노파네 집이 아니었다. 대여섯 달 전에 노파네가 와서 임대해 들었는데, 그 노파네가 도대체 어디서 왔는지 자기도 모른다고 집주인이 말했다.

하는 수 없이 그들이 자기네 집으로 돌아오니 친구들이 찾아와서 며느리들이 빌린 장신구와 의복을 채근했다. 노인은 그것을 갚느라고 집에 모아 두었던 돈을 다 써버렸다. 그런데다가 두 며느리의 본갓집에서는 자기네 딸들이 없어졌다고 그 집 부자 셋을 관가에 고발했다.

영감네 부자 셋은 속이 상해 목을 매어 자살하고 말았다.

나귀를 훔친 여인들

여인들 셋이 각각 당나귀 한 마리씩 삯 내어 타고 길을 가는데, 나귀 주인은 그 뒤를 걸어서 따라갔다.

그렇게 얼마를 가다가 그중 한 여인이 은밀한 곳으로 찾아 들어가 볼일을 보겠다고 나귀 등에서 내리려고 했다. 그러면서 그 여인은 다른 두 여인을 보고,

"내 금방 따라가겠으니 천천히 가라."

고 외쳤다.

그러고는 나귀 주인한테 추파를 던지고 농담을 하며 나귀 주인한테 안겨 나귀 등에서 내렸다.

볼일을 다 보고 다시 나귀 주인의 부축임을 받으며 나귀 등에 오른 여인은 갑자기 가슴이 아파 나귀를 빨리 몰 수 없다고 했다.

그러자 그 여인한테 얼마간 마음이 동한 나귀 주인은 그럼 뒤에서 천천히 오라고 말하고는 앞에 간 여인들을 불러 세우려고 달려갔다.

그런데 꽤나 달려갔는데 웬일인지 두 여인이 보이지 않았다. 그래서 길옆에 서서 뒤에 처진 여인이 오기를 기다렸는데 아무리 기다려도 오지 않았다.

앞에 있던 두 여인도 나귀를 몰고 달아난 지 오래지만 뒤에 처졌

던 여인도 나귀를 돌려세워 다른 방향으로 달아난 지 오래였다.

이렇게 나귀 주인은 여인 셋한테 나귀 세 마리를 한꺼번에 잃어버렸다.

주화범 朱化凡

오강에 있는 주화범은 봉사인데, 점을 잘 쳤다. 그래서 주화범의 집은 나날이 부유해졌다.

그러던 어느 날 오후 서너 시쯤 되었는데, 청의를 입은 젊은 여인 둘이 갑자기 찾아와서, 자기 주인님이 점칠 일이 있어서 모시는 길이니 어서 배를 타고 가자고 했다. 자기네 주인은 호락호락하지 않은 귀공자이기에 비위를 거슬렸다가는 재미가 없다는 협박까지 했다.

주화범은 어쩐지 심상치 않아서, 내일 일찍 가보면 안 되느냐고 했더니, 그 여인 둘은, 급히 점칠 일이 있어 그러는데 지체했다가는 큰일이 난다고 주화범을 막 끌었다. 주화범은 하는 수 없어서 여인들을 따라갔다.

한동안 그렇게 걸어서 그들은 어느 편벽한 곳에 있는 배에 올라탔다. 배 위에는 무슨 사람들인지 왔다 갔다 하는 사람들이 적지 않았다.

어떤 사람이 주화범에게 자리를 권하고 차를 대접하게 하더니 이런 엉뚱한 소리를 했다.

"우리는 화적패요. 우리가 당신을 모셔온 것은 점칠 일이 있어서가 아니라 다른 부탁이 있어서요. 오늘밤 우리가 부호집 중 한 집을 털어야겠는데, 우리 두령을 좀 맡아 주시오."

"그게 무슨 말씀이시오! 보다시피 나는 눈먼 봉사인데, 봉사가 어떻게 두령이 된단 말이오."

"그건 괜찮소. 그저 하룻밤만 부호집 대청에 앉아서 나무 판대기로 탁자를 탕탕 치면서, '이 죽일 놈들! 보물을 어서 갖다 바치지 못하겠느냐!' 고래고래 호령만 하면 되오. 그러면 앗은 재물을 반분해 드리겠소. 그러나 우리 말대로 하지 않으면 몇 토막을 내어 강물에 처넣어 물고기 밥을 만들 줄 아시오."

주화범은 그런 짓을 하기 싫었지만 물고기 밥이 안 되려면 하루 저녁쯤 그런 짓을 하는 것도 괜찮겠다고 생각했다.

밤이 깊어 주화범은 여러 사람들에게 옹위擁衛되어 한 대청에 이르렀다. 그는 도적들이 대주는 대로 나무 판대기로 탁상을 탕탕 내리치면서 고래고래 소리를 질렀다.

"이놈들아, 죽지 못해 환장이 났느냐? 어서 보물을 있는 대로 못 가져오겠느냐? 이 죽일 놈들아, 당장 가져오지 못할까!"

강도들이 그 집 재산을 모조리 다 가지고 이미 다 달아났는데도 주화범은 그것도 모르고 탁상을 탕탕 내리치며 소리를 지르고 있었다.

그 소리에 그 집의 여주인은 도적들이 아직도 가지 않고 있나 보다, 겁이 나서 부들부들 떨며 방 안에서 나오지도 못했다. 그러다가 보니, 이 도적이 오직 하던 소리만 밤새도록 하고 있는지라 이상한 생각이 들어서 살금살금 나가 문틈으로 가만히 내다보았다. 다른 도적들은 다 가고 없고 도적 하나만 남아서 같은 소리를 되풀이하고 있는데 어쩐지 그 음성이 귀에 익었다.

그래서 달려나가 도적을 잡아 결박하고 촛불을 밝혀 보니, 다른 사람이 아니라 자기 남편 주화범이었다.

원래 화적들이 털어 간 집은 다른 사람의 집이 아니라 바로 주화범의 집이었다.

황철각 黃鐵脚

황철각은 도적질하는 데 고수였다.

그 이웃집이 술을 파는 술집인데, 하루는 황철각이 가서 외상술을 좀 달라고 했다. 그런데 주인은 외상은 못 준다고 했다. 그러자 황철각은 술집 주인을 보고 웃으면서,

"안 되겠군, 그렇게 인색하게 굴다니. 어디 보라고, 내가 임자네 술 주전자를 훔쳐다 팔아 술 바꾸어 먹을 테니."

하고 이죽거렸다.

그날 밤 술집 주인은 술 주전자를 방에 가져다가 머리맡에 놔두고 창문과 방문을 모두 꽁꽁 닫아걸었다. 이런데 무슨 재간으로 술 주전자를 훔쳐 간단 말이냐, 술집 주인은 안심하고 잠을 잤다.

그런데 그 이튿날 날이 밝아 깨어나 보니 머리맡에 놔두었던 술 주전자가 보이지 않았다. 그런데 집 안을 둘러보니 창문도 방문도 모두 그대로 닫아 건 채로 있었다. 그래서 얼른 다른 술집에 가보니 자기 집 술 주전자가 거기에 있었다. 황철각이 가져다 놓은 것이란다.

술집 주인이 황철각을 찾아가서 어떻게 술 주전자를 훔쳐냈는가 물었더니 황철각은 이렇게 말했다.

"가는 참대 꼬챙이를 마디 사이가 서로 통하게 속을 뚫은 다음 한 끝에다가 돼지 오줌통 아구리를 씌어 매네. 그리고 그 끝에 단 돼지 오줌통을 술 주전자 아구리 안에 밀어 넣고 이쪽 참대 끝으로 바람

을 불면 돼지 오줌통이 바람에 부풀어오르면서 술 주전자 아구리가 단단히 막히게 되는데, 그럴 때 참대 꼬챙이를 들어 당기면 술 주전자가 둥둥 떠서 딸려 오지 않느냐."

쇠경을 훔치는 도적

어느 마을에 경 읽기를 좋아하는 노파가 살았는데, 그 노파의 집에 구리로 된 옛날 쇠경磬이 하나 있었다.

그 말을 들은 한 도적이 그 쇠경을 훔칠 꾀 하나를 생각해 냈다.

그는 돌 하나를 보퉁이에 싸 갖고 등에 지고는 장사치로 가장하여 노파 집 앞에 가서 물건을 사라고 불렀다.

"무얼 파시오?"

노파의 이웃이 물었다.

"쇠경을 팔지요. 구리로 된 쇠경 말입니다."

도적이 노파 집으로 들어가 보니 마침 대청 안에 사람이 없었다. 그는 얼른 보퉁이를 풀어 돌을 내려놓고 노파네 쇠경을 보퉁이에 쌌다. 그리고 떠나면서 안에다 대고 소리쳤다.

"쇠경 사시오. 쇠경 안 사겠습니까?"

그러자 방 안의 사람은 내다보지도 않고 소리쳤다.

"안 사요. 우리 집에도 있어요."

도적은 히쭉 웃으면서 노파의 집을 나섰다. 그러는 동안 집안 사람이나 집 밖의 사람이나 도적이 쇠경을 싼 보퉁이를 갖고 간다고는 누구도 생각하지 않았다.

절름발이 서생

어떤 금바치가 장거리에서 자기의 수공 재간을 자랑하고 있는데, 의복을 잘 입은 한 절름발이 서생이 그리로 다가오면서 혼잣말로 중얼거렸다.

"개 같은 벼슬아치, 어디 두고 보자. 그런 일로 나를 그렇게 때린단 말이지. 내가 복수를 안 할 줄 알아."

그러고는 금바치 곁에 와서 고약을 꺼내더니 금바치가 금을 녹이는 화로에 고약을 불에 쪼여 녹였다. 금바치는 서생이 그 고약을 서생의 상처에 붙이려고 그러는 줄로 생각하고 관계하지 않았다.

그런데 이 절름발이 서생은 고약이 녹자 그 고약을 얼른 금바치의 낯에다가 탁 부쳤다. 금바치는 낯이 뜨거운 바람에 얼른 손으로 고약을 떼느라고 야단이었다. 그러는 사이 그 절름발이 서생은 금바치가 만들어 놓은 금 수식들을 집어 달아났다.

어떤 집 앞에 쌀자루들을 가득 쌓아 놓았다. 그런데 배가 남산만 한 한 절름발이가 절뚝거리며 걸어와서 그 쌀자루 위에 앉아서 잠간 쉬는 것이었다. 당시 많은 사람들이 그것을 보았지만 누구도 별다르게 생각하지 않았다.

그런데 무슨 방법을 썼는지 그 절름발이가 쌀 한 자루를 겨드랑이에 끼고 남모르게 절뚝거리며 달아났다.

쌀 임자는 후에야 그 절름발이가 자기네 쌀을 훔쳐 달아났다는 것을 알았다.

원래 그 도적은 절름발이가 아니었다. 그리고 그 큰 배는, 옷가지들을 넣어 그렇게 남산만하게 만든 것이다.

외다리 도적

다리 하나가 없는 외다리 도적이 있었다. 그렇지만 남의 집에 담 넘어 들어가 도적질하는 데는 남들 못지않았다.

어느 날 밤, 외다리 도적은 다른 도적 둘과 같이 성이 거씨라는 집에 도적질을 하러 들어갔다.

외다리 도적이 집 안에서 훔친 재물을 상자에 넣으면 다른 두 명의 도적은 지붕 위에서 밧줄을 내려 그 상자를 끌어올렸다. 그러고는 그 상자에 담았던 재물을 부리고 또 다시 상자를 아래로 내려보냈다.

이렇게 몇 번을 올리다가 외다리 도적은, 이 상자까지 올라가면 재물이 거진 다 올라가는데, 저것들이 나를 여기 놔두고 달아나면 큰일이 아닌가 하는 생각이 들었다. 그래서 이번에는 자기도 상자 안에 들어갔다.

그 큰 상자를 끌어올린 두 도적은 아니나 다를까, 이렇게 수군덕거렸다.

"이 상자가 이렇게 무거운 걸 봐서는 값진 재물은 여기 다 들어 있는 것 같다. 저놈은 여기다 두고 우리만 이 상자들을 메고 가세. 그러면 한몫 더 돌아가게 되잖아."

그러고는 두 도적은 그 상자를 메고 교외로 달아났다.

"외다리 도적이 귀신 같다고 하더니, 히히 이제 재미나는 일이 생기겠군."

한 놈이 이러자 다른 한 놈은,

"지금쯤은 주인한테 잡혀 경을 좀 칠 거다, 히히."

하고 좋아했다.

그들은 이렇게 한동안 달음질치다가 힘이 들어 길가에 퍼질러 앉아 숨을 돌렸다.
 상자 안에 있던 외다리 도적이 들어 보니 부근 민가들에서 나는 사람들의 말소리가 들렸다. 이제 날이 다 밝은 모양이라고 생각한 외다리 도적은 때가 되었다고 생각하고 상자 뚜껑을 열고 일어서면서 크게 소리쳤다.
 "도적이야! 도적이야! 강도들이 내 재물을 훔쳐 간다오. 도적 잡아라! 도적!"
 그러자 두 도적은 그만 놀라 허겁지겁 달아나 버렸다.
 그래서 그 장물은 모두 외다리 도적의 것이 되었다.
 이 일은 하대복何大復이 쓴 『벽도편甓盜篇』에 기재되어 있다.

경성의 어느 도인

 단약丹藥을 만드는, 연단술이 묘하다는 도사 하나가 경성에 왔는데, 나이가 이미 300살이 넘었단다. 그런데 얼굴에 주름살 하나 없이 새파랗게 젊은 사람과 마찬가지였다.
 그러자 늙기를 싫어하는 많은 사람들이 그 도사가 만든 단약을 많은 돈을 내고 다투어 샀다. 그를 모셔다가 강학을 듣는 사람도 부지기수였다.
 그러던 중에 조정의 대신 몇도 같이 도사의 집을 찾아가서 한담을 했는데, 문지기가 들어와서,
 "공자님께서 나으리를 보시러 시골에서 올라왔습니다."
하고 아뢰었다.
 그러자 도사는,
 "눈이 멀었느냐, 대신님들 말씀을 듣고 있는데 그따위 일로 방해

를 하느냐."

하고 문지기를 나무랐다.

그러자 대신들은 손을 내저으며,

"괜찮습니다. 나무라지 마십시오. 정말 그러지 마시고 이 집 아드님을 우리도 좀 봅시다."

하고 말했다. 도사는 미간을 찌푸리더니 성가신 듯이 한마디했다.

"그럼 그 녀석을 들여 대감들께 인사드리게 해라."

조금 있더니 허리가 꼬부라지고 머리가 파뿌리같이 하얗고 눈도 잘 보지 못하는 한 늙디늙은 영감이 들어오더니 도사에게 먼저 문안을 드리고 다음은 대신들에게 인사를 올렸다.

그러자 도사는 손사래를 해서 그 영감을 물리쳐 보내고는 손님들한테 이렇게 말했다.

"글쎄, 저 미련한 자식이 고집은 얼마나 우직한지, 그렇게 먹으라는 단약을 아니 먹다가 저 모양 저 꼴이 되었지 않습니까. 나이 이제 겨우 100살밖에 안 되는데 저 모양이 되었단 말입니다. 그래서 시골 별장에서 세월이나 보내게 하고 있지요."

그 말을 들은 대신들은 단약의 신묘함을 더욱 믿게 되었다.

그런데 후에 누군가 도사와 극친한 친구한테 그 일을 물어 보고서야 그 허리 꼬부라진 백발 노인이 도사의 아들이 아니라 기실 도사의 아버지임을 알았다.

단객 丹客

연단술에 능하다는 단객이 하나 있었는데, 집에 노복들도 많고 미인들도 많았다. 그는 날마다 미녀들을 데리고 서호에 와서 술을 마시며 놀았는데, 술잔을 비롯하여 기명들이 모두 금이나 은으로 만든 것이었다.

부자 하나가 그것이 하도 부러워서 그 사람한테 다가가서 물었다.

"선생은 무슨 방법으로 이렇게 대단한 부호가 되었습니까?"

"연단술에 성공하면 이렇게 재물을 모을 수 있지요."

그래서 부자는 그 연단술에 능하다는 단객과 첩을 자기 집에 모시고 2천 금을 내놓으면서 단약을 만드는 법을 가르쳐 달라고 했다.

단객은 연단하는 재료들을 넣고 연단로에 불을 달아 한 열흘 단약을 달였다. 그러면서 수염이 긴 자 하나를 남모르게 불러 부호의 집을 찾아가서 단객한테 이런 거짓말을 하게 했다.

"선생님 집에 갑자기 상사가 났습니다. 어서 집에 돌아가 보십시오."

그러자 단객은 비통한 기색으로 부호에게 말했다.

"집에 일이 났으니 하는 수 없이 잠시 집에 가서 장례를 봐야겠습니다. 연단로는 저희 내인과 같이 보십시오. 일이 끝나는 대로 즉시 돌아오겠습니다."

그리고 단객은 은밀히 첩을 불러 자기가 없는 사이 주인을 유혹해 사통하라고 당부하고는 사전에 이미 연단로에서 몰래 빼낸 단약을 가지고 부호 집을 떠났다.

단객이 간 다음 부호는 단객 첩의 추파에 홀려 여러 번 정을 통했다.

그러던 어느 날, 단객이 돌아와 연단로를 열어 보더니 소리를 질렀다.

"아니, 이게 무슨 일인가? 단약이 하나도 달여지지 못했구나. 무슨 부정을 탄 모양이다. 도대체 무슨 짓거리를 했기에 연단이 이 꼴이 되었느냐?"

그러면서 자기 첩을 심하게 타박하고 부호에게 따졌는데, 부호는 하는 수 없이 자기가 한 짓을 승인했고, 숱한 재물을 내놓으면서 제발 용서해 달라고 빌었다.

단객은 그제야 부호를 욕하며 떠나갔다.

부호는 그렇게 해서라도 무사하게 단객을 보냈으니 다행이라고 마음을 놓았다.

기실 그 단객이 서호에서 술을 마시며 쓰던 금기명들과 은기명들은 모두 가짜였다. 그리고 단객의 그 첩도 기실은 청루에 돈을 내고 데리고 온 기생이었다.

탐욕스럽고 호색한인 부호는 이렇게 단객의 간계에 걸려 돈만 숱하게 빼앗겼다.

명나라 가정 연간에 감생이 하나 있었는데, 책도 많이 읽고 구변도 좋았으나, 연단술을 너무 믿는 것이 흠이었다.

연단술에 능하다고 자칭하는 한 단객이 먼저 재간을 좀 보여 감생의 호기심을 잔뜩 불러일으켜 놓았다. 그러고는 막상 감생이 자기 돈을 몽땅 내놓으면서 연단술을 가르쳐 달라고 하니 그는 그 돈을 가지고 어디론지 달아나 버렸다.

그래서 감생이 그를 찾아다니다가 하루는 우연히 만나게 되었는데, 단객은 감생을 술집으로 끌고 가 술대접을 하면서 사과했다.

"이거 참 미안하외다. 나는 돈만 있으면 금방 다 써 버리곤 하는 사람이라오. 그러나 근심 마시오. 그 돈을 내가 떼먹을 줄 아시오. 그럴 수 없지. 나는 그런 사람이 절대 아니오. 나는 산동 한 대부호와 이미 약정했는데, 우리 스승님이 오시면 연단을 시작하기로 했소. 돈 쓸 일이 급하신 모양인데, 그러면 이렇게 합시다. 미안한 대로 선생이 당분간 우리 스승님으로 나서 주시오. 그래서 부호한테서 돈을 받으면 내가 즉시 갚아 드리겠소"

감생은 어서 돈부터 찾고 봐야겠다는 생각에, 단객이 하라는 대로 하기로 했다.

감생은 까까머리에 승인 복장을 하고, 단객은 감생을 스승으로 대접하며 대부호 집에 이르렀다.

대부호가 승인 복장을 한 감생을 모셔들이고 그와 이야기를 나누다 보니 처음 생각과는 달리 대단히 박식한 승인인지라 그 대접이 매우 열성적이었다. 그리고 이런 스승 문하의 학생이니 연단술이 보통이 아니겠지 하고 믿어서 단객이 연단하는 일에 그다지 참견하지 않았다.

그러는 사이에 이 단객이 또 대부호 집안의 재물을 훔쳐 가지고 달아났다.

대부호는 스승이라는 감생을 관가에 잡아갔다.

감생은 관가에서 통곡하면서 자기가 당한 일을 얘기해서야 겨우 풀려 나왔다.

친구들은 머리를 빡빡 깎고 고향으로 돌아온 감생을 보고 모두 비웃으며 손가락질했다.

　　금전을 여색과 바꾼 것은 돈이 좀 많이 들었을 뿐이지 돈을 몽땅 사기당했다고는 할 수 없다. 어쨌든 재미는 보았으니까. 이에 비하면 그 잘난 스승님 소리 한번 듣겠다고 머리까지 밀어 버린 일은 정말 값이 없는 일일 것이다.

근년 곤산이라는 곳에서도 단객한테 속아 돈 천 금을 떼인 사람이 있다. 성이 난 그는 그 단객을 잡는 사람에게는 포상을 하겠다고 선포했다. 그런데 며칠이 지나 한 사람이 찾아와서 그 단객이 동문 밖 주막집에서 친구들과 술을 먹고 있다고 알려주었다. 돈을 떼인 사람이 주막집을 찾아와 들여다보니 과연 단객이 친구들과 한 상에 앉아서 술을 먹고 있기에 밀고한 사람에게 고맙다고 상금을 주고는 주막집에 들어갔다. 그러자 단객이 보고 벌떡 일어나면서 웃는 낯으로 그를 끌었다.

"자, 여기서 그 말은 마시오. 그 돈은 여기 있소. 전부 돌려주겠으니 만난 김에 술이나 한잔합시다. 이제 내가 어디로 달아나겠소."

단객을 잡아 돈을 찾게 되었다고 그 사람이 기뻐하며 술을 먹는데 좀 있다가 단객이 일어서면서 밖에 잠깐 나가 소변을 보고 오겠다고 했다. 그런데 나간 단객이 돌아오지 않았다. 그 사이 단객은 벌써 어디로 도망쳤는지 그림자도 보이지 않았다. 그래서 같이 한 상에 앉아서 술을 먹던 사람들에게 물어 보니 그들은 그 단객과 생면부지란다.

그제야 그는 그 밀고자도 단객과 한 무리라는 것을 알게 되었다. 결국 곤산 그 사람은 단객을 잡으려고 현상금까지 내걸었다가 그 돈마저 떼인 꼴이 되고 말았다.

사기치는 중

생김새가 괴상한 중이 있었는데, 그는 한번 밥을 먹으면 며칠을 먹지 않고도 산다는 소문이 널리 퍼졌다. 그는 쌀 한 알 가지지 않고 오직 가사 하나에 바리 하나만 달랑 들고 휘주 상인의 뗏목 위에 앉아 오는데, 열흘 동안이나 밥 한술 먹지 않고도 주린 빛 하나 없이 앉아 있었다.

그 소문이 퍼지자 선남선녀들이 모두 그를 활불活佛로 공양했다.

그러자 중은 이렇게 말했다.

"나는 본디 한 사원의 방장인데, 사원이 무너져 시주를 얻어 그걸 수선하려고 이렇게 다니는 길입니다. 여러분들께서 도와주시면 그 공덕이 무량할 줄 아오이다."

그러고는 장부책을 펼쳐서 매 사람들 이름을 거기에 적게 하고, 어느 달 어느 날 사원에서 만나기로 약정을 했다.

그날이 되어 신도들이 그 사원으로 찾아갔는데, 사원은 확실히 대청이 무너져 앉아 있었지만 웬일인지 중들도 하나 보이지 않고 시주하는 신도들도 왔다 간 흔적이 보이지 않았다. 그래 이상하다 하고 안으로 더 들어가 보니 그 화상과 용모가 비슷한 불상이 하나 있는데, 가슴에는 저번에 신도들이 서명한 장부책이 안겨 있지 않겠는가.

그가 정말 부처의 화신이라고 생각한 사람들은 놀라서 다투어 염낭을 털어 단번에 천 금이나 되는 돈을 모아 불상 앞에 바쳤다. 그리고 또 소문이 나면 불리할까 봐 서로 말을 하지 못하게 했다.

그러다가 후에야 사람들은 그 중이 자기의 기괴한 생김새대로 불상을 만들어 신도들을 우롱했다는 것을 알았다. 그리고 그 중이 열흘이나 아무것도 먹지 않고도 산다는 일도 기실은 거짓말이었다. 그는 삶은 소고기를 염주알같이 만들어 그것을 목에 걸고 다니다가 남이 보지 않을 때 떼어서 먹었다. 그러지 않고서야 제가 귀신이 아닌 터에 어떻게 열흘이나 굶고 살 수 있겠는가.

문향이라는 곳에 중이 하나 있었다.

부근 한 농가에서 살찐 소 한 마리를 늘 풀밭에 내놓는 것을 본 중은 자기 맨머리에 소금을 발라 가서 소에게 핥게 했다. 그런 일이 한

두 번이 아니고 매일 연속되자 소는 습관이 되어 중이 오기만 하면 중의 까까머리를 혀로 핥았다.

그러던 어느 날 밤, 그 중은 소 임자를 찾아가서 울면서 하소연했다.

"이 집의 소는 전생에 소승의 아버님이셨습니다. 간밤에 부처님께서 현몽하시어 부탁한 말씀이 있으니 저 소를 저에게 돌려주면 고맙겠습니다."

주인은 그게 무슨 소리냐고 소를 끌어와 보았더니 그 소가 중을 보자 다가가서 중의 머리를 핥지 않겠는가. 주인은 중의 말이 정말이로구나, 그러면 아들한테 아비를 주어야지, 우리 집에 두면 무슨 불길한 일이 날지 모른다고 그 소를 중에게 돈 한푼 받지 않고 주었다.

화상은 그 소를 잡아 육포를 만들어서 죽장 안에 넣고 다니면서 신도들 앞에서는 자기는 금식을 하고 있다고 했다. 그런 방법으로 사람들을 속이고 돈을 벌었다.

후에 미신을 믿지 않는 현령이 와서 그 화상의 대소변을 검사하고 그 기만술을 밝혀 냈다.

백철여 白鐵餘

백철여는 원래 연주의 호인이다.

그는 미리 인적이 드문 황량한 골짜기에 있는 한 송백나무 아래에다가 불상 하나를 파묻어 놓았다. 그러고는 그 송백나무 주위에 풀들이 무성하기를 기다려서, 그 골짜기 안에서 불광이 비친다고 사처를 다니면서 선양했다. 그래서 몇 백 명이나 되는 사람들을 모아서 제단을 세우고 목욕재계를 하고 부처님의 강림을 맞이한다고 기도를 드렸다.

그러고는 일부러 이곳저곳 다른 데를 파헤치면서, 불상이 나타나지 않는 것을 보면 모두들 신앙이 굳지 못하고 정성이 부족해서 그런 것 같으니, 아무래도 금 같은 것을 시주해야 부처님이 현령할 것 같다고 했다.

그래서 사람들이 100금을 모아 바치니 백철여는 그 송백나무 아래에서 불상을 파냈다.

그 소문이 퍼지자 성스러운 부처님을 보러 오는 신도들이 날로 많아졌다.

백철여는 그 다음에는 불상에다 황색 승포와 자색 가사를 여러 겹 입혀 놓고는 한 겹을 벗기면 시주들이 돈 한 번씩 내게 했는데, 방원 몇 백 리 안의 선남선녀들이 매일 연락부절로 찾아와서 참배를 하고 시줏돈을 냈다.

시일이 오래 지나자 백철여는 신도들을 모아서 하나의 역세력을 만들어 광왕 군사라는 반란군을 묶었다.

후에 정무정이 조정의 명을 받고 반란군을 평정하고 백철여를 잡아서 목을 베었다.

유룡자 劉龖子

당고종 때 유룡자라고 자칭하는 자 하나가 금룡 한 마리를 만들었다. 금룡이라고 해야 온몸이 다 금이 아니라 용 대가리는 금칠을 했지만 몸 속은 꿀물을 풀어 넣은 것이다. 그는 용 대가리는 소매밖에 나오게 하고 그 몸뚱이는 소매 안 팔에다가 감고 다니면서 사람들이 모인 데 가서, 용이 침을 흘리는데 그 침을 받아먹으면 백병이 다 나아 무병장수할 수 있다고 했다. 그래서 많은 사람들이 많은 돈을 내고 그 꿀물을 용의 침으로 알고 조금씩 먹곤 했는데, 어떤 사람들은 그것을 먹고 병이 나았다는 소문이 돌았다. 그래서 모여드는 사람이 날이 갈수록 많아지고 유룡자한테 들어오는 돈도 날이 갈수록 많아졌다.

후에 유룡자는 역모를 했다는 죄로 잡혀 사형을 당했다.

마태수

홍고주의 마태수한테 한 가난한 친척이 찾아와서 구제를 바랐다.

그러자 마태수는 그 친척을 성안에 이사오게 한 다음 법력이 있는 도사로 자칭하고 병을 보게 했다. 그리고 구변 좋은 수하 하나를 시켜 돌아다니며 그 도사의 법력이 얼마나 높은지, 절름발이도 나는 듯이 달리게 하고 봉사도 눈을 번쩍 뜨게 한다고 선양하게 했다. 그리고 마태수는 사람을 파견하여 병 고치러 온 사람한테는, 병이 일시 낫지 않아도 다른 사람들한테는 차도가 많다고 해야 앞으로 병이 낫지 그렇지 않으면 영원히 병을 고치지 못한다고 위협했다. 그러자 도사한테 병을 보인 사람들은 모두 병이 훨씬 낫다고 말했다.

그러자 사방에서 병 고치겠다고 모여드는 사람이 매일 줄을 서서 도사의 재산이 나날이 늘어갔다. 마태수의 이 친척은 반달이 못 되어 거부가 되었다.

가짜 황제

당나라 희종은 여러 번 사복을 하고 사원들을 돌아다닌 적이 있다.

그런데 간교한 자 하나가 대안국사 안에 강회 진주관進奏官이 가져다 놓은 오주의 능라가 천여 필이나 있다는 것을 알았다.

그래서 이자는 자기 무리들과 그 능라를 빼낼 모의를 했다.

그는 자기들 무리 안에서 희종의 초상화와 얼굴이 비슷한 자 하나를 골라서 목욕 훈향을 시킨 다음 황제가 사원을 다닐 적에 입는 사복을 입히고는 노복 서넛을 딸려 대안구사로 보냈다.

그런데 마침 그때 걸인 둘이 안국사에 와서 돈을 빌었다. 가짜 희종은 그들을 보고 돈을 얼마 주었는데 그들이 가서 얼마 되지 않아서 숱한 걸인들이 모여 와서 가짜 황제를 보고 돈을 달라고 했다.

마음이 한량없이 좋은 황제는 걸인들이 달라는 대로 돈을 주었다. 그러자 몰려드는 걸인들이 끝이 없었다.

황제는 걸인들에게 돈을 주면서 대안국사 방장을 돌아보며 물었다.

"이 사원에 당분간 꿔 줄 물건이나 돈이 없는지 모르겠소."

방장이 대답하지 못하고 잠시 머뭇거리는데, 가짜 황제 곁에 서 있는 수종이 자꾸만 방장한테 눈짓을 했다. 방장은 그 눈짓이 무서워서 얼른,

"다른 것은 없고 창고 안에 다른 사람이 보관해 놓은 능라가 천 필 있사옵니다."

그러고는 그 능라를 전부 꺼내 왔다. 황제는 그 능라를 모두 걸인들에게 나누어주었다.

그런 후 수종이 방장에게 이렇게 말했다.

"내일 아침 궁문에 와서 나를 찾으시오. 그러면 내가 방장님을 데리고 입궁하겠소이다. 황상께서 내주는 상이야 물론 적지 않을 거요."

그리고 가짜 황제를 따라 수종은 말을 타고 갔다.

그런데 방장이 몇 달 동안 매일 궁문 밖에 가 기다려도 그 수종은 그림자도 보이지 않았다.

그제야 방장은 가짜 황제한테 속았다는 것을 알았다. 그 걸인들도 모두 그 가짜 황제의 동당들이었다.

남경의 도사

명나라 만력 연간에, 산서에서 온 상인 하나가 남경성 삼산가에 모피점을 하나 꾸렸다.

그런데 어느 날, 손님 하나가 도사 하나를 데리고 와서 금 100여 냥 어치 모피들을 사려고 했는데, 요구하는 규격과 종류가 남달라 일시에 모두를 구할 수가 없었다. 그러자 손님은 금 한 정을 선불하면서 요구하는 모피들이 다 모여지면 금액을 마저 지불하겠다고 했다.

그러고는 그 이튿날부터 객은 모피를 채근한다면서 늘 모피점을 오곤 했는데, 와서는 무슨 일인지 도사와 같이 여기저기를 가리키며 수군거렸다.

그 일이 하도 이상하여 모피점 주인이 왜 그러느냐고 객에게 묻자 객은 아무 말도 없었다.

모피점 주인이 하도 사정하자 객은 다른 사람들이 없는 데로 모피점 주인을 끌고 가서 이렇게 말했다.

"우리 그 도사는 기氣를 잘 보지요. 기 보는 일에는 세상 그를 따를 사람이 없단 말이오. 옛날 진시황 시대 누군가 강남에 천자의 기가 있다고 하여 진시황이 그걸 눌러 버리느라고 강남에다 숱한 금을 박아 놓은 일이 있지요. 그래서 후세 사람들은 남경을 금릉이라고 했단 말이오. 그런데 문제는 진시황이 그 금을 어디에 묻어 놓았는지 지금까지 누구도 모른단 말입니다. 그런데 요 며칠 밤 우리 도사 형님이 그 보물의 기가 허공에 떠 있는 곳을 보고 오랫동안 땅에 파묻혀 있던 그 금이 나오게 되었다는 걸 알았는데, 그 금이 도대체 어디에 매장되어 있는지 그 정확한 위치는 잘 몰랐던 겁니다. 그런데 요 며칠 자세한 관찰을 거쳐서 지금은 그 위치를 알아냈습니다. 놀라지 마세요, 그곳이 모피점 담장 안 세 번째 집 땅속입니다. 당신께서 성심으로 기도만 잘 드리면 땅속에 있는 그 보물들을 파내어 세상에 둘도 없는 거부가 될 수 있습니다."

그 말을 들은 모피점 주인은 매우 놀라는 눈치였다.

"세 번째 집이라면 내가 자는 내실인데, 그렇다면 그걸 어떻게 파낸단 말입니까?"

"글쎄, 그건 우리 도사 형님한테 물어봐야 한다니까요."

그러자 도사가 물었다.

"내실을 좀 보여 줄 수 있겠소이까?"

"있고말고요. 어서 갑시다."

도사는 내실을 찬찬히 살펴보고 나서 이렇게 말했다.

"확실히 여기요. 여기서부터 저 끝까지 석 장 넓이가 금이 파묻혀 있는 곳이오. 몇 천 년이나 파묻혀 있던 금이 이제야 세상 빛을 보다니, 이것도 아마 하늘의 조화겠지요. 당신도 운이 좋은 분이오. 그렇지 않으면 어떻게 나 같은 사람을 만나서 이런 일을 알았겠소. 안 그렇소? 자, 이제는 길일을 택해 천지신명께 제를 지내고 일꾼들을 대어 밤에 남들이 다 잘 때 이 밑을 파시오. 다섯 자만 파면 금들이 번쩍번쩍 나올 겁니다."

모피점 주인은 그 말을 곧이듣고 도사와 같이 길일을 택했다.

그날 점심때가 지나자 그 객과 도사가 모피점에 왔다. 그들은 아주 경건한 태도로 천지신명에 제를 지냈다. 그런 다음 도사가 머리를 풀어 내리고 검을 짚고서 무어라고 중얼중얼 한동안 도법을 했다. 그러고는 모두들 저녁을 먹었다.

밤이 깊어 일꾼들이 땅을 파기 시작했다. 그런데 다섯 자가 아니라 열 자 깊이를 파 내려가도 금은 한 조각도 보이지 않았다.

그런데 날이 훤히 밝자 밖에서 대문 두드리는 소리가 요란하게 들렸다.

문을 여니 도독都督의 관복을 입은 사람이 들어오는지라, 모피점 주인은 놀라서 얼른 부복을 하고 이마를 조아렸다.

도독은 모피점 주인을 일으켜 세운 뒤 이렇게 말했다.

"듣자 하니 진시황이 묻어 놓은 보물들을 캐냈다면서? 그러면 자네는 전국에서도 으뜸가는 갑부가 아닌가? 그래 내가 특히 성지를 받들고 자네를 찾아왔네. 지금 나라 재정이 곤란하고 변경이 긴급한데 자네가 적어도 수만 금을 내어서 나라를 도와야겠네. 물론 그 공적이야 조정인들 모른 체하겠는가. 큼직한 작위 하나는 문제없을 거네."

모피점 주인은 등골에 식은땀이 쭉 나서 고꾸라지듯 부복을 하며 사정했다.

"그런 것이 아니올시다. 아무것도 못 파냈사오이다. 믿지 못하겠으면 친히 들어가 보시옵소서."

그런데 이때 도사와 객인은 도독 앞에 무릎을 꿇고, 예상하던 대로 그렇게 많은 금은 나오지 않았지만, 확실히 적지 않은 금이 있다고 새빨간 거짓말을 했다.

이렇게 되니 모피점 주인은 입이 열 개라도 변명을 하지 못하게 되었다. 그는 더 큰 화가 생길까 봐 3천 금을 내주고 그 일을 마무리지었다. 물론 객이 낸 모피 값도 전부 도로 돌려주었다.

그 다음부터 모피점 주인은 다시 일어서지 못했다.

『태평광기太平廣記』에는 이런 일이 기재되어 있다.

성이 설씨라는 노인이 아들 둘을 데리고 농사를 짓고 있었는데, 하루는 도사 하나가 찾아와 물 한 그릇을 달라고 했다. 그래 물을 주면서 도사와 한담을 나누다 보니 노인은 도사의 학식이 마음에 들었다.

그런데 도사가 노인 집을 돌아보더니 풍수가 좋다고 연신 감탄하면서, 여기서 동남쪽으로 100보쯤 나가면 소나무가 다섯 그루 있지 않느냐고 물었다.

노인은 그 나무들이 자기네 나무들이라고 대답했다.

그러자 도사는 좌우를 물리치고는 노인에게 은밀히 말했다.

"그 소나무 아래에 황금 100만 냥이 묻혀 있고, 보검이 두 자루 있습니다. 나는 그 기氣를 오래전부터 보고 그 보물을 찾아다녔습니다. 시기를 놓치지 말고 서둘러 그 황금을 파내십시오. 그 황금은 시주를 하여 공덕을 쌓는 데도 쓸 수 있겠지만, 그 보검은 신검이어서 누가 그걸 하나만 가져도 나라 재상이 될 수 있습니다. 그러니 나머지 검 하나는 저를 주십시오. 그걸 가지고 빈도가 요마들을 없애는 도술을 익히겠습니다."

노인은 그 말을 곧이 들었지만 두 아들은 반신반의였다.

도사는 길일을 택해 그 소나무 둘레 300척에다가 향회를 뿌리고, 오색 깃발을 숱하게 꽂게 하고, 제단을 열 개나 만들고, 거기에 기명들은 모두 금으로 된 기명들을 가져다 놓게 했다. 그러자 땅속의 금은 빛깔도 보지 못했는데, 설씨 노인 집에서는 이미 몇 천 금이라는 돈을 썼다.

도사는 자기는 돌로도 금을 만드는 법술이 있으므로 금은 보물을 조금도 귀하게 여기지 않는 양을 보였다. 그는 오로지 행장을 넣은 상자 하나만 태행궁에 맡겨 놓았는데, 당분간 설씨 노인 집에 가져다 놓고 봐야겠다고 했다.

과연 얼마 지나지 않아서 어떤 사람이 상자 하나를 메고 왔는데, 무슨 물건이 들어 있는지는 모르겠으나 상당히 무거웠고 어찌나 단단히 봉해 놓았는지 다른 사람은 열 수가 없었다.

도사와 그 제자들은 그날 밤 그 소나무 아래서 법술을 하기 시작했다. 그런데 노인과 그 자식들이 그것을 보기만 하면 법술이 다 글러지기에 절대 보아선 안 된다고 도사는 신신당부하면서, 법술이 끝나는 대로 즉시 그들 부자를 부르겠으니 안심하고 멀리 피해 있게 했다.

그런데 그 이튿날 날이 훤히 새도록 있는데도 도사로부터 아무 소식이 없었다.

그래서 그들 부자가 가보니 도사와 그 제자들은 어디로 달아났는지 그림자도 보이지 않고 제단 위에 있던 금으로 만든 그 많던 기명들과 도구들도 하나 보이지 않았다. 오로지 남아 있는 것은 땅 위에 있는 수레바퀴 자국뿐이었다.

강남의 어느 선비

강남에 경학 시험에 참가한 선비가 하나 있었는데, 출신은 비록 귀한 집 출신이나 성미가 간교하여 늘 남을 꼬드겨서 어떤 올가미를 씌어 놓고는 공갈과 협박으로 재물을 빼앗곤 했다.

이 자는 자기 집 한 채를 어떤 휘주 사람한테 팔았는데, 그 휘주 사람은 그 집을 사서 새로 고치고 이미 오랫동안 그 집에 들어 있었다. 선비는 쌍방이 집 매매를 한 계약서를 가지고 도로 그 집을 사려고 했는데, 결국은 거절당했다.

　그러자 선비는 꾀를 궁리했다. 그는 자기 집의 하인 부부 한 쌍을 휘주 사람 집의 노복으로 남모르게 밀어 넣었다. 두 달이 지난 다음 그 노복 부부는 남모르게 도로 선비네 집으로 도망쳐 왔다. 그러자 선비는 노복 여러 명을 휘주 사람 집으로 보내, 우리 주인집 하인 둘이 이 집에 도망쳐 와 있다는 말을 들었는데, 어서 그 둘을 내놓으라고 윽박질렀다.

　그러자 휘주 사람은, 그 집의 노복인 줄은 모르겠지만 부부 한 쌍이 우리 집에 와서 하인으로 있었던 것은 사실이나 어젯밤에 둘이 다 달아나 어디로 갔는지 모른다고 했다.

　"아니, 어제도 이 집에 있는 걸 봤는데 그새 달아났단 말이오? 무슨 일이 그렇게 공교로울까? 안 되겠어. 어디다 감추고 내놓지 않음이 분명하니 싹 다 찾아보아야겠어."

　휘주 사람은 그런 일이 없으니 겁낼 것이 없다고 생각하고, 집 사람들을 한 칸에 모이게 하고는 마음대로 찾아보게 했다.

　선비네 노복들은 술을 저장해 두는 움 곁에 솟아 있는 흙더미를 보고는 고개를 기웃거리더니 삽으로 거기를 팠다. 그런데 거기서 사람 다리 하나가 나왔다. 선비네 노복들은 떠들었다.

　"이것들이 우리 사람을 죽였구나. 이런 악독한 놈들이 다 있나. 이런 놈을 가만 놔둘 수 없다. 가자, 관가로 가자."

　휘주 사람은 어쩔 줄을 몰라 하다가 옆집 사람들을 불러 조해를 시켰다. 그러자 선비는 자기 집을 도로 내주면 그 일을 다시 거론하지 않겠다고 했다.

휘주 사람은 하는 수 없이 그 집을 도로 내놓고 다른 데로 이사를 갔다.

움 곁에서 나온 사람 다리는 전에 이 집에 왔던 하인 부부가 거기다가 파묻고 간 것이다.

한번은 어느 사람이 선비를 청해 공정을 서 달라고 하면서 선비를 데리고 사무소에 가서 재물을 점검하고 봉인을 붙이게 했다.

그런데 선비가 재물을 점검하는데 절름발이 거지 하나가 오른손에 지팡이를 짚고 왼손에는 누더기 옷이 담겨 있는 바구니를 들고 구걸하러 사무소로 들어왔다. 그러자 선비는 은 조각 하나를 집어 주는데, 거지는 그것도 적다고 투덜거렸다.

그러자 선비는 대노하여 원보 하나를 거지 바구니에 집어던지며,

"그래, 너 같은 놈이 다 이런 원보를 달라는 거냐?"

하고 꾸짖었다.

그러자 거지는 부들부들 떨면서,

"더 주지 않겠으면 안 주면 되는 거 아닙니까? 그렇게 대노하실 거야 있습니까?"

하면서 두 손으로 그 원보를 탁상 위에 도로 놓고 물러가 버렸다.

그런데 얼마 후에 다른 공정인이 봉인을 떼고 재물을 꺼내 보니 그 원보는 가짜였다.

진짜 원보는 그 거지가 어느새 가짜와 바꾸어 가져갔다.

그 거지는 선비의 동당이었던 것이다.

　소주 부근은 사람이 많아 사기 사건이 그칠 새 없었다.

　명나라 만력 연간에, 숙질간에 선영지를 가지고 관청 놀음을 놀았는데, 서로 1년이나 소송을 걸며 야단이었지만 결과가 없었다. 후에 조카는 관청의 법보한테 돈을 먹여 재판에서 이기려 했다.

　그런데 어느 날, 그는 황궁 곁에 산다는 귀공자 하나를 우연하게 만났는데, 그는 자기가 순무사의 조카라고 했다. 입은 옷도 화려하고 인물도 잘생기고 데리고 다니는 노복들도 많았다. 그래서 조카는 그 귀공자를 모시고 술대접을 하면서, 자기가 숙부와 선영지를 가지고 다투는 일을 얘기했더니 귀공자는 그 일은 자기만 믿으라고 자신만만한 소리를 했다. 뿐만 아니라 자기 성의를 보인다고 귀공자는 조카한테 신물信物까지 주었다.

　약정한 기일이 되어 귀공자는 그 조카가 주는 소송장을 갖고 순무대인이 있는 관청으로 들어갔다. 그런데 조카가 문 밖에서 오랫동안 기다렸는데도 귀공자는 나오지 않았다. 관청의 사무가 다 끝나서 대문이 닫히는데도 귀공자는 나오지 않았다. 아마 순무사가 오랜만에 만나니 귀공자에게 저녁을 먹이고 내보는가 보다 하고 조카는 더 기다렸다. 그래도 나오지 않자 그는 관청의 문지기한테 물어 보았다. 그러자 문지기가 하는 말이, 그런 사람을 본 적이 없다는 것이었다.

　귀공자는 밤이 되어서야 득의양양한 기색으로 걸어나와서, 순무사가 자기를 반갑게 대접하면서 부탁한 그 일을 흔쾌히 들어주었다며 아주 좋아했다. 그러고는 조카네 집에 와서 소매에서 관가의 공문까지 꺼내 보이는데, 거기에는 관가의 관인이 큼직하게 찍혀 있었다. 조카의 기쁨은 말할 것이 없었다. 그래서 술상을 잘 차려 대접하는 한편 당초 약속한 대로 사례금을 듬뿍 주었다.

　그 이튿날 조카가 그 공문을 역졸에게 주면서 관가에 바치게 했는데, 귀공자가 사람을 파해 그 공문을 도로 달라고 했다. 역졸이 주지 않으려고 하자, 귀공자는 그 공문이 위조한 가짜 공문인데, 그것을 관가에 바쳤다가 무슨 책벌을 받지 못해 그러는가 역졸을 위협했다. 역졸이 마구 화를 내며 조카에게 공문을 도로 돌려주자 영문 모르는 조카는 그 공문을 갖고 공자를 찾아갔다. 그런데 귀공자는 공문을 보더니 발칵 성을 내면서 가짜 관인을 찍어 가짜 공문을 가지고 다닌다고 관가에 고발하겠다고 했다. 그 바람에 겁이 잔뜩 난 조카는 귀공자한테 수십 금의 돈을 더 주고서야 그 일을 없던 일로 만들었다.

후에 알아보니 그 공자는 공자가 아니라 늘 그런 짓으로 사람들을 사기 쳐서 돈을 떼먹는 사기꾼이었다.

그러면 그날 그 가짜 공자는 어떻게 순무대인이 있는 관가를 그렇게 무난히 들어갈 수 있었는가? 그것은 그때가 마침 일이 되느라고, 춘원이라는 관리가 순무대인을 만나러 관가로 들어가던 참이었다. 가짜 공자는 그 복잡한 때를 이용하여 관가에 혼입했던 것이다. 그리고 관가 후원에 있는 불당에 숨어 있었는데, 관청의 하인들이 그것을 보지 못하고 문을 닫았다. 가짜 공자는 미리 지니고 간 증편을 불당에서 먹으며 날이 어둡기를 기다렸다가 관청 사람들이 야간 사무를 보고 나올 때 따라 나왔던 것이다. 그리고 그 가짜 관인 같은 것은 미리 소매 안에다 감추어 다녔던 것이다.

교활한 관리

송나라 포승이 개봉부 부윤으로 있을 때, 한 사람이 죄를 지어 장기杖脊를 맞게 되었다. 장기란 등을 형장으로 치는 형벌이다.

그런데 옥졸 하나가 그 죄인의 뇌물을 받아먹고 죄인하고 이런 약조를 했다.

"임자를 형장 치는 일을 부윤이 나한테 맡길 것인데, 임자는 그저 구실을 대면서 통곡만 자꾸 하게. 그러면 내가 방법을 댈 테니까."

얼마 지나지 않아 포승이 당상에 올라 죄인을 끌어오라고 호령했다. 그러고는 심문을 끝내자 옥졸을 시켜 죄인을 치게 했다.

그러자 죄인은 옥졸이 시킨 대로 자기는 억울하다고 고래고래 소리를 질렀다.

그러니 옥졸이 큰 소리로 꾸짖었다.

"이놈아, 무슨 말이 그리 많으냐, 어서 엎디어 형장을 받지 못할까!"

그러자 포승은 일개 옥졸이 부윤 앞에서 큰소리를 치다니 이런 고약한 짓이 어디 있느냐 옥졸을 욕하고, 죄인에게 칠 매를 얼마 떼어서 옥졸을 치게 했다. 그래서 죄인의 매가 상당히 적어졌다고 한다.

어떤 안찰사가 수하 관원 하나가 금방 다른 사람의 뇌물을 받았다고 의심하여 친히 수색했는데 아무리 뒤져도 찾아낼 수가 없었다. 그래서 마지막에는 그만두고 말았다.

이 안찰사는 수하 관원의 몸이나 행장을 검사했을 뿐 탁상 위에 있는 그의 채찍이며 모자 같은 것은 들추어보지 않았다. 수하는 뇌물로 받은 돈을 그 모자 안에 감추어 놓았던 것이다.

제28절 반딧불 지혜

한 가닥 햇빛이 약하다고 해도 그것도 햇빛의 일부분이요, 반딧불이 약해도 사낭에 넣어 모으면 어두움을 비추며 책을 읽을 수 있다. 흉금이 바다같이 넓은 사람도 대지를 적시는 빗방울을 귀하게 여기는 법이다.

주주 周主

춘추 시기, 주주라는 사람이 옥비녀 하나를 잃었다고 하면서 관원들에게 명해 찾게 했다. 그런데 사흘을 찾아도 찾지 못했다.

후에 다른 사람들을 시켜서 찾게 했더니 주주의 내실에 옥비녀가 있었다.

그러자 주주는 관원을 이렇게 나무랐다.

"내 벌써 알고 있었다. 너희 관원 놈들이 일을 내가 시키는 대로 하지 않고 마지못해 건성으로 하고 있다는 걸 다 알고 있었다."

그 말에 관원들은 그가 모든 일을 귀신같이 안다고 생각하며 무서워 벌벌 떨었다.

사실 그 옥비녀는 관원들을 혼내려고 주주가 일부러 내실에 숨겨 놓았던 것이다.

상나라 태재 太宰

상나라 태재는 소서자를 시켜 장마당을 돌아보게 했다.

소서자가 돌아오니 태재가 물었다.

"장마당에 가 무엇을 보았느냐?"

"뭐 별로 본 것이 없습니다."

"그래도 유별난 것이 한두 가지는 있었겠지."

"다른 날과 다르다면, 남문 밖에 웬 소들이 많이 모여 있었습니다. 그래서 길이 막혀 수레 하나가 겨우 다닐 정도입니다."

태재는 좌우 수하들에게 자기와 소서자가 한 말을 어디 가서 하지 말라고 당부하고는 그 이튿날 경성의 관원들을 불러 놓고 조롱 삼아 이렇게 물었다.

"남문 밖에 무슨 소똥들이 그렇게 많으냐?"

그 바람에 경성 관원들은 태재가 모르는 것이 없다고 혀를 차면서 자기 직책에 게으름을 피우지 못했다.

한소후韓昭侯, 자지子之

어느 날, 한소후가 그 친신과 같이 참외를 먹다가 일부러 참외를 땅에 떨구면서 몹시 아까운 표정을 보이자, 친신은 즉시 자기가 먹던 참외를 한소후께 나누어주었다.

한소후는 이런 방법으로 자기에 대한 수하의 충성을 고찰했다.

연나라 재상 자지는 어느 날 대청에서 일부러 이런 말을 했다.

"금방 문 밖에 백마 한 마리가 뛰어 지나가던 것 같던데 임자들은 못 보았나?"

그러자 좌우 친신들은 모두 못 보았다고 하는데 유독 한 사람이 문까지 달려나가 보고는 돌아오면서, 백마 한 필이 확실히 있다고 보고했다.

자지는 자기에 대한 부하들의 충성을 이런 방법으로 고찰했다.

기극회

전국 시기, 한韓나라 양왕이 죽은 다음 공자 구咎가 그 대통을 잇게 되었지만 아직 정식으로 즉위하지는 않고 있었다.

그런데 주나라에서는 구의 아우를 더 중히 여기고 있었기에 주왕周王은 그 아우를 한나라 왕으로 올려놓을 생각이었다. 그런데 문제는 구가 순순히 자기 아우를 임금으로 올려놓겠는가였다.

그런데 주나라 대신인 기무회가 이렇게 말했다.

"병차 100대를 내어서 구의 아우를 한나라로 호송하십시오. 우리 생각대로 구가 자기 아우를 임금으로 올려놓는다면 우리는 병차 100대로 한나라 임금을 호위한 것이 되고 그렇지 않은 경우라면 우리가 한나라의 반역자를 압송해 왔다고 하면 되지 않습니까."

소대 蘇代

소대가 연나라를 떠나서 제나라 장화 남문에 이르니 제민왕이 마중을 나와서 이렇게 말했다.

"선생은 왜 이제야 오시오? 진나라에서는 태재 위염을 보내어 과인에게 제왕의 존호尊號를 수여했소. 그래 선생의 의사는 어떠하시오?"

그러자 소대는 이렇게 대답했다.

"이후 천하가 어떻게 변화할지 지금 누가 알 수 있습니까? 진나라 말을 듣지 않으면 진나라의 원혐을 사게 되겠지만 그러나 진나라가 시키는 대로 하다가는 또 천하 제후들의 분개를 자아내게 됩니다. 그러기에 진나라 진왕이 먼저 제왕 존호를 갖게 하고 대왕께서는 천천히 경우를 봐서 결정하는 것이 좋을 것 같습니다. 진왕이 제왕의 존호를 가지는데도 다른 제후들이 반대하지 않으면 대왕님도 따라서 제왕의 존호를 갖는 것이고 진왕이 제왕의 존호를 갖는 걸 다른 제후들이 한결같이 반대한다면 이로써 대왕은 제왕의 존호를 가질 필요가 없습니다. 이것이 천하 민심을 얻는 상책 중에서도 상책입니다."

설공薛公

제나라 왕의 왕후가 죽어서 왕은 일곱 희첩들 중에서 자기가 가장 좋아하는 희첩을 왕후로 책립하려고 했다. 설공은 왕이 누구를 책봉하려고 하는가를 알기 위해 귀고리 일곱 쌍을 바쳤는데, 그중 하나가 특별히 정교하고 예뻤다.

그 이튿날 설공이 보니 그 중한 희첩이 제일 아름다운 귀고리를 걸고 있는지라 그녀를 왕후로 책봉하라고 제왕에게 권했다.

강서의 어느 술사

조왕 이덕성이 강서를 다스릴 때의 일이다. 사람들의 신분 여하를 첫눈에 척척 알아맞힌다는 용한 점쟁이가 있었다.

조왕은 그것이 정말인가를 알아보려고 기녀 몇을 불러 왕후와 똑같은 화장에 똑같은 복색을 하고는 왕후와 함께 문 앞에 나란히 서 있게 했다. 그러고는 그 점쟁이를 데려다가 그중에서 진짜 왕후를 알아맞히게 했는데, 술사는 그녀들 곁에 와서,

"왕후는 머리 위에 황운黃云이 도는 법인데……."

하고 중얼거렸다.

그러자 기녀들은 자기도 모르게 왕후의 머리 위로 눈길을 돌렸다.

그래서 점쟁이는 왕후를 단번에 짚어 냈다고 한다.

강표江彪

제갈령諸葛令의 딸이 유씨네 집에 시집을 갔는데, 얼마 지나지 않아 과부가 되었다.

제갈령은 딸이 청상과부로 지낼 것이 측은하여 강표한테 허혼을 했는데, 그녀는 죽어도 재가를 안하겠다고 고집을 부렸다.

강표는 자기가 가마를 가지고 데리러 가도 여인이 가마에 오를 염을 아니할 것이기에 숫제 자기가 그 집 부근으로 이사를 갔다.

그런가 하면 제갈령도 이사를 간다면서 식솔들을 다른 데로 옮겨 갔다. 그러자 그 집에는 제갈령의 딸만 남게 되었다.

밤이 되어 강표가 그 집에 들어왔다. 그러자 제갈령의 딸은 어서 나가지 못하겠느냐며 별의별 욕을 다했다. 그러나 강표는 못 들은 척하고 나가지 않았다. 이렇게 며칠이 지나니 여인의 욕도 많이 수그러들었다.

강표는 여인과 같이 자지 못하고 매일 여인의 맞은편에 있는 침대에서 혼자 잤는데, 여인의 욕이 수그러들자 일부러 악몽을 꾸는 척하며 무서운 잠꼬대를 했다. 그러자 여인은 겁이 나서 시녀를 불러서 강표를 깨웠다.

그러자 강표가 여인에게 말했다.

"사내 대장부가 사나운 꿈을 좀 꾸는 것이야 보통 일인데 그렇게 수고스럽게 깨울 것이 있소? 내가 그렇게 악몽 꾸는 것이 걱정된다면 왜 거기서 나를 불러 깨우지는 못하시오."

그러자 그 여인은 부끄러워 더 말을 하지 못하고 고개를 숙였다. 그 후로 그들 둘은 점점 정이 붙어 잘 살게 되었다고 한다.

정이면 철석간장도 녹일 수 있다는 말이 있다. 그러니 하물며 부처 사이야 더 말할 것 있는가.

손흥공

진나라 왕탄지의 아우 왕처지의 애명은 아지이다. 그런데 성격이 괴벽하여 나이가 지났는데도 장가를 들지 못하고 있었다. 그한테 딸을 주겠다고 하는 집이 없었다.

그런데 손흥공 집에는 아항이라는 성미가 괴벽한 딸이 있었는데, 역시 시집을 가지 못하고 있었다.

그런데 하루는 손흥공이 왕탄지 집에 와서 아지를 보더니 좋아하며 이렇게 말했다.

"아지가 참 잘생겼네. 아주 똑똑하게 생겼는데. 밖에 나도는 소문과는 아주 딴판인 걸. 그런데 딸들을 안 준다고. 참 눈들이 멀었지. 우리 집에도 딸이 하나 있는데 인물이 괜찮지. 그런데 집이 잘살지 못하고 가문 문벌이 높지 못해 아직 시집을 못 가고 있네. 내 생각에는 자네네 아지와 우리 아항이를 짝을 지으면 좋을 것 같은데, 자네 의사는 어떤가?"

그러지 않아도 아우 장가 보내는 일로 골치가 아프던 터에, 왕탄지는 이게 무슨 떡인가 좋아하면서 즉시 아버지 왕술한테 편지를 써서 손흥공이 자기네 딸을 아지한테 주겠다고 한다고 알렸다. 그러자 왕술도 기뻐서 즉시 그 혼인을 허락했다.

그런데 결혼을 시키고 보니 손흥공네 딸 아항이의 성격이 아지보다 더 괴벽하고 악했다.

그제야 왕탄지는 손흥공한테 속은 것을 깨달았다.

장유어 張幼於

옛날 선비들이 과거 시험을 치르러 상경할 때는 그 지방 관원들이 그들을 위해 술상을 차리고 환송연을 베푸는 관례가 있었다.
　그런데 한번은 관원들이 내놓은 술이 형편없이 나빠서 좌중들의 불만이 많았다. 그러자 장유어라는 선비가 다른 사람들이 떠드는 것을 말리고는, 큰 술잔 하나를 가져다가 술을 가득 채워 그 관원에게 권했다. 그 관원은 자기가 늘 먹는 술인 줄로 알고 단숨에 마셨는데 술맛이 형편없었다. 그래서 이맛살을 찌푸리더니 수하를 불러 어디서 이따위 술을 가져왔느냐며 다른 술을 가져오게 했다.

유흠장 兪欽章

오 땅에서는 출판업이 큰돈을 버는 장사였다. 그래서 해적판이 많이 나돌아서 관상官商들이 골머리를 앓았다.
　유흠장은 『당류함唐類函』이라는 책을 썼는데, 그는 출판하기 전에 먼저 관가에다가 이렇게 말했다. 새 책 『당류함』을 찍었는데, 다른 데로 운반하여 가는 도중에 그 많은 차의 책을 몽땅 도적들에게 빼앗겼으니 어서 포졸들을 풀어 도적을 잡아 주시오 하고 말한 것이다. 그리고 그 도적을 잡으면 상금을 얼마 준다고 현상 포고까지 했다.
　이런 사실이 널리 알려지자 근방이 떠들썩해졌다.
　그 덕을 입어 『당류함』이란 책은 굉장히 잘 팔렸다. 그리고 누구도 그 책을 해적판으로 낼 생각을 감히 하지 못했다.

맹타 孟陀

후한 시기 환제 때, 장양이 조정의 권세를 틀어쥐어 그 세도가 대단했다.

장양네 도지기의 집이 부풍이라는 곳에 있었는데, 당지의 부호인 맹타는 장양에게 뇌물을 아주 많이 먹였다. 그래서 장양이 하루는, 자기가 꼭 성사시킬 테니 무슨 도움을 바랄 일이 있으면 주저하지 말고 말하라고 했다.

그런데 맹타는 엉뚱한 요청을 하나 했다.

"정 그러시다면 많은 사람들이 보는 데서 나한테 절 한 번만 해주십시오."

당시 장양을 만나 보러 장양의 집을 찾아오는 조정의 공경 대신들이 끊이질 않아서 길이 막힐 때도 적지 않았다. 맹타는 일부러 길이 막히는 때를 이용하여 장양의 집을 찾아갔다. 맹타의 수레가 막혀 중도에서 오지 못한다는 말을 듣고 장양이 친히 노복들을 데리고 마중 나와서 절을 하고는 수레를 옹위하여 집으로 들어갔다.

그것을 본 공경 대신들은 모두 눈이 휘둥그레졌다. 장양보다 더 세도 있는 사람이 여기 있다니. 그래서 사람들은 다투어 맹타에게 몰려들기 시작했다. 그래서 맹타는 엄청난 부호가 되었다.

두공 竇公

당나라 사람 두공은 장사에 능한 사람이었다.

그는 경성의 환관 집 곁에 공지 하나를 가지고 있었는데, 환관이 그 공지를 사려고 했다. 그 공지는 땅값이 50, 60만 정도에 불과했다. 그래서 두공은 그 공지를 환관한테 거저 주고 말았다. 물론 환관이 기뻐한 것은 더 말할 것이 없었다.

이런 일로 하여 두공은 그 환관과 사이가 가까워졌다.

한번은 환관과 한담을 하다가 두공은 일이 있어 강회 지역을 가봐야겠는데, 소개신 서너 봉을 써 줄 수 없겠는가고 물었다. 그러자 환관은 두말없이 소개신 여러 장을 써 주었다. 두공은 그것을 가지고 강회에 나가서 돈 3천만을 단번에 벌어 왔다.

경성 동시에 공지가 하나 있었는데, 지세가 낮아서 늘 물이 끼어 있었다. 두공은 저렴한 가격으로 그 공지를 산 다음 지세가 낮은 곳에 팻말들을 꽂았다. 그리고 하녀들을 시켜 증편을 가득 가져다 놓고는 아이들이 벽돌을 가져다가 그 팻말을 맞히면 증편 하나씩을 주게 했다.

그랬더니 아이들은 재미나는 놀음인데다가 떡까지 먹을 수 있으니 좋아라고 벽돌 조각들을 주워 와서는 그 팻말을 겨냥하여 집어던졌다. 그래 얼마 지나지 않아서 그 습지가 아이들이 던진 벽돌 조각으로 거진 다 찼다.

두공은 그 위에 흙을 다진 다음 페르시아 상인들을 접대하는 여관을 차렸는데, 그 이윤이 대단했다.

두의 竇義

부풍 사람 두의의 고모는 황친국척皇親國戚이었고, 백부는 공부 상서였는데, 가령방이라는 곳에는 그 가문의 사원이 있었다.

두의가 열다섯 살이던 해의 일이다.

그의 외숙부인 장경립이 안주 자사의 임기가 끝나서 고향으로 돌아왔는데, 안주의 비단신이 유명하기에 열 몇 켤레를 사 가지고 와서 생질들에게 나누어주었다. 다른 형제들은 좋은 것을 가지겠다고 다투어 골랐지만, 두의는 그러지 않고 있다가 남은 신을 한 켤레 가졌는데 너무 커서 신을 수 없었다. 그래도 그는 외숙부한테 감사하다고 인사를 올리고 다른 말이 없었다. 그러고는 그 이튿날 그 신을 시장에 가져다가 팔아 돈 얼마를 가지게 되었는데, 그는 그 돈을 쓰지 않고 보관해 두었다.

5월이 되어 장안성에 곳곳마다 느릅나무 씨가 떨어져 땅을 덮었다. 두의는 그것을 여덟 되나 비로 쓸어모았다. 그리고 삽 두 자루를 남모르게 준비하고는 사원에 가서 공부하겠다고 백부의 허락을 받았다.

두의는 밤에는 포의사에서 자고 낮에는 정원의 공지를 삽으로 파서 고랑을 마흔다섯 개나 만들었다. 그러고는 물을 뿌리고 느릅나무 씨를 심었다. 7월 여름이 되어 비가 많이 내리자 느릅나무 싹들이 고랑 위로 올라오더니 가을이 되어서는 한 자 높이가 되었는데, 묘목이 모두 만여 그루가 넘었다.

그 이듬해에는 묘목이 석 자 높이로 자라 올랐는데, 두의는 빽빽한 데를 솎아 내어 그루 사이가 세 치 가량 되게 했으며, 곧게 자란 나무들을 골라서 특별히 관리했다. 그리고 솎아 낸 묘목들을 한데 묶으니 100여 단이 되었는데, 마침 장마가 져 나무 한 단에 천 전씩을 받고 팔았다.

3년이 지나자 느릅나무들이 주먹만큼 굵어졌다. 그는 또 조밀한 나무들을 간벌間伐하여 200여 단을 묶어 장에 내다 팔았는데, 이전보다 몇 배나 되는 돈을 벌었다.

5년이 지나 그는 그중에 가장 굵고 곧은 나무 열 몇 그루를 골라서 대들보 감으로 팔았는데, 3, 4만 전이나 되는 돈을 벌었다. 그리고 차채 감이 될 수 있는 나무 천여 그루를 베어서는 사원에 쌓아 두었다.

돈이 좀 있게 되자 그는 삼을 많이 사들여 마대를 만들고, 삼으로 만든 삼신을 내지에서 수백 켤레를 사들여 사원 안에 쌓아 놓았다. 그러고는 장안 가두에서 노는 아이들을 불러 매 아이들에게 떡 세 개와 돈 15전을 주면서, 마대 하나씩을 갖고 나가서 홰나무 열매를 주워 오게 했다. 이렇게 한 달을 주워 들이니 두 수레나 되었다.

두의는 아이들에게 헌 삼신들을 주워 오게 했는데, 여섯 켤레를 주워 오면 새 신 한 켤레를 대신 내주었다. 그 소문이 퍼지자 아이들은 물론 부근의 백성들도 다투어 헌 삼신들을 가져왔다. 그래서 며칠 사이에 헌 삼신 천여 켤레가 쌓이게 되었다.

두의는 사원 안에 쌓아 놓았던 목재들을 팔아서 몇 십만 전을 벌었다.

그런 다음 그는 일꾼들을 대어 서문 밖에서 헌 삼신들을 씻어서는 사원에 가져다가 말렸다. 그리고 성밖에 남이 버린 기와 조각들을 사서 일꾼들을 대어 그것들을 깨끗하게 씻은 다음 역시 사원에다가 놓았다. 그런 다음 헌 삼신은 뜯어 절구질을 하여 짓이기고 기와 조각들은 갈아서 가루를 내어 채로 보드랍게 걸렀다. 그리고 그것과 회나무 열매 그리고 기름을 큰솥에 함께 넣고 밤낮으로 휘저어 풀같이 걸쭉하게 만들었다. 그것으로 굵기가 세 치이고 길이가 석 자 되는 삼바를 만들었는데, 그것을 법촉法燭이라 이름했다.

그런데 어느 해 6월에 경성에 큰비가 내렸다. 두의는 그 기회에 법촉을 장에 내다가 팔았는데, 부엌에서 밥을 하는 데는 그 화력이 나무보다 못지않아서 매 한 자루 법촉에 100전씩 받아 대단한 돈을 벌었다.

경성 서시장 남쪽에 습지가 있었는데, 사람들은 그곳을 소해지小海地라고 했다. 두의는 그곳이 위치가 좋아 보여서 그 땅을 사려고 했는데 땅임자가 팔기를 싫어했다. 그래서 두의는 마감에 3만 전을 더 주고서야 그 공지를 샀다. 두의는 그 습지의 복판에 깃대를 세우고 습지 주위에다가는 풍막 예닐곱 개를 세우고는 거기서 전병이나 주먹밥을 만들었다. 그러고는 부근의 아이들을 시켜 벽돌 조각들을 주워다 던져 습지 깃대를 맞히면 전병이나 주먹밥을 주곤 했다.

그러자 거리의 아이들이 다투어 벽돌들을 주워 와서 습지 안에다가 던졌다. 그렇게 한 달이 못 되어 그 습지를 돋우고 흙을 펴서 도의는 거기다가 점포를 이십여 개나 꾸렸다. 위치가 좋아서 매일 수천 전씩을 벌었다.

그 점포들은 지금도 있는데, 사람들은 그 점포들을 두가점이라고 한다.

석달자

오 땅에 성이 석씨라는 사람이 있었는데, 생김새가 호인과 같아서 별명이 석달자였다. 달자란 한인들이 말하는 유목 민족의 속칭이다.

석달자는 기지 있는 익살꾼이었다.

하루는 그가 밖에 나가 산보를 하다가 어느 집 앞에 앉아서 쉬게 되었다. 그러다가 올려다보니 아주 아름다운 누각이 하나 있었다. 그 누각은 누구나 올라갈 수 있는 누각이었는데, 화상 하나가 먼저 올라가 낮잠을 자고 있었다. 그런데 그 맞은편 누각에서는 한 젊은 각시가 창문을 열고 앉아서 수를 놓고 있었다.

석달자는 살금살금 화상이 자는 누각 위로 올라가서 화상의 가사를 걸치고는 맞은편에 있는 젊은 각시를 손짓으로 부르며 희롱하는 양을 했다.

그러자 성이 난 각시는 안으로 들어가서 남편한테 고자질했다. 그러는 사이 석달자는 얼른 가사를 벗어 놓고 누각에서 내려왔다.

조금 있더니 각시의 남편이 건너와서 화상을 잡아 욕을 하는데, 화상은 영문 모르고 욕만 먹다가 화가 나서 투덜거리며 누각을 내려갔다.

그러자 석달자는 그리로 흔들흔들 올라가서 화상이 자던 자리에 누워 마음놓고 낮잠을 자기 시작했다.

교활한 동자

벼슬을 얻으러 다니는 상전을 따라 동자 하나가 사처로 다니는데, 동자가 타고 다니는 말이 굼떠서 좋지 않았다. 그래서 말을 바꿀 생각을 했다.

그런데 마침 어떤 사람이 준마를 타고 급히 그리로 오는 것이 보였다. 그러자 동자는 꾀 하나가 떠올라 말고삐를 쥐고 엉엉 슬피 울기 시작했다.

말 타고 오던 사람이 하도 이상해서 왜 그렇게 우느냐고 동자에게 물었다.

"내 말이 너무 빨라서 그래요. 이렇게 빠른 말을 타고 달리다가 떨어지면 나는 죽을 게 아니에요. 이걸 어떻게 하면 좋아요."

말 타고 온 사람은 동자의 말을 듣고는 자기 말과 바꿀 생각을 했다. 나이 어린 동자가 어른들 앞에서 거짓말을 하지는 못할 것이니, 그렇다면 그 빠른 말을 왜 안 가지겠는가.

그래서 둘은 말을 서로 바꾸었는데, 동자는 말에 오르자마자 채찍질을 하며 부리나케 달아났다. 어른은 동자의 말을 타 보고서야 몹

쓸 말임을 알고는 박차를 가해 쫓아가기 시작했다. 그러나 그런 말을 가지고 아무리 달려야 동자를 어떻게 따르겠는가? 동자는 언제 어디로 달아났는지 그림자도 보이지 않았다.

꾀 많은 아이

서령에 한 노파가 자두를 심었는데, 자두가 아주 잘 되었다. 그러자 자두 도적들이 들끓었다. 그래서 노파는 담장 곁에 함정을 파고 거기다가 인분을 부어 놓았다.

한 동자가 동무 둘을 데리고 자두를 훔치러 왔다가 그만 그 함정에 빠져 옷이 엉망이 되었다. 그런데도 동자는 자기 동무들을 그리로 불렀다.

"이리로 오너라, 여기 자두가 주렁주렁하다."

그러자 또 하나가 담장에서 뛰어내리다가 거기에 빠졌다. 순진한 그 애가 다른 애를 보고 그리로 오지 말라고 고함치려고 하자, 동자는 그 애의 입을 막고는 어서 그리로 오라고 소리쳤다. 그래서 나머지 하나도 그 똥 구덩이에 빠졌다.

두 동무가 동자를 못된 놈이라고 욕하자 동자는 웃으면서,

"셋 중에 나만 여기 빠져 봐, 너희들이 가만히 있겠어? 똥물에 빠진 동자라고 날 놀려대겠지. 이제는 너희들도 똥물에 빠졌으니 누굴 놀려 주겠니."

하고 말했다.

유공부 劉貢父

송나라 유공부가 집현관에 있을 때의 일이다.

동료 하나가 사람 하나를 시켜 명함을 통 안에 넣고 다니면서 각 집에 나누어주었다.

그 일을 안 유공부는 동료의 명함을 나누어주는 그 사람을 불러 술을 먹이면서 통 안에 있는 명함을 자기 명함으로 살짝 바꾸어 놓았다.

그 사람은 그것도 모르고 술을 거나하게 먹고는 고맙다는 인사까지 하고 밖으로 나가서 여전히 각 집을 다니면서 명함을 나누어주었다. 그러나 그 명함은 이미 이전의 그 명함이 아니었다.

어떤 수재

왕변은 군영에서 주연을 차리고 빈객을 대접하다가 장사들을 불러 씨름을 시켰다. 그런데 몸이 웅장한 장사 하나가 나오더니, 연이어 여럿을 건뜻 들어 쓰러뜨렸다. 그러자 누구도 감히 그 장사와 상대하지 못했다.

그런데 앉아 있던 한 수재가 자기가 나서기만 하면 저 장사를 문제없이 쓰러뜨릴 수 있다고 했다. 그러자 사람들은 저 낯색이 종잇장같이 흰 사람이 정신이 돌았지 않느냐고 비웃었다. 그런데 그 수재가 나가서 장사를 보고 손가락질을 하자 그렇게 웅장한 장사가 소리도 한 번 지르지 못하고 쓰러졌다.

왕변이 놀라 눈이 휘둥그레져서, 어떻게 그렇게 수월하게 장사를 쓰러뜨렸느냐 하고 수재에게 물었더니, 수재는 허허 웃으면서 이렇게 말했다.

"내게 힘이 있어서가 아니지요. 사전에 동무들한테서 나는 저 사람이 간장을 보면 꼼짝하지 못하는 괴상한 병이 있다는 걸 알았지요. 그래 미리 주방에 가서 간장을 손가락에 묻혀 가지고 나와서 저 사람한테 보였더니 저렇게 꼼짝 못하고 쓰러지지 않겠습니까?"

정원현의 명궁수

호주 정원현에 창도 잘 쓰고 활도 잘 쏘는 명궁수가 하나 있었다. 그런데 도적들 중에도 창 잘 쓰는 도적이 하나 있었다. 둘은 이미 오래전부터 기회를 봐서 승부를 겨루어 보려고 했다.

그런데 어느 날, 명궁수가 일이 있어서 촌에 갔더니 마침 도적이 그 촌 주막집에서 술을 먹고 있었다. 둘은 만나자 각기 창을 들고 결투를 시작했다. 구경꾼들이 새까맣게 모여들었다.

그들 둘은 오랫동안 겨루었는데도 승부가 나지 않았다. 그런데 명궁수가 갑자기 도적을 보고 말했다.

"현위縣尉가 온다. 그래 현위 앞에서도 나와 겨루겠느냐?"

"현위? 어디? 현위가 와도 겨룬다, 겨루지 않고!"

이렇게 도적이 말하는 사이 명궁수는 번개같이 도적의 명치 끝을 창으로 푹 찔렀다.

전에 어떤 사람이 강도를 만나 칼을 휘두르며 싸우는데, 강도가 그의 얼굴에 불시에 물을 내뿜었다. 갑작스러운 강도의 행동에 그 사람이 놀라 눈을 치켜뜨는 사이에 강도의 칼이 그의 가슴을 푹 찔렀다.

후에 한 장사가 그 강도와 또 맞붙어 싸우게 되었다. 강도가 그런 짓을 한다는 것을 미리 들어 알고 있는 이 장사는 강도가 입에 물었던 물을 내뿜는 순간 강도의 가슴을 번개같이 찔렀다.

종씨 種氏

근주의 종씨 형제들은 매번 비무比武, 즉 무예를 겨룰 때마다 기발한 지혜로써 상대방을 이기곤 했다.

그런데 어느 날, 여러 사람들이 월장거月庄居라는 집에 모였는데, 주인이 이런 말을 했다.

"요사이 밤마다 호랑이 한 마리가 밀밭으로 나오곤 하네. 그래 호랑이를 잡으러 가지 않겠나? 가겠다고. 그러면 지금 당장 가세."

그러자 어떤 사람이 활을 가지고 가서 잡자고 했다.

그러자 종씨 형제들 중 한 사람이 웃으면서 이렇게 말했다.

"화살도 필요 없이 갖풀만 있으면 호랑이를 잡을 수 있소. 거미줄로 잠자리 잡듯 아주 쉽게 잡을 수 있소."

그러자 다른 사람들은 모두 허풍도 분수가 있지 그런 허풍이 어디 있느냐 하고 그를 놀려댔다. 이에 그 종씨는 내기를 걸었다. 여러 사람들이 돈을 모아서 5천 전 어치 술상을 차리기로 했는데, 종씨 형제는 호랑이를 잡지 못하면 그 돈은 모두 자기네가 내겠다고 했다.

그 이튿날 이 종씨는 일꾼들을 불러서 갖풀을 한 되나 끓이게 해서는 그 갖풀을 밭에 있는 밀대들에 잔뜩 발라 놓았다. 그리고 거기다가 양 한 마리를 미끼로 매어 두게 하고 다른 사람들은 그 주위에 매복해 있게 했다.

밤이 되어 달빛이 수림을 비추는데, 호랑이 한 마리가 밀밭으로 나왔다. 호랑이는 양을 덥석 물어 죽여서는 배부르게 먹은 다음 밀밭에 허리를 펴고 누워 한참 쉬다가 일어나려고 했다. 그런데 밀대들에 발린 갖풀에 털과 가죽이 붙어서 움직일 수가 없었다.

호랑이란 성미가 급한 짐승이다. 몇 번 움직이다가 안 되자 호랑이는 성이 나서 소리를 지르며 온 힘을 다 내어 위로 솟구쳤다. 호랑이는 한 장 높이나 되게 솟아올랐지만 숨이 끊어져 송장이 되어 땅에 떨어졌다.

왕수인 王守仁

왕수인이 열두 살 때 일이다.

아버지는 상경하여 벼슬을 하고 왕수인은 계모와 같이 시골에 있었는데, 계모의 학대가 심했다.

그런데 계모는 불교를 진심으로 믿고 있었다.

왕수인은 심야에 살그머니 일어나서 다기들을 담는 차 쟁반 하나를 불당 문 앞에 가져다 놓았다. 그 이튿날 그것을 본 계모는 그것 참 이상한 일이라고 고개를 갸웃거렸다. 그런데 그런 일이 하루 이틀이 아니라 매일 생겼다. 계모는 이게 무슨 일인가 가슴이 서늘해졌다.

그러던 어느 날, 왕수인은 교외의 새 기르는 사람한테 가서, 아주 보기 드문 괴상하게 생긴 새 한 마리를 사다가 계모의 이불 안에다 넣어 놓았다.

계모는 이불을 옮기다가 그 괴상하게 생긴 새 한 마리를 발견했는데, 이게 귀신의 작간이 아닌가 겁이 나서 얼른 무당을 찾아가 물어보았다.

그러자 이미 왕수인한테서 뇌물을 받아 챙긴 무당은 시치미를 떼고 이렇게 말했다.

"점괘를 들여다보면 왕장원 왕수인 부친의 전처가 몹시 노여워하고 있지요. 자기 아들이 남에게 학대를 받고 있다고 옥황상제께 고발하여 이에 옥황상제께서 염라부에 명하여 당신의 혼백을 잡아다 가두라고 했지요. 저 괴상하게 생긴 새는 바로 염라부 판관의 화신이지요."

계모는 그 말을 듣더니 낯색이 하얗게 질려서 풀썩 무릎을 꿇고는, 하느님 제발 용서해 줍소서 하며 손이야 발이야 빌었다. 왕수인도 따라서 하늘에 기도를 드리는 척하자 무당은 한숨을 땅이 꺼지게 쉰 뒤에 떠나갔다.

그런 일이 있은 다음부터 계모는 왕수인을 학대하지 않았다.

경성의 어느 선비

『예문유취藝文類聚』라는 책에는 이런 일이 기록되어 있다.

경성에 한 선비가 있었는데, 그 처가 속이 좁고 의심이 많아 밤에 잘 때면 언제나 남편의 발목에 끈을 묶어서 쥐고 잤다.

그러자 선비는 견딜 수가 없었다. 그래서 무당과 여차여차하게 하자고 미리 짜 놓고는 집에 돌아왔다. 그는 아내가 세상 모르고 자고 있을 때에 가만히 자기 발목에 묶여 있는 끈을 풀어서 양한테 묶어 놓고는 담을 뛰어넘어 잠시 피했다.

여인이 깨어나서 예전처럼 끈을 잡아당겨 보는데, 남편이 아니라 엉뚱한 양 한 마리가 울고 있었다.

여인은 놀라서 얼른 무당을 찾아가서 점을 쳤다.

무당은 이렇게 말했다.

"임자가 남편을 잘 섬기지 않는다고 조상들이 임자 남편을 양으로 만든 것이오. 그러니 진정으로 회개하며 천지신명께 용서를 비시오. 그래야 남편이 되돌아올 거요."

그러자 그 여인은 양을 붙들고 통곡하면서 다시는 그러지 않겠다고 맹세했다.

무당은 양을 끌고 가면서 여인더러 이레 동안 온 집 사람들이 모두 목욕재계하고 신명 앞에 사죄하는 기도를 드려야 한다고 당부했다.

여인이 무당의 말대로 했더니 이레가 지나서 과연 남편이 돌아왔다.

여인은 남편을 보고 울면서 물었다.

"양으로 변해 고생이 얼마나 심하셨어요?"

그러자 남편은 시치미를 뚝 떼고,

"다른 고생은 그만두고, 이제 풀 냄새만 맡아도 배가 아플 지경이오."

하고 말하자 여인은 더욱 서러워했다.

그 후부터 여인이 시기심을 가지고 남편을 조금만 어떻게 하려고 하면 남편은 얼른 양 울음소리를 냈다. 그러면 여인은 황급하게 남편을 일으켜 세우고는 하늘을 향해 다시는 그러지 않겠다고 싹싹 빌며 맹세했다고 한다.

오도손 敖陶孫

남송의 재상 한타주가 조여우趙汝愚를 핍박하여 죽이자 태학생 오도손이 조여우의 죽음을 애도하는 시 한 수를 삼원루 간벽間壁에 써 놓고 술을 먹었다. 그런데 그 사이 누군가가 그 간벽을 메우고 갔는지 보이지 않았다.

오도손은 이 일은 필경 한타주의 무리가 한 일이라고 생각하고 술집 사환꾼을 불러 옷을 서로 바꾸어 입고 술 주전자와 술잔이 담긴 쟁반을 들고 누 아래로 내려갔다. 그러다가 그를 잡으러 오는 포졸들을 만났는데, 포졸들이, 오도손이라는 사람이 아직도 누각 위에서 술을 먹느냐고 물었다. 그러자 그는 누각 위를 가리키며,

"어서 올라가 보시오. 술이 한창입니다."

하고 말했다.

그러고는 오도손은 부랴부랴 거기를 나와 복건으로 도망쳤다.

후에 한타주는 금나라와의 싸움에서 대패하여 계하수가 되었지만 오도손은 과거 시험에 장원급제했다.

유청로

형공 왕안석과 유청로는 사이가 각별했는데, 하루는 유청로가 왕안석을 보고,

"나도 중이 되고 싶은데 사패祠牌를 살 돈이 없네."

하고 말해서, 왕안석이 그 돈을 유청로한테 주었다.

그리고 유청로가 머리 깎고 출가하는 날 둘은 모여서 크게 경축하기로 약정했다.

그런데 아무리 기다려도 유청로가 삭발을 하고 출가한다는 소식이 없었다.

그래서 왕안석이 찾아가 영문을 물었더니 유청로는 이렇게 말했다.

"아무리 생각해 봐도 출가하여 중이 된다는 일도 그리 쉬운 일이 아닐 것 같더란 말일세. 그래서 중이 되는 건 그만두고 자네가 준 돈으로 밀린 술값을 갚아 버렸네."

그 말을 듣고 왕안석은 크게 웃고 말았다.

왕씨 성을 가진 관리

송나라 때 왕씨 성을 가진 관리 하나가 절강 서부 지역에 부임을 했는데, 부임한 그날 당지의 관원과 백성들이 몇 십만 전의 돈을 모아다 바쳤다. 거기 풍속이 그렇다는 것이다. 매번 신관 사또가 오면 언제나 그렇게 돈을 모아 바친다는 것이다.

그러자 왕씨 성을 가진 관리는 이러면 되느냐 성을 내면서 이 돈은 상급에 바쳐 상급에서 처리하게 하겠다고 말했다. 그러자 수하 관리들이 재삼 만류를 했다. 그제야 왕씨 관리는 못 이기는 척하고 큰 상자를 하나 가져오게 해서는 그 재물들을 몽땅 그 상자 안에 넣고는 여러 사람들이 보는 앞에서 봉인 딱지를 붙였다. 그리고 그 상자를 관청에 보관하게 하고,

"너희들 중에 누구라도 법을 어기는 일이 생기면 나는 이 일을 먼저 상급에 보고하고 너희 일을 처리하겠다."

하고 호령했다.

그런 일이 있은 다음부터 관리들이나 백성들이나 모두 그를 두려워하면서 자신의 행위를 단속했다. 그래서 법을 어기는 일이 생기지 않았다.

후에 왕씨 관리는 임기가 끝나서 그 지방을 떠나게 되었다. 그런데 그 전날 관리 하나가 왕씨 관리를 보고,

"관청에 놓아둔 그 재물 상자는 가지고 가지 않으십니까?"
하고 물었다.

"여기 습관과 구례가 그래서 그 돈은 꼭 가져가야 한다면서? 그럼 아니 가져갈 수도 없는 일이 아닌가? 그러나 이렇게 거저 가져갈 수는 없으니 자네들이 자원으로 모은 의연금이라는 증명서나 하나 써 주게."、

그러고는 그 재물 상자를 배에 싣게 했다.

어느 꾹퇴한

『태평광기太平廣記』에는 이런 일이 기록되어 있다.

당나라 한 승인이 사리자를 유리 기명 안에 넣어두고는 하루도 빠짐없이 매일 경을 읽었다.

그런데 하루는 헌 옷을 입은 타락된 한 서생이 와서 사리자를 좀 보자고 했다. 그래서 승인이 유리 기명을 보이자 서생은 그것을 거꾸로 들어서 사리자를 쏟아 얼른 입에 넣고 삼켜 버렸다.

그런 뒤 서생이 승인에게 말했다.

"나한테 돈만 주시오. 그럼 내가 사리자를 도로 꺼내 줄 수 있소."

승인은 하는 수가 없어서 얼른 200만을 서생에게 주니, 서생은 파두巴豆를 먹고 설사를 하면서 배 안에 있던 사리자를 쏟아 냈다.

그러자 승인은 그 사리자를 다시 깨끗이 씻어서 유리 기명 안에 넣었다고 한다.

진오 陳五

경성의 모든 백성들은 무당의 귀신 놀음을 믿고 있었다.

군인인 진오라는 사람의 아내도 무당 놀음을 믿었다. 그래서 진오는 미신을 믿는 아내의 생각을 고쳐 주기로 작심했다.

어느 날 진오는 볼이 부은 것처럼 입에 덜 익은 자두 하나를 물고는 입 안에 종창이 나고 볼이 부어서 밥도 먹지 못하겠다고 침대에서 뒹굴며 신음 소리를 연거푸 냈다.

진오의 아내는 얼른 가서 무당을 불러왔다.

무당은 오자마자, 이건 평소 신명을 존중하지 않아 신명이 노한 탓으로 입 안에 종창이 난 것이라고 하면서 이젠 신명도 구해 줄 생각을 아니하는 것 같다고 덧붙였다.

그러자 진오의 아내는 가족을 데리고 무당 앞에 줄을 서서 절을 하면서 어떻게 해서라도 자기 남편을 살려 달라고 사정했다. 무당은 자기가 있는 재간을 다 해보겠다고 대답했다.

그런데 병상에 누웠던 진오가 신음을 하면서 자기 집안 사람들에게 이렇게 말했다.

"내 병은 무당이 직접 이 방 안에 들어와서 굿을 해야 낫는 병이다."

무당이 진오의 방에 들어오자 진오는 입 안에 물었던 자두를 꺼내 보이고는 무당의 뺨을 호되게 후려쳐 문 밖으로 쫓아 버렸다.

그런 일이 있은 다음부터 진오의 아내는 다시는 무당을 믿지 않았다고 한다.

환술 幻術

환술이란 기실 사람의 눈을 속이는 짓에 불과하다.

금릉에 의술도 펼치고 약도 파는 의생이 하나 있었는데, 언제나 대사법상이 서 있는 밀차를 밀고 다니며 약을 팔았다. 그는 병을 보고 약을 대사법상의 손 위에 올려놓곤 했는데, 그 약이 대사법상의 손에서 굴러 떨어지지 않으면 올바로 지은 약이기에 병이 꼭 낫는다고 얼굴에 희색을 짓곤 했다. 그러자 이 의생을 찾아와 약을 사가는 사람들이 부쩍 많아져 의생은 매일 천여 전의 돈을 벌곤 했다.

그런데 한 소년이 아무리 봐도 이상한 생각이 들어서 남들이 다 흩어진 다음에 가만히 의생을 주막집으로 데리고 갔다. 그러고는 풍성하게 차린 안주에 맛 좋은 술을 실컷 대접했다. 그런데 의생이 보니 소년이 그 술값도 물지 않고 나오는데, 술집 사환꾼들은 그것을 보지 못했는지 막지 않고 내버려두는 게 아니겠는가. 그런데 문제는 그 한 번만이 아니었다. 의생이 따라가 대접을 받으면서 목격한 것도 서너 번이나 되었다.

호기심이 난 의생은 소년에게 언제 그런 은신술을 배웠는가 하고 물었다.

"이 법술은 알고 보면 아주 간단한 겁니다. 선생님 법술과 서로 바꿀까요?"

그러자 의생이 말했다.

"내 법술도 기실은 아주 간단해. 대사법상의 손바닥에 자석이 있는데, 철가루 묻힌 환약 알을 그 위에 놓으면 붙어서 떨어지지 않지. 그저 이런 거라니깐."

그러자 소년은 웃으면서 말했다.

"내 법술은 그보다도 더 간단하지요. 미리 술값과 안줏값을 사환

꾼에게 주고 내가 기다리던 객이 와도 일절 나를 모르는 척하기로 약정했을 뿐이지요."

이에 둘은 박장대소했다.

주고민 朱古民

주고민이라는 서생이 하나 있었는데, 평소에 농담하기를 좋아했다.

어느 동지섣달 추운 날에 그가 탕씨 성을 가진 친구 집을 찾아갔는데, 그 친구가 이런 말을 했다.

"임자는 똑똑하고 꾀 많은 사람인데 어떻게 나를 밖으로 내보내는 재간은 없나?"

"날이 이렇게 지독하게 추운데 자네가 왜 나가겠나? 그러나 자네가 밖에 나가 있었으면 집 안이 얼마나 따뜻하고 좋은가를 내가 설복할 것이고 그러면 임자는 내 말을 듣고 집 안으로 아니 들어오지는 못할걸세."

그러자 이 탕씨라는 친구는 밖으로 뛰어나가서 집 안에 대고 소리쳤다.

"그래 어디 설복해 보게! 어떻게 설복하는지 들어 보겠네."

그러자 주고민은 박장대소를 했다.

"보게, 밖에 나갔지 않았나. 나한테 속아서 집 밖으로 나갔지?"

| 인명 사전 |

가후 자는 문화文和, 시호는 숙肅. 삼국 시기 위나라 고장 사람. 동탁이 낙양에 입성한 다음 평진태위로 있었다. 후에 그는 남양에 있는 장수를 은밀히 권유하여 조조 편에 가담하게 했다. 조조는 가후를 집금오에 추천했으며 도정후로 책봉했다. 문제文帝 때는 벼슬이 태위까지 올랐다.

간옹 簡雍 자는 헌화憲和. 촉한 탁군 사람. 유비와 관계가 좋았고, 종사중랑을 지냈으며, 유장을 설복시켜 항복하게 한 일에 공이 커서 소덕장군을 제수받았다.

강무재 康茂才
1313 - 1369 자는 수경壽卿, 시호는 무의武毅. 명나라 기현 사람. 원나라 말기 기의병을 영솔하여 명 태조 주원장에게 투항했다. 도수영전사, 동지대도독 등을 역임했으며, 한중을 평정하러 가는 길에서 사망했다. 후에 기국공으로 추인되었다.

경엄
1313 - 1358 자는 백소伯昭, 시호는 민愍. 동한 무릉 사람. 광무제 휘하의 대장군으로 동마銅馬, 고호高湖, 적미赤眉 등 농민 기의군을 진압하는 데 전공을 많이 세웠으며, 치후로 책봉되었다.

공자 孔子 　성은 공孔, 이름은 구丘, 자는 중니仲尼로, 춘추 시대 노魯나라 사람. 기원전 552년에 출생하여 기원전 479년에 사망했다. 중국 고대의 유명한 사상가이며 교육가, 유가학파의 창시자로 인류의 사상 문화 발전에 거대한 공헌을 했다. 그의 언론을 제자들이 수집 정리하여 엮은 『논어論語』와 그가 수정修訂한 『춘추春秋』, 그리고 그가 선정한 306수의 『시경詩經』은 중국뿐만 아니라 동방 문화 발전에 큰 역할을 했다.

공자언 公子偃 　이름 언偃, 자는 자유子游. 목공穆公의 아들.

관중 管仲
? - B.C.645
　이름은 이오夷吾, 중仲은 그의 자. 시호는 경敬, 또는 경중敬仲, 중보仲父라고도 한다. 춘추 시대 영상 사람으로, 처음에는 공자 규糾를 섬겼으나 후에는 재상으로 제환공을 보필하여 춘추 오패五覇에서 으뜸의 자리를 차지하게 했다.

노원 盧垣 　자는 보형保衡. 당나라 낙양 사람. 헌종 때 관직이 예부 시랑까지 올랐으나 재상 이길보와 맞지 않아 동천절도사로 좌천되었다.

달계무 達溪武
504 - 570
　자는 성흥成興, 시호는 환桓. 선비족. 북주 대 땅 사람. 문제 때, 동진주 자사, 태부 등을 역임했다.

당숙종 唐肅宗
711 - 762

성은 이李씨, 이름은 형亨, 묘호는 숙종. 당현종의 셋째 아들. 태자로 있을 때 안녹산의 반란이 일어 현종은 촉 땅으로 몽진 피난을 하게 되었는데 마외에 이르러 백성들이 태자를 남겨 반란군을 진압할 것을 간청했다. 이 형은 영무에 이르러 황제 위에 즉위하고, 아버지 현종은 태상황이 되었다. 이후 곽자의에게 명하여 장안과 낙양을 수복하고 안녹산의 난을 평정하게 했다. 재위 7년 만에 붕어했다.

당태종 唐太宗
598 - 649

성은 이李, 이름은 세민世民, 시호는 문황文皇, 묘호는 태종. 당고조 이연의 차자로 천하를 통일하는 데 큰 공을 세웠고, 후에는 아버지 이연의 위를 이어받아 당나라 두 번째 황제가 되었다. 즉위 23년 동안 방현령 등 현명한 문관들과 이적 등 용감한 무장들을 중용했으며, 형벌과 조세를 경감하고 일련의 정책들을 실행하여 경제를 부흥시켰다. 이 시기의 탁월한 치세를 가리켜 '정관지치貞觀之治'라고 한다.

도간 陶侃

자는 사행士行. 동진東晉 순양현 사람으로, 처음에는 현리로 있었으나 명제 때는 시중태위와 대장군에 올랐고, 장사군공으로 책봉되어 7개 주의 군사를 총관했다.

동방삭 東方朔
B.C.154 - B.C.93
자는 만천曼倩, 한漢나라 염차 사람. 글재주가 좋고 해학이 있었다. 무제 때 시중 등의 벼슬을 했는데, 농업을 장려하여 강국을 만들기 위한 건의를 했으나 채납되지 않았다. 그래서 '답객난答客難'이라는 글을 썼다.

마륭 馬隆
자는 효흥孝興. 서진西晉 동평 사람. 무위武威 태수로 있으면서 강인羌人의 기의를 진압하는 데 큰 공을 세워 호강교위로 임명되었으며 40여 년 동안 농서 지방을 다스렸다. 고현후라는 작위를 책봉받았다.

마수 馬燧
729 - 795
자는 순미洵美. 시호는 장무庄武. 당나라 여주 사람. 하양삼성사, 하동절도사 등을 역임했으며, 북평군왕으로 책봉되었다.

반경 潘京
자는 세장世長. 진晉나라 한수 사람. 수재秀才. 파구, 소릉, 천릉 등 세 개 현의 현령을 지냈으며, 계림 태수로 임명되었으나 부임하지 않았다.

방경백 房景伯
729 - 795
자는 장휘長暉. 북위北魏 청하 사람. 효자로 이름이 났으며, 제주보국장사, 청하 태수, 사공장사 등을 역임했다. 후에 어머니가 병환으로 자리에 눕자 벼슬을 버리고 낙향했다.

배도 裵度 765 - 839	자는 중립中立, 시호는 문충文忠. 당나라 문희 사람으로 중서시랑, 동평장사 등을 지냈고, 정국공으로 책봉되었다. 30년 동안 국정을 보며 그 위망을 사해에 떨친 명재상으로 알려져 있다.
배해 裵楷	자는 숙즉叔則, 시호는 원元, 진晉나라 문희 사람. 이부랑, 중서령 등을 역임했고, 임해후를 책봉받았다.
배행검 裵行儉 619 - 682	자는 수약守約. 시호는 헌獻. 당나라 문희 사람. 장안현 현령, 서주도독부 장리, 안서대도호, 예부상서 겸 검교 우위대장군, 양도행군대총 등을 역임했으며, 문희현공으로 책봉되었다.
복영 傅永	자는 수기修期. 북위 청하 사람. 여든에 충주 자사를 지냈고, 후에는 평동장군, 광록대부 등을 역임했다.
사단 史丹	자는 군중君仲, 시호는 경頃. 한나라 노魯 땅 사람. 부마도위시중 등 벼슬을 했으며, 16년이나 장군으로 있었고, 관내후 작위를 책봉받았다.
사장 謝庄 421 - 466	자는 희일希逸, 시호는 헌憲. 남조 시기 송나라 하양 사람. 일곱 살에 시를 지어 문제文帝가 기특히 여겼다. 예부상서, 오군 태수, 금자광록대부 등을 역임했다.

소옹 邵雍
1011 - 1077

자는 요부堯夫, 호는 이천장인伊川丈人, 안락 선생 등이었고, 소문산 백원에 은거하고 있었기에 후세 사람들은 그를 백원선생이라고도 칭했다. 송나라 범양 사람으로 북해 이지재에게서 천문 기상을 익혔고 주역에 정통했다. 조정에서 여러 차례 벼슬을 주며 불렀으나 끝까지 응하지 않았다. 저서로는 『관물편觀物篇』, 『어초문답漁樵問答』, 『이천격양집伊川擊壤集』 등이 있다.

소철 蘇轍
1039 - 1112

자는 자유子由, 동숙同叔, 호는 영빈유로潁濱遺老, 시호는 문정文定. 송나라 미산 사람. 신종 때 형 소식과 함께 신법을 반대했다. 상서우승, 문하시랑 등 관직을 역임했으나 후에는 허주 지사로 강직된 적도 있다. 휘종 때 대중대부로 복귀했다. 소철은 그의 형 소식과 더불어 문장가로 이름이 났으며, 저서로는 『시전詩傳』, 『춘추전春秋傳』, 『난성문집欒城文集』 등이 있다.

송태조 宋太祖
927 - 976

성은 조씨이고, 이름은 광윤匡胤, 묘호는 태조. 송나라 탁군 사람. 주周나라 세종을 따라 회남, 양주, 수희 등지를 평정하면서 대공을 연달아 세워 첨교태위, 귀덕절도사 등을 지냈으며, 거란을 막기 위해 출사하는 도중 군사들의 옹립으로 황제 위에 올라 16년 동안 황제 위에 있었다.

시극굉 柴克宏   시호는 위렬威烈로, 남당 여양(지금의 하남성 여남현) 사람이다. 봉화절도사를 지냈다.

시소 柴召
? - 638   자는 사창嗣昌, 시호는 양襄. 당나라 임분 사람. 시초에는 수나라 태자의 천우비신으로 있었으나 후에는 이연의 당나라 군대에서 평양공주와 같이 많은 전공을 세웠다. 우효위대장군, 화주 자사 등을 역임했으며, 처음에는 곽국공, 후에는 초국공으로 책봉되었다.

심희의 沈希儀   자는 당좌唐佐. 호는 자강紫江. 명나라 귀현 사람. 봉의위지휘사를 세습하여 후에는 도지휘동지, 도독동지, 귀주총병관 등 군직을 맡았으며, 일대 명장으로 이름을 날렸다.

양선 楊璇   자는 기평機平. 동한 회계 사람. 영릉태수, 발해태수, 상서복사 등을 역임했다.

양선 楊善
1387 - 1458   자는 사경思敬, 시호는 충민忠敏. 명나라 대흥 사람. 시초에는 홍려사鴻臚寺 서반序班으로 있다가 우사승이 되었다. 인종이 즉위한 후에 본사경으로 승직되고 이어 예부좌시랑으로 발탁되었다. 영종 때에는 흥제백을 제수받았다.

양소 楊素
? - 606

자는 처도處道, 시호는 경무景武. 수나라 화음현 사람. 시초에는 주무제周武帝 아래서 차기대장군으로 있었고, 후에는 문제文帝를 보필하여 상주국이 되고, 월국공으로 책봉되었다. 수양제 때 이르러서는 사도가 되고, 초국공으로 책봉되었다.

양예 楊銳
1471 - 1532

자는 진지進之. 명나라 숙현 사람. 정덕 연간에 지휘첨사로 안경을 수비했다. 주진호가 반란을 일으켜 안경성 아래에 이르자 군민을 거느리고 주야로 싸워 안경성을 지켰을 뿐만 아니라 주진호의 반란을 평정했다. 후에는 도독첨사로 요동, 회남 등지를 지켰다.

양적 梁適
1001 - 1070

자는 중현仲賢, 시호는 장숙莊肅. 송나라 수성 사람. 동평장사, 태자태부 등 요직을 역임했다.

여몽 呂蒙
178 - 219

자는 자명子明. 삼국 시기 오나라 부피 사람. 지모가 많아, 주유와 함께 오림烏林에서 조조를 대패시켰고, 손권을 도와 유수에서 조조를 막았으며, 계교로 형주를 탈취하고 관우를 생포했다. 남군 태수에 잔능후를 책봉받았다.

오개
1093 - 1139

자는 진경晉卿, 시호는 무안武安. 송나라 농간 사람. 사천선무사 등을 지내면서 금나라 군대를 수 차례 격파시켰다. 죽은 후 부왕으로 추인되었다.

오근 吳瑾
1413 - 1461

자는 정장廷璋, 시호는 충장忠壯. 명나라 몽골 사람. 세습 후작侯爵. 천순 연간 조흠曹欽이 반역하자 기마병 대여섯 명을 데리고 조흠과 결사적으로 싸우다가 순국했다. 후에 양국공으로 추인되었다.

오린 吳璘
1102 - 1167

자는 당경唐卿, 시호는 무순武順. 송나라 농간 사람. 오개의 아우. 성미가 강직하고 용감했다. 금나라 군대가 쳐들어오자 승려들의 부대를 이끌고 금나라 군대와 수일 동안 혈전을 하여 금나라 군대를 격파했다. 그 후 진봉로경략안무사, 진주 지사, 검교소사, 사천선무사 등을 역임했으며, 효종 때는 태부에 신안군왕으로 책봉되었다. 사망 후에는 태사로 추인되고, 신왕信王으로 책봉되었다.

오산 吳山

자는 왈정曰靜, 호는 균천筠泉, 시호는 문단文端. 명나라 고안 사람. 진사, 예부상서 등을 지냈다. 저서로는 『치하통고治河通考』 등이 있다.

오원 伍員
? - 484

자는 자서子胥. 춘추 시기 초나라 사람. 부친 사奢와 형 상尙이 초평왕에게 살해되자 오나라로 도망가서 오나라 왕을 도와 다섯 번이나 초나라를 진공하여 끝내 초나라 서울 정도를 점령하고 아버지와 형의 원수를 갚았다. 그리고 부차를 오나라 왕으로 올려 세우고 월나라를 격파했다. 월나라 왕 구천이 화의를 요청하자 부차는 허락하려고 했지만 그는 극력 반대했다. 마감에는 간신 백비의 모함으로 자살했다.

왕수인 王守仁
1472 - 1528

자는 백안伯安, 시호는 문성文成, 세칭 양명선생이라고도 했다. 명나라 때 사람으로 진사로 급제했으나 귀주 용장의 역승으로 강직되었다가, 후에 노릉현 지현을 거쳐 남경 병부상서로 승직되었다. 요강학파姚江學派의 창시자로, 그의 제자들이 편집한 저서 『왕문성공전서王文成公全書』가 있다.

왕좌 王佐
1126 - 1191

자는 선자, 호는 경재敬齋. 송나라 월주 산음현(지금의 절강 소흥현) 사람. 비서성교서랑, 상서이부원외랑, 그리고 건강, 담주 등지의 지사를 거쳐 만년에는 호부상서까지 지냈다.

우번 虞翻
164 - 233

자는 중상中翔. 삼국 시대 오나라 여요현 사람으로 『역경』에 정통했고 강학에도 힘써서 수백 명의 제자들을 양성했다. 저서로는 『역주易註』 등이 있다.

| 우후 | 자는 승경昇卿. 동한 무평현 사람으로, 양주 등 지방에서 변강을 지키다가 조가朝歌의 난을 평정한 다음 무도태수를 거쳐 상서복사, 상서령 등 조정 요직에 올랐다. |

| 위효관 韋孝寬 509 - 580 | 이름은 숙유叔裕. 북주 시기 두릉현 사람. 서위西魏 때 표기대장군으로 있었고, 북주 때에는 대사공으로 있었다. |

| 위예 衛睿 442 - 520 | 자는 회문懷文, 시호는 엄嚴. 남북조 시기 양나라 두릉 사람. 송나라 우장군, 제나라의 상용 태수, 양나라의 예주 자사, 거기장군 등을 지냈으며, 영창현후로 책봉되었다. |

| 위정 魏征 580 - 643 | 자는 현성玄成, 시호는 문정文貞. 당나라 관도 사람. 수나라 말기에 출가하여 도사가 되었으나 후에 이밀을 따라 당 고조 이연을 만나서 비서승이 되었다. 그 후 태종 때는 간의대부, 검교시중 등을 지냈으며, 후에는 좌광록대부에 태자태사, 그리고 정국공으로 책봉되었다. 저서로는 『유찰類札』, 『군서치요群書治要』 등이 있다. |

| 육강 劉江 | 자는 원민源岷. 명나라 홍아 사람. 효렴, 강서동향령, 계림부 지사, 광서 안찰사 등을 역임했다. |

유복 劉馥
? - 208
자는 원영元穎. 삼국 시기 위나라 상相 땅 사람. 양주 자사 등을 지냈는데, 정사를 잘하여 백성들이 많이 따랐다고 한다.

육증영
자는 유몽諭蒙. 당나라 화원현 사람. 진사, 형부상서, 천평절도사 등을 지냈고, 하동현남이라는 작위를 책봉받았다.

육손 陸遜
183 - 245
자는 백언伯言. 삼국 시기 오나라 오군 사람. 손책의 사위. 오나라 대도독, 승상 등 요직에 있었다.

육항 陸抗
자는 유절幼節. 삼국 시기 오나라 오군 오현 사람. 육손의 아들. 건무교위, 진군대장군, 대사마, 형주목 등 요직에 있었다.

이강 李綱
1083 - 1140
자는 백기伯紀, 시호는 충정忠定. 송나라 소무현 사람. 병부시랑의 직에 있으면서 금나라에 대한 견결한 저항을 주장했다. 송나라 고종이 남하하여 한때 그를 승상으로 삼았지만 금나라와 화의할 생각으로 고종은 이강을 파직시켰다. 저서로는 『역전易傳』, 『논어상설論語詳說』 등이 있다.

이계륭 李繼隆
950 - 1005
자는 패도霸圖, 시호는 충무忠武. 송나라 상당 사람. 수차례 거란의 침공을 격파하여 여러 번 전공을 세웠으며, 관직은 개부의동삼사에 이르렀다.

이소
773 - 821
자는 원직元直이고, 시호는 무武. 당나라 조주 임단 사람으로 지략이 있고 기마와 궁술에 능해 벼슬이 절도사에 이르렀다. 오원제가 채주에서 반변하자 야밤에 채주를 기습하여 오원제를 생포하고 회서 지역을 평정했다. 양국공으로 책봉되었다.

이정 李靖
571 - 649
자는 약사藥師, 시호는 경무景武. 당나라 삼원 사람. 사서와 병법에 통달하여 당 고조 때 행군총관으로 있었고, 태종 때는 상서우복사, 서해도행군대총관 등을 역임했으며, 위국공을 책봉받았다.

이존진 李存進
857 - 922
본래 성은 손孫씨이고 이름은 중진重進. 오대 시기 당나라 진무 사람. 후에 당 태조가 이씨 성을 하사함. 태조를 따라 황소 기의군을 진압하는 데 공을 세웠으며, 장종 때는 초토사로 진주의 반란군들을 진압하다가 전사했다.

이주영 爾朱榮
493 - 530
자는 천보天寶, 시호는 무武. 북위 북수 용천 사람. 기민하고 과단성이 있어 전공을 많이 세웠기에 6주대도독

으로 진양을 지켰다. 그 후 장제 때는 대장군에 태원군
왕을 책봉받았고, 후에는 대승상, 천주대장군, 태사 등
의 요직을 맡았다. 그는 진양에 있으면서 조정을 통제
하고 전횡하면서 자기와 뜻이 맞지 않는 사람들을 많이
죽였다.

이충신 李忠臣   본래 성은 동童씨이고, 이름은 진秦으로, 당나라 계현
사람. 전쟁에서 공로가 커 황제가 그에게 이李씨 성을
하사했다. 숙종 때에는 벼슬이 동중서문하평장사에 이
르고 평서군왕으로 책봉되었다. 그러나 주차朱泚의 반
역에 가담하여 그 밑에서 사공이 되었다. 그러다가 주
차의 반역이 진압됨에 따라 그도 처형되었다.

이형 李亨   자는 관태觀泰로, 명나라 길수 사람. 선후하여 은현 현
령, 소주부 지사 등을 지냈다.

잇괴   자는 위褘. 당나라 합비 사람. 고조 때 왕세충을 토벌하
는 데 공로가 있어서 한주 도독으로 임명되었다가 후에
는 섬주로 전근되었다.

자공 子貢   성은 단목端木, 이름은 사賜, 자가 자공. 춘추 시기 위나
B.C.520 - ?   라 사람. 공자의 제자로서, 구변이 좋고 돈벌이를 잘하
여 집에 천금이 있었다고 한다. 노나라, 위나라의 재상

으로 있었고, 오나라를 설복하여 제나라를 공격하도록 하여 노나라를 보존한 적도 있다.

장량 張良
? - B.C.186

자는 자방子房, 시호는 문성文成으로 한나라 성부 사람. 그 선조는 한韓나라 사람인데, 진이 한나라를 멸망시키자, 자기 가산을 전부 팔아 자객을 고용하여 진시황을 박랑사에서 암살하려고 했다. 그러나 성공하지 못하자 하비로 도망가서 이름을 숨기고 있었다. 후에는 한고조 유방을 도와 항우를 멸하고 천하를 통일하는 데 큰 공을 세우고 유후로 책봉되었다.

장위 張威

자는 덕원德遠. 송나라 성주 사람. 면주 도통제 등을 지냈고, 금나라 군대와의 싸움에서 여러 번 큰 공을 세웠다. 싸움에서 용감하기로 이름이 나 금나라 군대가 그를 대단히 두려워했다고 한다.

장준 張浚
1097 - 1164

자는 덕원德遠, 호는 자암紫巖, 시호는 충헌忠獻, 송나라 금죽 사람. 태상사부, 천섬 선무처치사 등을 역임했는데 고종 때 진회를 반대한 연고로 영주 지사로 강직되었다. 후에 효종 때 이르러 추밀사로 복귀, 강회도독 등을 역임하고, 위국공으로 책봉되었다. 저서로는 『증흥비람中興備覽』이 있다.

적인걸 狄仁傑
630 - 700

자는 회영懷英, 시호는 문혜文惠. 당나라 때 태원 사람으로 고종, 중종, 혜종 삼대에 걸쳐 대리승, 하남 순무, 예주 자사 등을 역임했다. 재판이 공정하여 백성들 사이에서 위망이 높았다. 무후 무측천 시기 난태시랑동평장사로 있으면서 권세를 두려워하지 않고 간신들과 싸우는 데 이름이 있었으며, 전후하여 장간지 등 수십 명의 명대신들을 천거하여 임용하게 했다. 사망 후 문창우상, 양국공으로 추인되었다.

적청 狄青
1008 - 1057

자는 한신漢臣, 시호는 무양武襄. 송나라 분주 서하 사람으로 기마와 활쏘기에 능했다. 서하의 조원호가 반란을 일으키자 적청은 연주지휘사가 되어 용감하게 싸워 조원호의 난을 평정했으며, 장화군절도사로 임명되었다. 한기, 범중엄 등의 중시를 받아 후에는 추밀사에까지 올랐으나 당쟁에 밀려 후에는 진주 통판으로 강직되기도 했다.

제갈각 諸葛恪
203 - 253

자는 원손元遜. 삼국 시기 오나라 낭아 양도 사람. 제갈근의 아들. 형주목에 양도후로 책봉되어 국내외 군무 등 중요한 일들을 책임졌으나 후에는 손준孫峻에게 살해되었다.

조조 曹操 155 - 220	자는 맹덕孟德. 패국沛國 초譙 땅 사람으로, 20세에 효렴이 되었다. 황건의 난을 진압하는 과정에서 세력이 커져 원소와 원술 등 북방의 할거 세력들을 없애고 북방을 통일하여 위나라를 세웠다. 수십만 대군으로 남하하여 남방을 통일하려고 했으나 적벽 싸움에서 촉오蜀吳 연합군에게 격패당하여 끝내 소원을 이루지 못했다. 소설『삼국지』에서는 조조를 간신으로 묘사하고 있지만 중국 역사상에서는 조조를 삼국 시기 걸출한 정치가와 군사가로 인정하고 있다.
조충국 趙充國	자는 옹손翁孫, 시호는 장壯. 한나라 상괘 사람. 한무제 때 흉노를 치는 데 공로가 있어 중랑으로 발탁되었고, 후에는 수형도위를 거쳐 장군이 되었으며, 선제 초에는 영평후로 책봉되었다.
종각 宗慤 ? - 465	자는 원간元幹, 시호는 숙肅. 남북조 시기 송나라 남양 사람. 문제 때 수차례의 전공을 세워 진무장군이 되었고, 효종 때는 예주 자사로 다섯 개 주의 군사를 지휘했다. 그리고 후에는 옹주 자사에 조양후를 책봉받았다.
종세형 種世衡	자는 중평仲平. 송나라 낙양 사람. 선후하여 동주 통판, 부주 통판, 환경로 병마검할 등을 맡아 수년 동안 변강을 지켰다. 민정을 잘 알고, 관병을 아낄 줄 알았으며,

변강의 경제를 되살려 역사상 현명한 관리로 손꼽히고 있다.

종택 宗澤
1059 - 1128

자는 여림汝霖, 시호는 충간忠簡으로, 송나라 의오(지금의 절강) 사람. 진사로 시작해 주나군을 관할하는 지방관으로 있었으나 송나라 고종과 휘종이 금나라에 붙잡혀 간 뒤, 송나라 군대의 부원수 자격으로 금나라 군대를 연이어 격파했다. 후에 개봉부 지사, 동경 유수 등 중직을 맡았다.

주덕위 周德威
? - 919

자는 진원鎭遠. 오대 시기 후당後唐 삭주 마읍 사람. 용맹하고 모략이 있어 노용절도사 등을 역임했는데, 양梁나라 군대와의 싸움에서 전사했다.

주방 周訪

자는 사달士達. 시호는 장莊. 진晉나라 순양 사람. 화질華軼을 참하고, 두도杜弢를 격파하고, 두증杜曾을 평정하여 여러 차례 공을 이루었다. 양부 자사 등을 지냈다.

주희 朱熹
1130 - 1200

자는 원회元晦, 중회仲晦, 만회晚晦 등. 시호는 문文. 송나라 무원 사람. 선후하여 고종, 효종, 광종, 영종 등 네 황제를 섬기면서 전운부사, 비각수찬, 보문각특제, 태사 등 직을 지냈으며, 사망 후 신국공으로 추인되었다. 저서로는 『주역본의周易本義』, 『시집전詩集傳』이 있으며,

후세 사람들이 편집한 『주자대전집朱子大全集』, 『주자전서朱子全書』 등이 있다. 중국 송대의 유학자로서, 주자학을 집대성하였다.

진복 秦宓 　자는 자칙子勅. 삼국 시기 촉나라 금죽 사람. 어려서부터 재간이 출중했는데 유비가 익주에 도읍을 정하자 하후찬이 진복을 제주(祭酒. 관명)로 추천했으나 병을 빙자하고 응하지 않았다. 후에 유비가 동오를 토벌하려고 할 때 진복은 천시지리天時地利의 불리함을 말하면서 유비의 출병을 말리다가 옥에 투옥되었다. 건흥 연간에 제갈량이 익주목이 된 다음 진복을 다시 등용하여 별가 중랑을 시켰고, 후에는 사농의 벼슬까지 이르렀다.

진회 秦檜
1090 - 1155
자는 회지會之, 시호는 충헌忠獻이었으나 후에 무추繆醜로 고쳤다. 송나라 강녕 사람. 정화 연간에 진사로 급격하여 어사중승의 요직까지 올랐다. 금나라의 포로가 되었다가 풀려 나온 적이 있다. 송나라가 여진족의 금나라의 남침에 못 이겨 도읍을 건업(지금의 항주)으로 옮겼는데, 이를 역사상에서는 남송南宋이라고 한다. 진회는 후에 남송의 재상으로 있으면서 금나라와 암암리에 결탁하여 금나라에 저항하는 데 공로가 큰 애국 명장인 악비를 살해했다. 중국 역사상에서는 매국매족의 간신으로 악명이 높다.

척계광 戚繼光
1528 - 1587

자는 원경元敬, 호는 남당南塘. 시호는 무의武毅. 명나라 봉래 사람. 빈한한 가정 출신이지만 글읽기를 좋아하여 사서에 정통했고, 가정 연간에는 절서참장으로 있으면서 절강성에 기어든 왜구들을 수차례 격파했다. 그가 영솔하는 척가군戚家軍은 용감하기로 이름이 났으며, 강서, 복건에 기어든 왜구들을 격파하는 데 큰 공을 세웠다. 척계광은 후에 복건성 총독이 되었다. 저서로는 『기효신서紀效新書』, 『무비신서武備新書』, 『연병실기練兵實記』 등이 있다.

최광 崔光
451 - 523

본명은 효백孝伯, 시호는 문정文貞. 북위 동무성 사람. 급사황문시랑, 유주 자사, 청주 자사, 전중상서 등을 역임했다. 청렴결백하고 박식하기로 이름이 났으며, 조정의 많은 난제難題를 잘 해결하는 것으로 명망이 높았다고 한다.

풍경 馮京
1021 - 1094

자는 당세當世, 시호는 문간文簡. 송나라 악주 함녕 사람. 진사, 한림학사, 개봉부 지사, 태자소사 등 직을 역임했다.

하무기 何無忌

시호는 충숙忠肅. 진나라 염성 사람. 처음에는 광무장군, 후에는 안성군 개국공으로 책봉되었다. 노순과의 전투에서 패하여 전사했다.

인명 사전 573

하약필 賀若弼 544 - 607	자는 보백輔伯. 수나라 낙양 사람. 문제 때 오주 총관을 제수받았으며, 후에 행군총관이 되어 진陳을 평정했다. 이 공로로 대장군에 송국공을 책봉받았다. 그러나 양제煬帝가 즉위하자 양제의 미움을 사서 조정을 비방했다는 죄목으로 주살당했다.
한억 韓億 972 - 1044	자는 종위宗魏, 시호는 충헌忠獻. 송나라 개봉 옹구 사람. 진사를 선후하여 영성, 양주, 상주 등의 지사를 지냈고, 인종 때는 상서좌승, 태자소보 등을 지냈다.
한옹 韓雍 1422 - 1478	자는 영희永熙. 명나라 장주 사람. 어사, 강서 순안사, 광동 부사, 병부 우시랑 등 직을 지냈으나 후에는 외직으로 좌천되어 절강우참정, 좌부도어사, 양광군무제독 등을 지냈다. 저서로는 『양의문집襄毅文集』이 있다.
해진 解縉 1369 - 1415	자는 태신太紳. 명나라 길수 사람. 진사. 성조成祖 때 경성으로 들어와 시독, 한림학사, 우춘방대학사 등을 역임하면서 『수락대전永樂大典』 등을 편찬하는 일을 주관했다. 그러다가 남의 모함으로 투옥되어 옥사했다. 저서로는 『문의집文毅集』, 『춘우당집春雨堂集』 등이 있다.
허국 許逵 1484 - 1519	자는 여등汝登, 시호는 충절忠節. 명나라 고시 사람. 진사. 낙릉현 지사, 산동 첨사, 강서 부사 등 직을 역임했다. 주진호 반란 시 영용히 싸우다가 살해되었다.

황패
? - B.C.51

자는 차공次公, 시호는 정定. 한나라 회양(지금의 하남성 태강현) 사람. 한무제 말기 시랑알자를 제수받았으며, 선제 때에는 선후하여 영천 태수, 어사대부, 승상이 되었고, 건성후라는 작위를 책봉받았다.